藻麗嫏嬛

滸灣書坊版刻圖錄

毛静 著

江西高校出版社

图书在版编目（CIP）数据

藻丽嫏嬛：浒湾书坊版刻图录 / 毛静著. —南昌：江西高校出版社，2017.11
ISBN 978-7-5493-6208-0

Ⅰ. ①藻… Ⅱ. ①毛… Ⅲ. ①古籍—版本学—金溪县—图录 Ⅳ. ①G256.22-64

中国版本图书馆 CIP 数据核字（2017）第 260717 号

藻丽琅嬛——浒湾书坊版刻图录
ZAOLI LANGHUAN
XUWAN SHUFANG BANKE TULU

出版发行	江西高校出版社
策划编辑	毛静
责任编辑	宋美燕 毛静
地　　址	江西省南昌市洪都北大道 96 号
总编室电话	（0791）88504319
销售电话	（0791）88505573
网　　址	www.juacp.com
印　　刷	南昌市雅捷广告印务有限公司
经　　销	全国新华书店
开　　本	889mm×1194mm 1/16
印　　张	24.5
字　　数	150 千字
版　　次	2018 年 1 月第 1 版
印　　次	2018 年 1 月第 1 次印刷
书　　号	ISBN 978-7-5493-6208-0
定　　价	198.00 元

赣版权登字—07—2017—1279

前　言

◎毛　靜

滸灣是江西省金溪縣西部、盱江中遊的一個商業市鎮，素以雕版印刷行業馳名。著名學者鄭振铎先生指出，金溪滸灣與北京琉璃廠、武漢漢口、福建連城四堡並稱“清代四大出版中心”，印證了當地“臨川才子金溪書”古諺所言非虛。

雖然清代滸灣盛極一時，但更早以前的情況並非如此。金溪在宋元時期並沒有商業化的圖書産業，南宋金溪籍思想家陸九淵的弟子彭世昌為老師籌建象山書院時，就曾感慨家鄉不生産圖書，自己不得不遠赴福建建陽采購典籍。金溪沒有商業出版的狀況一直延續到明代才有所改觀。

滸灣書業伴隨着商業的興起，是因為明代中期盱江改道而産生的。河道地理形態的變化，使滸灣逐漸取代附近的苦竹墟而崛起為一座港口和商鎮。在長達五百年時間裏，滸灣一直保持著商業發達、經濟繁榮的良好局面，這些都為書業的崛起提供了物質條件。明末清初，本地出現規模化的圖書編印與發行活動，甚至大批外地雕版也流向滸灣。書業的崛起，使滸灣一躍成為具有全國影響的重要圖書産業基地，並開辟了湖湘、川渝、滇黔、秦晉的新興市場；同時挺進北京，為琉璃廠的創建與發展建立了嚆矢之功。

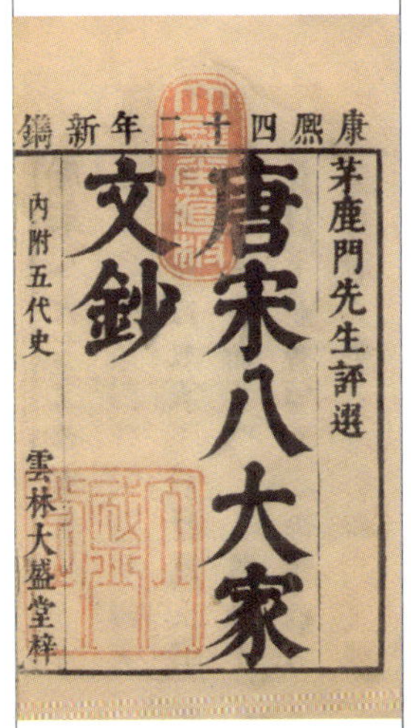

滸灣刻書款識之一：雲林

除了堅實的經濟基礎，文化傳承與歷史積澱也發揮着決定作用。滸灣所屬的金溪縣地處臨川文化腹地，也是著名的仕宦之鄉。滸灣受到臨川文化，特别是科舉文化的深深浸染，圖書刊刻與經營也隨之應運而生，科舉讀物成為滸灣最具代表性的商業品牌，並帶動其他類别圖書的研發。如果説成化年間往來中朝邊境從事圖書經營的李紹慶還是個别現象的話，而清代出現“滸灣刻書者不下數千百家”的盛況，則是歷史發展的必然結果。

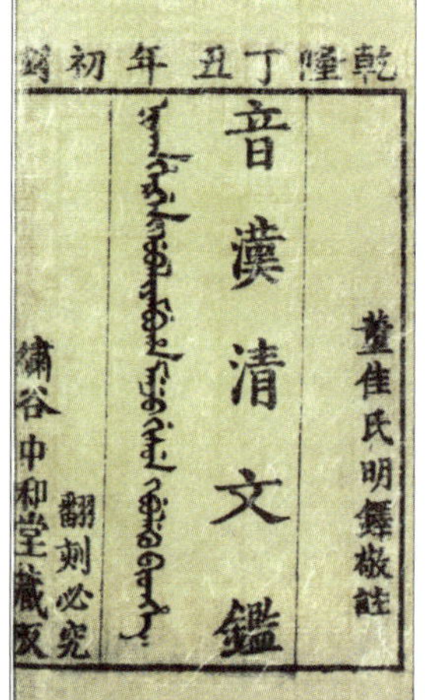

滸灣刻書款識之二：繡谷

滸灣書業的興起，還有一個很重要的外因。明代萬曆至崇禎時，金溪書商活躍在南方的文化中心南京，在三山街、狀元境一帶從事圖書出版業務。他們以“繡谷”“雲林”“珊城”等金溪名勝古迹為品牌標識，先後創立唐富春世德堂等十六家、周如山光霽堂等十四家，及王世茂車書樓、傅昌辰版築居、徐松野西崐館、吳繼武光裕堂、李少泉聚奎樓等著名書坊，他們經營圖書獲得巨大成功，在南方市場贏得一席之地，並積累了大量的資本和管理經驗。在這些書商周圍形成了一些穩定的職業作家和專業編輯，如安仁（金溪鄰縣余江）鄧志謨、臨川朱鼎臣、豐城李光祚等人，創作了《繡谷春容》《如面談新集》這樣的閑情雜志、傳奇故事和神魔小説；值得一提的是，在晚明濃厚的市井文化氛圍之下，《西遊記》這樣的優秀作品也最早由金溪書商（世德堂和翠筠山房）發現，從而加以整理、刊刻和傳播。明清易代之際，部分金溪、東鄉書商中斷經營，先後回到滸灣鎮重振書業，著名的有大業堂、大盛堂、令德堂、世德堂、積秀堂等，他們與原籍書商一起，共同支撑起滸灣圖書出版行業，從而使滸灣在清代以後一躍成為南方重要的出版基地。

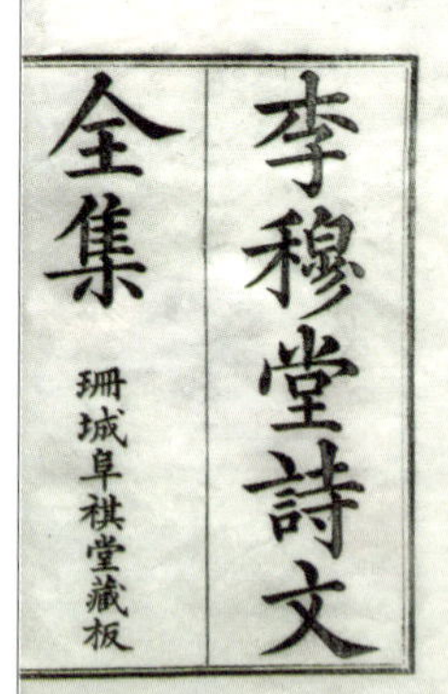

滸灣刻書款識之三：珊城

據筆者統計，從明末至民國初元，金溪曾存在過的書坊及其他刻書單位大約在八十至一百家之間，經營者主要是今天合市、琅琚、琉璃等鄉鎮及滸灣本地的家族（個別為鄰境東鄉浯溪等地族商），著名的有兩儀堂王氏、三讓堂吳氏、五雲堂鄭氏、漁古山房許氏、大文堂余氏、紅杏山房趙氏、舊學山房謝氏等。由于產業的發展，其中一些大的書坊還進行過股權分析，如三讓堂就分出振記、睦記、怡記、信記，善成堂也分析出東記、莘記等分號。除了民營書坊之外，滸灣書局、鹽卡（鹺廨）、米行（漕倉）、育嬰會等機構也參與到圖書出版中，與本地書坊進行互動與競爭。

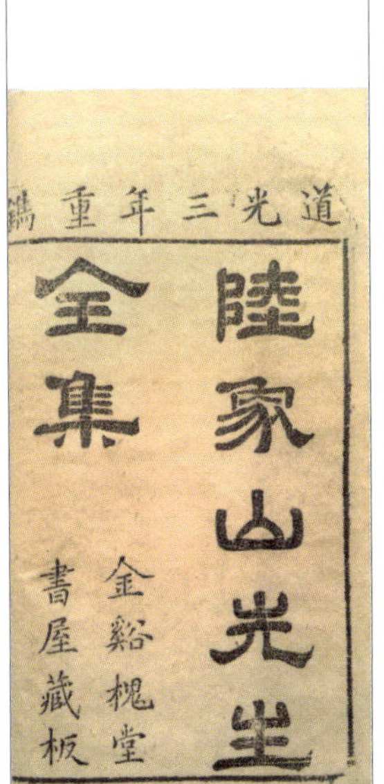

滸灣刻書款識之四：金谿

從目前掌握的數據來看，滸灣的圖書出版品種應在五千種以上，內容涵蓋文學歷史、小說掌故、科舉蒙學、醫學醫藥、堪輿星相、日常生活等門類。從大部頭的《歷代名臣奏議》《皇朝經世文編》到民間唱詞；從本地鄉賢的遺著到漢滿對照的詞典，滸灣刻書可以說是包羅萬象、珠玉並呈，這些版刻產品與歷史文化交融縟錯，形成了豐富多元的滸灣書坊文化現象。

滸灣生產的圖書產品也帶有濃厚的地方色彩，這是它們區別于其他地域圖書的特點之一。由于滸灣周邊地域本身就盛產與圖書生產有關的原材料，如撫州的板材，文港的毛筆和排刷，婺源的徽墨，河口的紙張，都是附近著名的特產，甚至就地取材（如金溪清江紙）。從外觀上看，滸灣圖書開本以中小型為主，封面多為黃褐色厚紙，四至五孔雙線線釘；內封第一頁多用黃色（刷有防蟲染料），少許使用洋紅色及石綠色，不施色料的則沿用本色。上印書名、作者及時間信息，少數加蓋小字廣告。相關內容以雙線外框包圍，以豎線分隔為三欄，一般右欄是作者信息，中間寬欄是書名，左欄是出版商信息，出版時間則置于框外頂部。

滸灣圖書還有一個很大特色，就是在書框上部加蓋圓形圖像印章，內容一般為魁星點斗或盤龍。左欄下部出版商名稱上，還往往加蓋堂號篆體方章。少數像紅杏山房這樣的出版商，出版家本人的興趣愛好， 還會加蓋一些與藏書有關的閑章，所以滸灣圖書給人一種格式謹嚴、朱墨燦然的觀感。

滸灣圖書內頁多用竹紙和毛邊紙，少許優質圖書采用連史紙和白棉紙。除了套色印刷之外，常見均以黑色煙墨印刷。每半頁多為九至十行，滿行二十字左右。除了乾隆時期產生過為數不多的寫刻體，一般圖書都是用所謂的“宋體”刊刻，字形變化不多，比較僵化。坦率地說,滸灣圖書由于受成本競爭和從業人員素質影響,在追求規模化的同時，圖書質量就難以保證，總體表現中等，錯訛更是在所難免。當然，滸灣也有漁古山房《隸辨》、阜祺堂《李穆堂詩文全集》、遺安堂《御選唐宋詩醇》這樣的好書。

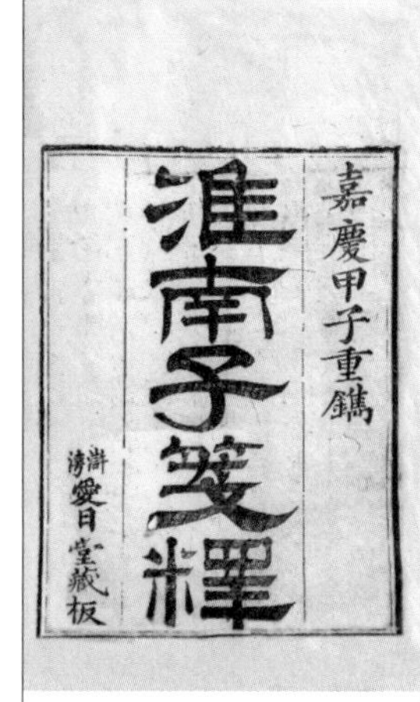
嘉慶甲子重鐫
淮南子箋釋
滸灣愛日堂藏板

滸灣刻書款識之五：滸灣

《滸灣書坊版刻圖錄》所選書影，系從北京大學、清華大學、南京大學、遼寧大學、山東大學、香港中文大學圖書館，以及首都圖書館、天津圖書館、南京圖書館、徐州圖書館等幾十家公共圖書館藏書，以及金溪吳定安、王冰泉、吳凱春等人的藏品中遴選而出的滸灣版刻精品。需要說明的是，本書不包含南京時期（萬曆至崇禎）的金溪書商出版物；酌收滸灣在外省開設的分號如湖南邵陽經元堂、經國堂；四川、重慶善成堂、宏道堂等書坊協同滸灣總號同步刊刻分銷的圖書，以最大限度反映滸灣出版業的全貌。

目錄

兩儀堂

兩宜堂

雙桂堂

三讓堂

同人堂

同文堂

同志堂

中和堂

致和堂

琴山堂

忠信堂

麗澤書屋

紅杏山房

舊學山房

富記書屋

汲古閣原本

爾雅註疏

兩儀堂發兌

爾雅註疏卷第一

晉郭璞註

宋邢昺疏

爾雅註疏 十卷 （晉）郭璞 註 （宋）邢昺 疏

清中期兩儀堂據汲古閣本重刻

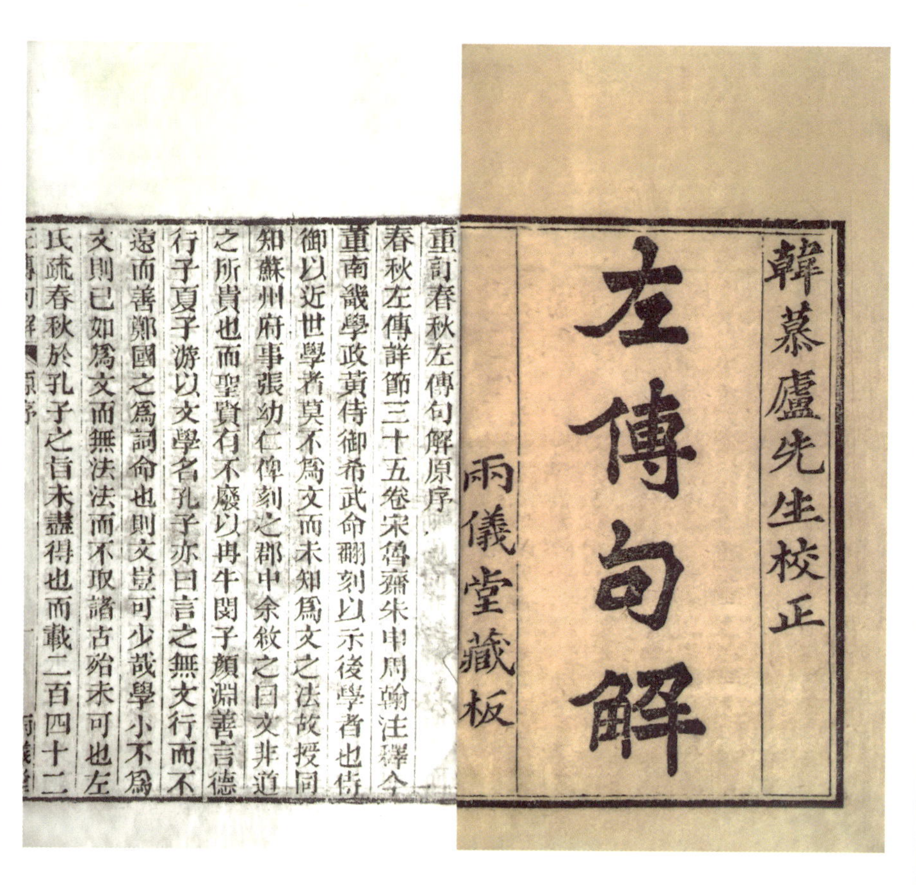
韓慕盧先生校正

左傳句解

兩儀堂藏板

重訂春秋左傳句解原序

春秋左傳詳節三十五卷宋儔齋朱申周翰注釋今董南畿學政黃侍御希武命翻刻以示後學者也侍御以近世學者莫不爲文而未知爲文之法故授同知蘇州府事張幼仁俾刻之郡中余敘之曰文非道之所貴也而聖賢有不廢以冉牛閔子顏淵善言德行子夏子游以文學名孔子亦曰言之無文行而不遠而善鄭國之爲詞命也則文豈可少哉學小不爲文則已如爲文而無法法而不取諸古殆未可也左氏疏春秋於孔子之旨未盡得也而載二百四十二

左傳句解　原序　一　兩儀堂

左傳句解 六卷 （清）蘇州 韓菼 撰

清中晚期兩儀堂刻本 金谿王冰泉藏

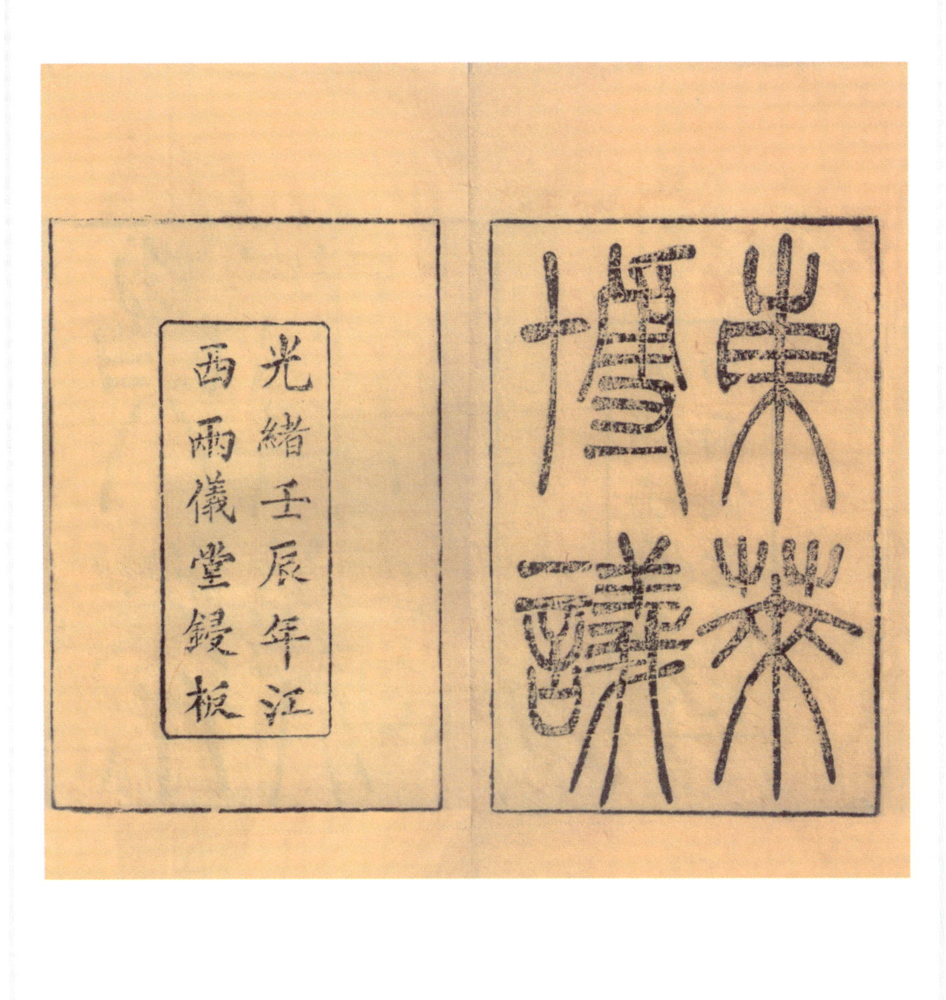

東萊博議

光緒壬辰年江西兩儀堂鋟板

東萊博議 四卷 （宋）金華 呂祖謙 撰

光緒十八年（1892）江西兩儀堂刻本 劍川雕龍蟲館藏

兩儀堂

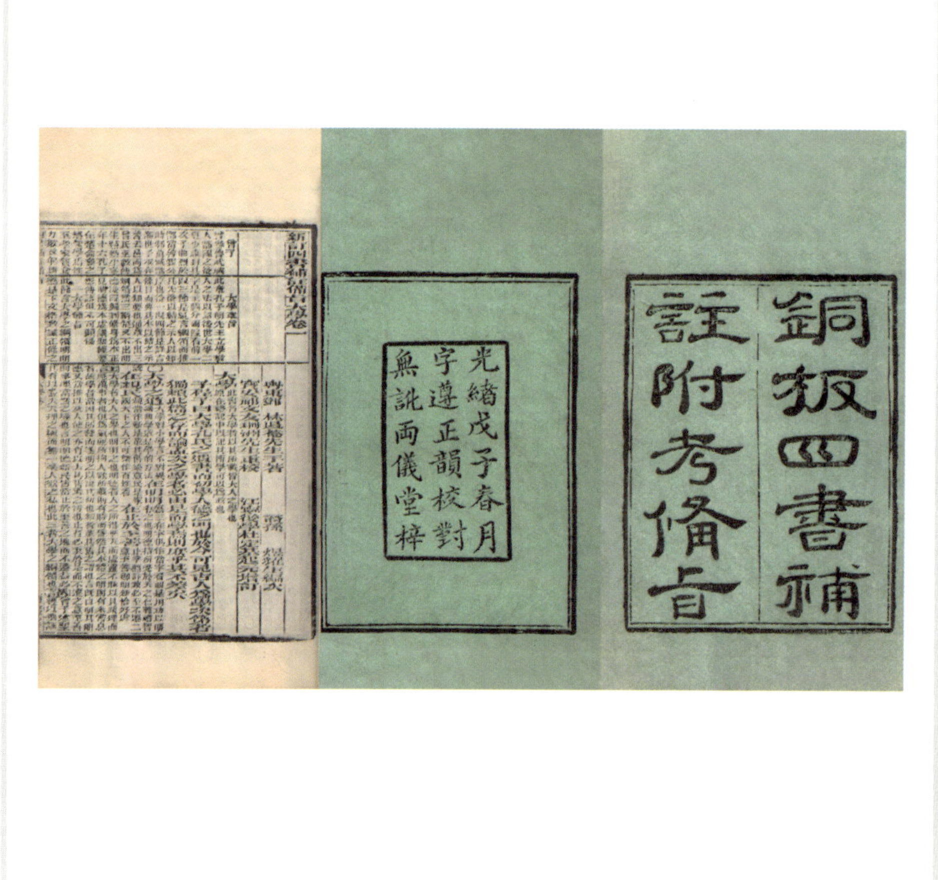

銅板四書補註附考備旨 十卷 （清）鄧林 註 杜定基 增訂

光緒十四年（1888）兩儀堂刻本

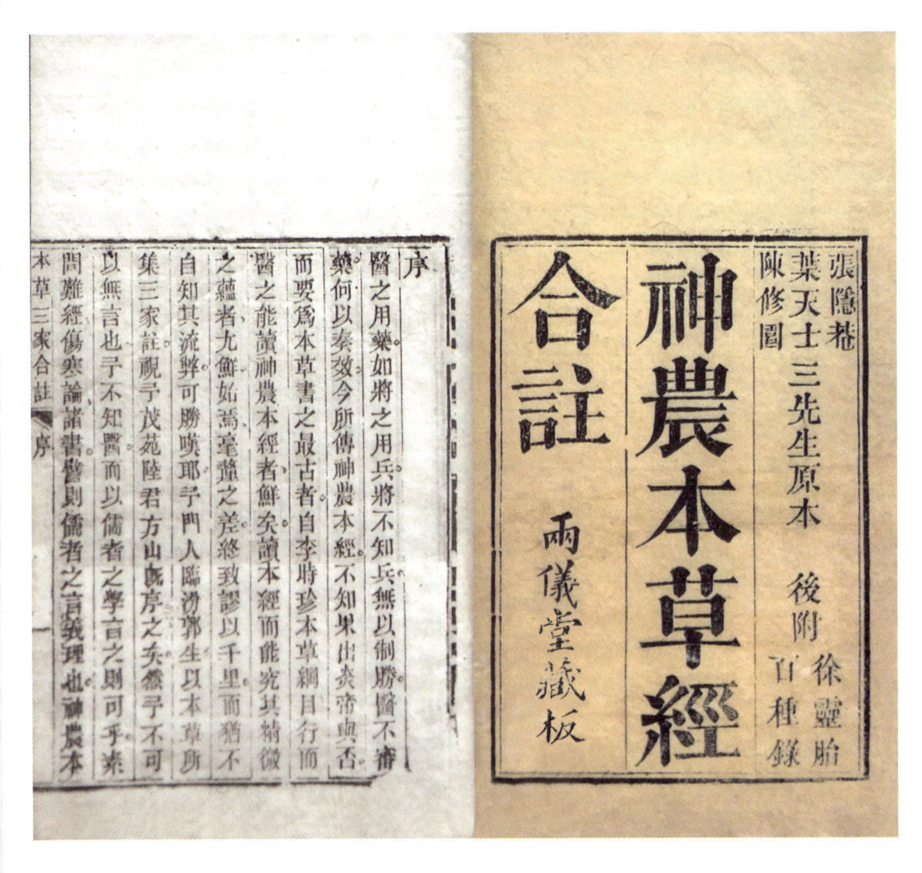

張隱菴　葉天士　陳修園　三先生原本

神農本草經合註

兩儀堂藏板

後附徐靈胎百種錄

序

醫之用藥如將之用兵將不知兵無以制勝醫不審藥何以奏效今所傳神農本經不知果出炎帝與否而要爲本草書之最古者自李時珍本草綱目行而醫之能讀神農本經者鮮矣讀本經而能究其精微之蘊者尤鮮焉毫釐之差終致謬以千里而猶不自知其流弊可勝歎耶予門人臨汾郭生以本草身集三家註視予茂苑陸君方山旣序之矣然予不可以無言也予不知醫而以儒者之學言之則可予素問難經傷寒論諸書譬則儒者之言義理也神農本

本草三家合註　序　一

神農本草經合註　（清）長樂 陳修園等 撰

清末兩儀堂刻本

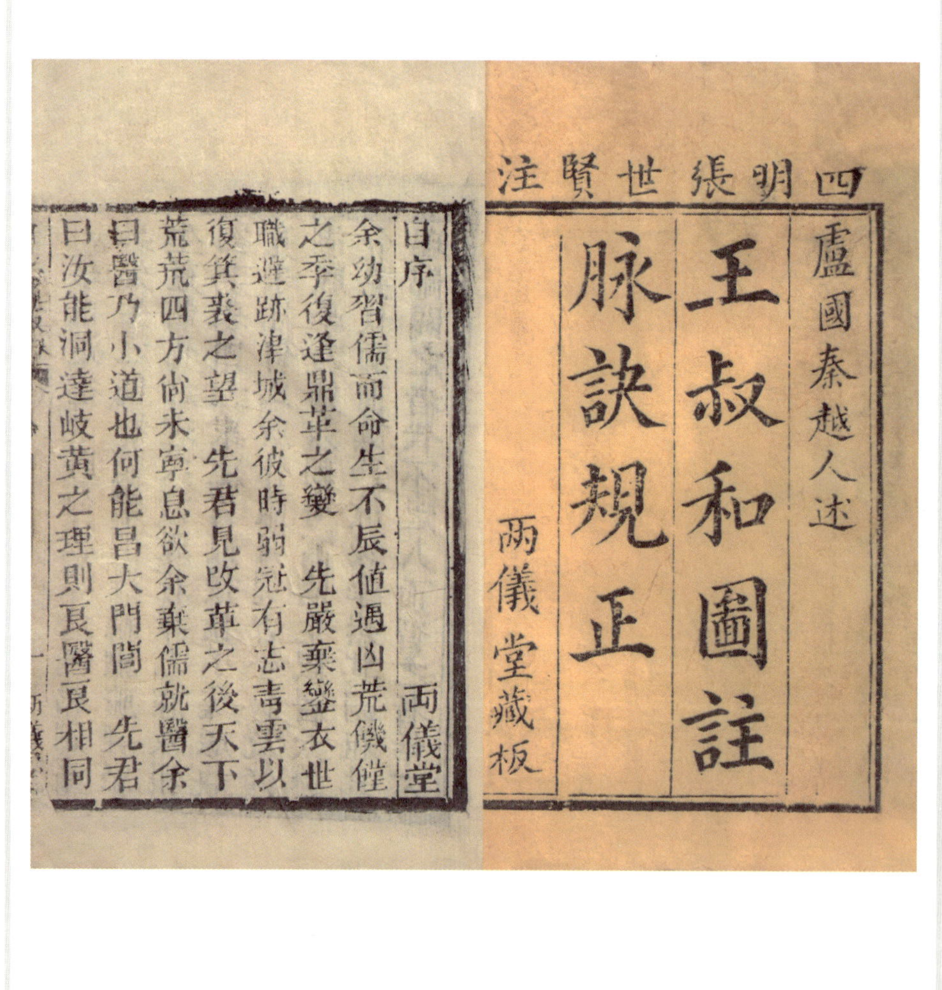

四明張世賢注

盧國秦越人述

王叔和圖註

脉訣規正

兩儀堂藏板

自序　兩儀堂

余幼習儒而命生不辰值遇凶荒饑饉之季復逢鼎革之變　先嚴棄鑾衣世職避跡津城余彼時弱冠有志青雲以復箕裘之望　先君見改革之後天下荒荒四方尚未寧息欲余棄儒就醫余曰醫乃小道也何能昌大門閭　先君曰汝能洞達岐黃之理則良醫良相同

王叔和圖註脈訣規正 二卷（清）沈鏡微 删註

清末兩儀堂刻本

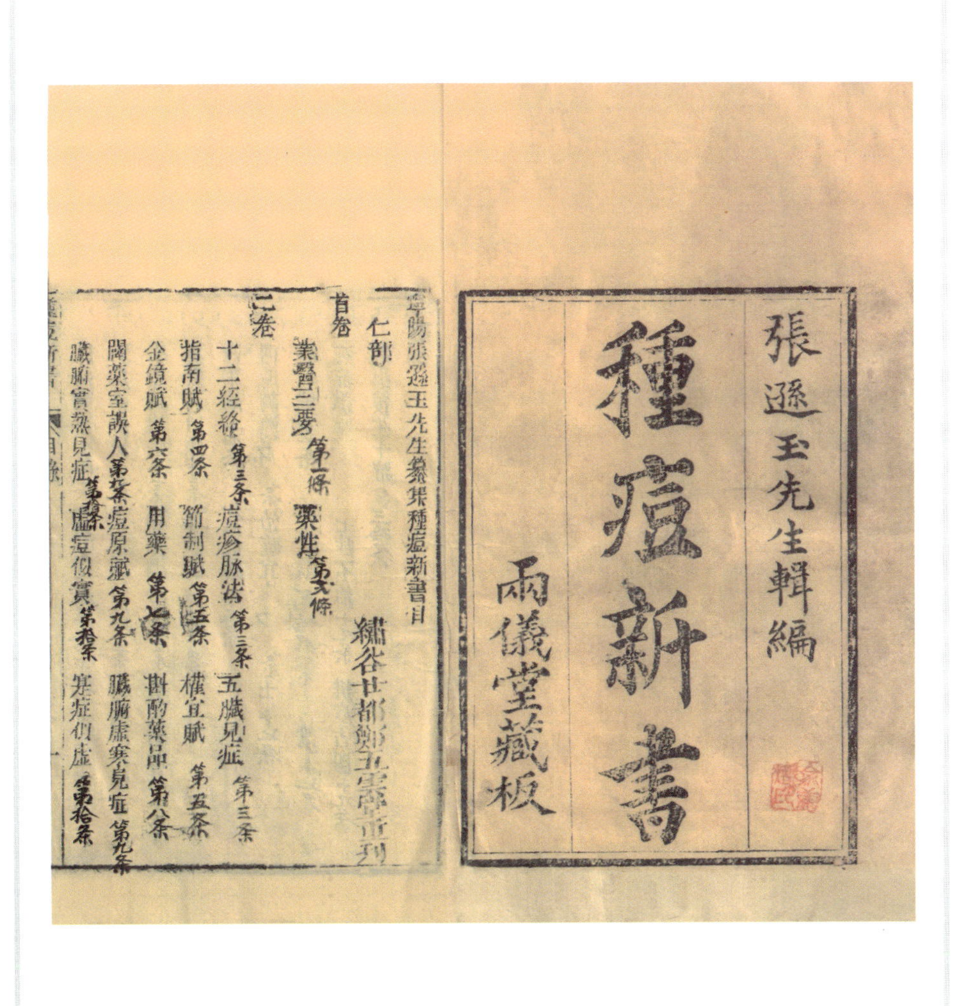

張遜玉先生輯編
種痘新書
兩儀堂藏板

寧陽張遜玉先生纂集種痘新書目　繡谷廿都鄭五雲堂重刊
仁部
首卷
業醫三要 第一條　藥性 第二條
一卷
十二經絡 第三条　痘疹脉法 第三条　五臟見症 第三条
指南賦 第四条　節制賦 第五条　權宜賦 第五条
金鏡賦 第六条　用藥 第七条　斟酌藥品 第八条
閱藥室談人 第八条　痘原癥 第九条　臟腑虛實見症 第九条
臟腑實熱見症 第十条　虛症似實 第拾条　實症似虛 第拾条

種痘新書 一 目錄

種痘新書 十二卷 （清）寧化 張琰 輯

清末兩儀堂據繡谷廿都鄭五雲堂本重刊

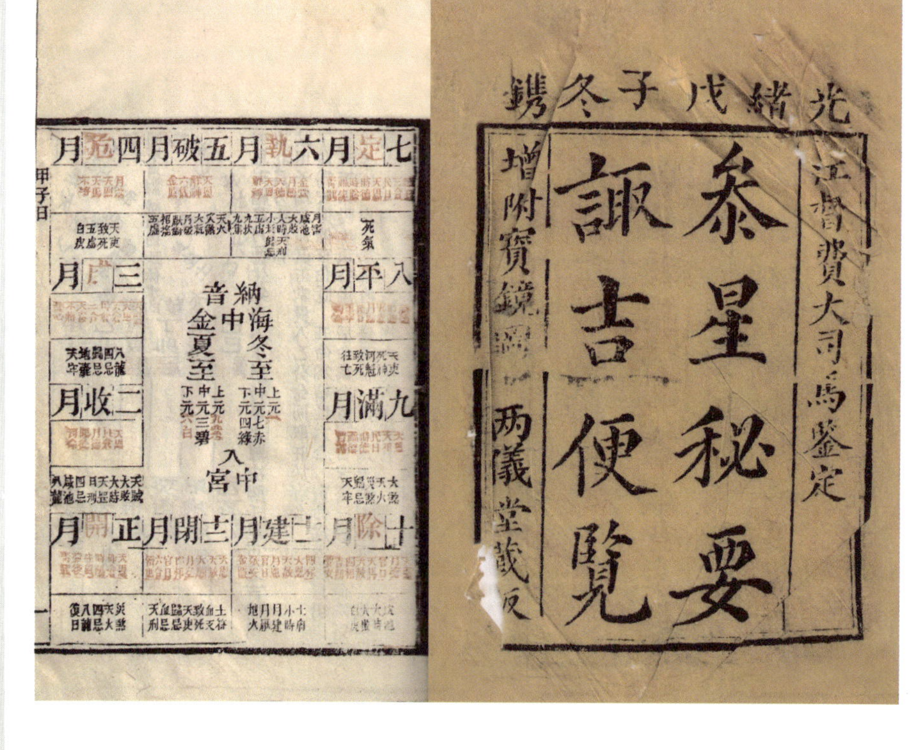

參星秘要諏吉便覽 不分卷

光緒十四年（1888）兩儀堂朱墨套印本 劍川雕龍蟲館藏

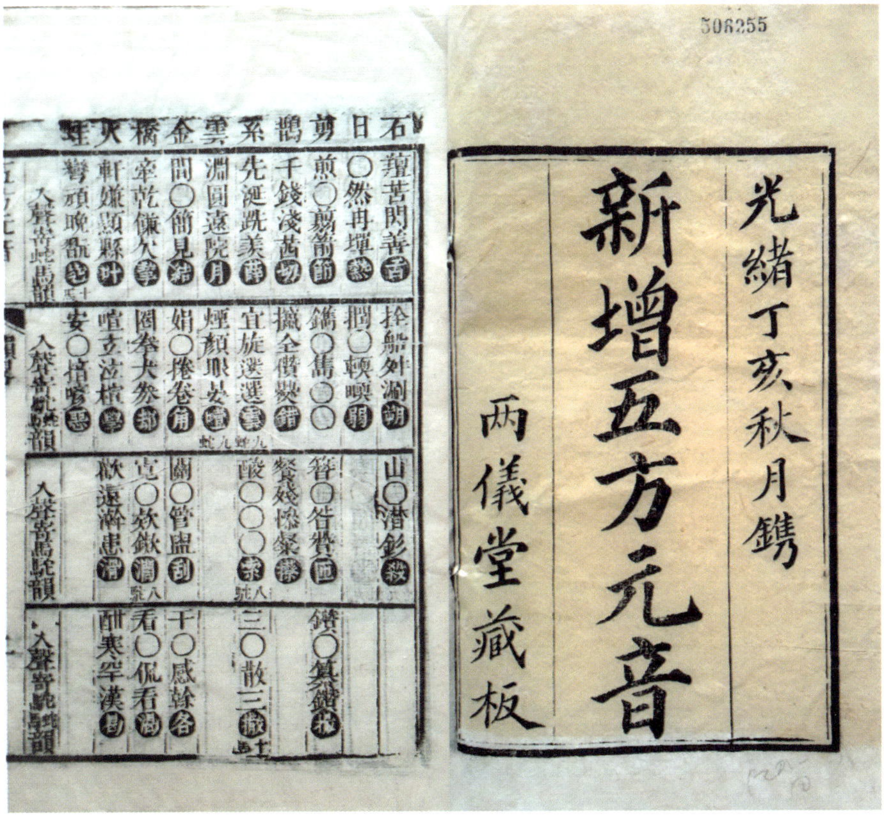

光緒丁亥秋月鐫

新增五方元音

兩儀堂藏板

新增五方元音 不分卷 （清）邢臺 樊騰鳳 輯

光緒十三年（1887）兩儀堂刻本 北京師範大學圖書館藏

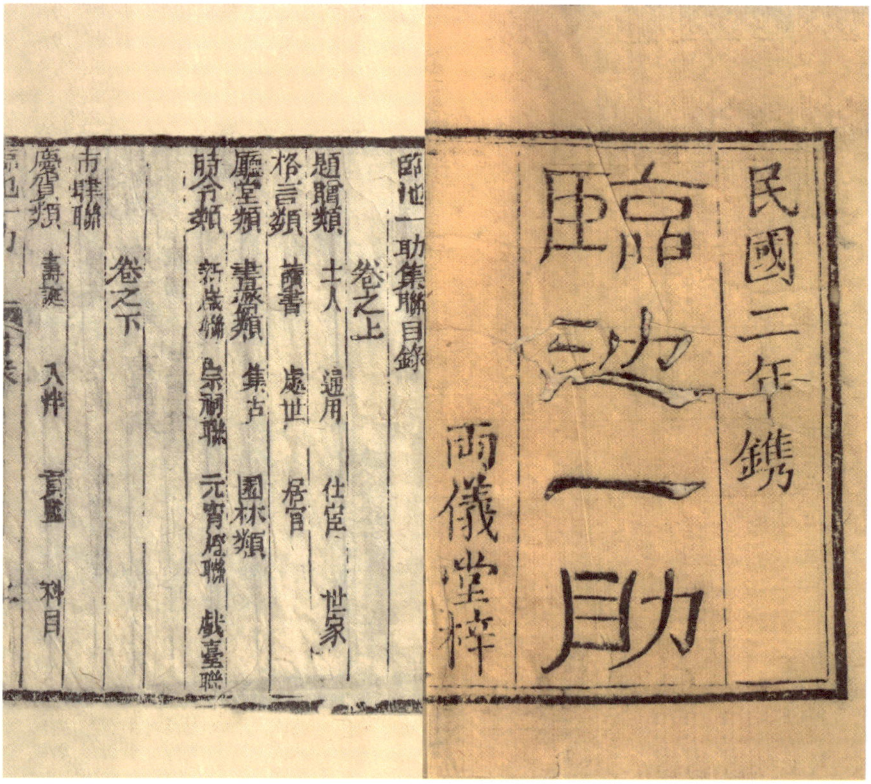

兩儀堂

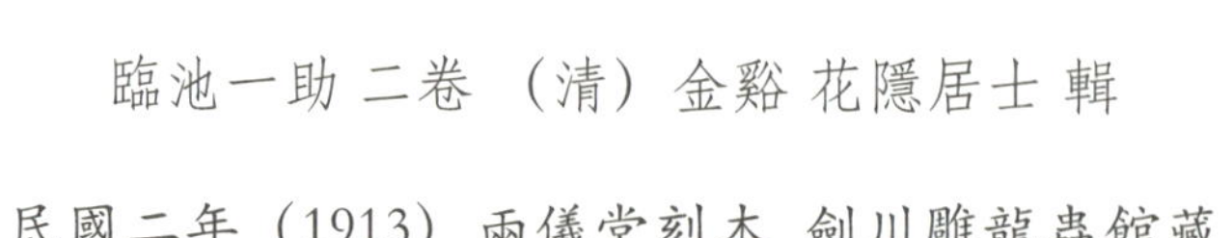

臨池一助 二卷 （清）金谿 花隱居士 輯

民國二年（1913）兩儀堂刻本 劍川雕龍蟲館藏

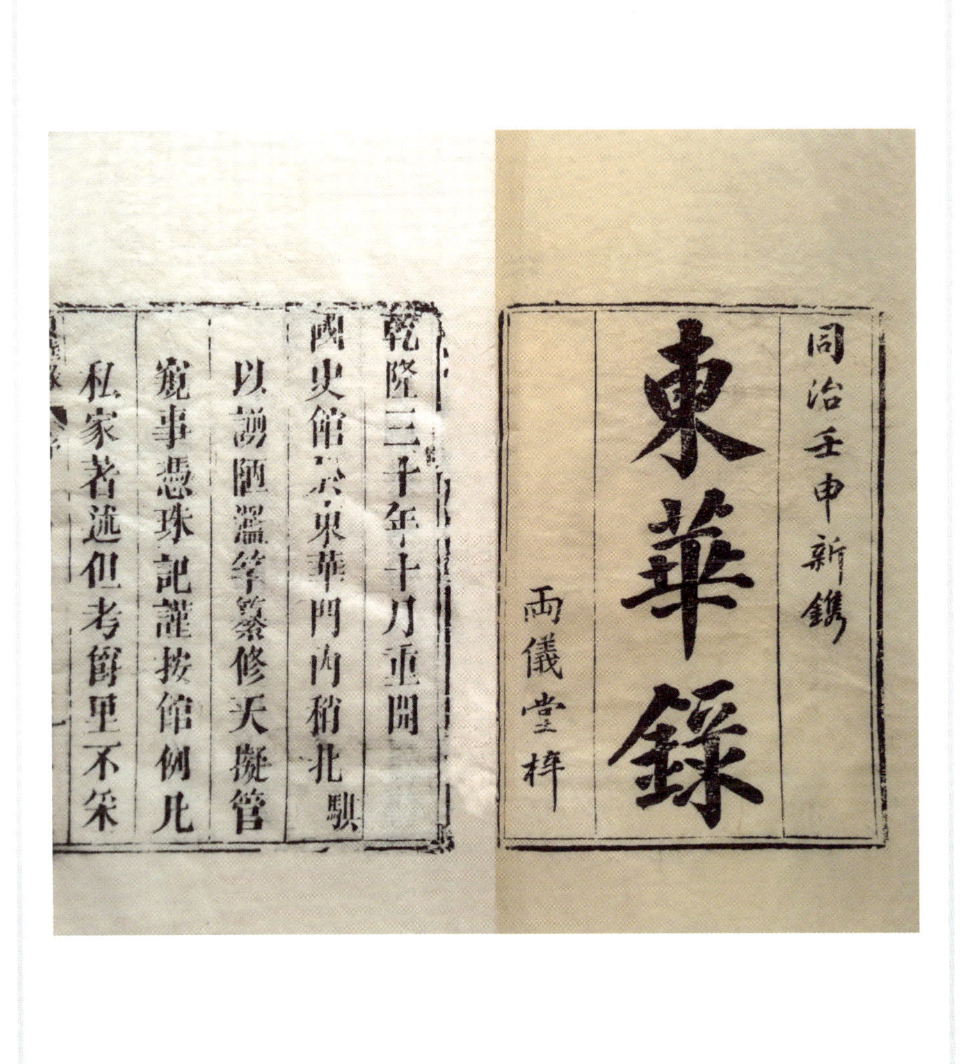

同治壬申新鐫

東華錄

兩儀堂梓

乾隆三十年十月重開
國史館於東華門內稍北騏
以謭陋濫竽纂修夭擬管
窺事悉珠記謹按館例凡
私家著述但考爵里不采

東華錄 三十二卷 （清）全州 蔣良騏 撰

同治十一年（1872）兩儀堂刻本

安邦後傳

鳳凰山

兩儀堂梓

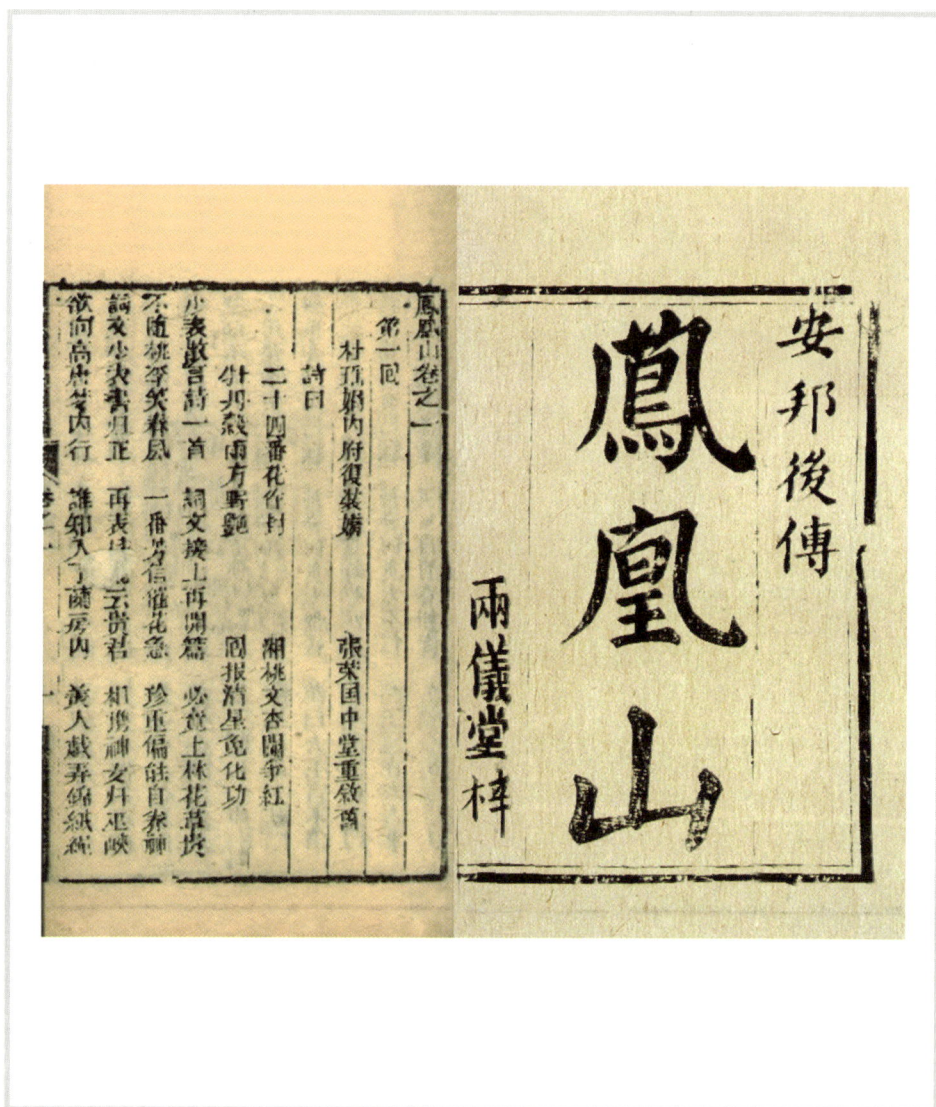

鳳凰山 七十二卷 （清）佚名 撰

清末兩儀堂刻本 廈門大學圖書館藏

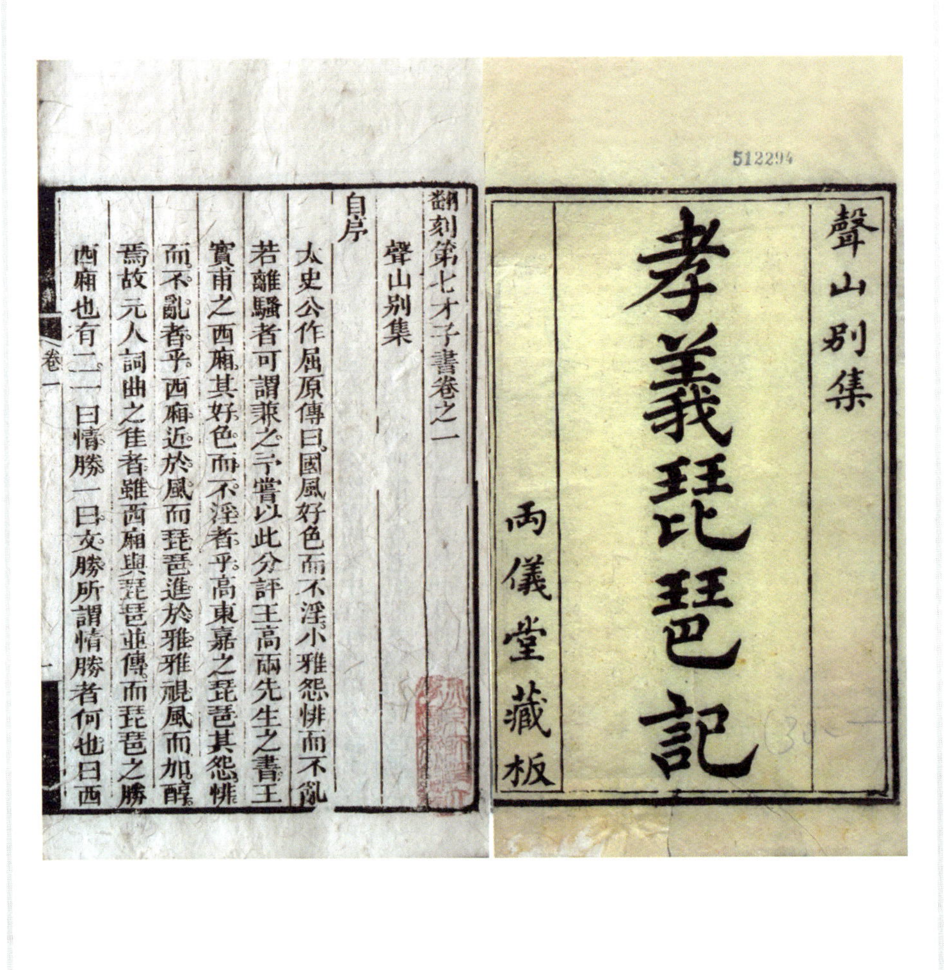

聲山別集

孝義琵琶記

兩儀堂藏板

翻刻第七才子書卷之一

聲山別集

自序

太史公作屈原傳曰國風好色而不淫小雅怨誹而不亂若離騷者可謂兼之矣嘗以此分許王高兩先生之書王實甫之西廂其好色而不淫者乎高東嘉之琵琶其怨誹而不亂者乎西廂近於風而琵琶進於雅雅視風而加醇焉故元人詞曲之佳者雖西廂與琵琶並傳而琵琶之勝西廂也有二一曰情勝一曰文勝所謂情勝者何也曰西

孝義琵琶記 四十二出 （元）高明 撰

清末兩儀堂刻本 北京師範大學圖書館藏

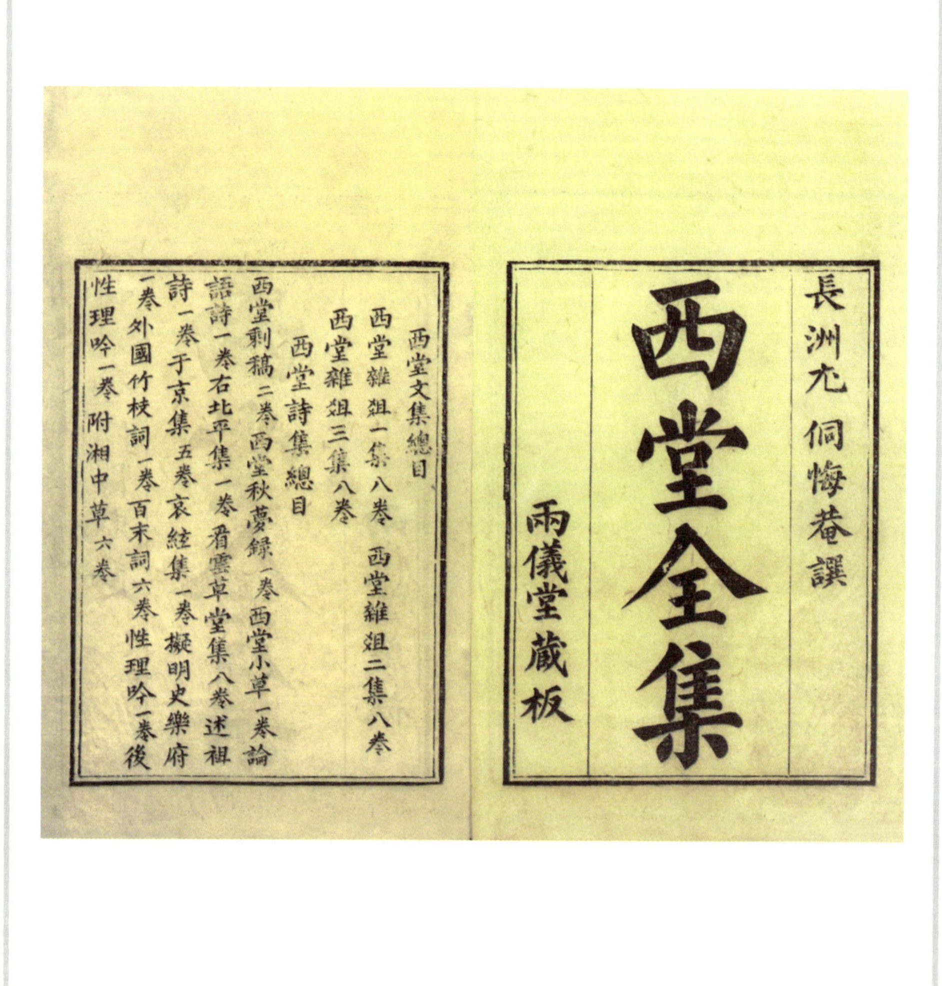

長洲尤侗悔菴譔

西堂全集

兩儀堂藏板

西堂文集總目

西堂雜組一集八卷　西堂雜組二集八卷

西堂雜組三集八卷

西堂詩集總目

西堂剩稿二卷西堂秋夢錄一卷西堂小草一卷論語詩一卷右北平集一卷看雲草堂集八卷述祖詩一卷于京集五卷哀絃集一卷擬明史樂府一卷外國竹枝詞一卷百末詞六卷性理吟一卷後性理吟一卷附湘中草六卷

西堂全集 五十八卷 （清）蘇州 尤侗 撰

清中期兩儀堂刻本 南京大學圖書館藏

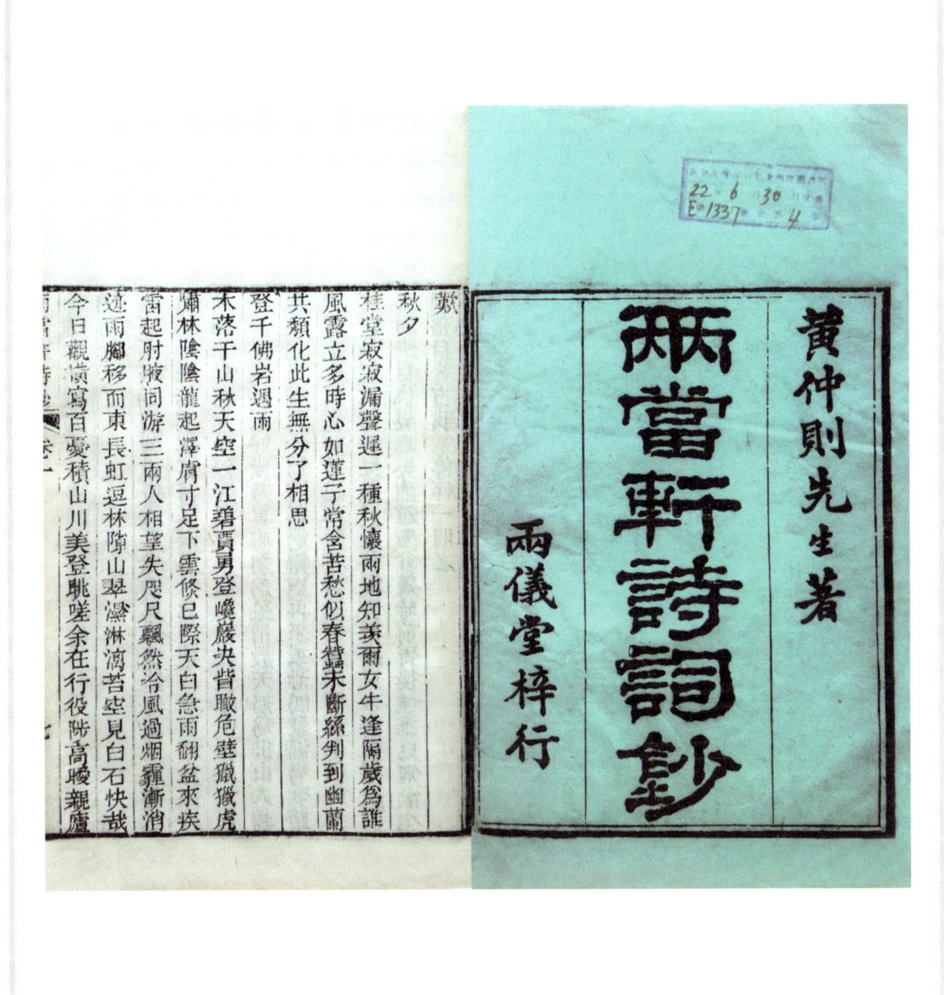

黃仲則先生著

兩當軒詩詞鈔

兩儀堂梓行

歎

秋夕

桂堂寂寂漏聲遲一種秋懷兩地知羨爾女牛逢隔歲為誰
風露立多時心如蓮子常含苦愁似春蠶未斷絲判到幽蘭
共頹化此生無分了相思

登千佛岩遇雨

木落千山秋天空一江碧賈勇登巉巖決眥瞰危壁獵獵虎
嘯林陰陰龍起澤膚寸足下雲倏已際天白急雨翻盆來疾
雷起肘腋同游三兩人相望失咫尺飄然冷風過烟靄漸消
迹雨腳移而東長虹逗林隙山翠濕淋漓苔空見白石快哉
今日觀償寫百憂積山川美登眺嗟余在行役陟高峻親廬

兩當軒詩鈔 卷一 七

兩當軒詩詞鈔 十六卷 （清）杭州 黃景仁 撰

乾隆四十八年（1783）兩儀堂刻本 北京師範大學圖書館藏

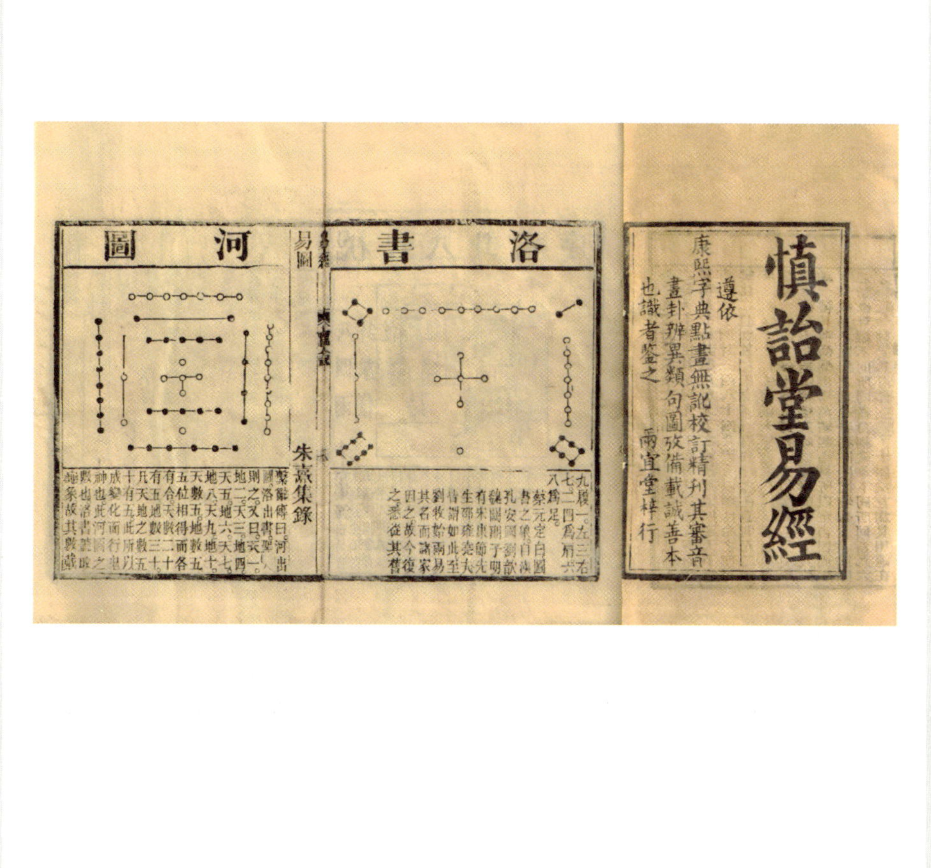
慎詒堂易經

遵依
康熙字典點畫無訛校訂精刋其審音
畫卦辨異類句圖攷備載誠善本
也識者鑒之　兩宜堂梓行

洛書

河圖

易圖

朱熹集錄

慎詒堂易經 四卷

清末兩宜堂刻本

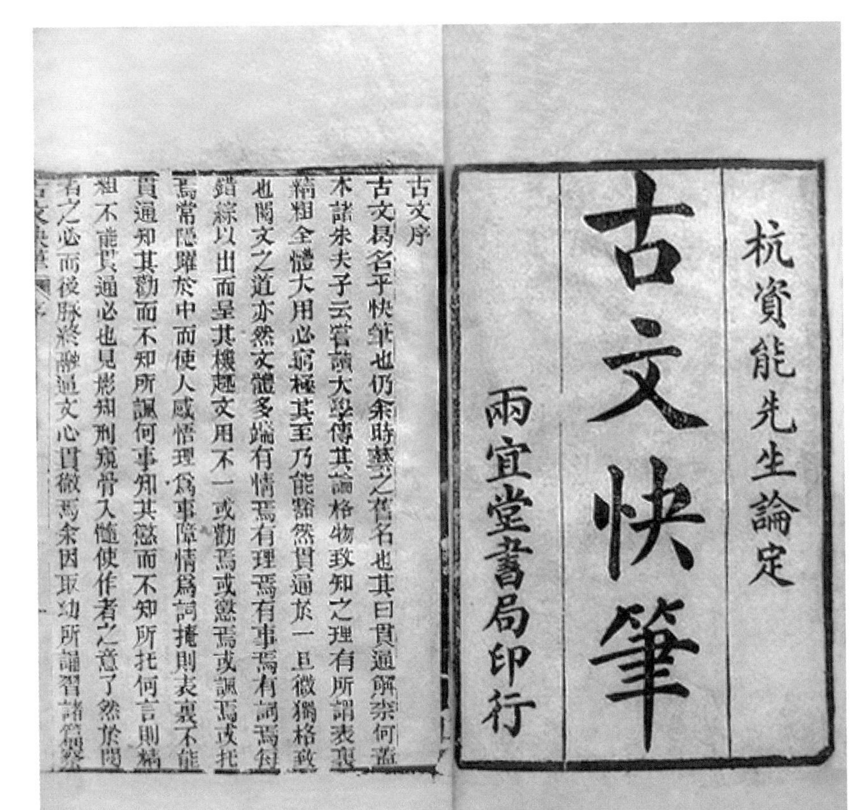

杭賓能先生論定

古文快筆

兩宜堂書局印行

古文序

古文曷名乎快筆也仍余時藝之舊名也其曰貫通觧柰何蓋
本諸朱夫子云嘗讀大學傳其論格物致知之理有所謂表裏
精粗全體大用必窮極其至乃能豁然貫通於一旦徹獨格致
也閲文之道亦然文體多端有情焉有理焉有事焉有詞焉每
錯綜以出而呈其機趣文用不一或勸焉或懲焉或諷焉或托
焉常隱躍於中而使人感悟理爲事障情爲詞掩則表裏不能
貫通知其勸而不知所諷何事知其懲而不知所托何言則精
粗不能貫通必也見彪知刑窺骨入髓使作者之意了然於閲
者之心而後脉絡融通文心貫徹焉余因取幼所誦習諸篇彙纂

古文快筆 序

古文快筆 三卷 （清）蘇州 杭永年 撰

清末兩宜堂書局刻本

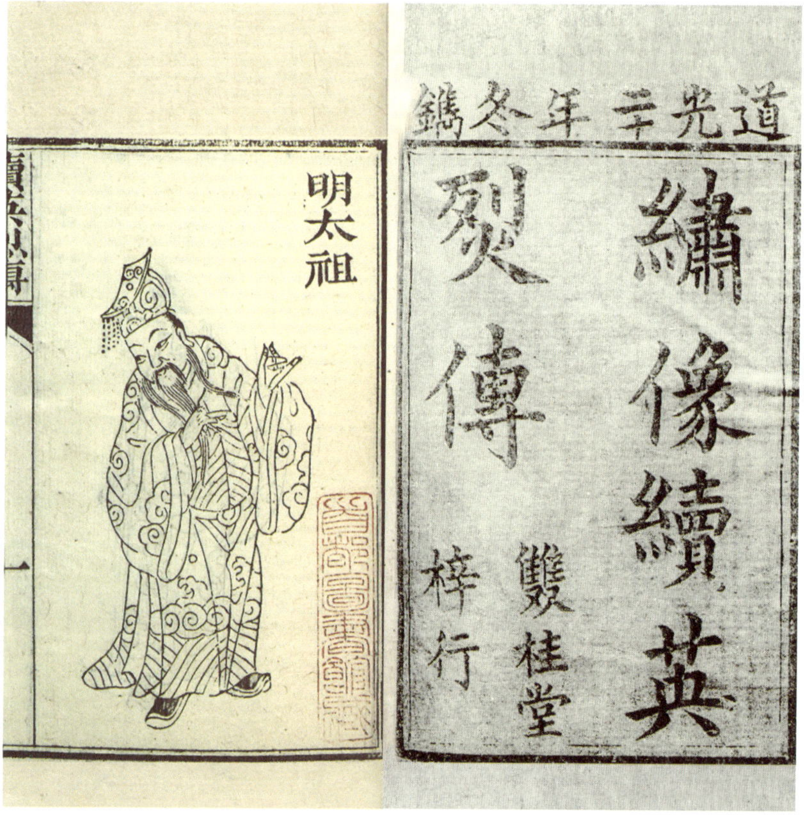

明太祖

道光廿年冬鐫

繡像續英烈傳

雙桂堂梓行

繡像續英烈傳 二十回 （清）空谷老人 撰

道光二十年（1840）雙桂堂刻本 首都圖書館藏

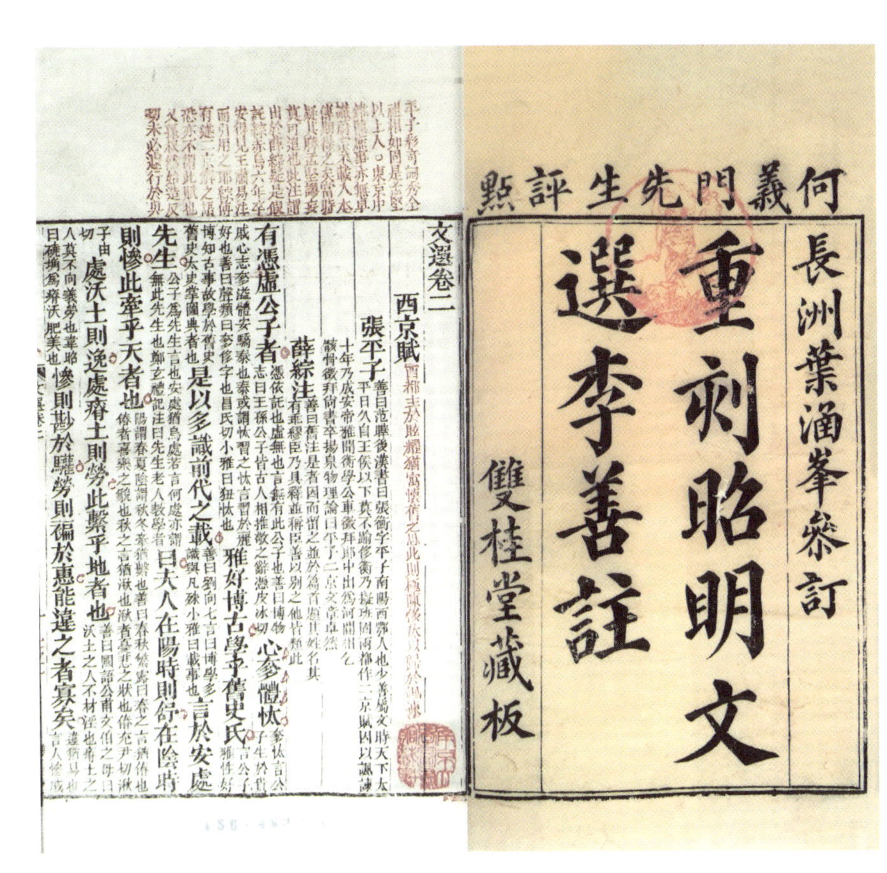

何義門先生評點

長洲葉涵峯參訂

重刻昭明文選李善註

雙桂堂藏板

文選卷二

西京賦

張平子

重刻昭明文選李善註 六十卷 （梁）蕭統 輯 （唐）李善 註

清中期雙桂堂硃墨套印本 南京大學圖書館藏

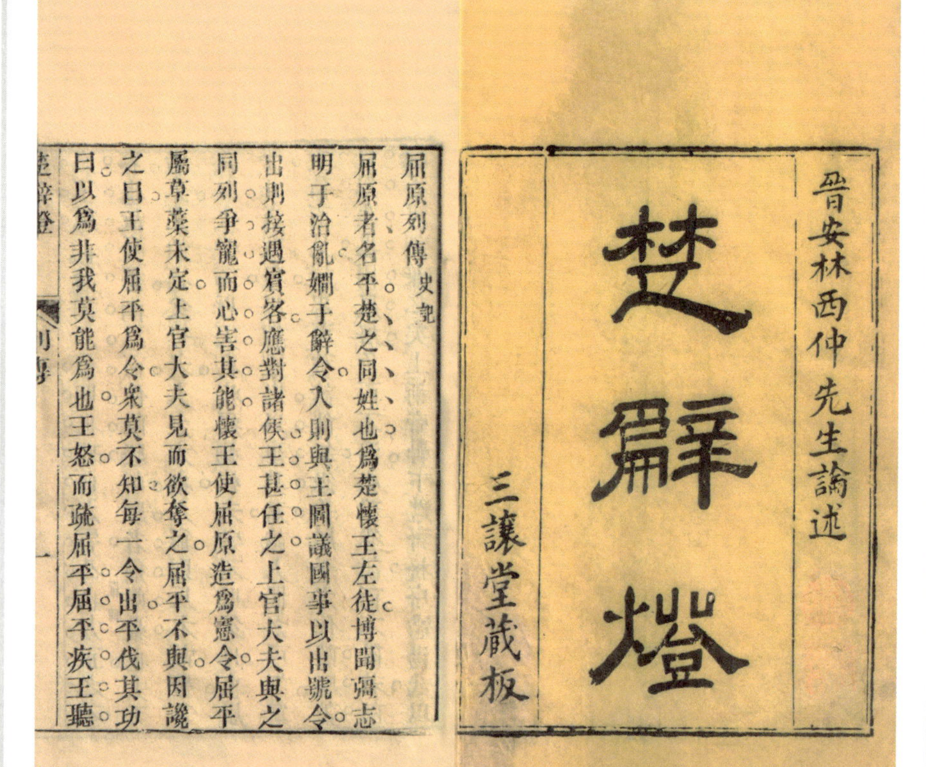

晉安林西仲先生論述

楚辭燈

三讓堂藏板

屈原列傳　史記

屈原者名平楚之同姓也爲楚懷王左徒博聞彊志
明于治亂嫺于辭令入則與王圖議國事以出號令
出則接遇賓客應對諸侯王甚任之上官大夫與之
同列爭寵而心害其能懷王使屈原造爲憲令屈平
屬草藁未定上官大夫見而欲奪之屈平不與因讒
之曰王使屈平爲令衆莫不知每一令出平伐其功
曰以爲非我莫能爲也王怒而疏屈平屈平疾王聽

楚辭燈　列傳　一

楚辭燈 四卷 （清） 福州 林雲銘 撰

清中期三讓堂刻本 劍川雕龍蟲館藏

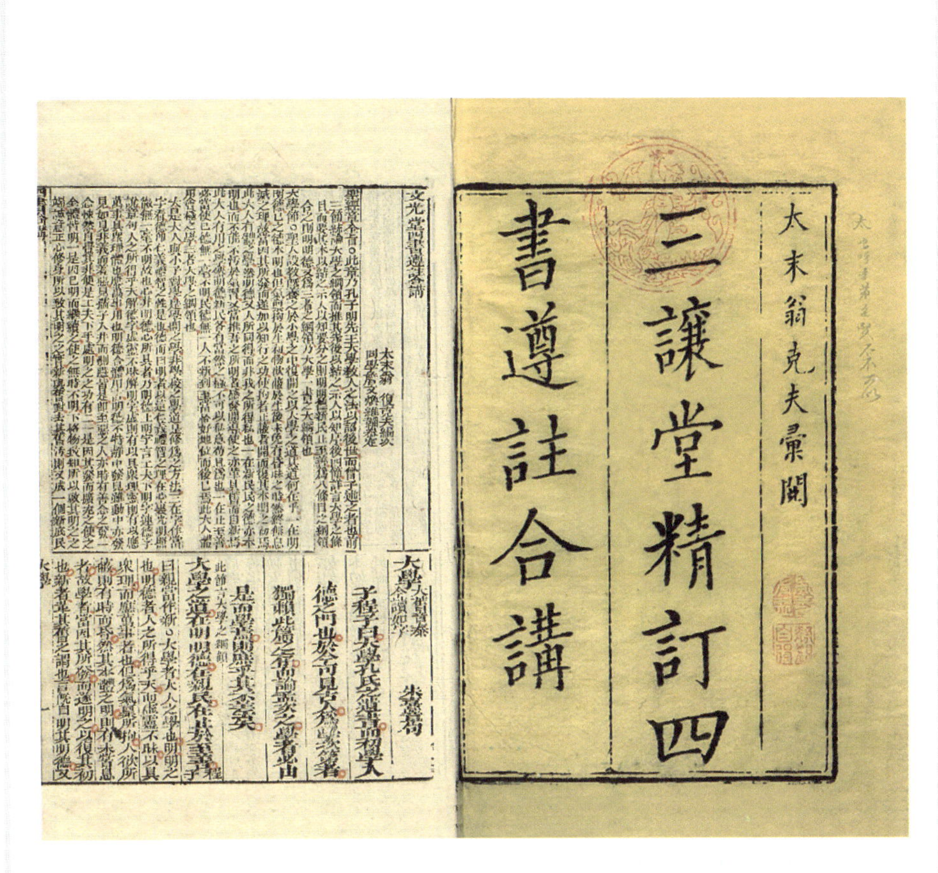

三讓堂精訂四書遵註合講 六冊 （清）龍游 翁復 撰

清末三讓堂翻印文光堂刻本

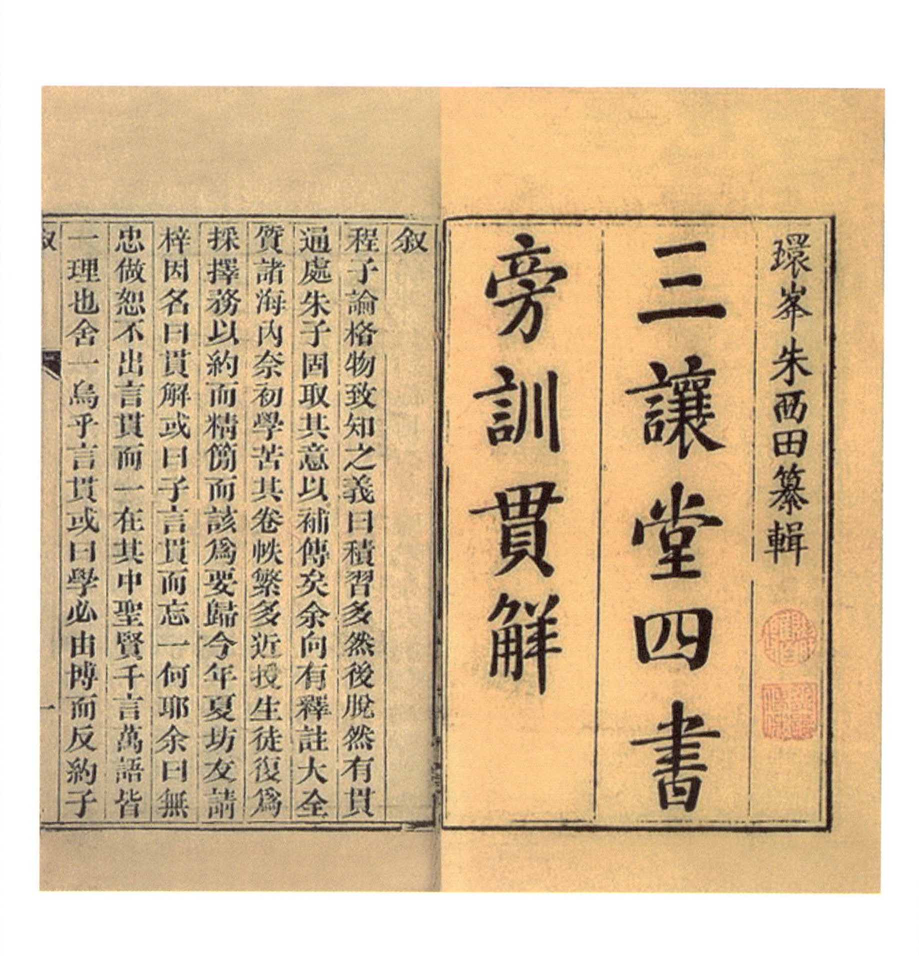

環峯朱西田纂輯

三讓堂四書
旁訓貫解

叙

程子論格物致知之義曰積習多然後脫然有貫通處朱子固取其意以補傳矣余向有釋註大全質諸海內奈初學苦其卷帙繁多近授生徒復為採擇務以約而精簡而該為要歸今年夏坊友請梓因名曰貫解或曰子言貫而忘一何耶余曰無忠儆恕不出言貫而一在其中聖賢千言萬語皆一理也舍一烏乎言貫或曰學必由博而反約子

叙　一

三讓堂四書旁訓貫解 六冊 （清）朱西田 輯

清末三讓堂刻本

四書引解 十四冊 （清）寶安 鄧柱瀾 輯

清中晚期珊城三讓堂吳氏刻本

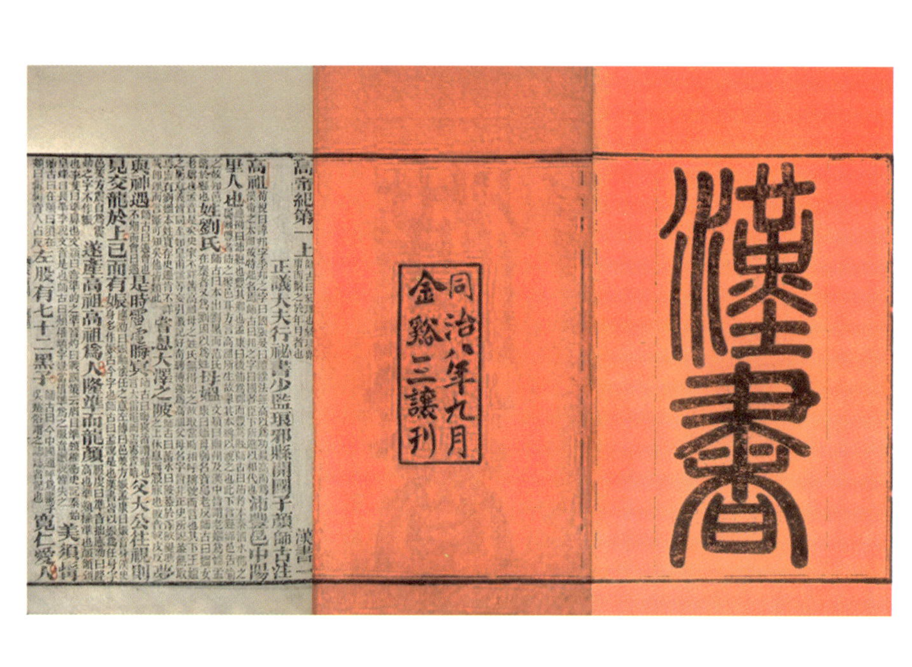

漢書 一百二十卷 （東漢）班固 撰

同治八年（1869）金谿三讓堂刻本

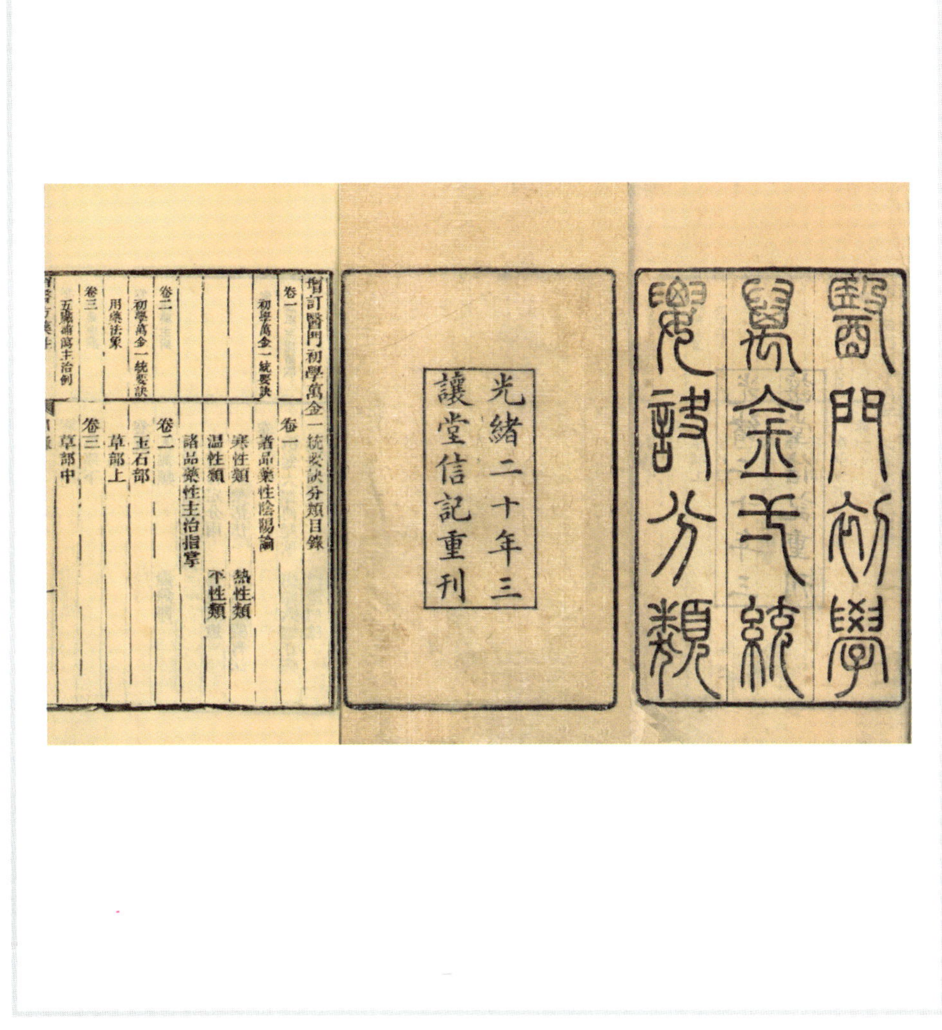
醫門初學萬金一統要訣分類

光緒二十年三讓堂信記重刊

增訂醫門初學萬金一統要訣分類目錄

卷一

初學萬金一統要訣

卷一

諸品藥性陰陽論

寒性類　熱性類

溫性類　平性類

諸品藥性主治指掌

卷二

初學萬金一統要訣

卷二

玉石部

用藥法象

草部上

卷三

卷三

五臟補瀉主治例

草部中

醫門初學萬金一統要訣分類 十卷 （清）羅必煒 參訂

光緒二十年（1894）三讓堂信記刻本 劍川雕龍蟲館藏

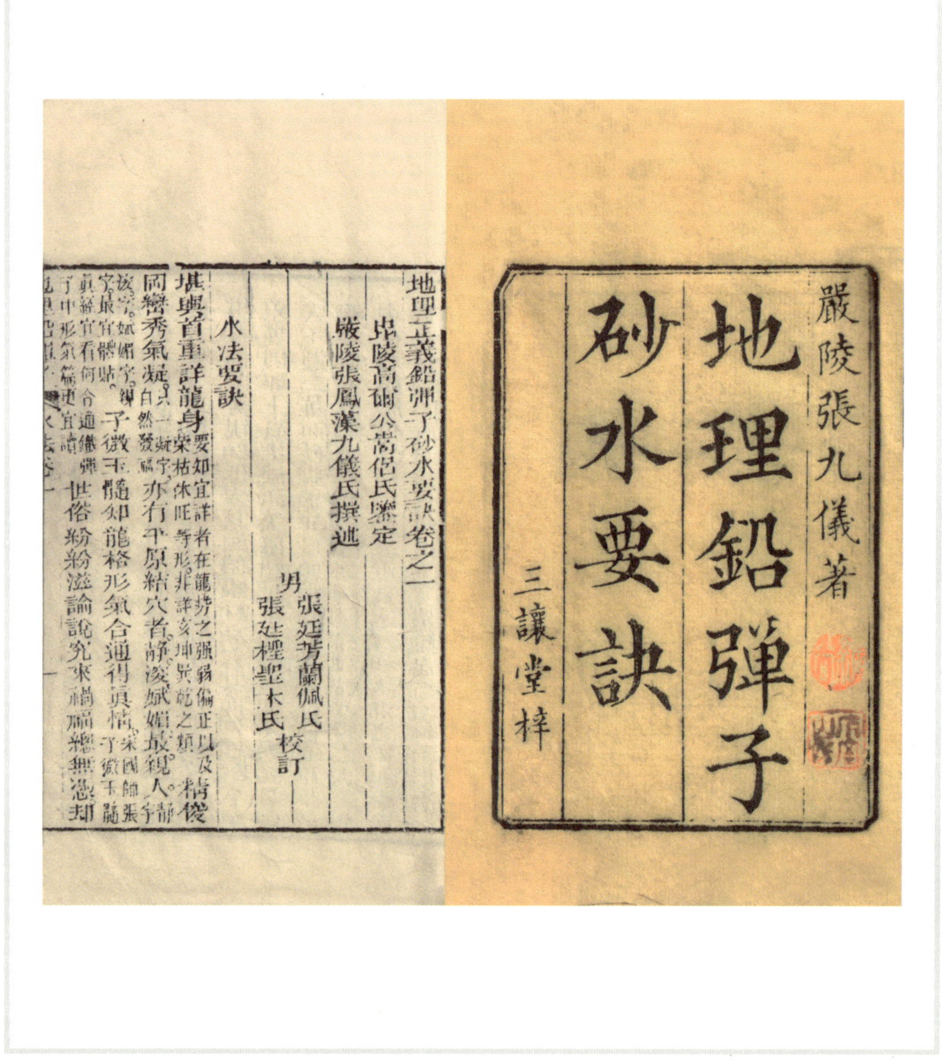

地理鉛彈子砂水要訣 六卷 （清）桐廬 張鳳藻 撰

清末三讓堂刻本

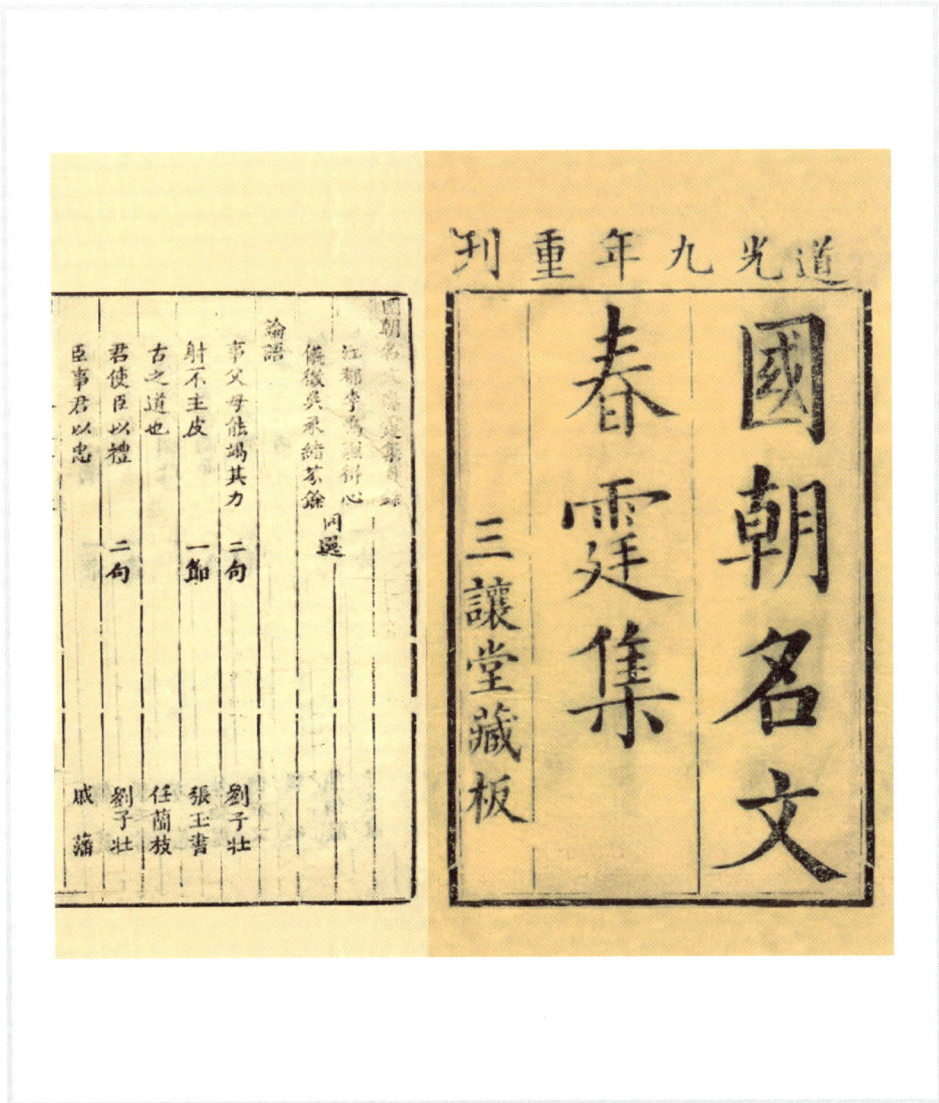

道光九年重刊

國朝名文春霆集

三讓堂藏板

國朝名文春霆集目錄

江都李鳴謙衍心
儀徵吳承緒家鑠 同選

論語

事父母能竭其力 二句 劉子壯

射不主皮 一節 張玉書

古之道也 任蘭枝

君使臣以禮 二句 劉子壯

臣事君以忠 戚藩

國朝名文春霆集 不分卷 （清）李鳴謙 輯

道光九年（1829）三讓堂刻本

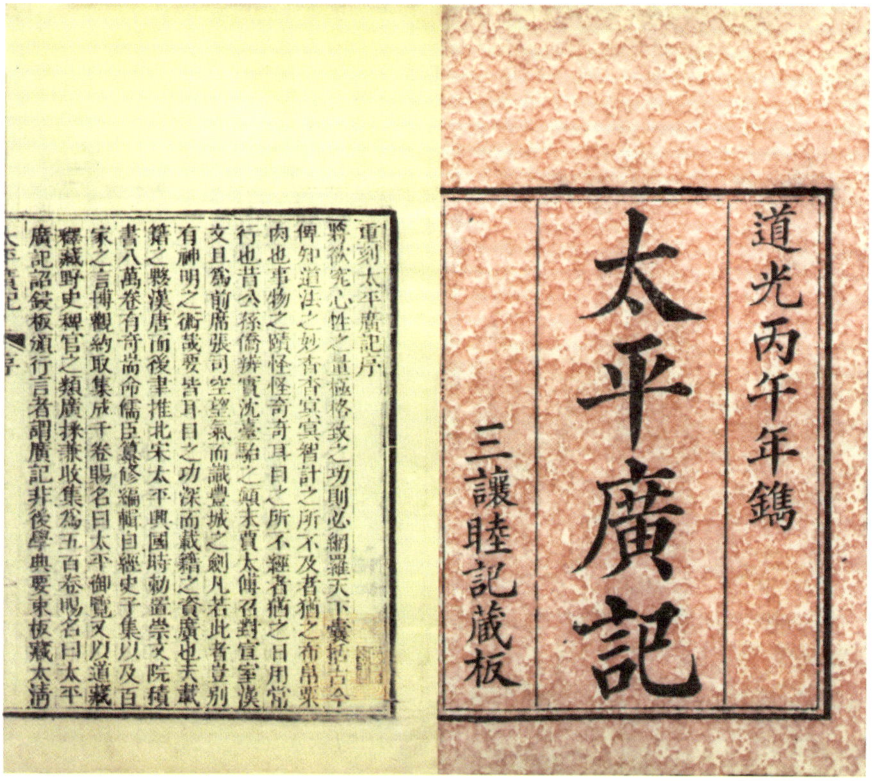

道光丙午年鐫

太平廣記

三讓睦記藏板

重刻太平廣記序

將欲究心性之量極格致之功則必網羅天下囊括古今俾知道法之妙杳杳冥冥智計之所不及者猶之布帛粟肉也事物之賾怪怪奇奇耳目之所不經者猶之日用常行也昔公孫僑辨實沈臺駘之類未賈太傅召對宣室漢文且爲前席張司空望氣而識豐城之劍凡若此者豈別有神明之術哉要皆耳目之功深而載籍之資廣也夫載籍之夥漢唐而後聿推北宋太平興國時勅置崇文院積書八萬卷有奇爰命儒臣纂修編輯自經史子集以及百家之言博觀約取集成千卷賜名曰太平御覽又以道藏釋藏野史稗官之類廣採兼收集爲五百卷賜名曰太平廣記詔鋟板頒行言者謂廣記非後學典要束板藏太清

太平廣記　序　一

太平廣記 五百卷 目錄十卷 （宋）李昉 輯

道光二十六年（1846）三讓睦記刻本

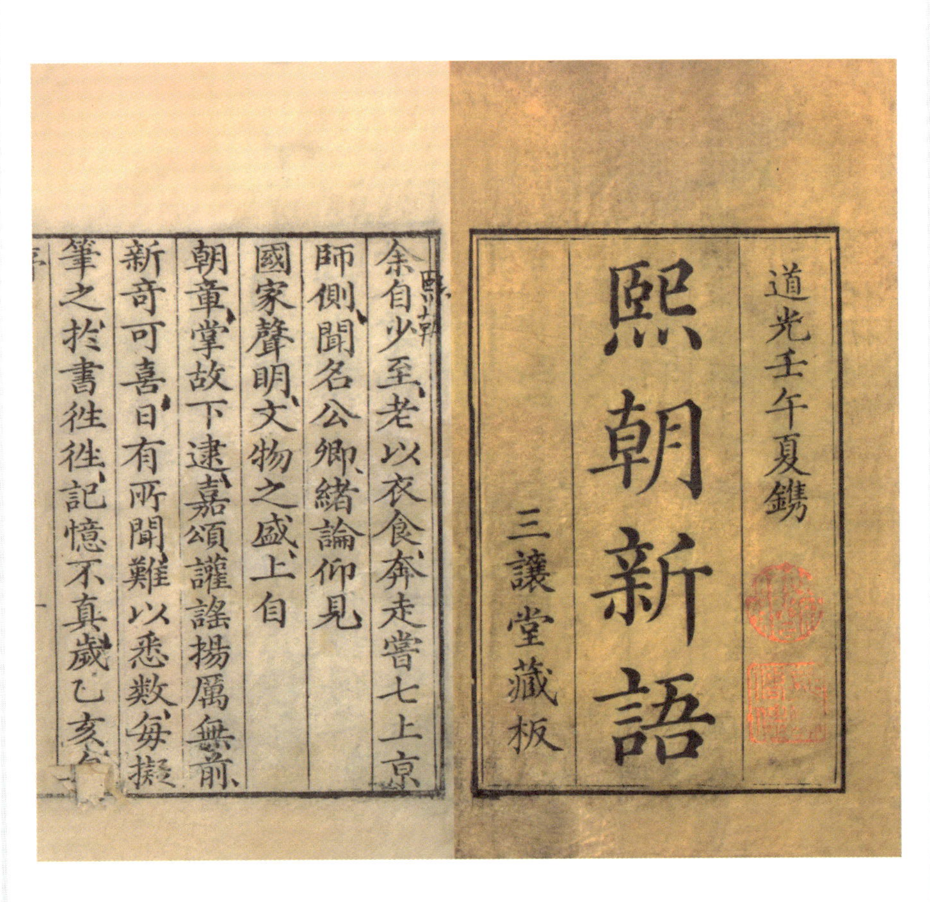

道光壬午夏鐫

熙朝新語

三讓堂藏板

余自少至老以衣食奔走嘗七上京
師側聞名公卿緒論仰見
國家聲明文物之盛上自
朝章掌故下逮嘉頌謳謠揚厲無前
新奇可喜日有所聞難以悉數每擬
筆之於書往往記憶不真歲乙亥

熙朝新語 十六卷 （清）金匱 錢泳 徐厚卿 輯

道光二年（1822）三讓堂刻本 劍川雕龍蟲館藏

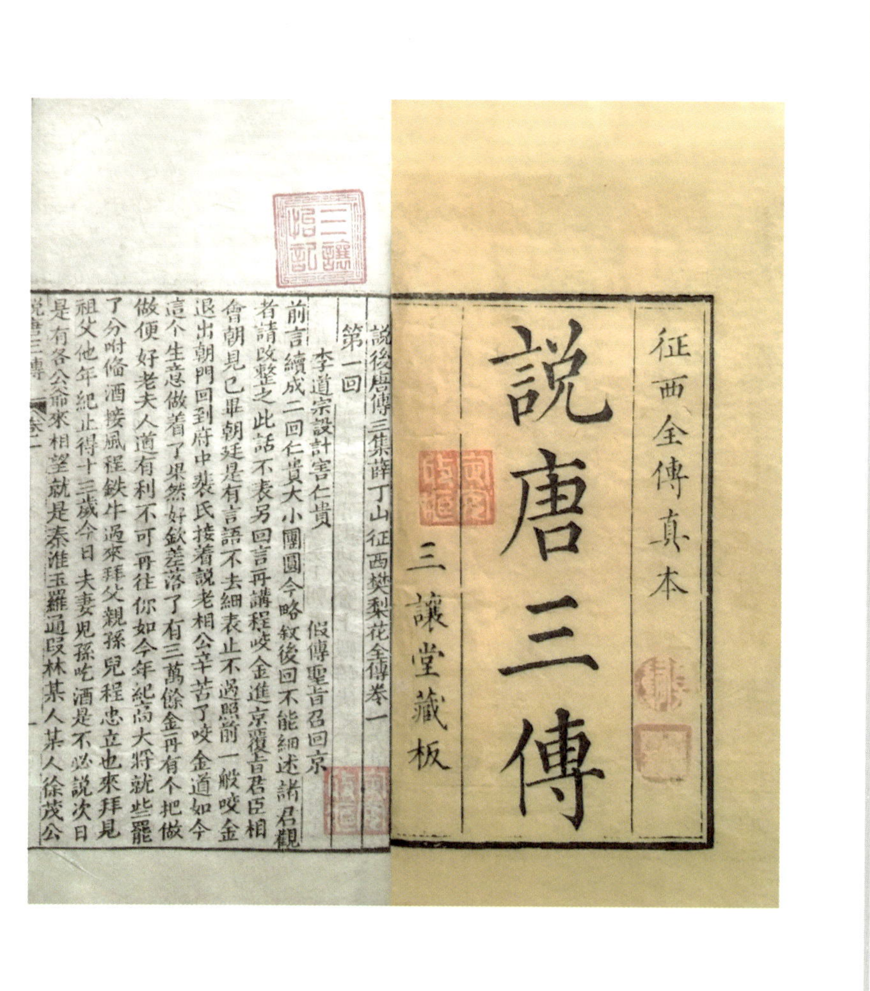

征西全傳真本

說唐三傳

三讓堂藏板

說後唐傳三集薛丁山征西樊梨花全傳卷一

第一回 李道宗設計害仁貴 假傳聖旨召回京

前言續成二回仁貴大小團圓今略敘後回不能細述諸君觀者請改整之此話不表另回言再講程咬金進京覆旨君臣相會朝見已畢朝廷是有言語不去細表止不過照前一般咬金退出朝門回到府中裴氏接着說老相公辛苦了咬金道如今這个生意做着了果然好欽差落了有三萬餘金再有个把做做便好老夫人道有利不可再往你如今年紀高大將就些罷了分附備酒接風程鐵牛過來拜父親孫兒程忠立也來拜見祖父他年紀止得十三歲今日夫妻兒孫吃酒是不必說次日是有各公爺來相望就是秦淮玉羅通段林某人某人徐茂公

說唐三傳 卷一 一

說唐三傳 十卷 八十八回 （清）如蓮居士 撰

清末三讓堂刻本 金谿吳定安藏

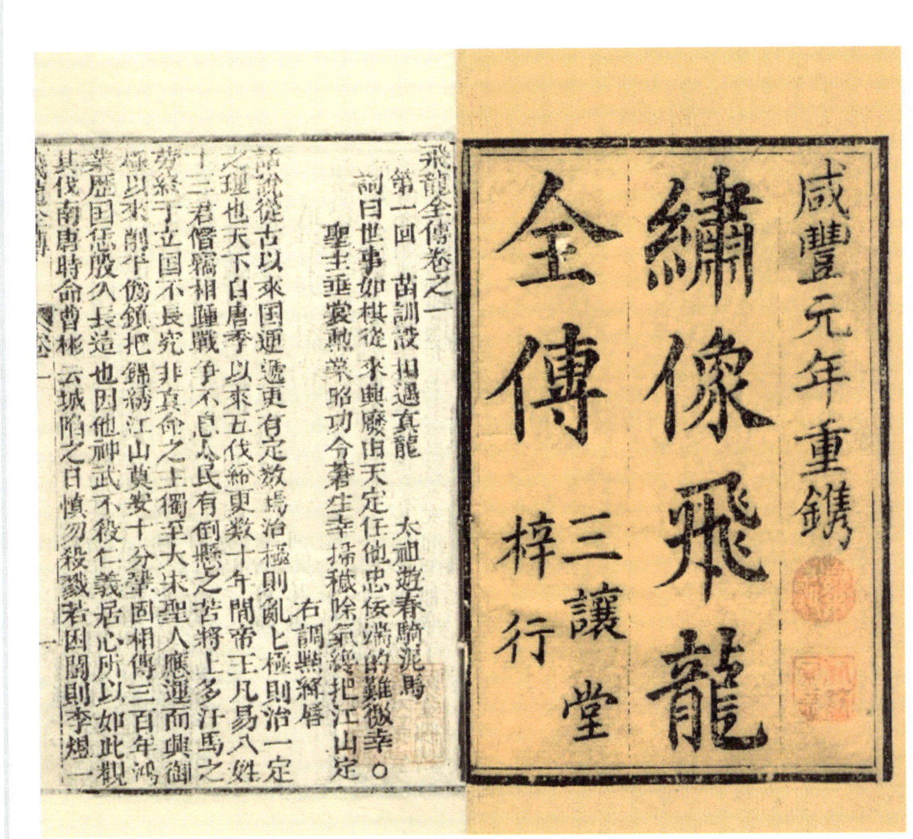

咸豐元年重鐫

繡像飛龍全傳

三讓堂梓行

飛龍全傳卷之一

第一回　茁訓設相遇真龍　太祖遊春騎泥馬

詞曰世事如棋從來興廢由天定任他忠佞端的難徼幸。聖主垂裳勲業昭功令著生幸掃穢除氛纔把江山定　右調點絳唇

話說從古以來国運遞更有定数焉治極則亂亂極則治一定之理也天下自唐季以來五代紛更數十年間帝王凡易八姓十三君僭竊相踵戰爭不息人民有倒懸之苦將士多汗馬之勞終于立国不長究非真命之主獨至大宋聖人應運而興御極以來削平僭偽把錦繡江山奠安十分鞏固相傳三百年鴻業歷固悠久長這也因他神武不殺仁義居心所以如此觀其伐南唐時命曹彬云城陷之日慎勿殺戮若因闘則李煜一

飛龍全傳　卷一

繡像飛龍全傳 十二卷 （清）吳璿 撰

咸豐元年（1851）三讓堂刻本 北京大學圖書館藏

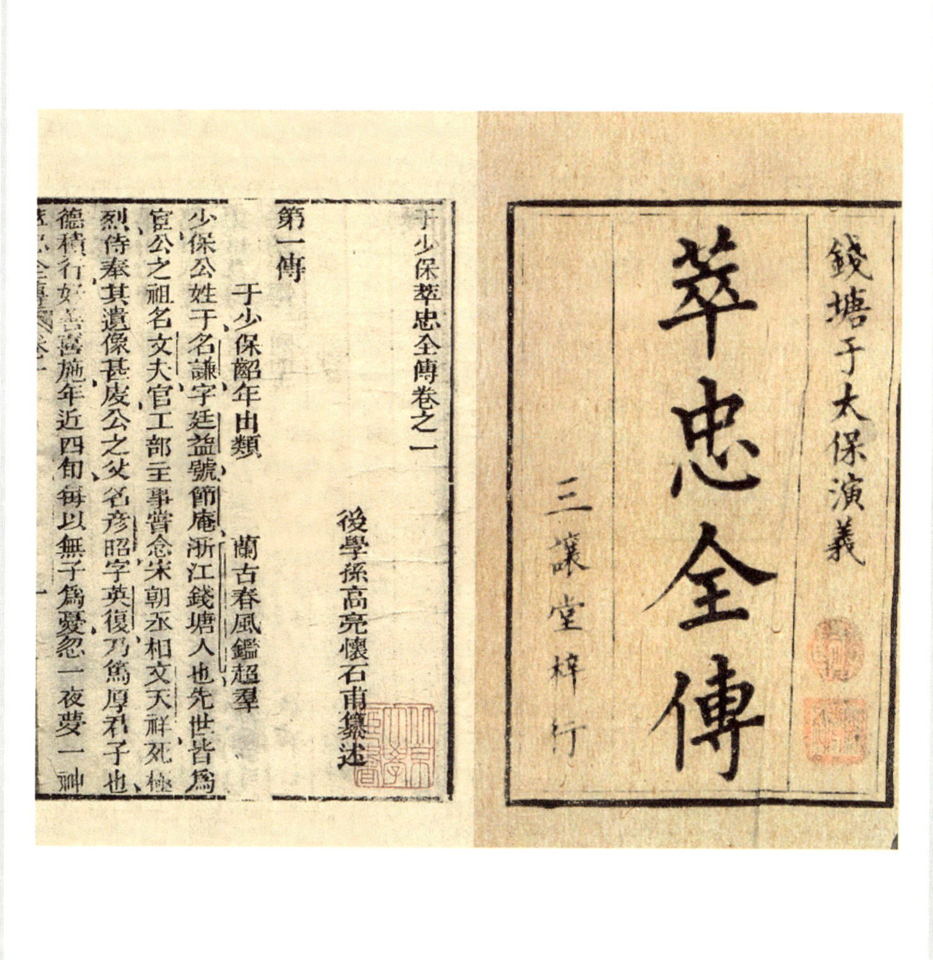

錢塘于太保演義

萃忠全傳

三讓堂梓行

于少保萃忠全傳卷之一

後學孫高亮懷石甫纂述

第一傳

于少保髫年出類　蘭古春風鑑超羣

少保公姓于名謙字廷益號節庵浙江錢塘人也先世皆為官公之祖名文大官工部主事嘗念宋朝丞相文天祥死極烈侍奉其遺像甚虔公之父名彥昭字英復乃為厚君子也德積行好善施年近四旬每以無子為憂忽一夜夢一神

萃忠全傳卷一　一

萃忠全傳 十卷 （清）孫高亮 撰

清末三讓堂刻本 北京大學圖書館藏

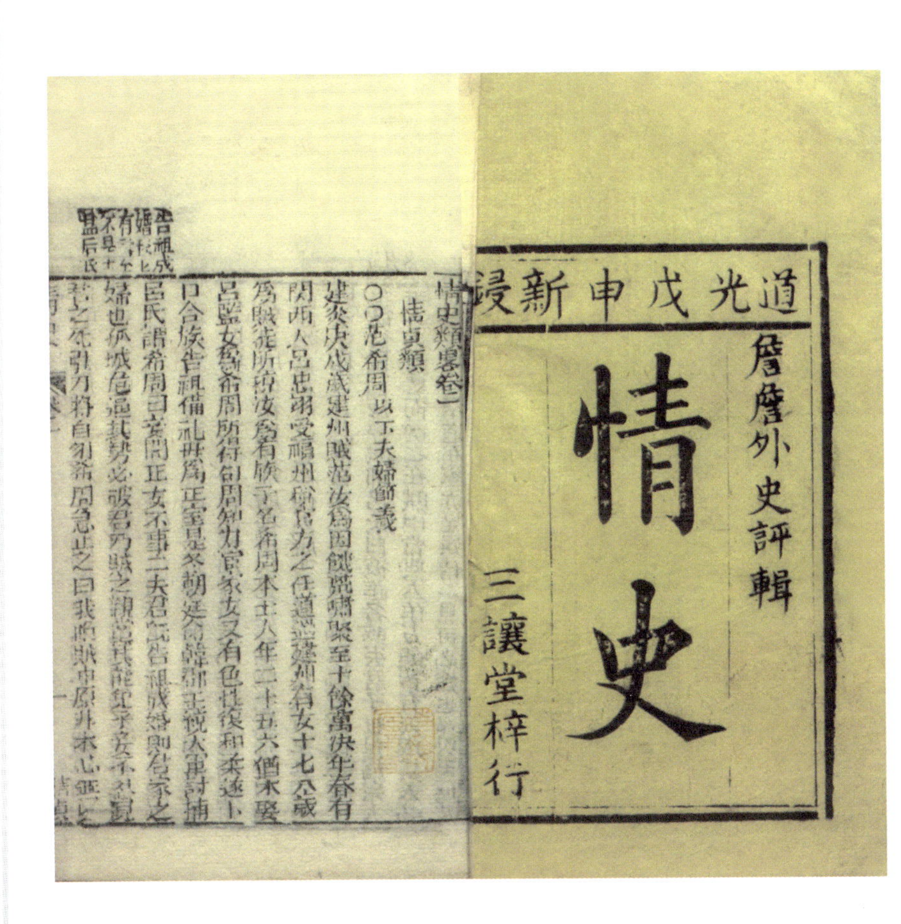

道光戊申新鐫

詹詹外史評輯

情史

三讓堂梓行

情史類畧卷一

情貞類

○范希周 以下夫婦節義

情史 二十四卷 （明）詹詹外史 評輯

道光二十八年（1848）三讓堂刻本

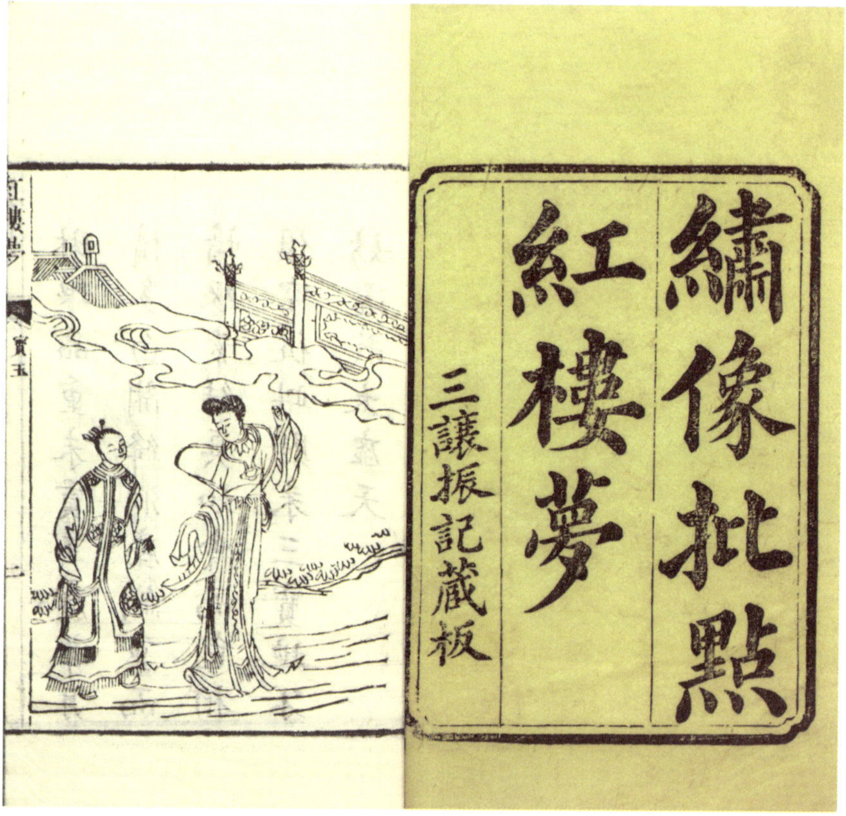

繡像批點紅樓夢

三讓振記藏板

繡像批點紅樓夢 一百回 （清）曹雪芹 高鶚 撰

清末三讓振記刻本 遼寧大學圖書館藏

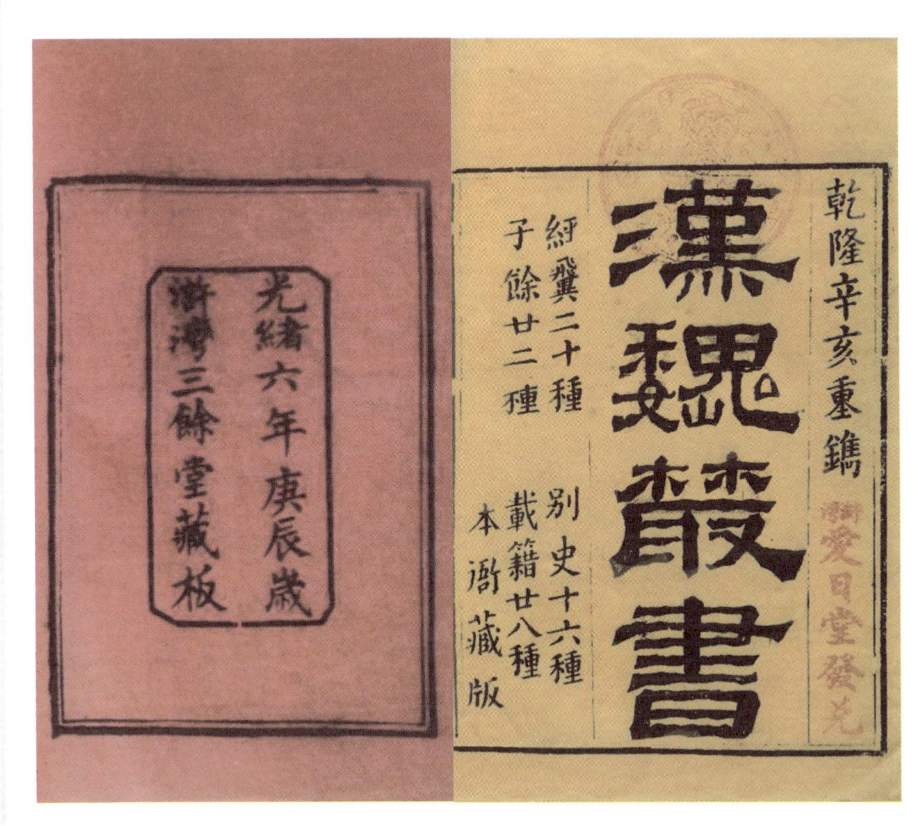

漢魏叢書 九十六種 （清）金谿 王謨 輯

光緒六年（1880）漵灣三餘堂刻本 愛日堂發兑

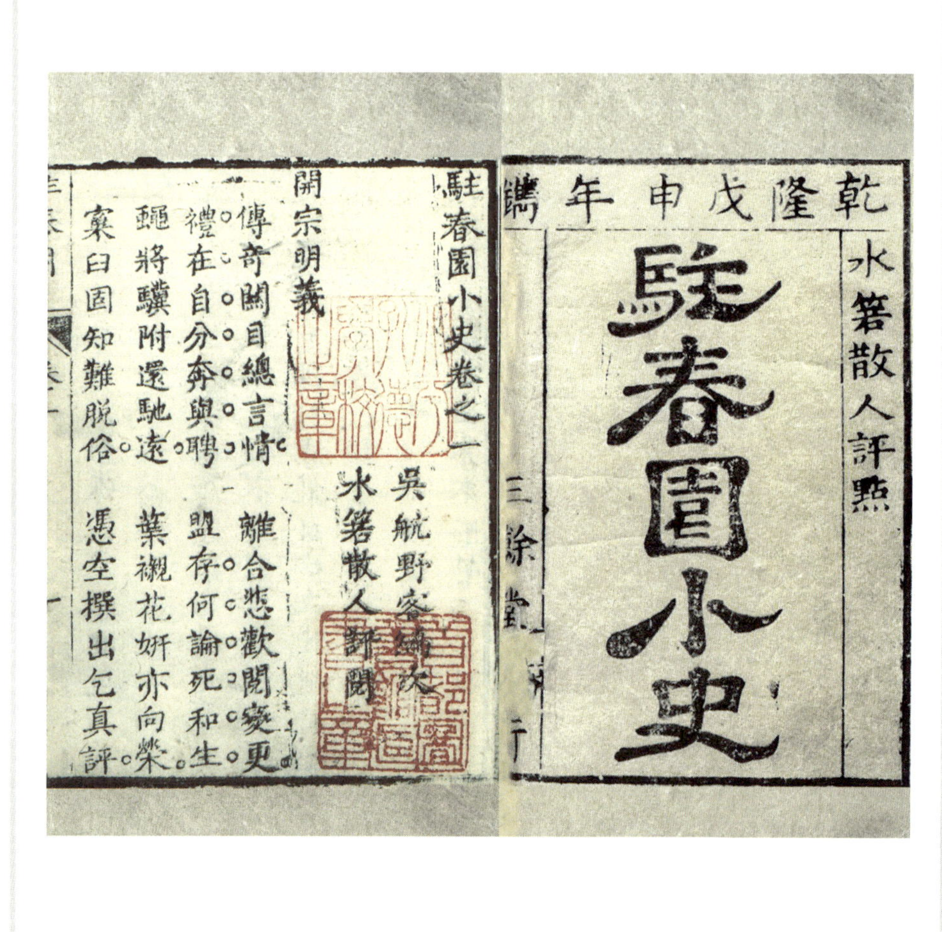
乾隆戊申年鐫

水箬散人評點

駐春園小史

三餘堂

駐春園小史卷之一

吳航野客編次

水箬散人評閱

開宗明義

傳奇閲目總言情。離合悲歡閲變更。

禮在自分奔與聘。盟存何論死和生。

黽將驥附還馳遠。葉襯花妍亦向榮。

窠臼固知難脱俗。憑空撰出乞真評。

駐春園小史 六卷 二十四回 （清）吳航野客 編

乾隆五十三年（1788）三餘堂刻本 首都圖書館藏

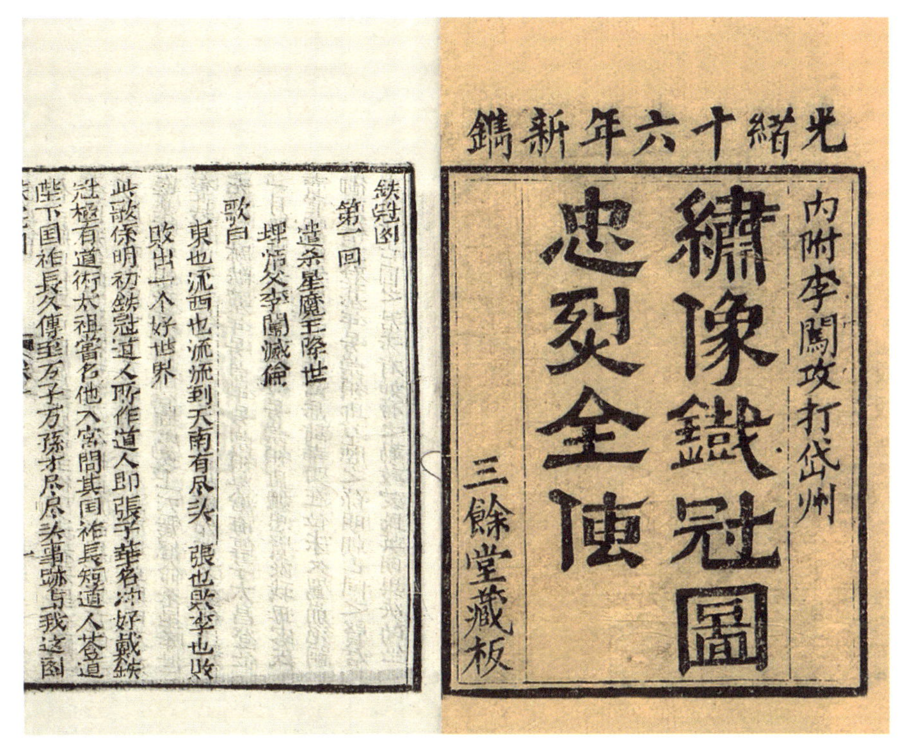

繡像鐵冠圖忠烈全傳 八卷 五十回 （清）松排山人 撰

光緒十六年（1890）三餘堂刻本

嘉慶十八年仲春

汲古閣原本

十三經注疏

繡谷四友堂重鐫

周易兼義上經乾傳卷第一

魏王弼註

唐孔穎達正義

☰乾下乾上

乾元亨利貞【疏】正義曰乾者此卦之名謂之卦者易緯云卦者掛也言懸掛物象以示於人故謂之卦但二畫之體雖象陰陽之氣未成萬物之象未得成卦必三畫以象三才寫天地雷風水火山澤之象乃謂之卦也故繫辭云八卦成列象在其中矣是也但初有三畫雖有萬物之象於萬物變通之理猶有未盡故更重之而有六畫備萬物之形象窮天下之能事故六畫成卦也此乾卦本以象天天乃積諸陽氣而成天故此卦六爻皆陽畫成卦也此既象天何不謂之天而謂之乾者天者定體之名乾者體

十三經注疏 三百三十三卷 （魏）王弼 （唐）孔穎達等 註疏

嘉慶十八年（1813）繡谷四友堂刻本 天津圖書館藏

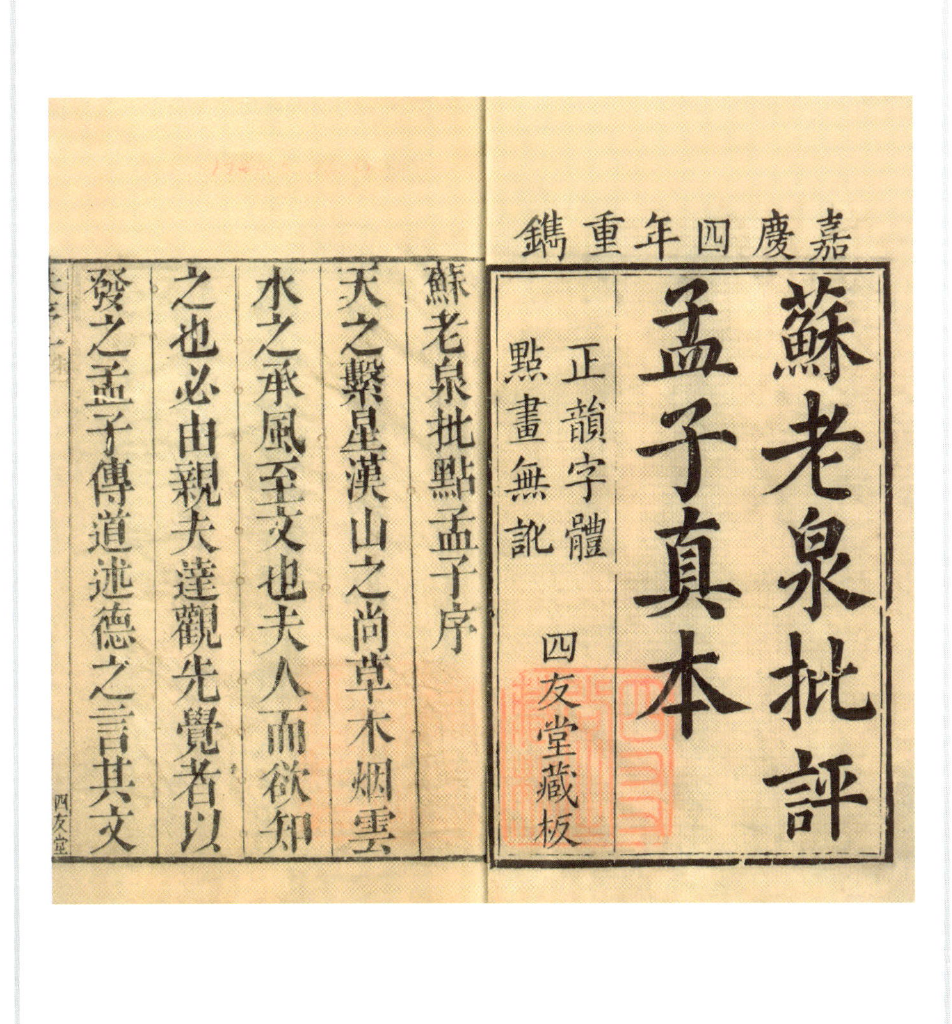

嘉慶四年重鐫

蘇老泉批評孟子真本

正韻字體
點畫無訛

四友堂藏板

蘇老泉批點孟子序

天之繫星漢山之尚草木烟雲水之承風至文也夫人而欲知之也必由親夫達觀先覺者以發之孟子傳道述德之言其文

四友堂

蘇老泉批評孟子真本 二卷 （宋）眉山 蘇洵 評

嘉慶四年（1799）四友堂硃墨套印本 劍川雕龍蟲館藏

四友堂

步月主人訂
蝴蝶媒
四友堂藏板

蝴蝶媒卷之一
[illegible]道人編
青谿醉客評
第一回
靈隱寺禪僧貽宝偈　孚蘿山蝴蝶作氷人
詞曰世事傷心甚天公难借問奇才不值半文錢困困困閒檢遺聞忽
驚佳偶試編新听○富貴今非命成敗何須論一生春長莫向花前
近恨恨恨當日隋皇後來唐主異時同盡　右調醉春風
話說隋朝仁壽年間江南建康府有一秀士姓蔣名巖表字青岩父親蔣
國士曾為陳朝大司馬隋文帝廢辟不起稅家西子湖边郎塋自娛竟以
壽終母親葉氏相繼而卒單生蔣青巖一人這蔣青岩臨生之夜蔣夫人
夢孔子抱送因此這蔣青岩生得身長七尺美如冠玉倜儻風流聰明絕

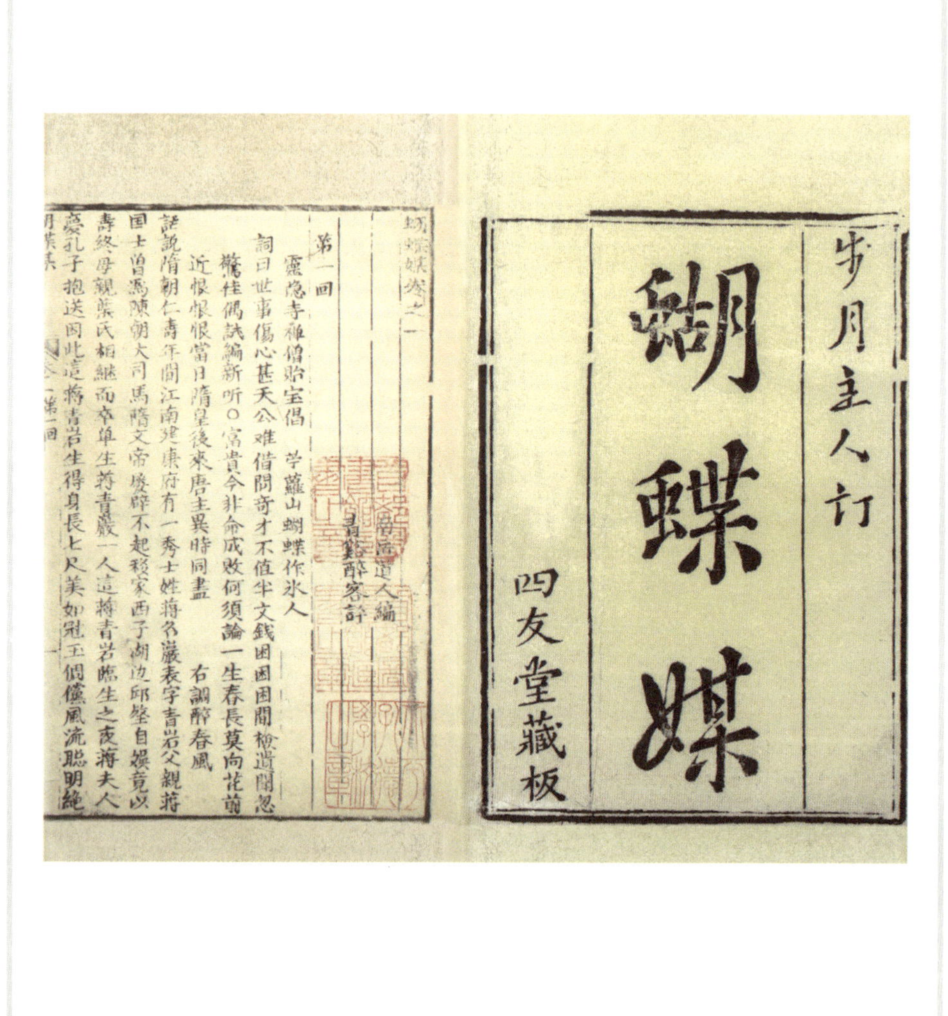

蝴蝶媒 四卷 十六回 （清）步月主人 撰

清中期四友堂刻本 首都圖書館藏

乾隆二十一年新鐫

武進薛方山先生彙輯
長洲陳明卿先生增定

龍光四書人物備考

精繡圖像
註釋無遺

雲林四美堂藏板

四書人物備考叙

古人不朽之精赫奕千載鄉塾葩其事寤寐通其神攷其庸也其次則有顯晦異載籍蝕雖博奥家不無訛與訛導謬與謬賫蹟湮於既燼理毁夫谿來咏物

四美堂

龍光四書人物備考 十二卷 （明）武進 薛方山 輯

乾隆二十一年（1756）雲林四美堂刻本 首都圖書館藏

乾隆甲子新鐫

蔡九霞先生彙輯

增訂廣輿記

四美堂梓行

廣輿記卷之一

雲間陸應陽伯生原纂

平江蔡方炳九霞增輯

直隸

京畿總畧按直隸爲王畿之地左環滄海右擁太
行南襟河濟北枕燕然所謂勢拔地以崢嶸氣
摩空而崩屴者也順天爲金元明建都地
國朝仍定鼎於此地理家謂從崑崙發源其地爲
北幹之正結或云鴨綠江外尚有大幹爲護其
地爲崑崙之中脈要其綿亘萬餘里始入中國

廣輿記　卷之一　一　直隸

增訂廣輿記　（清）上海 陸應陽 撰 平江 蔡方炳 輯

乾隆九年（1744） 四美堂刻本

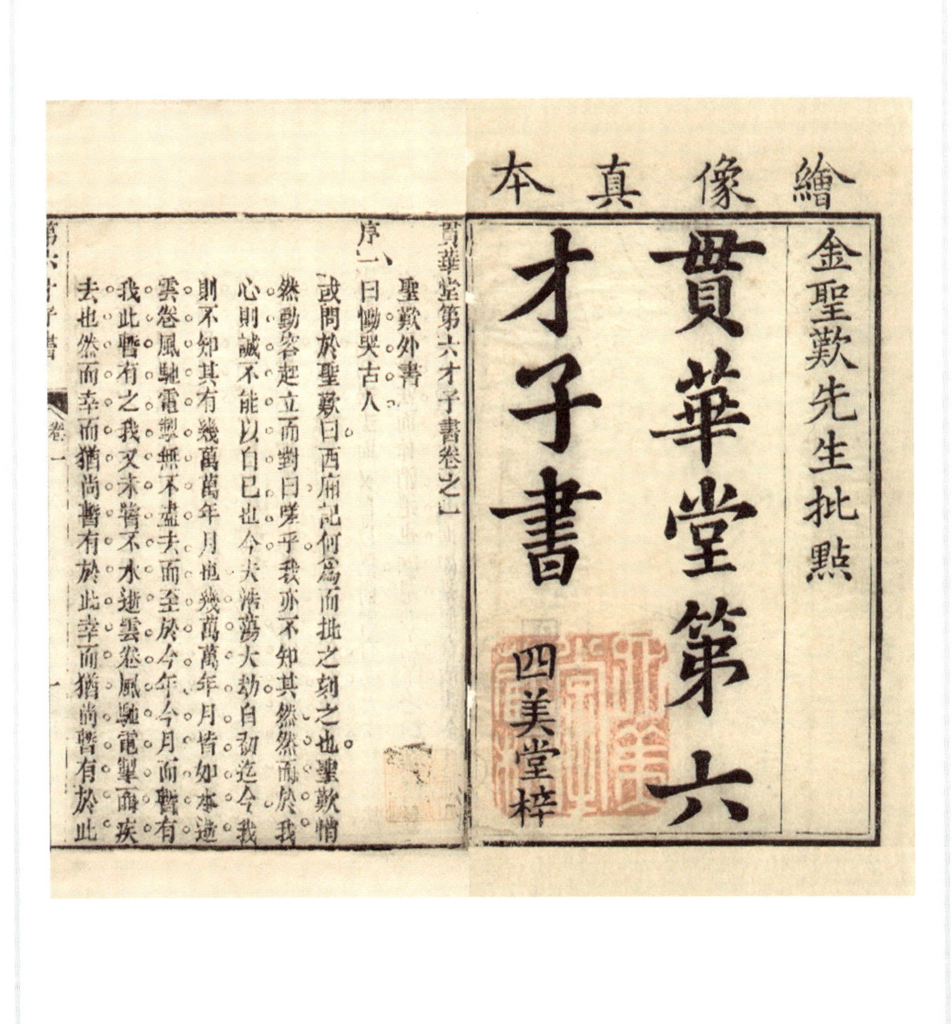

繪像真本

金聖歎先生批點

貫華堂第六才子書

四美堂梓

貫華堂第六才子書卷之一

聖歎外書

序一曰慟哭古人

或問於聖歎曰西廂記何爲而批之刻之也聖歎悄然動容起立而對曰嗟乎我亦不知其然然而於我心則誠不能以自已也今夫浩蕩大劫自初迄今我則不知其有幾萬萬年月也幾萬萬年月皆如水逝雲卷風馳電掣無不盡去而至於今年今月而暫有我此暫有之我又未嘗不水逝雲卷風馳電掣而疾去也然而幸而猶尚暫有於此幸而猶尚暫有於此

第六才子書　卷一　一

貫華堂第六才子書（西廂記）　（元）王實甫 撰

清中期四美堂刻本 首都圖書館藏

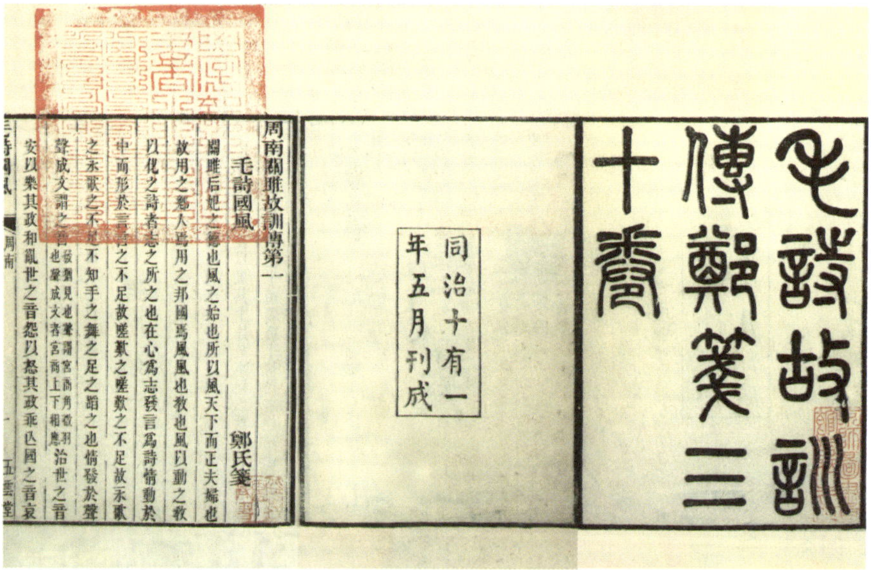

毛詩故訓傳鄭箋 三十卷 （漢）鄭玄 箋

同治十一年（1872）五雲堂刻本 首都圖書館藏

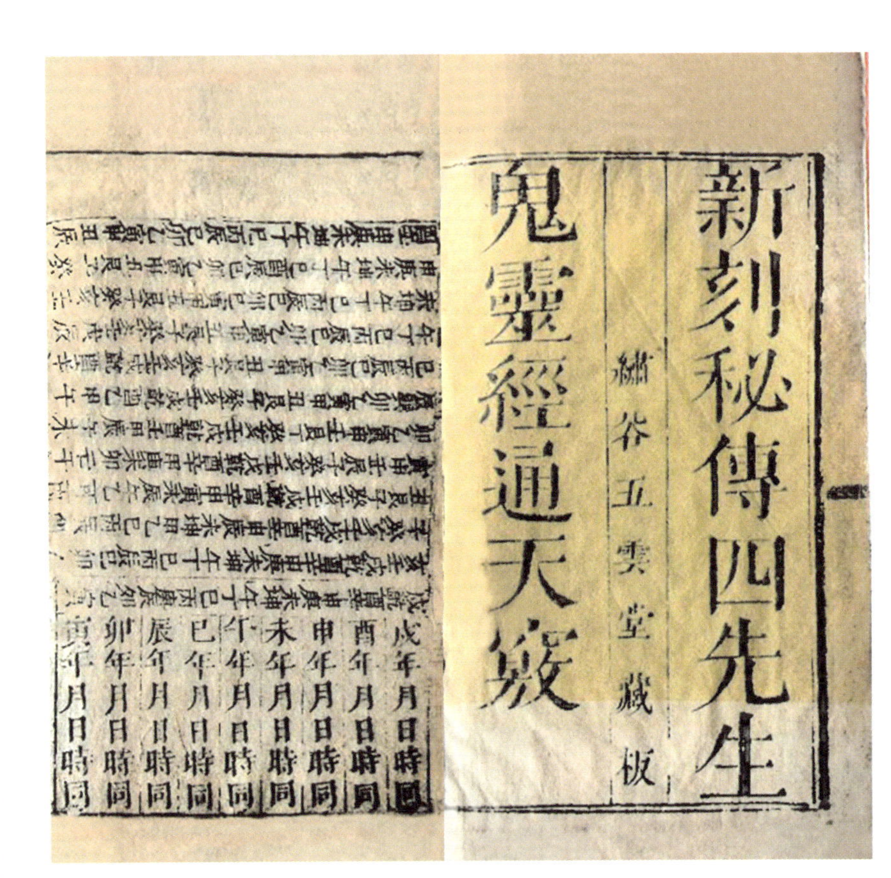

新刻秘傳四先生

繡谷五雲堂藏板

鬼靈經通天竅

新刻秘傳四先生鬼靈經通天竅 十卷 （唐）楊筠松 曾文展 劉白頭 范趙鳳 撰

清中晚期繡谷五雲堂刻本

許玄祐先生較

李杜全集

雲林五雲堂藏板

分類補註李太白詩卷之一

春陵楊齊賢子見集註

章貢蕭士贇粹可補註

明長洲許自昌玄祐甫校

古賦八首

大鵬賦并序

余昔於江陵見天台司馬子微

李杜全集 四十七卷 （唐）李白 杜甫 撰

清康熙間雲林五雲堂據明末刻本重印 北京大學圖書館藏

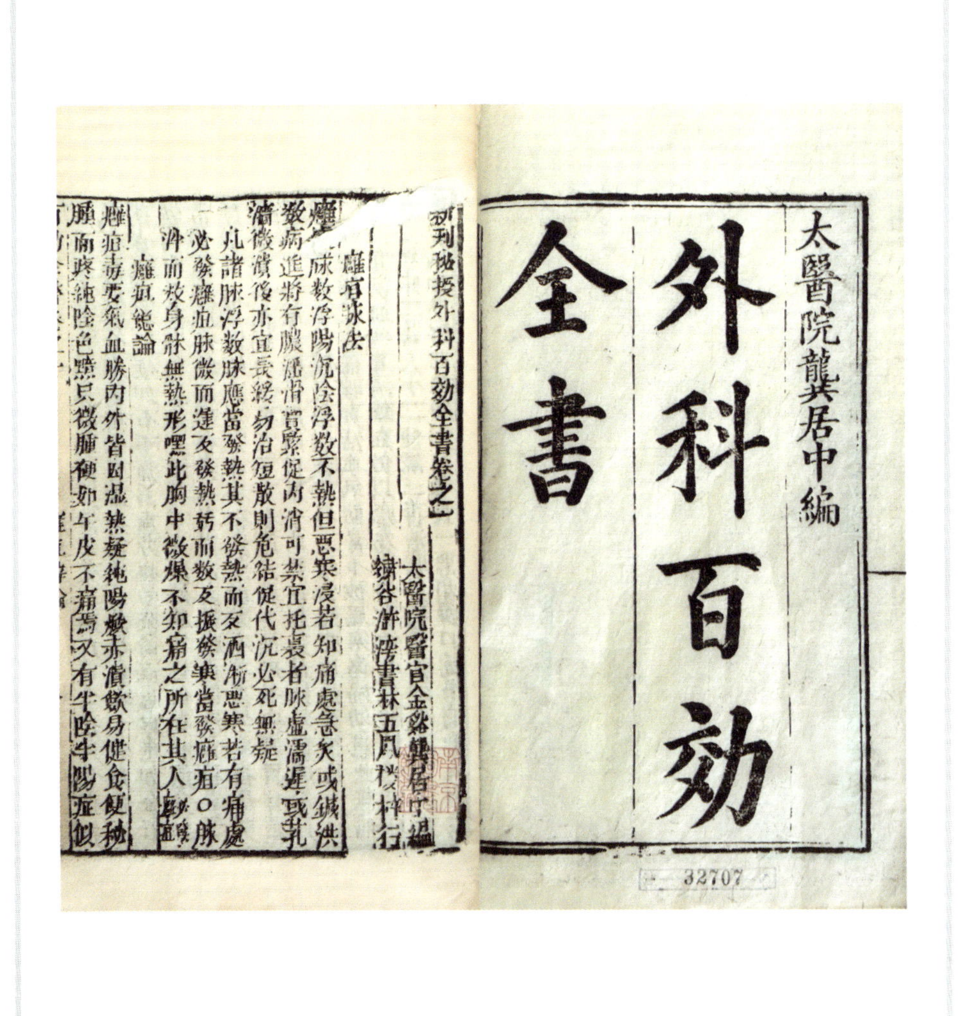

太醫院龔居中編

外科百効全書

新刊秘授外科百効全書卷之二

太醫院醫官金谿龔居中編
繡谷滸灣書林五鳳樓梓行

癰疽脉法

癰疽脉数浮陽沉陰浮數不熱但惡寒浸若知痛處急灸或鍼洪數病進將有膿濡滑實緊促内消可禁宜托裏者脉虚濡遲或芤濇微潰後亦宜長緩易治短散則危結促代沉必死無疑

凡諸脉浮數脉應當發熱其不發熱而反洒淅惡寒若有痛處必發癰疽脉微而遲反發熱弱而數反振寒當發癰疽○脉沉而數身體無熱形嘿嘿胸中微燥不知痛之所在其人當發癰

癰疽總論

癰疽毒要氣血勝内外皆因濕熱凝純陽變赤潰歛易健食便秘腫而疼純陰色黯只微腫硬如牛皮不痛焉又有半陰半陽症似

新刊秘授外科百效全書 六卷 （明）金谿 龔居中 撰

清中期繡谷滸灣書林五鳳樓刻本 南京圖書館藏

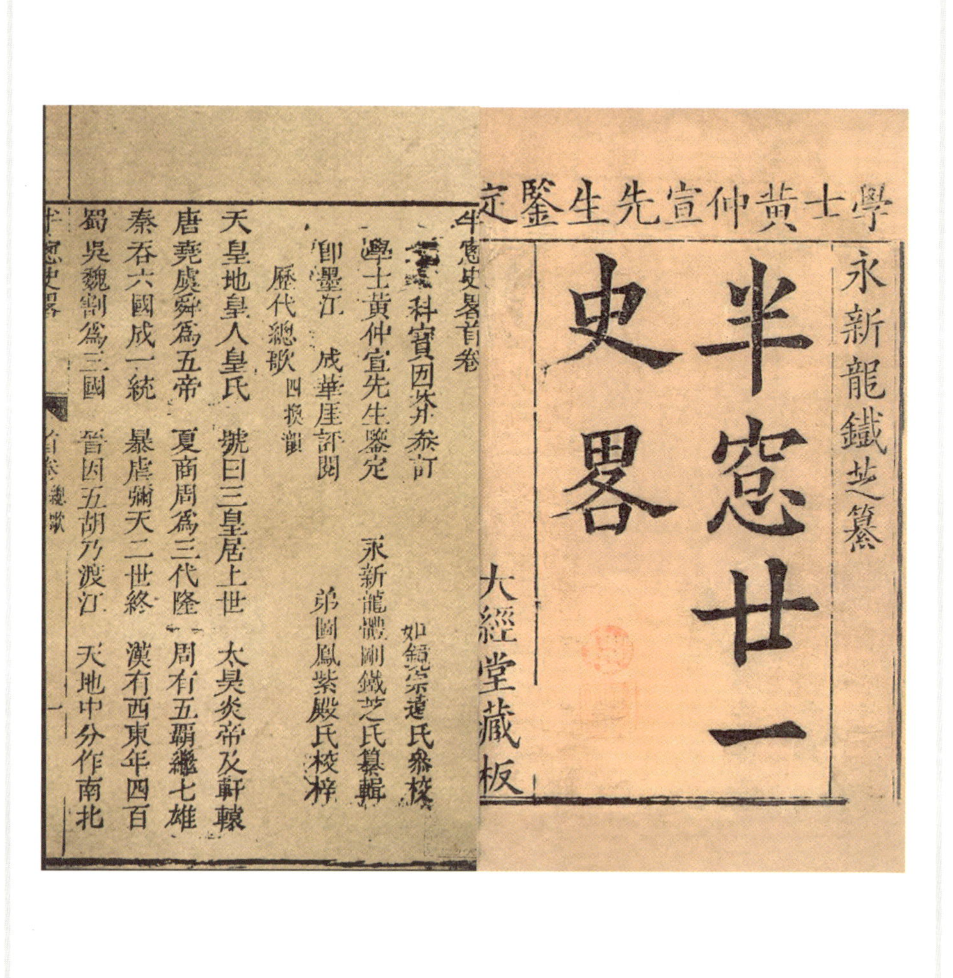

學士黃仲宣先生鑒定

永新龍鐵芝纂

半窓廿一史畧

大經堂藏板

半窓史畧首卷

[illegible]科實因茶參訂

學士黃仲宣先生鑒定　永新龍體剛鐵芝氏纂輯

如[illegible]宗達氏參校

卽墨江成華廷評閱　弟圖鳳紫殿氏校梓

歷代總歌 四換韻

天皇地皇人皇氏　號曰三皇居上世　太昊炎帝及軒轅

唐堯虞舜爲五帝　夏商周爲三代隆　周有五霸繼七雄

秦吞六國成一統　暴虐彌天二世終　漢有西東年四百

蜀吳魏割爲三國　晉因五胡乃渡江　天地中分作南北

半窓史畧　首卷總歌　一

半窗廿一史略 四十二卷 （清）永新 龍體剛 撰

清雍正四年（1726）大經堂刻本 北京大學圖書館藏

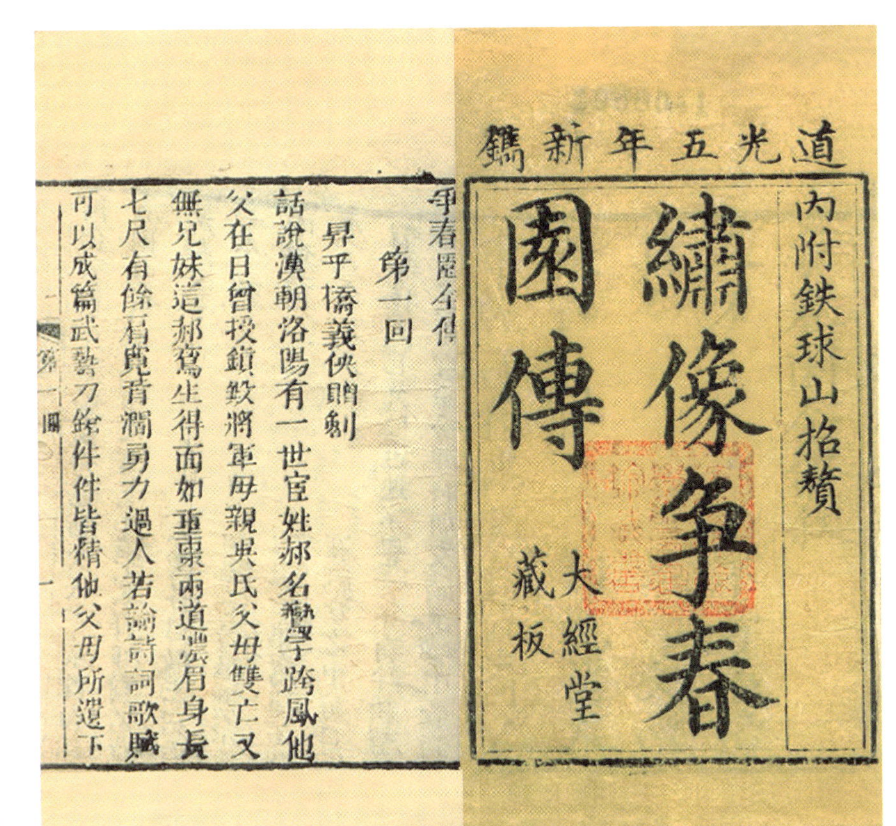
道光五年新鐫

内附鉄球山招賛

繡像爭春園傳

大經堂藏板

爭春園全傳　卷一

第一回

昇平橋義俠贈劍

話說漢朝洛陽有一世宦姓郝名鸞字跨鳳他父在日曾授鎮殿將軍母親吳氏父母雙亡又無兄妹這郝鸞生得面如重棗兩道濃眉身長七尺有餘肩寬背濶勇力過人若論詩詞歌賦可以成篇武藝刀鎗件件皆精他父母所遺下

繡像爭春園傳 四十八回 （清）佚名 撰

道光五年（1825）大經堂刻本 遼寧大學圖書館藏

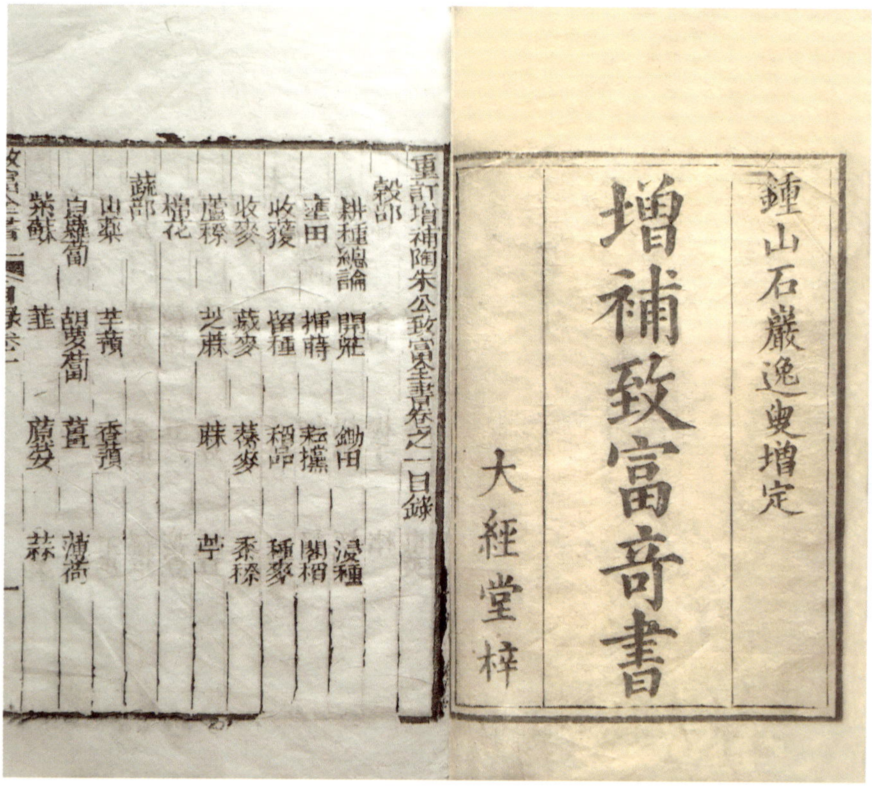

鍾山石巖逸叟增定

增補致富奇書

大經堂梓

重訂增補致富奇書 四卷 （清）石岩逸叟 撰

清中晚期大經堂刻本 江西省圖書館藏

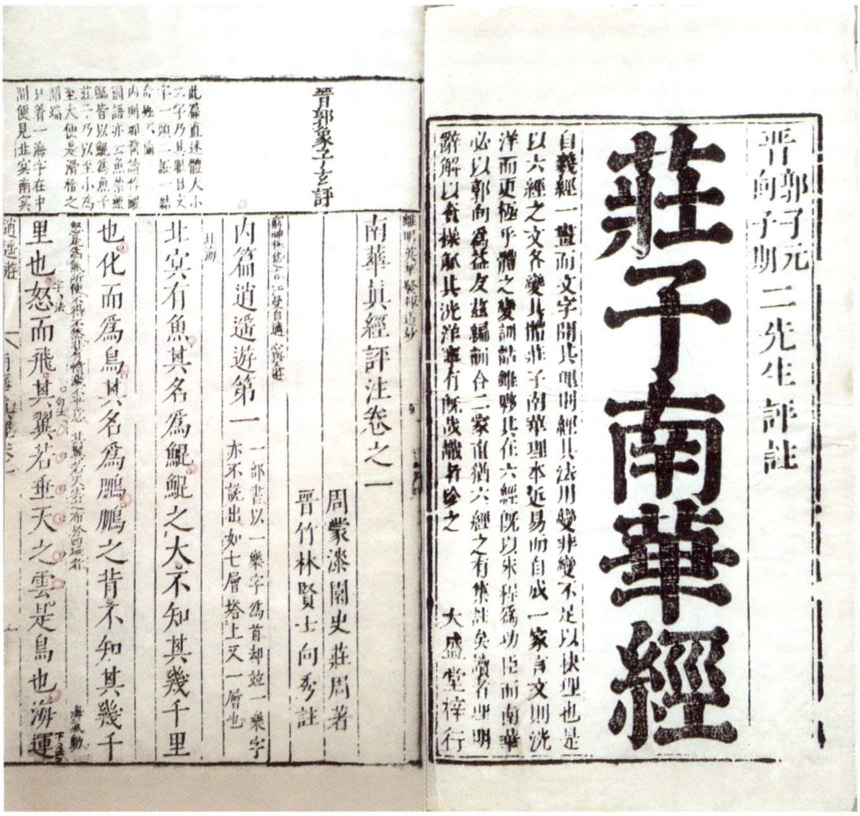

晉郭子元
向子期 二先生評註

莊子南華經

大盛堂梓行

晉郭象子玄評

南華真經評注卷之一

周 蒙漆園史 莊周 著

晉 竹林賢士 向秀 註

內篇逍遙遊第一 一部書以一樂字爲首却妙一樂字亦不說出如七層塔上又一層也

北冥有魚其名爲鯤鯤之大不知其幾千里也化而爲鳥其名爲鵬鵬之背不知其幾千里也怒而飛其翼若垂天之雲是鳥也海運

莊子南華經 五卷 （周）莊子 著 （晉）向秀 註

康熙年間大盛堂刻本 北京師範大學圖書館藏

青溪朱鹿岡纂著
金谿王卓贊增訂
增補武經
彙解
雲林大盛堂梓

增補武經匯解 六卷 （清）吳縣 朱墉 撰 金谿 王卓贊 增訂

康熙三十八年（1699）雲林大盛堂刻本 北京大學圖書館藏

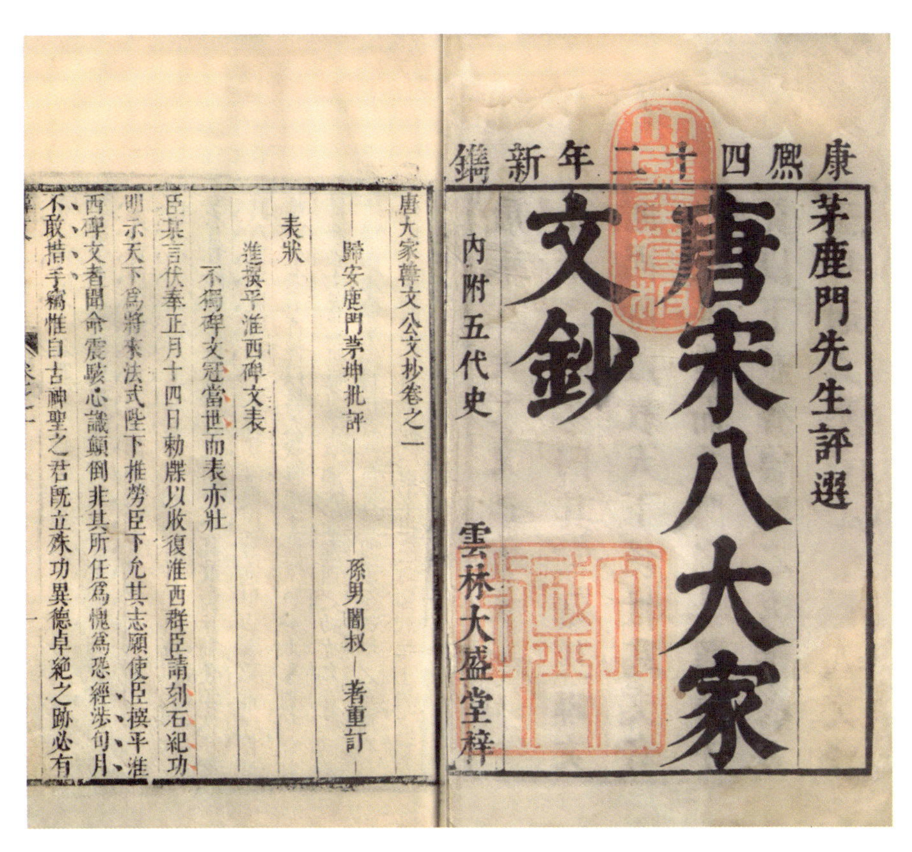

康熙四十二年新鐫

茅鹿門先生評選

唐宋八大家文鈔

內附五代史

雲林大盛堂梓

唐大家韓文公文抄卷之一

歸安鹿門茅坤批評　孫男闇叔　著重訂

表狀

進撰平淮西碑文表

不獨碑文冠當世而表亦壯

臣某言伏奉正月十四日勑牒以收復淮西羣臣請刻石紀功明示天下爲將來法式陛下推勞臣下允其志願使臣撰平淮西碑文者聞命震駭心識顛倒非其所任爲愧爲恐經涉旬月不敢措手竊惟自古神聖之君既立殊功異德卓絕之跡必有

唐宋八大家文鈔 一百四十四卷 （唐）韓愈 柳宗元

（宋）歐陽修 王安石 曾鞏 蘇洵 蘇軾 蘇轍 撰 （明）茅坤 選

康熙四十二年（1703）雲林大盛堂刻本 劍川雕龍蟲館藏殘本

大盛堂

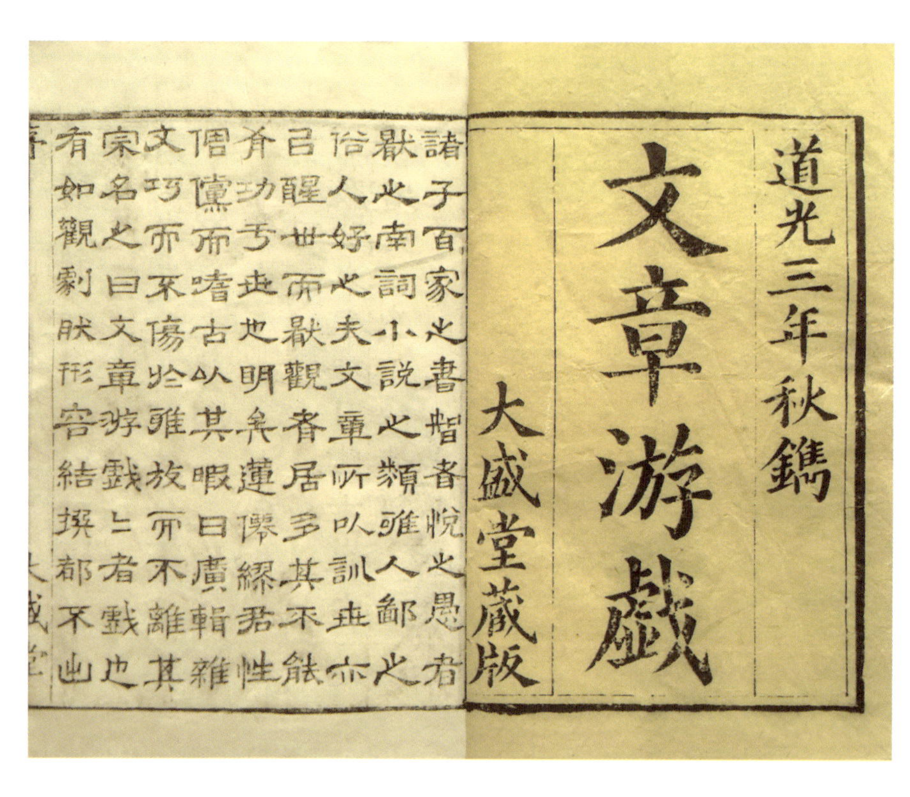

道光三年秋鐫

文章游戲

大盛堂藏版

諸子百家之書智者悅之愚者厭之南詞小說之類雖人鄙之俗人好之夫文章所以訓世亦以醒世而厭觀者居多其不能齊功于世也明矣蓮儫綵君性倜儻而嗜古以其暇日廣輯雜文巧而不傷於雅放而不離其宗名之曰文章遊戲々者戲也有如觀剟朕形容結撰都不出

文章遊戲 八卷 二冊 （清）杭州 繆艮 撰

道光三年（1823） 大盛堂刻本 江西省圖書館藏

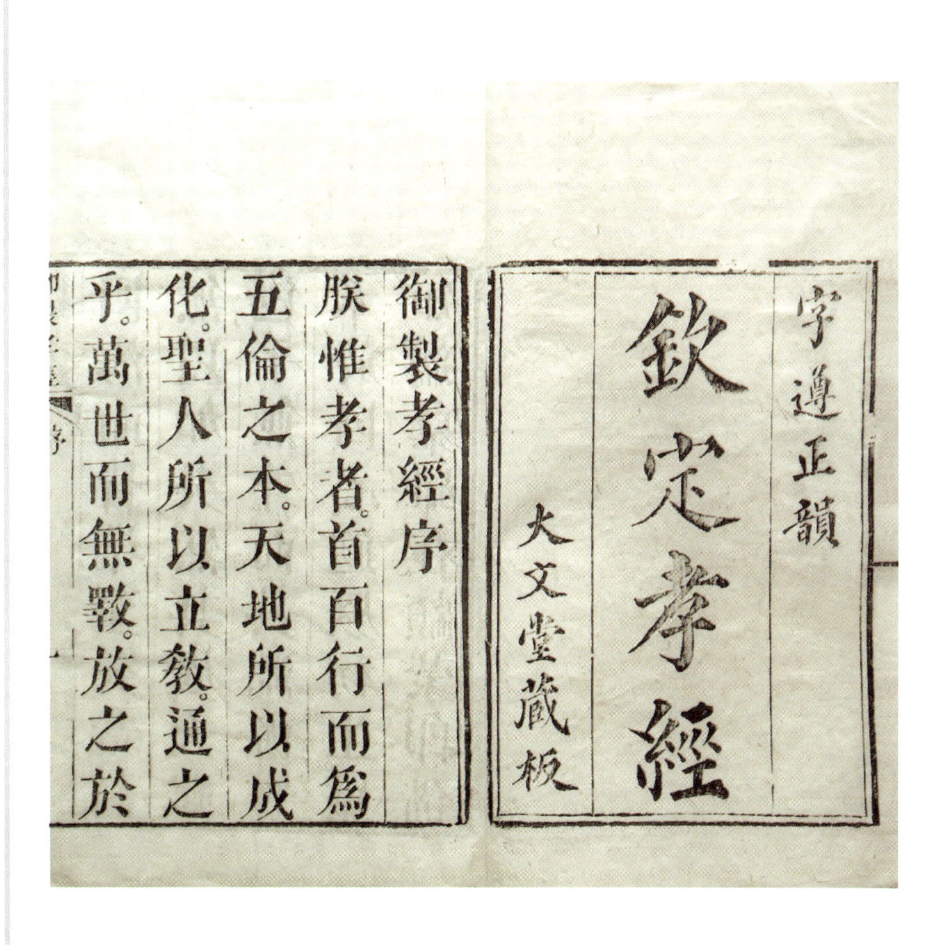

字遵正韻

欽定孝經

大文堂藏板

御製孝經序

朕惟孝者。首百行而爲
五倫之本。天地所以成
化。聖人所以立教。通之
乎。萬世而無斁。放之於

欽定孝經 (清)·愛新覺羅·福臨 註

清末大文堂刻本 江西省圖書館藏

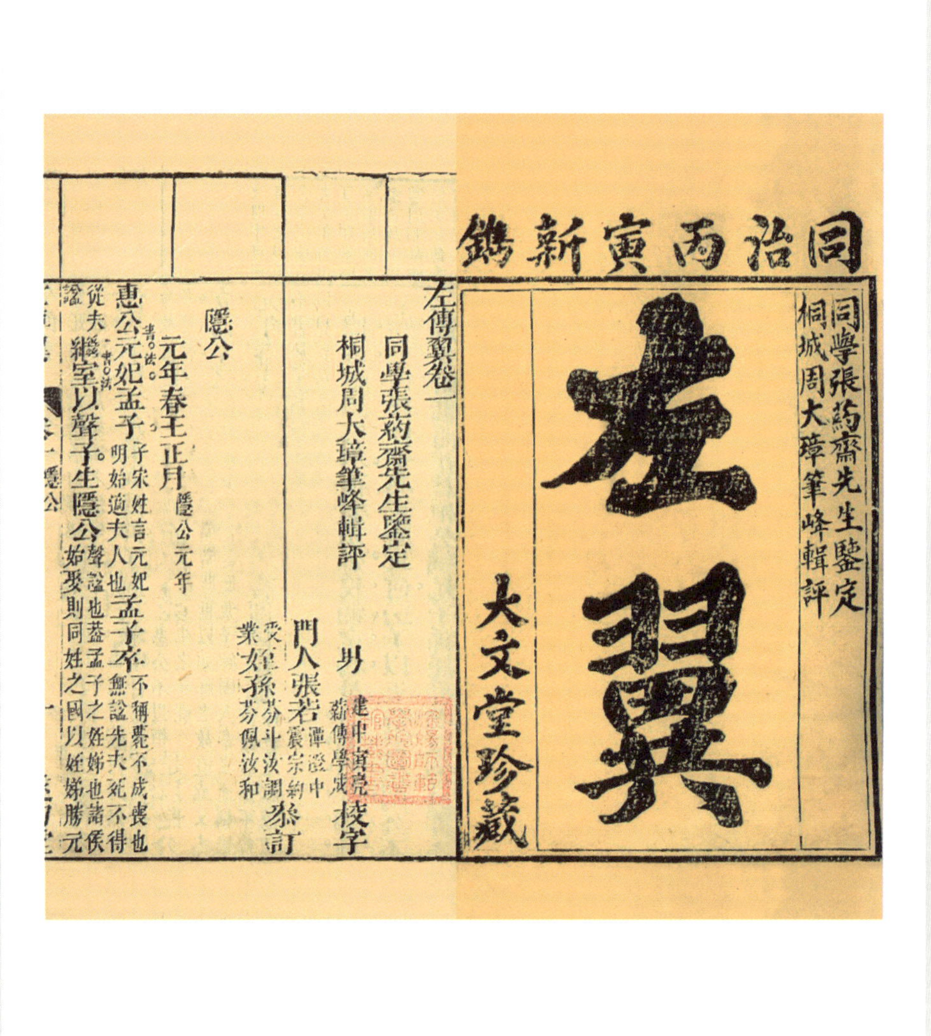
同治丙寅新鐫

同學張葯齋先生鑒定

桐城周大璋筆峰輯評

左翼

大文堂珍藏

左傳翼卷一

同學張葯齋先生鑒定

桐城周大璋筆峰輯評

男 建中 薪傳 寅亮 學成 校字

門人張若 譚 澂中 震 宗約 參訂

受業姪孫 芬斗 汝調 芬佩 汝和

隱公

元年春王正月 隱公元年

惠公元妃孟子 子宋姓言元妃明始適夫人也 孟子卒 不稱薨不成喪也無謚先夫死不得

從夫謚 繼室以聲子 生隱公 聲謚也蓋孟子之姪娣也諸侯始娶則同姓之國以姪娣媵元

左翼 （清）桐城 周大璋 輯評

清同治五年（1866）大文堂刻本 沈陽師範大學圖書館藏

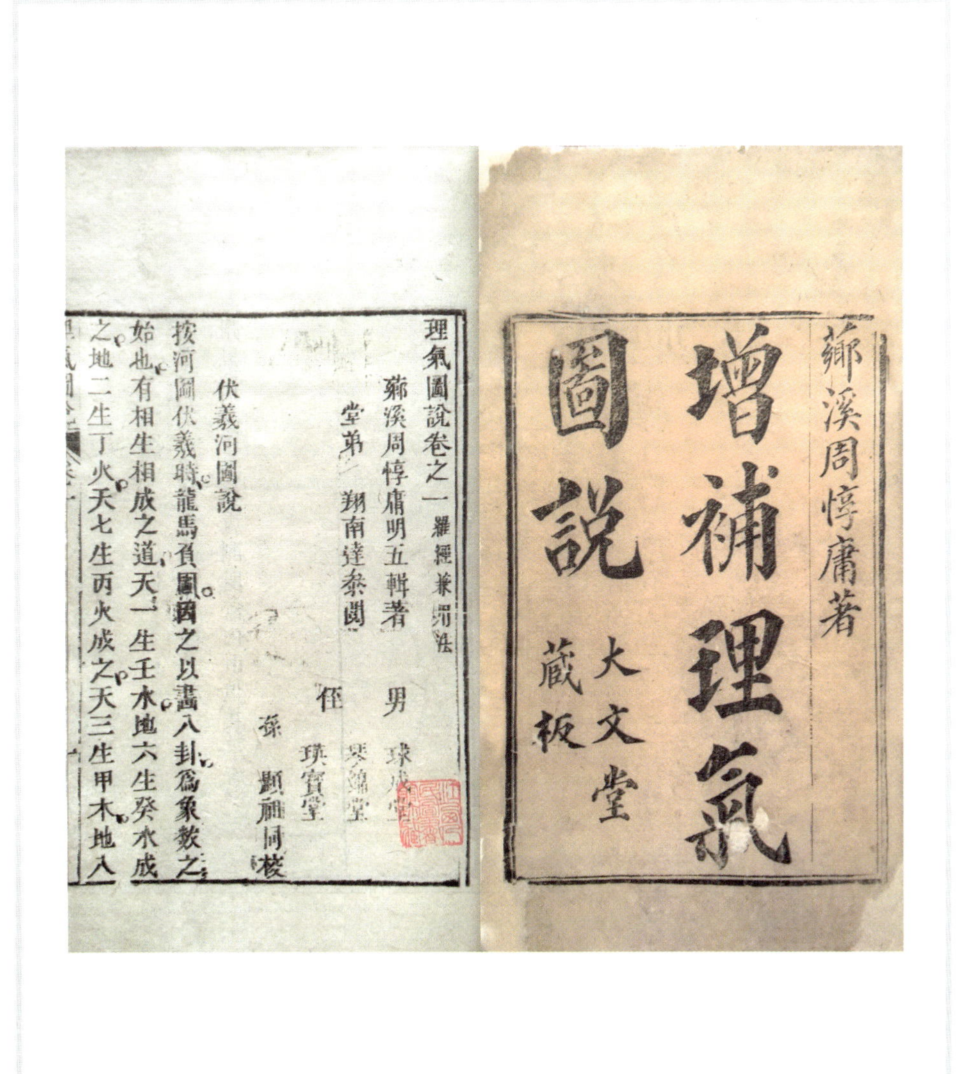
薌溪周惇庸著
增補理氣圖說
大文堂藏板

理氣圖說卷之一　羅經兼[illegible]法
薌溪周惇庸明五輯著　男　球成堂
堂弟　翔南達參閱　琴錦堂
姪　瑛寶堂
孫　顯融　同校
伏羲河圖說
按河圖伏羲時龍馬負圖之以畫八卦為象數之
始也有相生相成之道天一生壬水地六生癸水成
之地二生丁火天七生丙火成之天三生甲木地八

增補理氣圖說 四册 （清）貴谿 周惇庸 撰

清末大文堂刻本 江西省圖書館藏

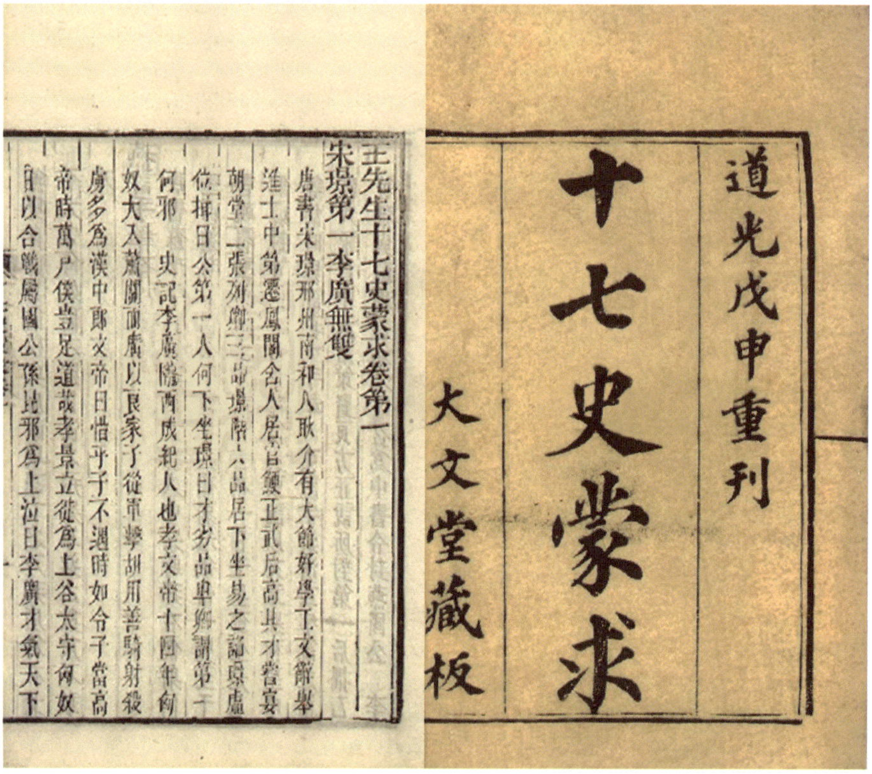

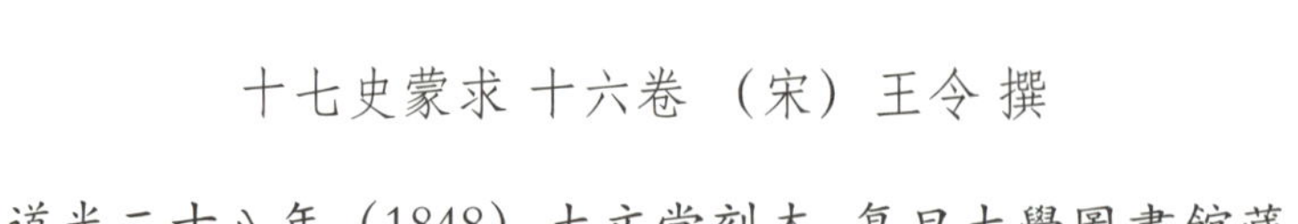

十七史蒙求 十六卷 （宋）王令 撰

道光二十八年（1848）大文堂刻本 复旦大學圖書館藏

增補直省詳註

平江蔡九霞增輯

重訂廣輿記

大文堂藏板

廣輿記卷之一

平江蔡方炳九霞增輯

直隷

京畿總畧按直隷爲王畿之地左環滄海右擁太行南襟河濟北枕燕然所謂勢拔地以嶙嶸氣摩空而崱屴者也順天爲金元明建都地

國朝仍定鼎於此地理家謂從崑崙發源其地爲北幹之正結或云鴨綠江外尚有大幹爲護其地爲崑崙之中脈要其綿亘萬餘里始入中國

重訂廣輿記 二十四卷 （清）平江 蔡方炳 輯

清末大文堂刻本 中國人民大學圖書館藏

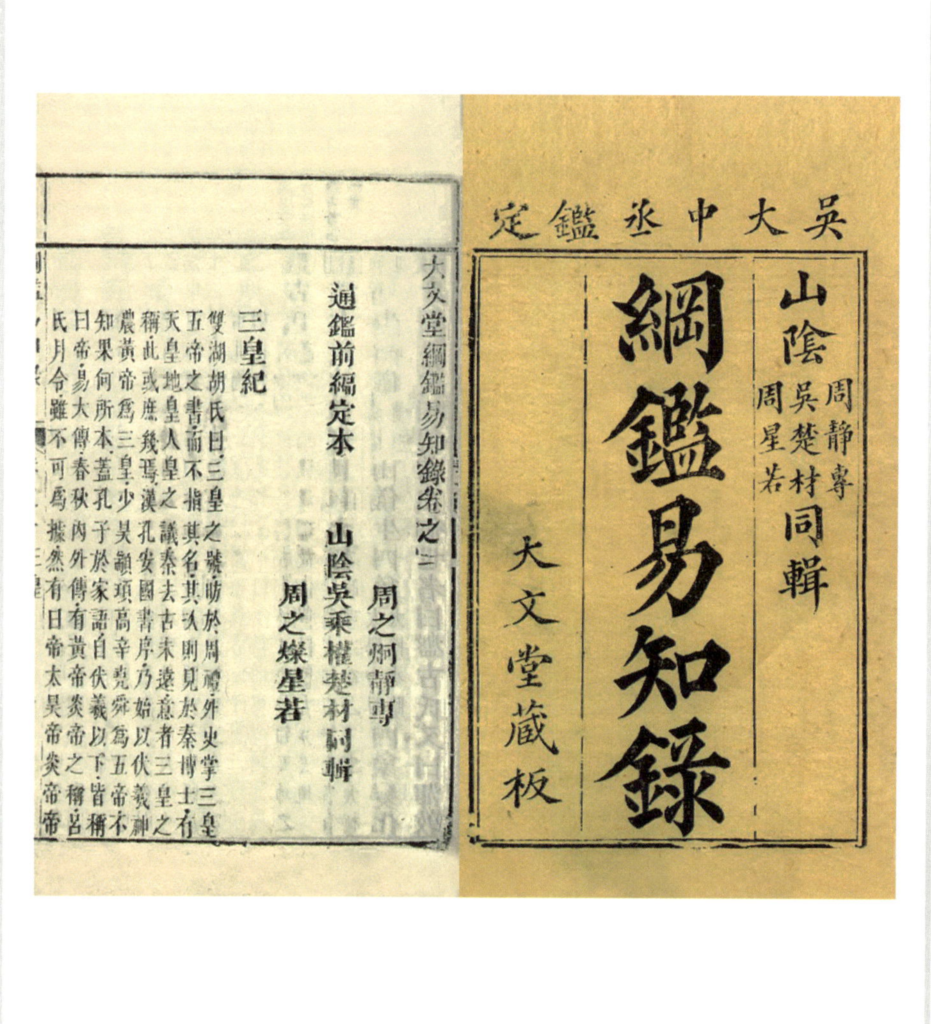

吳大中丞鑑定

山陰 周靜專 吳楚材 周星若 同輯

綱鑑易知錄

大文堂藏板

大文堂綱鑑易知錄卷之一

通鑑前編定本　周之炯靜專　山陰吳乘權楚材　同輯　周之燦星若

三皇紀

雙湖胡氏曰三皇之號昉於周禮外史掌三皇五帝之書而不指其名其次則見於秦博士有天皇地皇人皇之議秦去古未遠意者三皇之稱此或庶幾焉漢孔安國書序乃始以伏羲神農黃帝爲三皇少昊顓頊高辛堯舜爲五帝不知果何所本蓋孔子於家語自伏羲以下皆稱曰帝易大傳春秋內外傳有黃帝炎帝之稱呂氏月令雖不可爲據然有曰帝太昊帝炎帝帝

綱鑑易知錄 一百零七卷 （清）紹興 吳乘權 周之炯 周之燦 輯

清末大文堂刻本 遼寧大學圖書館藏

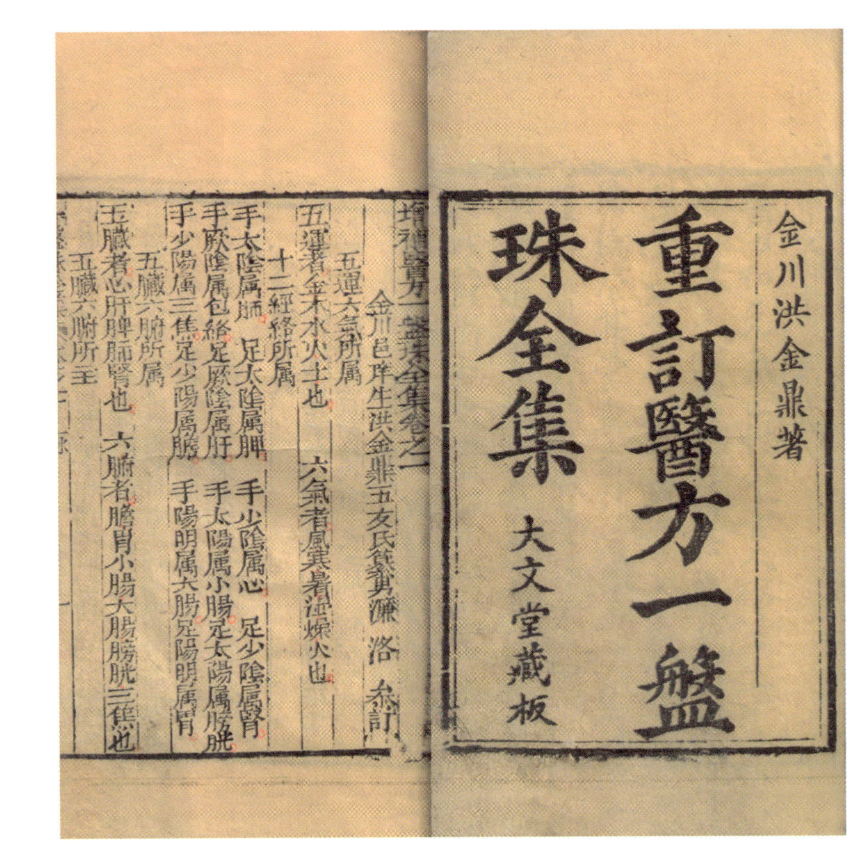

金川洪金鼎著

重訂醫方一盤珠全集

大文堂藏板

增補醫方一盤珠全集卷之一

金川邑庠生洪金鼎五友氏纂輯　濂洛　參訂

五運六氣所屬

五運者金木水火土也　六氣者風寒暑濕燥火也

十二經絡所屬

手太陰屬肺　足太陰屬脾　手少陰屬心　足少陰屬腎

手厥陰屬包絡　足厥陰屬肝　手太陽屬小腸　足太陽屬膀胱

手少陽屬三焦　足少陽屬膽　手陽明屬大腸　足陽明屬胃

五臟六腑所屬

五臟者心肝脾肺腎也　六腑者膽胃小腸大腸膀胱三焦也

五臟六腑所主

重訂醫方一盤珠全集 十卷 （清）金谿 洪金鼎 輯

清末大文堂據乾隆十四年（1749）原本重刻

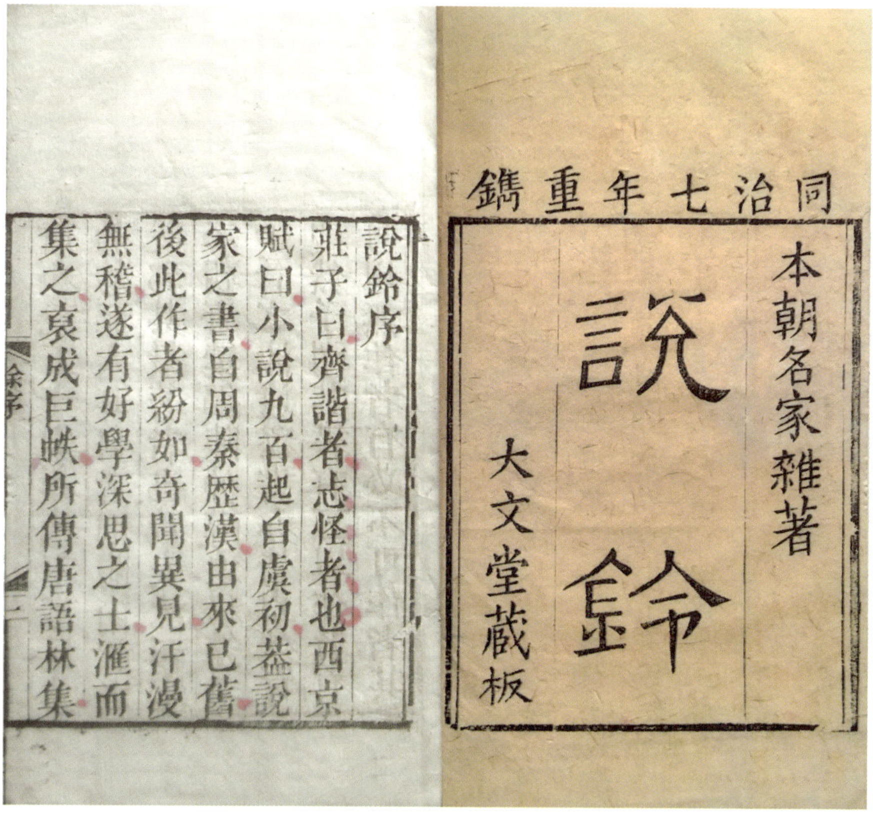

62

同治七年重鐫

本朝名家雜著

說鈴

大文堂藏板

說鈴序

莊子曰齊諧者志怪者也西京
賦曰小說九百起自虞初蓋說
家之書自周秦歷漢由來已舊
後此作者紛如奇聞異見汗漫
無稽遂有好學深思之士滙而
集之裒成巨帙所傳唐語林集

說鈴 二集 五十三種 （清）石門 吳震方 輯

同治七年（1868）大文堂刻本 金谿吳定安藏

大文堂

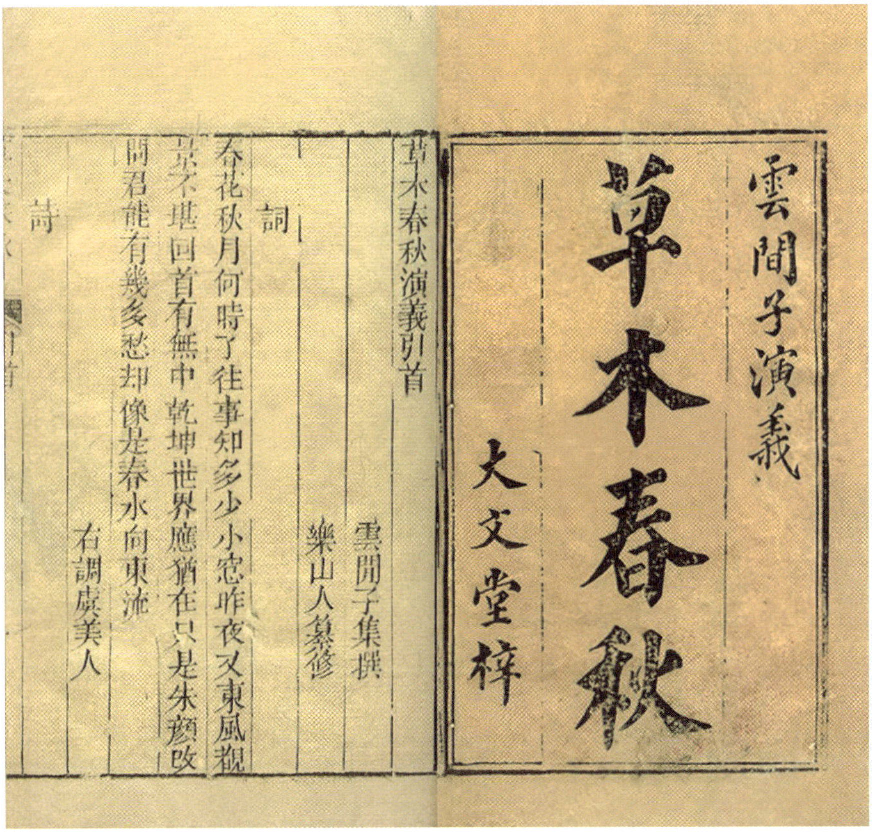

雲閒子演義

草木春秋

大文堂梓

草木春秋演義引首

雲閒子集撰

樂山人纂修

詞

春花秋月何時了往事知多少小窓昨夜又東風覩

草不堪回首有無中乾坤世界應猶在只是朱顏改

問君能有幾多愁却像是春水向東流

右調虞美人

詩

草木春秋 三十二回 （清）雲間子 撰

清末大文堂刻本 遼寧大學圖書館藏

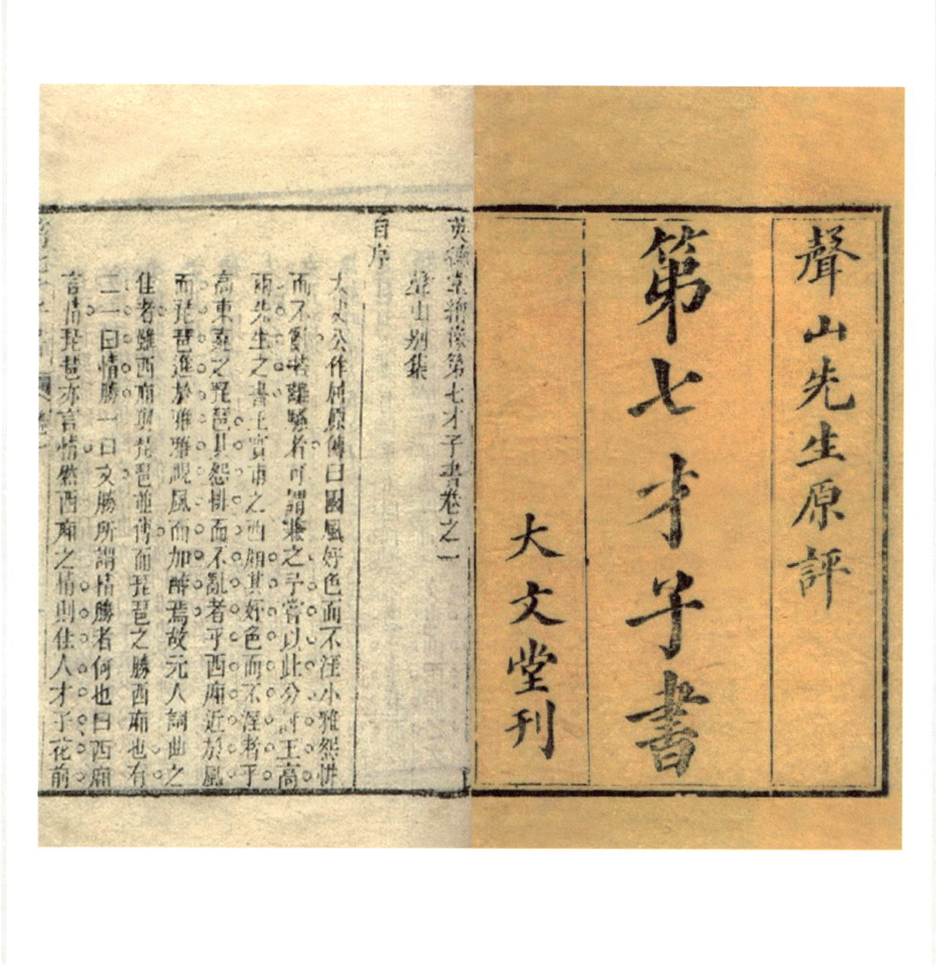

聲山先生原評
第七才子書
大文堂刊

英德堂繡像第七才子書卷之一
聲山別集
自序
太史公作屈原傳曰國風好色而不淫小雅怨誹
而不亂若離騷者可謂兼之矣嘗以此分評王高
兩先生之書王實甫之西廂其好色而不淫者乎
高東嘉之琵琶其怨誹而不亂者乎西廂近於風
而琵琶進於雅雅視風而加醇焉故元人詞曲之
佳者雖西廂與琵琶並傳而琵琶之勝西廂也有
二一曰情勝一曰文勝所謂情勝者何也曰西廂
言情琵琶亦言情然西廂之情則佳人才子花前

第七才子書（琵琶記）四十二出 （元）高明 撰

清末大文堂據英德堂刻本重印

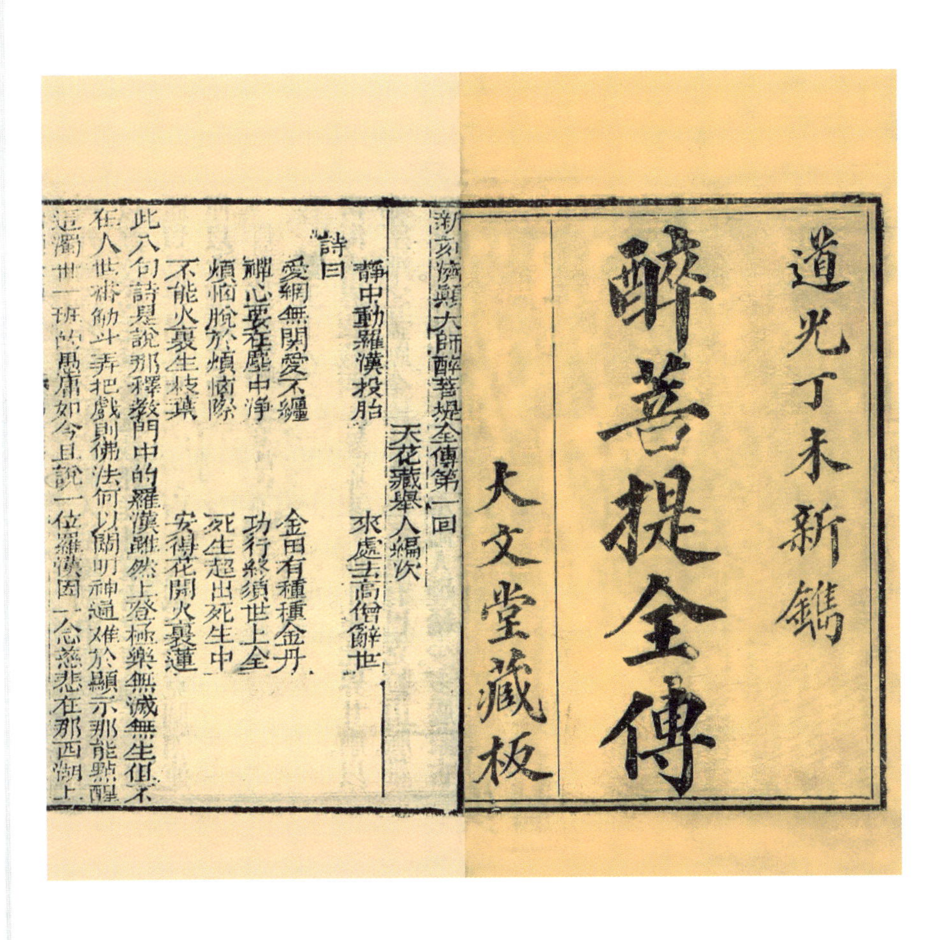

道光丁未新鐫

醉菩提全傳

大文堂藏板

新刻濟顛大師醉菩提全傳第一回

天花藏擧人編次

靜中動羅漢投胎　求處士高僧辭世

詩曰

愛網無關愛不纏　金田有種種金丹
禪心要在塵中淨　功行終須世上全
煩惱脫於煩惱際　死生超出死生中
不能火裏生枝葉　安得花開火裏蓮

此八句詩是說那釋教門中的羅漢雖然上登極樂無滅無生但不在人世濟物利人弄把戲則佛法何以闡明神通難於顯示那能點醒這濁世一班的愚庸如今且說一位羅漢因一念慈悲在那西湖上

醉菩提全傳 十九卷 （清）天花藏擧人 輯

道光二十七年（1847）大文堂刻本 遼寧大學圖書館藏

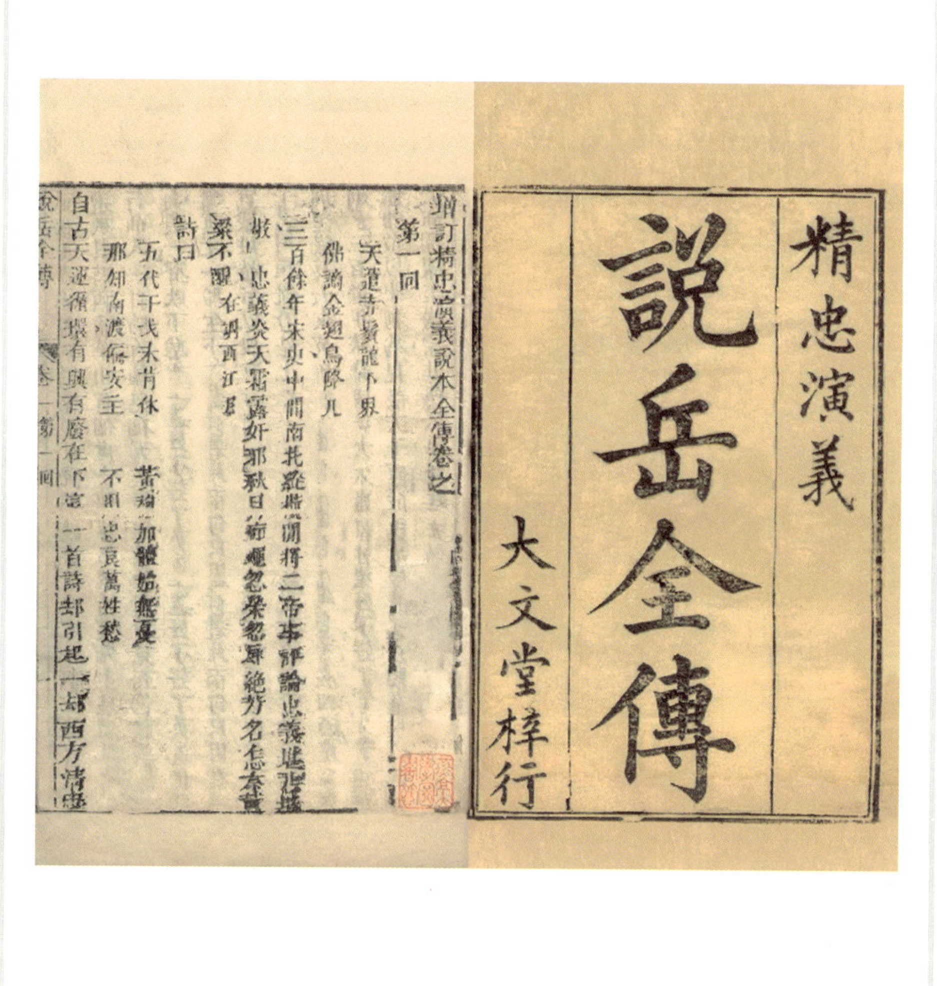
精忠演義
說岳全傳
大文堂梓行

增訂精忠演義說本全傳卷之一
第一回
天遣赤鬚龍下界
佛謫金翅鳥降凡
三百餘年宋史，中間南北縱橫。閒將二帝事評論，忠義堪悲堪敬。忠義炎天霜露，奸邪秋日蠅蚊。忽榮忽辱總虛名，怎奈黃粱不醒。右調西江月
詩曰：
五代干戈未肯休，黃袍加體始無憂。
那知南渡偏安主，不用忠良萬姓愁。
自古天運循環，有興有廢。在下這一首詩，却引起一部西方清淨
說岳全傳　卷一　第一回

說岳全傳 八十回 二十卷 （清）杭州 錢彩 撰

清末大文堂刻本 北京大學圖書館藏

同治十二年新鐫

娛目醒心編

掃葉山房發兌

大文堂梓

娛目醒心編卷一

玉山草亭老人編次

茸城自怡軒主人評

走天涯克全子孝　感異夢始獲親骸

第一回

純孝由來出性天　三牲五鼎總徒然

天涯走遍尋遺骨　留得芳名萬古傳

孟子有言父母俱存兄弟無故最是人生樂事設不幸而父南子北兄東弟西生離猶如死別豈非人生

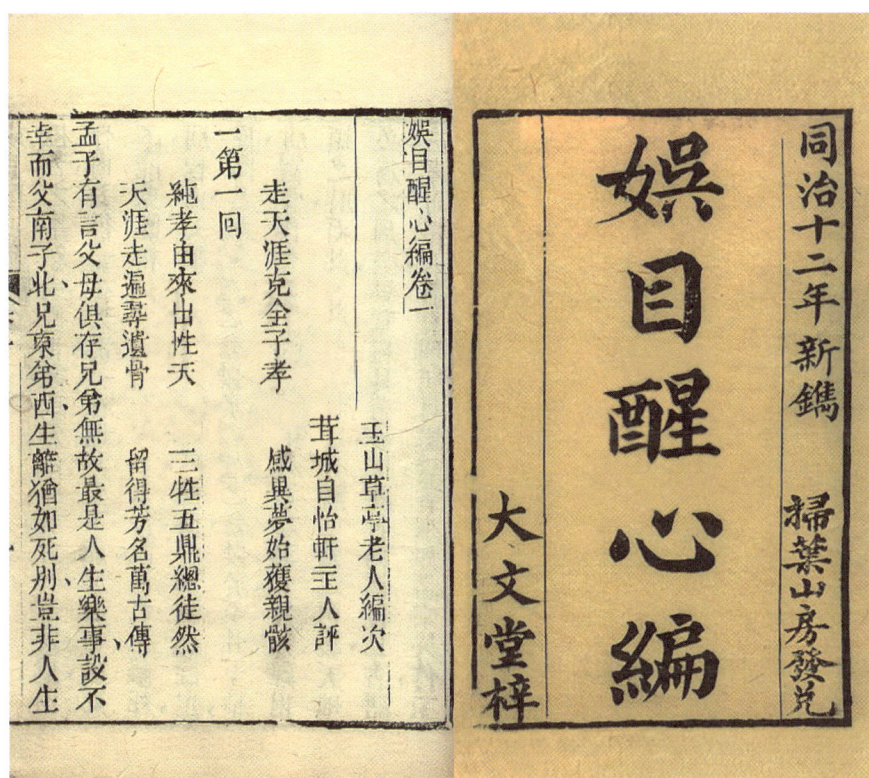

娛目醒心編 十六卷 （清）玉山 草亭老人 輯

同治十二年（1873）大文堂刻本 北京師範大學圖書館藏

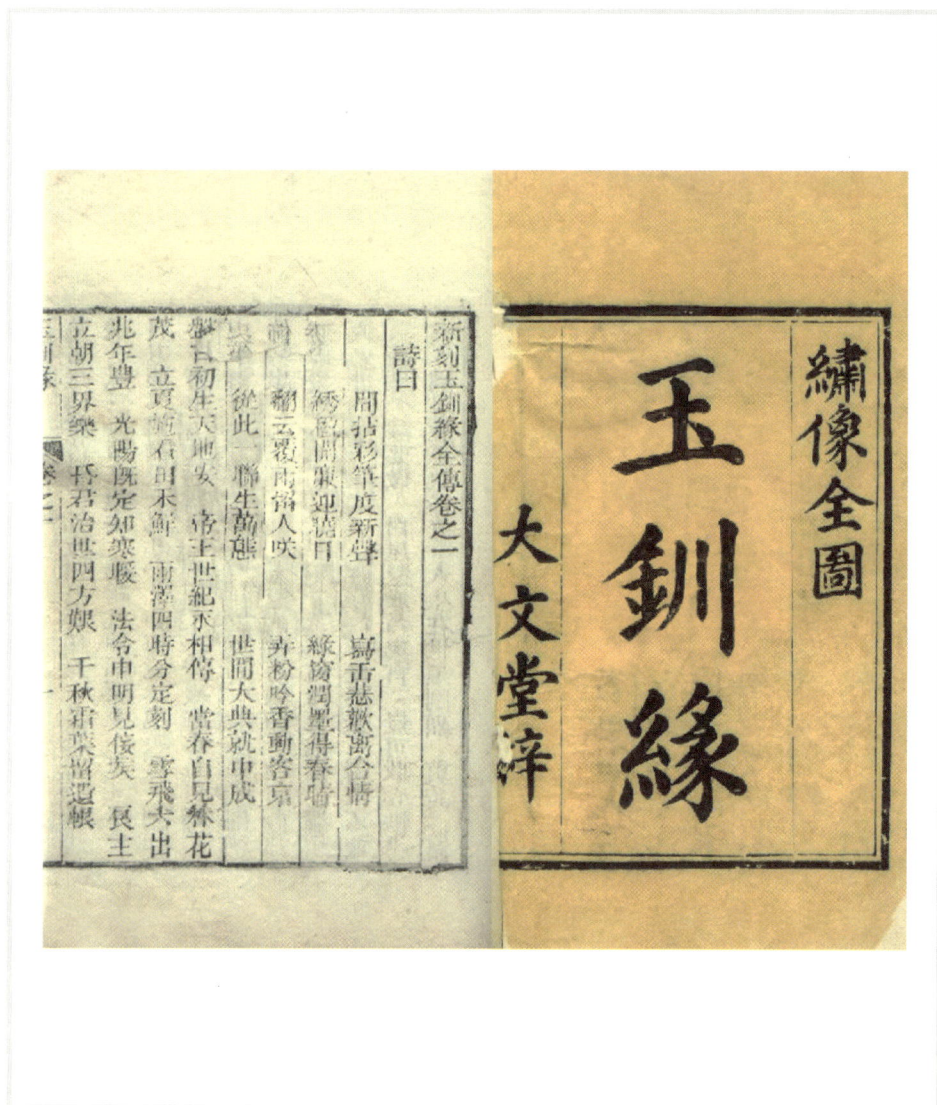

繡像全圖

玉釧緣

大文堂梓

新刻玉釧緣全傳卷之一

詩曰

閒拈彩筆度新聲　寫出悲歡離合情

綉閣開簾迎[illegible]日　綠窗[illegible]墨得春晴

翻云覆雨[illegible]人笑　弄粉吟香動客京

從此一聯生韻態　世間大典就中成

[illegible]古初生天地安　帝王世紀不相停　當春自見[illegible]花茂　立夏[illegible]石[illegible]不鮮　雨澤四時分定刻　雪飛大出兆年豐　光陽既定知寒暖　法令申明見俊英　長立朝三界樂　[illegible]君治世四方[illegible]　千秋霜葉留遺[illegible]

玉釧緣 三十二卷 （清）佚名 撰

清末大文堂刻本 南京師範大學圖書館藏

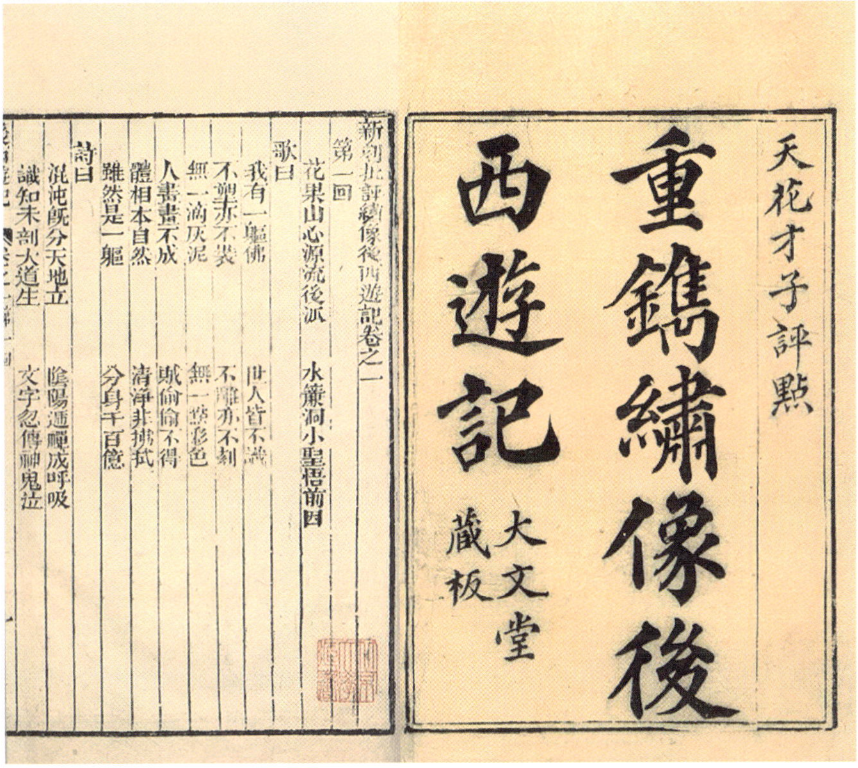

重鐫繡像後西遊記 八卷 四十回 （清）天花才子 評

清末大文堂刻本 北京大學圖書館藏

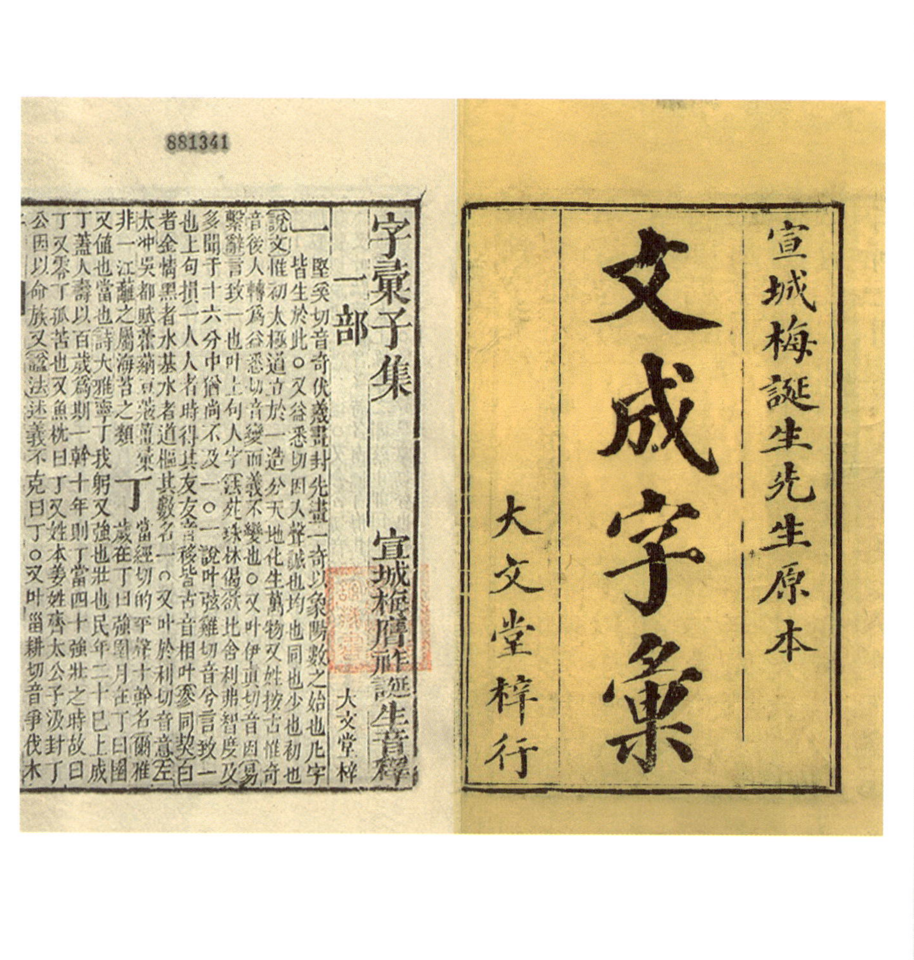

宣城梅誕生先生原本

文成字彙

大文堂梓行

字彙子集　宣城梅膺祚誕生音釋

一部　大文堂梓

一　堅奚切音奇伏羲畫卦先畫一奇以象陽數之始也凡字皆生於此○又谷悉切因人聲誠也均也同也少也初也說文惟初太極道立於一造分天地化生萬物又姓按古惟奇音後人轉爲谷悉切音變而義不變也○又叶伊真切音因易繫辭言致一也叶上句人字鍾先珠林偈欲比舍利弗智度及多聞于十六分中猶尚不及一○一說叶弦雞切音兮言致一也上句損一人人者時得其友友音移皆古音相叶參同契白者金精黑者水基水者道樞其數名一○又叶於利切音意左太冲吳都賦蘿蒳豆蔲薑彙非一江蘺之屬海苔之類

丁　當經切的平聲十幹名爾雅歲在丁曰彊圉月在丁曰圉又值也當也詩大雅寧丁我躬又強也壯也民年二十已上成丁蓋人壽以百歲爲期一幹十年則丁當四十強壯之時故曰丁又零丁孤苦也又魚枕曰丁又姓本姜姓齊太公子汲封丁公因以命族又謚法述義不克曰丁○又叶留耕切音爭伐木

文成字彙 十二集 （清）宣城 梅膺祚 輯

清末大文堂刻本

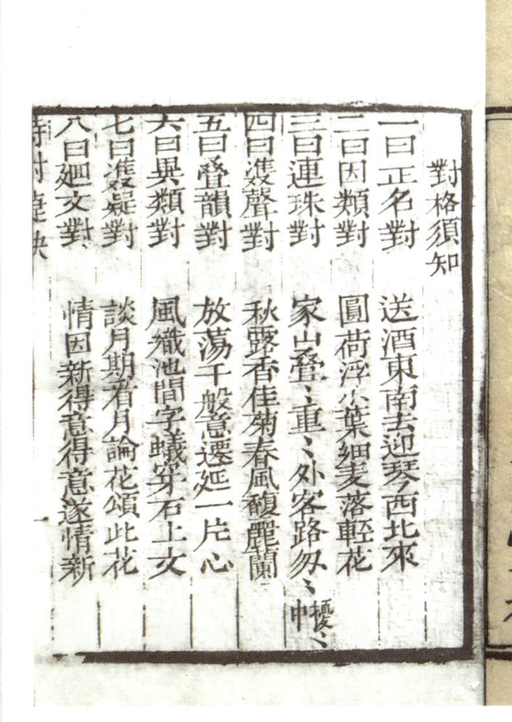

對格須知
一曰正名對　送酒東南去迎琴西北來
二曰因類對　圓荷浮小葉細麥落輕花
三曰連珠對　家山叠叠重重外客路匆匆擾擾中
四曰雙聲對　秋露香佳菊春風馥麗蘭
五曰叠韻對　放蕩千般意遷延一片心
六曰異類對　風織池間字蟻穿石上文
七曰準疑對　談月期看月論花須此花
八曰廻文對　情因新得意得意遂情新

聲律啟蒙
對類
大文堂梓

聲律啟蒙對類 不分卷 （清）邵陽 車萬育 撰

清末大文堂刻本 金谿吳定安藏

同治甲戌年重鐫

陳檢討四六

大文堂藏板

陳檢討集卷一

宜興 陳維崧 其年譔

皖江 程師恭 叔才註

賦

璿璣玉衡賦 并序

皇上御曆之十有八年闓澤覃敷湛恩汪濊

陳檢討四六 十五卷 （清）宜興 陳維崧 撰

同治十三年（1874）大文堂刻本 北京大學圖書館藏

唐詩三百首
注疏
大文堂刊

唐詩三百首註疏卷之一
蘅塘退士手編 建德雲仙氏章燮象德註
仁和孫孝根先生校正
五言古詩
感遇 四首 張九齡
王堯衢曰感遇也遇其有幸遭遇一云感之於心寓之於目發於中而寄於言如莊子寓言之類是也
感遇詩十有餘篇今從三百錄其二又從合解選其二王堯衢云以見其寄託之遠洗華

唐詩三百首注疏 六卷 （清）蘅塘退士 編 章燮 註

清末大文堂刻本

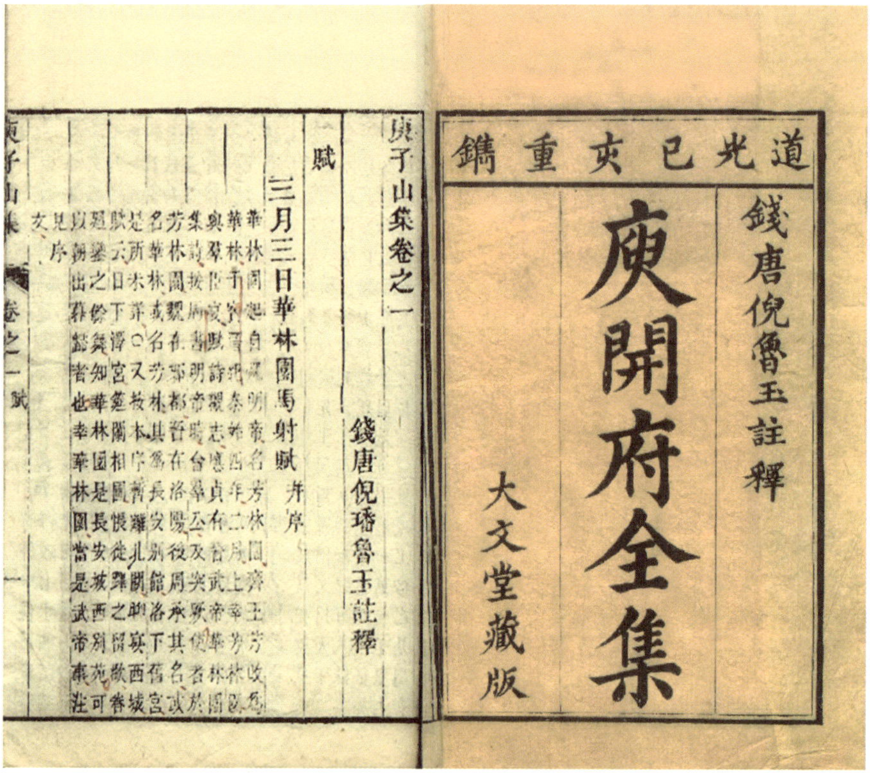

道光己亥重鐫

錢唐倪璠魯玉註釋

庾開府全集

大文堂藏版

庾開府全集 十六卷 （北周）庾信 撰

道光十九年（1839）大文堂刻本 南京大學圖書館藏

進呈原本

史官仇兆鰲誦習

杜少陵全集詳註

大文堂藏板

翰林院編修臣仇兆鰲

奏爲恭

進杜詩詳註事本年孟夏之月伏蒙

皇上傳諭翰林諸臣所著詩古文章抄錄呈進以備

御覽臣伏思俚語蕪詞本無文理不足以仰瀆

尊嚴謹錄三載以來所著杜詩詳註二十五册須呈

進者臣誠惶誠恐稽首頓首上言伏以

尼山六籍風雅垂經內之詩杜曲千篇詠歌作詩中之史生承三百遺意發爲萬丈光芒前代詞人於斯爲盛後來作者未能或先自國風降爲離騷離騷降

杜詩詳註　進表

杜少陵全集詳註 三十一卷 卷首附編 二卷 （唐）杜甫 撰

清末大文堂刻本 華東師範大學圖書館藏

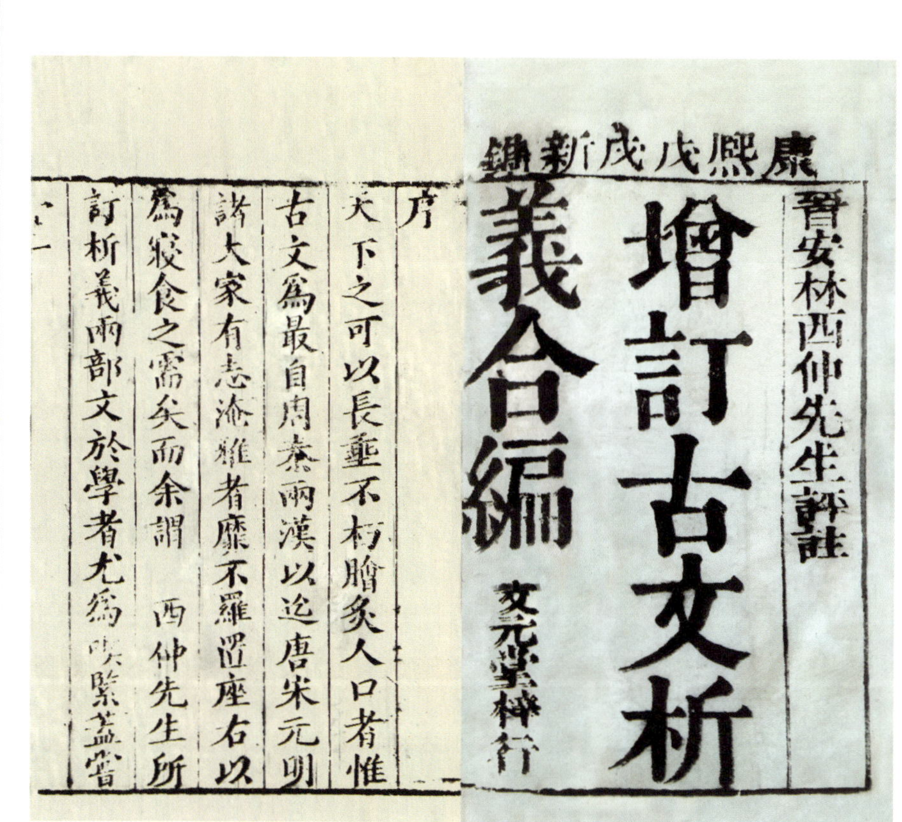

康熙戊戌新鐫

晉安林西仲先生評註

增訂古文析

義合編

文元堂梓行

序

天下之可以長垂不朽膾炙人口者惟

古文爲最自周秦兩漢以迄唐宋元明

諸大家有志淹雅者靡不羅置座右以

爲寢食之需矣而余謂　西仲先生所

訂析義兩部文於學者尤爲喫緊蓋嘗

增訂古文析義合編 十六卷 （清）福州 林雲銘 輯

康熙五十七年（1718）文元堂刻本 首都圖書館藏

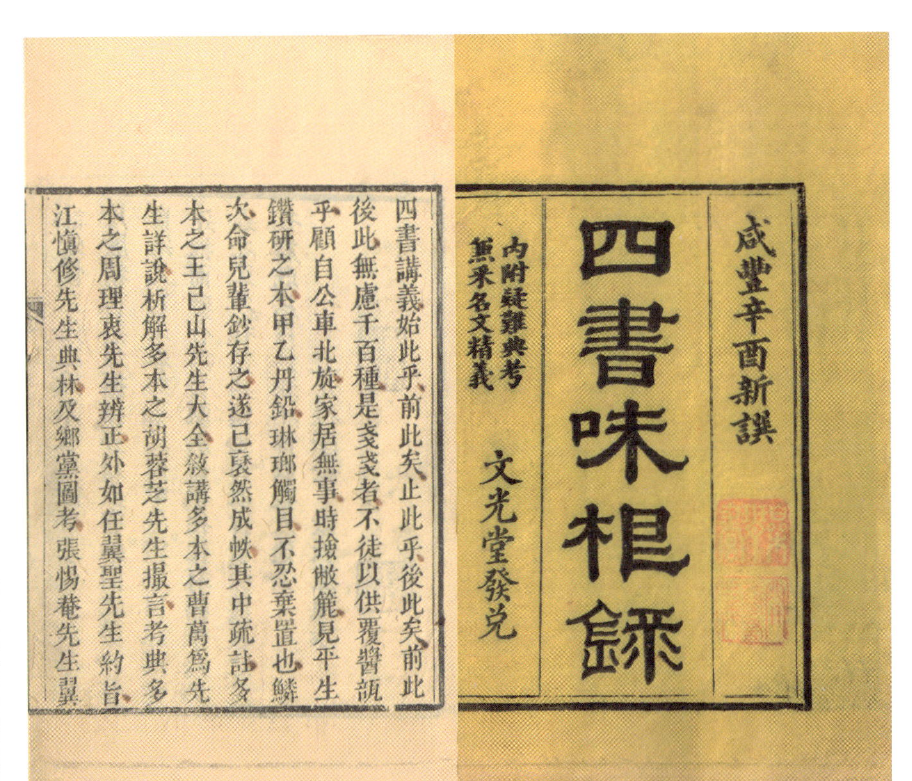

咸豐辛酉新譔

四書味根錄

内附疑難典考 兼采名文精義

文光堂發兑

四書講義始此乎前此矣止此乎後此矣前此
後此無慮千百種是戔戔者不徒以供覆醬瓿
乎顧自公車北旋家居無事時撿敝簏見平生
鑽研之本甲乙丹鉛琳瑯觸目不忍棄置也鱗
次命兒輩鈔存之遂已裒然成帙其中疏詁多
本之王已山先生大全敘講多本之曹萬爲先
生詳說析解多本之胡蓉芝先生撮言考典多
本之周理衷先生辨正外如任翼聖先生約旨
江愼修先生典林及鄉黨圖考張惕菴先生翼

四書味根錄 三十七卷 （清）南京 金澄 撰

咸豐十一年（1861） 文光堂刻本 劍川雕龍蟲館藏

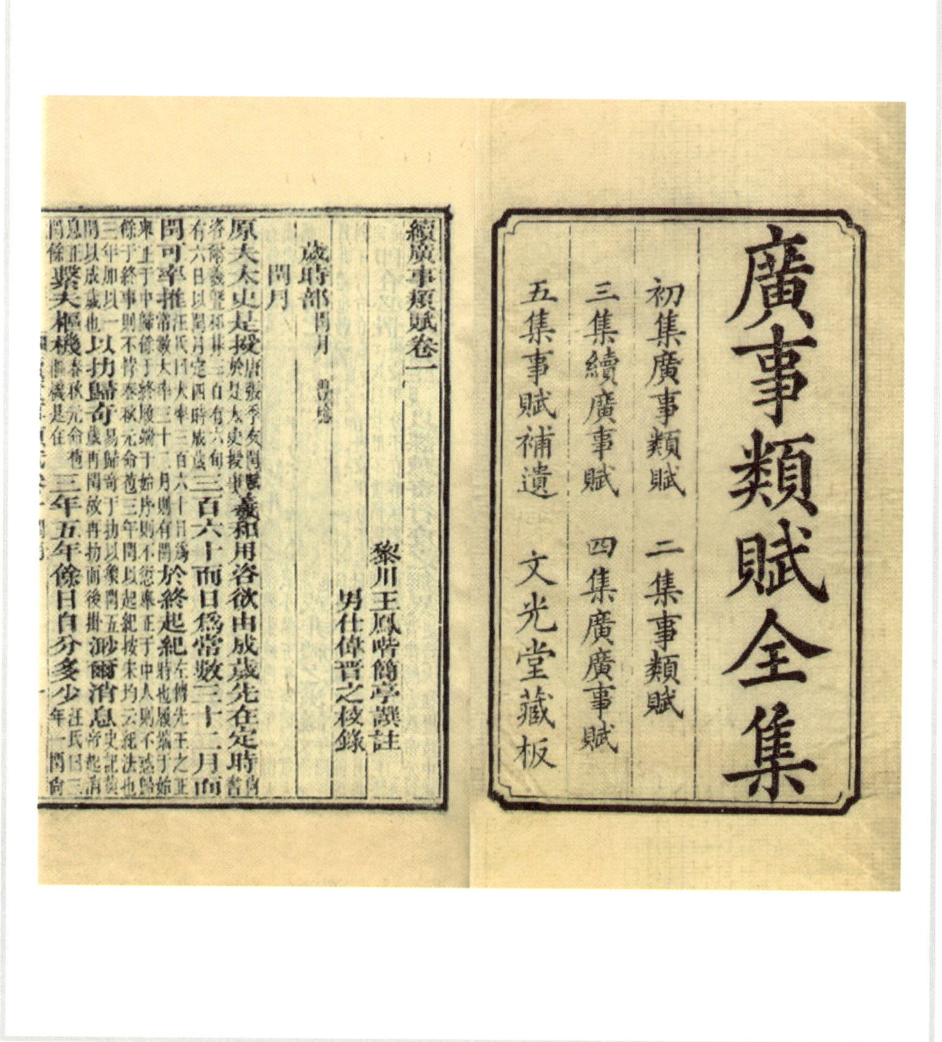

廣事類賦全集

初集廣事類賦　二集事類賦

三集續廣事賦　四集廣廣事賦

五集事賦補遺

文光堂藏板

續廣事類賦卷一

黎川王鳳喈簡亭譔註

男仕偉晉之校錄

歲時部

閏月

原夫太史是授……羲和用咨欲由成歲先在定時……三百六十而日爲常數三十二月而閏可率推……於終起紀……以扐歸奇……渺爾消息……要夫樞機……三年五年餘日自分多少……

廣事類賦全集 五集（清）黎川 王鳳喈 輯

清末文光堂刻本 北京大學圖書館藏

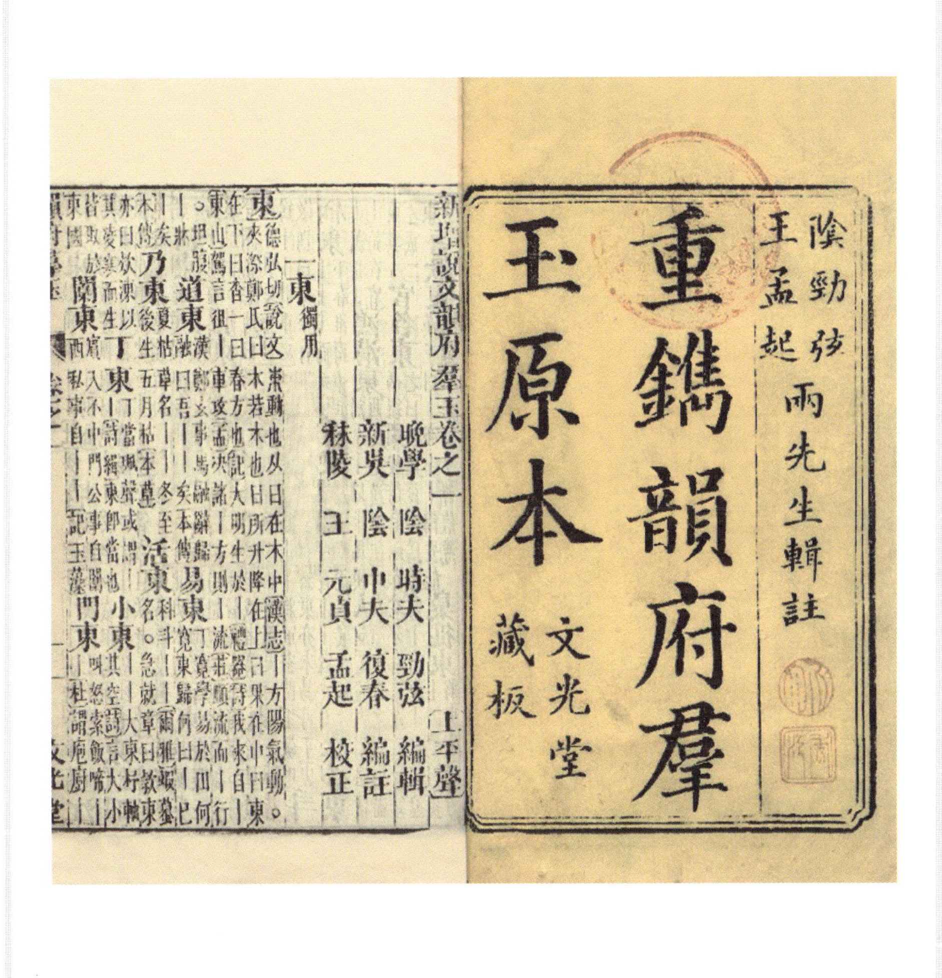

陰勁弦
王孟起 兩先生輯註

重鐫韻府羣玉原本

文光堂
藏板

新增說文韻府羣玉卷之一

晚學 陰時夫 勁弦 編輯
新吳 陰中夫 復春 編註
秣陵 王元貞 孟起 校正

上平聲

一東 獨用

重鐫韻府群玉原本 二十卷 （元）奉新 陰幼遇 撰

清中期文光堂刻本 北京大學圖書館藏

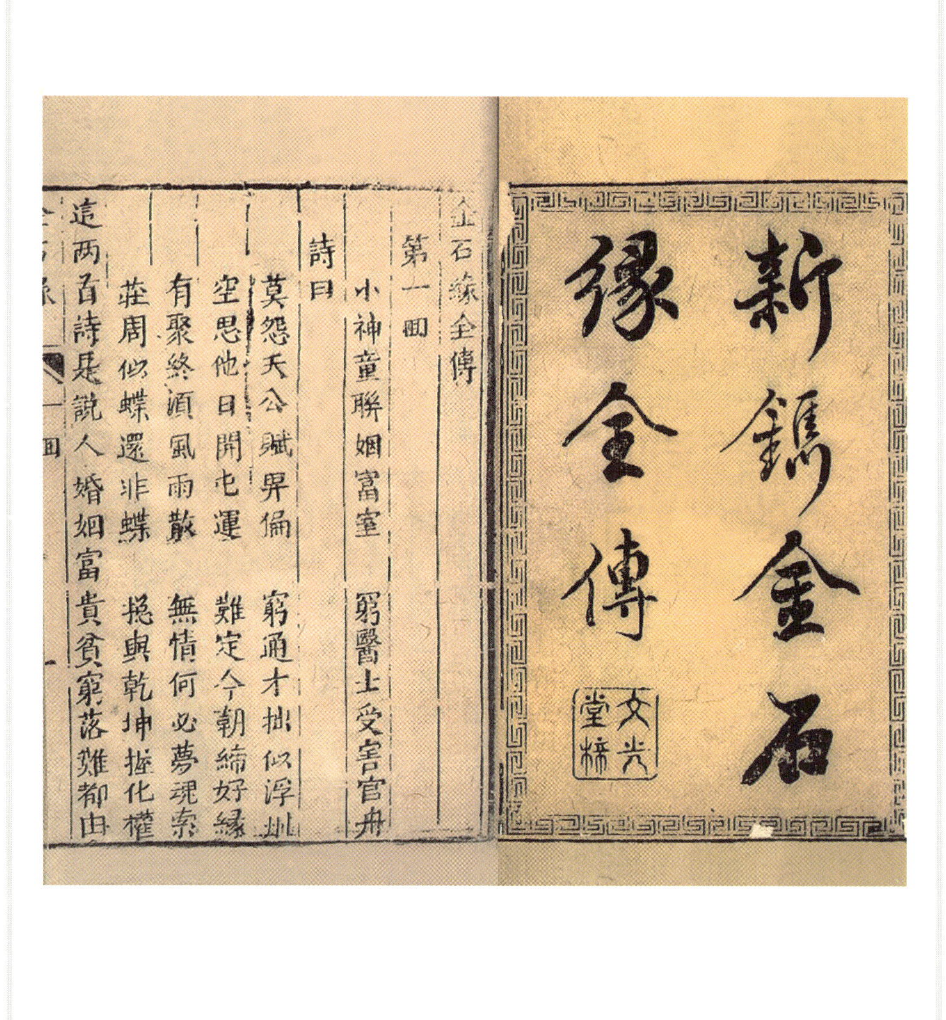

新鐫金石傳
文光堂梓

金石緣全傳
第一回
小神童聯姻富室 窮醫士受害官舟
詩曰
莫怨天公賦畀偏 窮通才拙似浮拙
空思他日開屯運 難定今朝締好緣
有聚終須風雨散 無情何必夢魂索
莊周似蝶還非蝶 摠與乾坤搖化權
這兩首詩是說人婚姻富貴貧窮落難都由

新鐫金石緣全傳 八卷 二十四回 （清）靜恬主人 撰

清末文光堂刻本 吉林大學圖書館藏

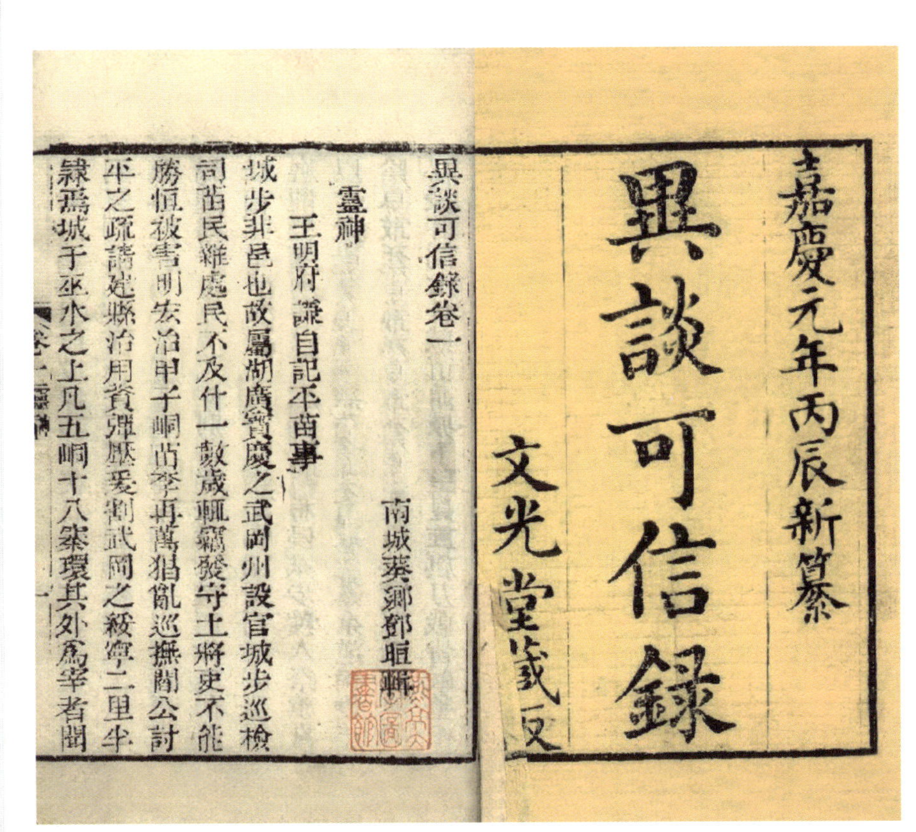

異談可信錄 二十三卷 （清）南城 鄧晅 輯

嘉慶元年（1796） 文光堂刻本 北京大學圖書館藏

文光堂

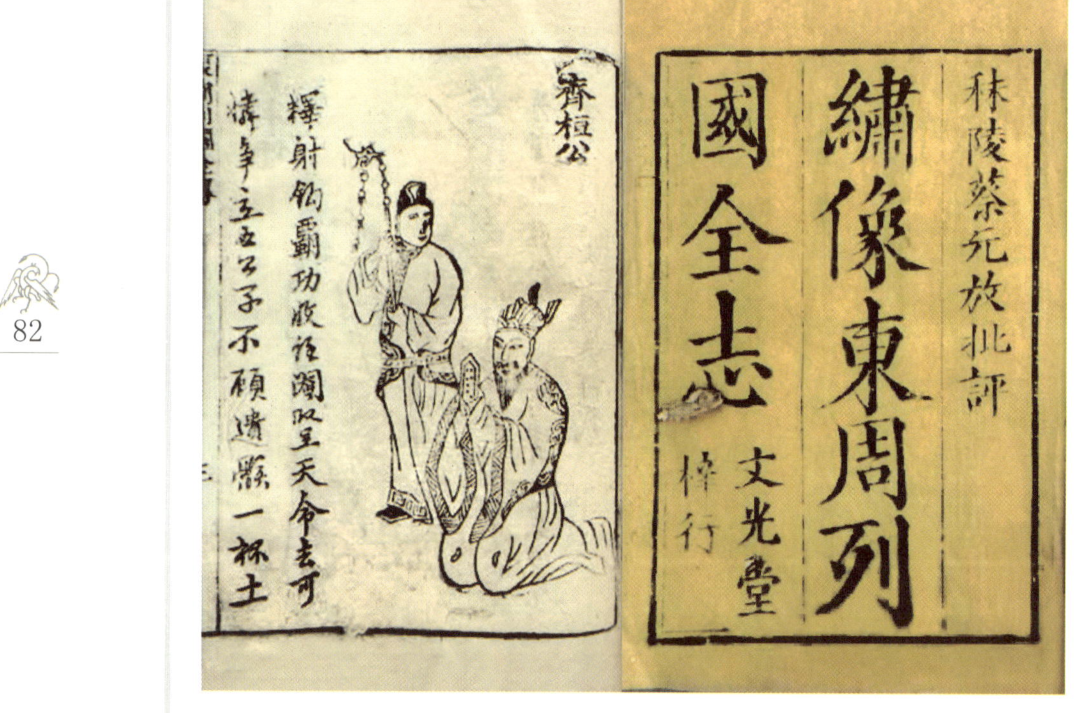

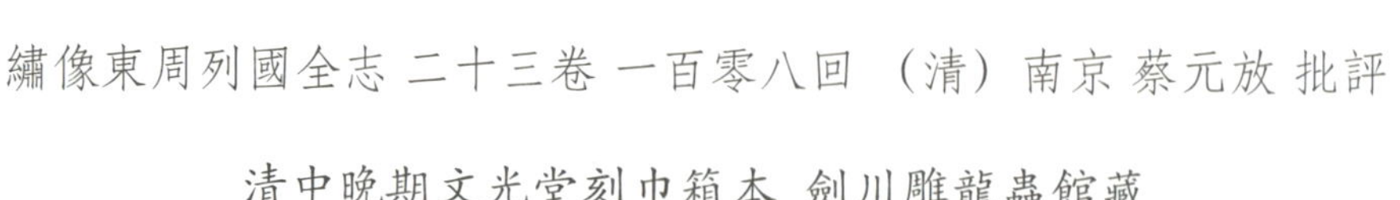
繡像東周列國全志 二十三卷 一百零八回 （清）南京 蔡元放 批評

清中晚期文光堂刻巾箱本 劍川雕龍蟲館藏

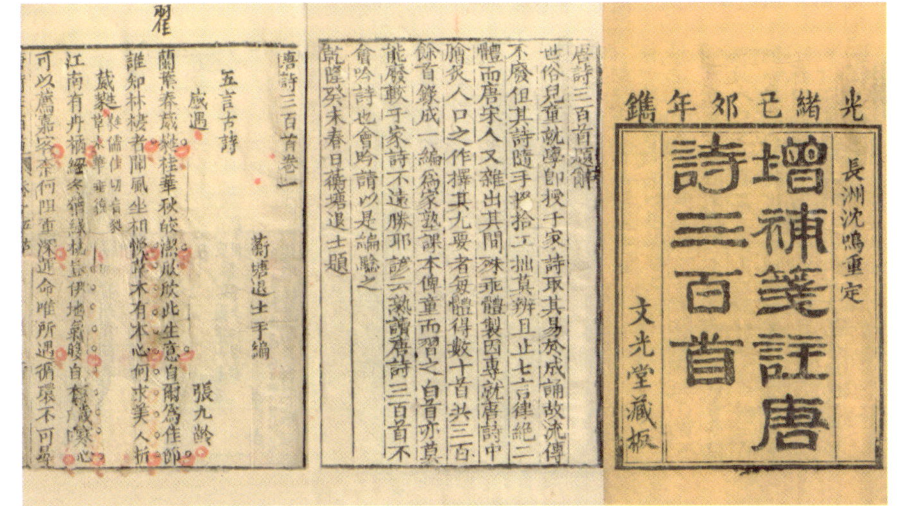
光緒己卯年鐫

長洲沈鳴重定

增補箋註唐詩三百首

文光堂藏板

唐詩三百首題辭

世俗兒童就學即授千家詩取其易於成誦故流傳不廢但其詩隨手掇拾工拙莫辨且止七言律絕二體而唐宋人又雜出其間殊乖體製因專就唐詩中膾炙人口之作擇其尤要者每體得數十首共三百餘首錄成一編為家塾課本俾童而習之白首亦莫能廢較千家詩不遠勝耶諺云熟讀唐詩三百首不會吟詩也會吟請以是編驗之

乾隆癸未春日蘅塘退士題

唐詩三百首卷一

蘅塘退士手編

五言古詩

感遇　張九齡

蘭葉春葳蕤桂華秋皎潔欣欣此生意自爾為佳節誰知林棲者聞風坐相悅草木有本心何求美人折

江南有丹橘經冬猶綠林豈伊地氣暖自有歲寒心可以薦嘉客奈何阻重深運命唯所遇循環不可

增補箋註唐詩三百首 六卷 （清）無錫 蘅塘退士 輯

光緒五年（1879）文光堂刻本 劍川雕龍蟲館藏

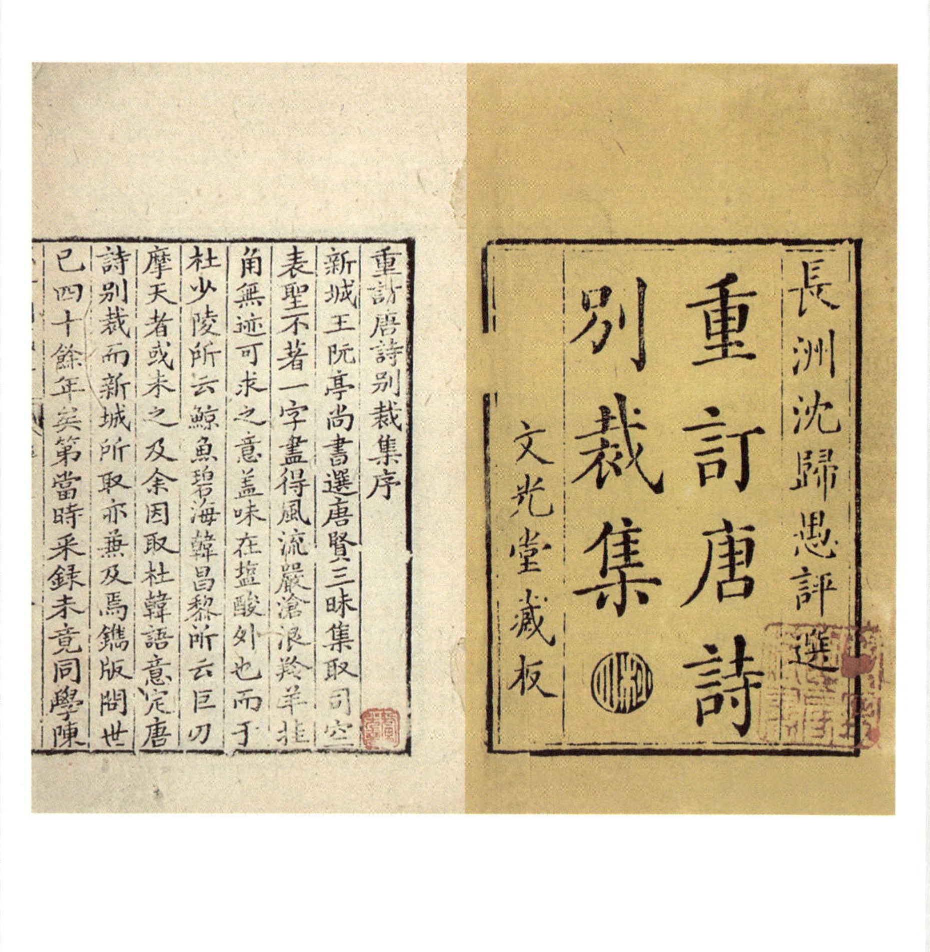

長洲沈歸愚評選
重訂唐詩別裁集
文光堂藏板

重訂唐詩別裁集序
新城王阮亭尚書選唐賢三昧集取司空表聖不著一字盡得風流嚴滄浪羚羊挂角無迹可求之意蓋味在鹽酸外也而于杜少陵所云鯨魚碧海韓昌黎所云巨刃摩天者或未之及余因取杜韓語意定唐詩別裁而新城所取亦兼及焉鐫版問世已四十餘年矣第當時采録未竟同學陳

重訂唐詩別裁集 十卷 （清）蘇州 沈德潛 輯

清中期文光堂刻本

文大堂

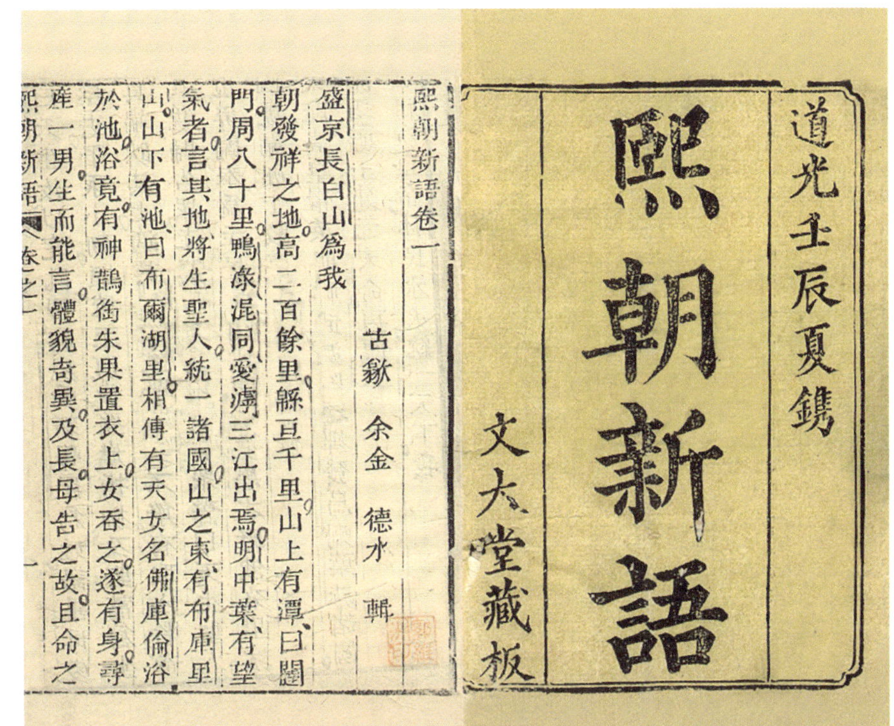

道光壬辰夏鐫

熙朝新語

文大堂藏板

熙朝新語卷一

古歙 余金 德水 輯

盛京長白山為我
朝發祥之地高二百餘里緜亘千里山上有潭曰闥
門周八十里鴨淥混同愛滹三江出焉明中葉有望
氣者言其地將生聖人統一諸國山之東有布庫里
山山下有池曰布爾湖里相傳有天女名佛庫倫浴
於池浴竟有神鵲銜朱果置衣上女吞之遂有身尋
產一男生而能言體貌奇異及長母告之故且命之

熙朝新語 卷之一 一

熙朝新語 十六卷 （清）金匱 錢泳 徐厚卿 輯

道光十二年（1832）文大堂刻本

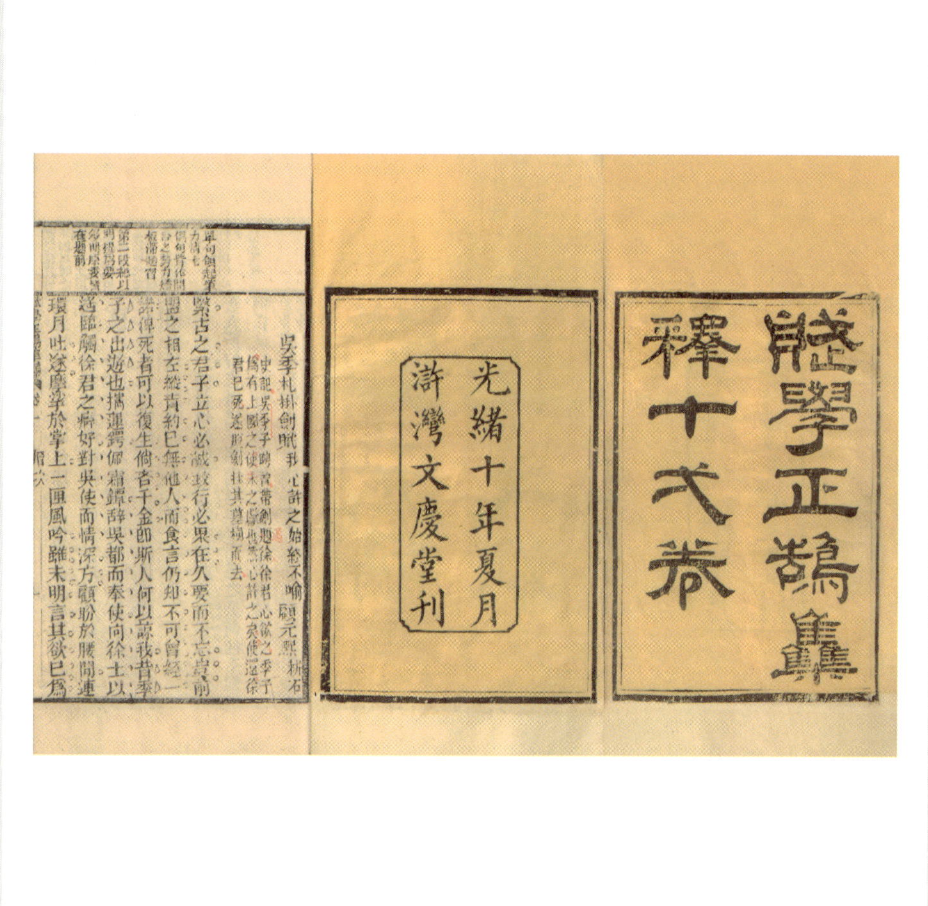

賦學正鵠集釋十一卷

光緒十年夏月
滸灣文慶堂刊

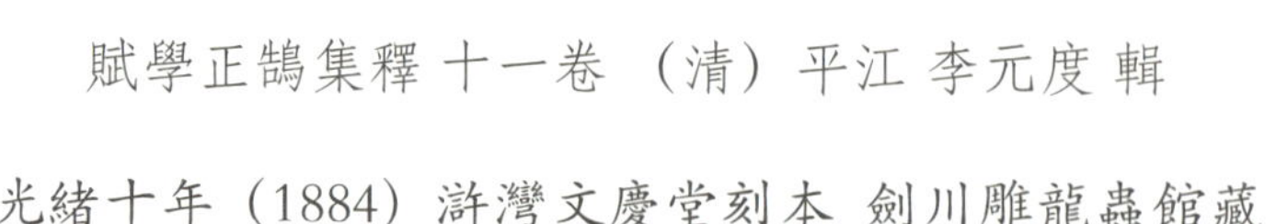

賦學正鵠集釋 十一卷 （清）平江 李元度 輯

光緒十年（1884）滸灣文慶堂刻本 劍川雕龍蟲館藏

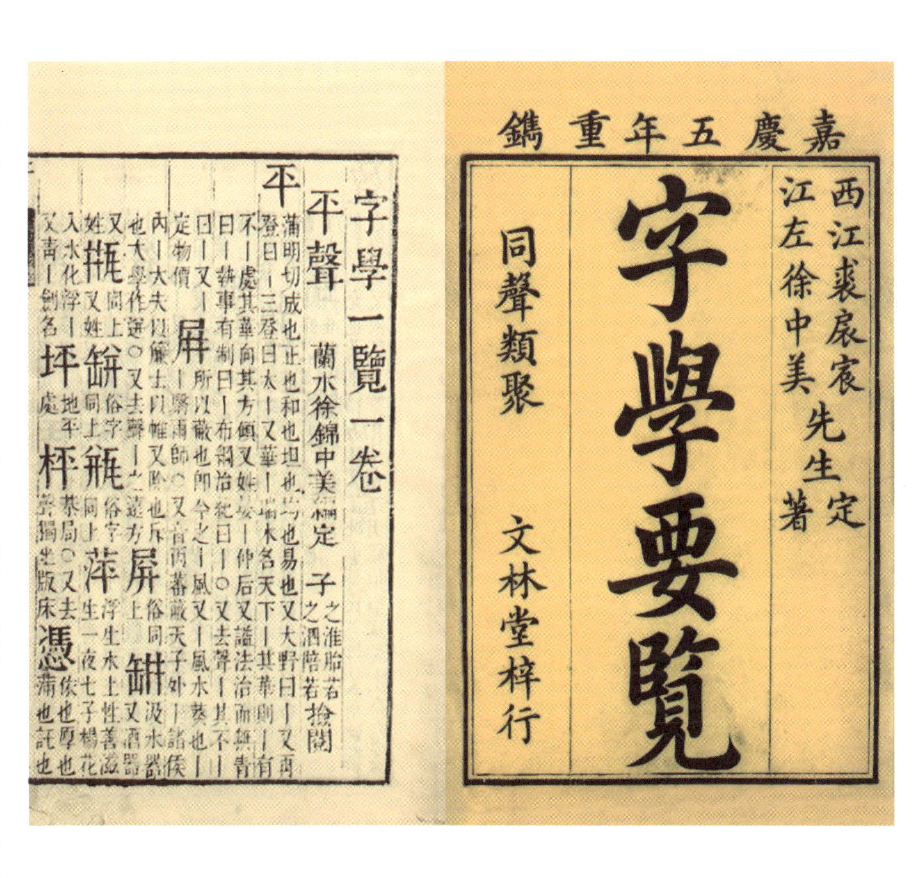

嘉慶五年重鐫

西江裘宸宸先生定
江左徐中美著

字學要覽

同聲類聚
文林堂梓行

字學一覽一卷

平聲　蘭水徐錦中美編定

字學要覽 五卷 （清）徐錦 撰

嘉慶五年（1800）文林堂刻本 北京大學圖書館藏

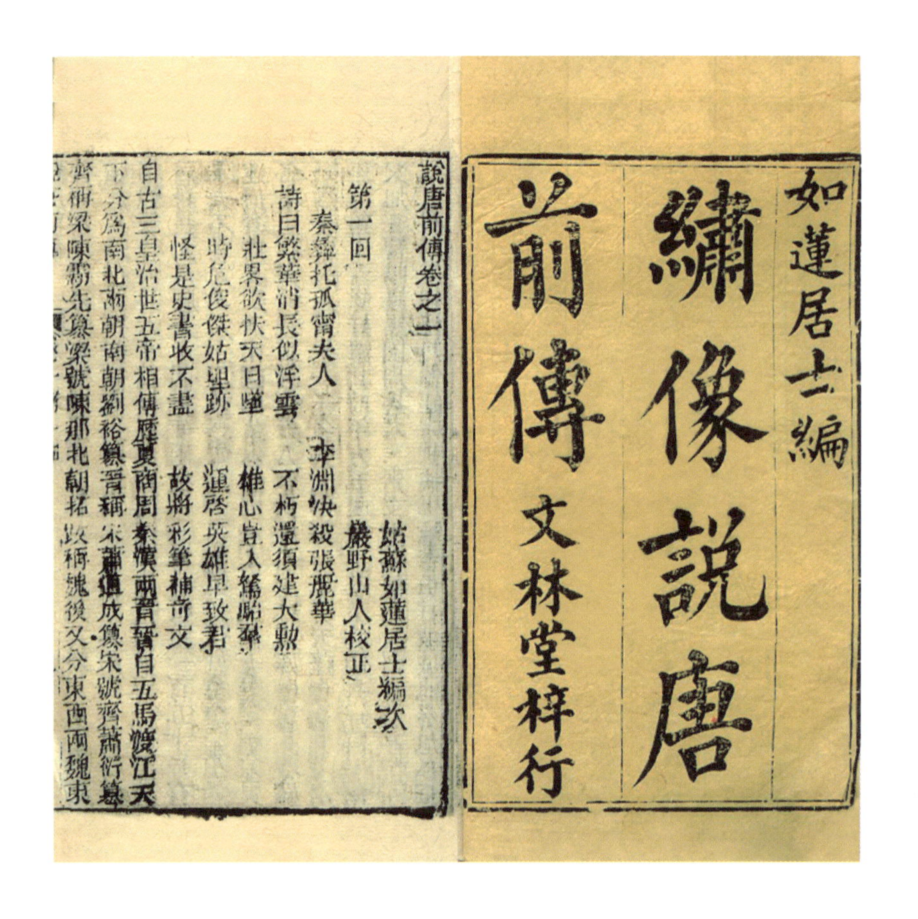

如蓮居士編
繡像說唐
前傳
文林堂梓行

說唐前傳卷之一
姑蘇如蓮居士編次
巖野山人校正
第一回
秦彝托孤寧夫人　李淵大殺張麗華
詩曰繁華消長似浮雲　不朽還須建大勳
壯畧欲扶天日墜　雄心豈入鳥獸群
時危俊傑姑埋跡　運啓英雄早致君
怪是史書收不盡　故將彩筆補奇文
自古三皇治世五帝相傳歷夏商周秦漢兩晉晉自五馬渡江天
下分爲南北兩朝南朝劉裕篡晉稱宋宋有蕭道成篡宋號齊蕭衍篡
齊稱梁陳霸先篡梁號陳那北朝拓跋珪稱魏後又分東西兩魏東

繡像說唐前傳 十卷 （清）蘇州 如蓮居士 編

清中晚期文林堂刻本 廈門大學圖書館藏

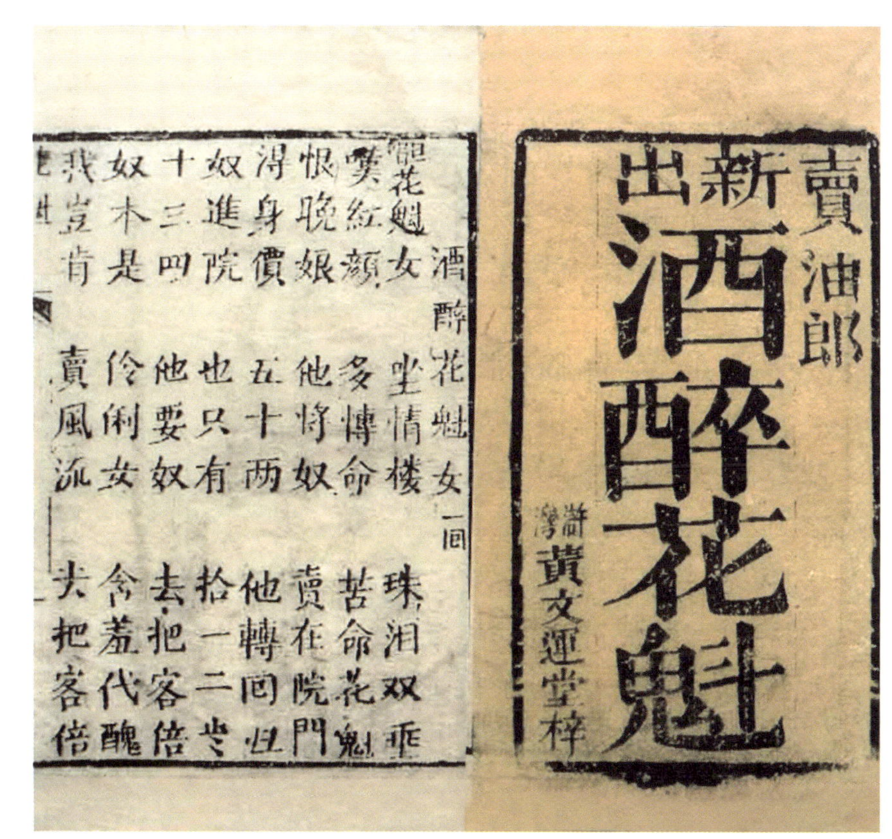

賣油郎
新出
酒醉花魁
滸灣黃文運堂梓

酒醉花魁女　一回
覷花魁女　坐情樓　珠泪双垂
嘆紅顏　多慱命　苦命花魁
恨晚娘　他將奴　賣在院門
淂身價　五十兩　他轉回去
奴進院　也只有　拾一二岁
十三四　他要奴　去把客倍
奴本是　伶俐女　含羞代醜
我豈肯　賣風流　去把客倍

酒醉花魁　不分卷

清末許灣黃文運堂刻本

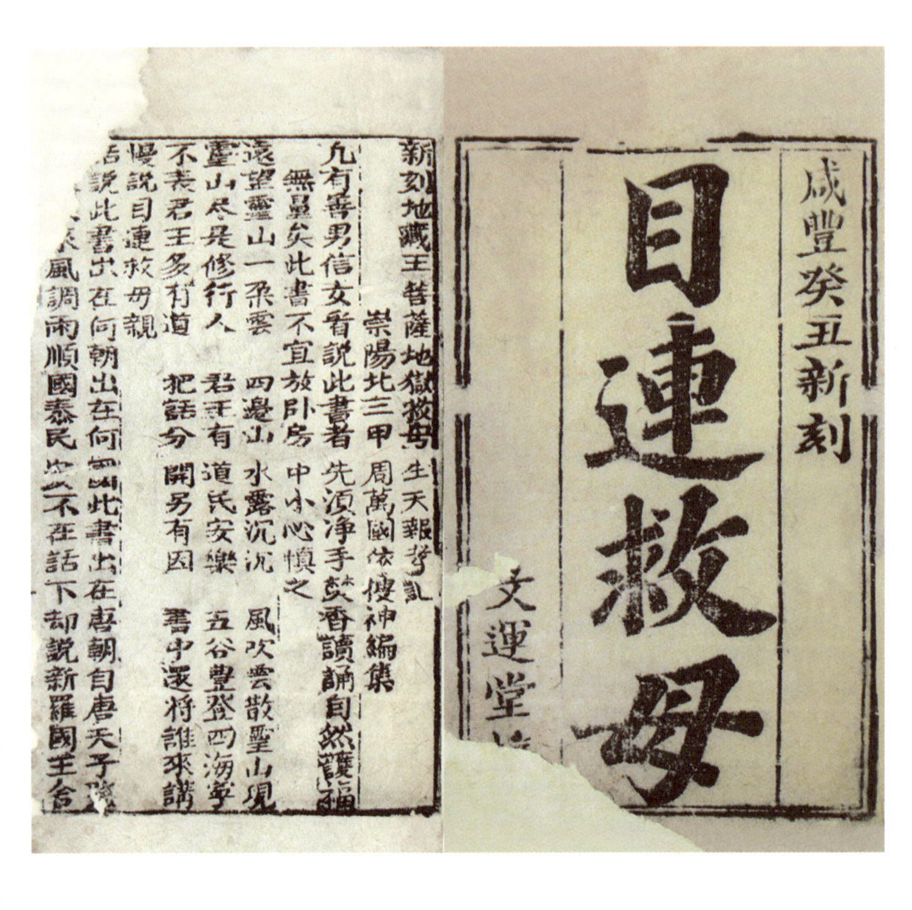

咸豐癸丑新刻

目連救母

文運堂梓

新刻地藏王菩薩地獄救母生天報孝記

崇陽北三甲 周萬國依傳神編集

凡有善男信女看說此書者先須淨手焚香讀誦自然獲福無量矣此書不宜放卧房中小心慎之

遠望靈山一朵雲 四邊山水露沉沉 風吹雲散靈山現

靈山盡是修行人 君王有道民安樂 五谷豐登四海寧

不表君王多有道 把話分開另有因 書中還將誰來講

慢說目連救母親

話說此書出在何朝出在何處此書出在唐朝自唐天子登

基風調雨順國泰民安不在話下卻說新羅國王名

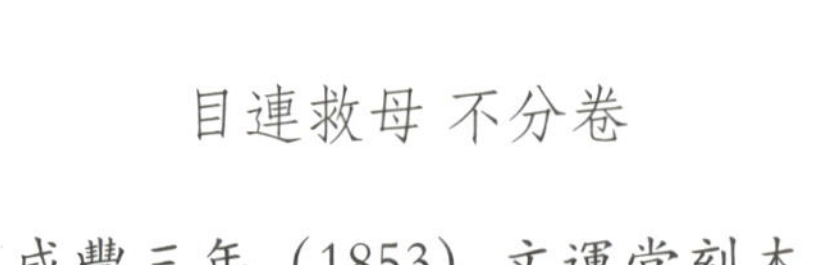

目連救母 不分卷

咸豐三年（1853）文運堂刻本

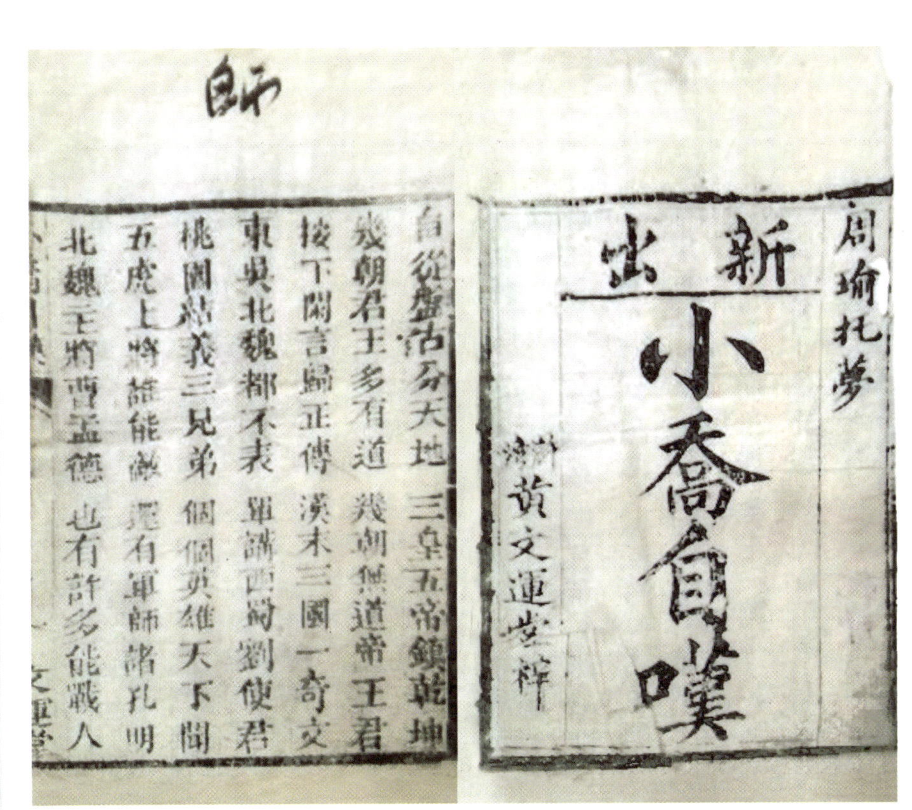
周瑜托夢
新出
小喬自嘆
許灣黃文運堂梓

自從盤古分天地　三皇五帝鎮乾坤
幾朝君王多有道　幾朝無道帝王君
接下閑言歸正傳　漢末三國一奇文
東吳北魏都不表　單講西蜀劉使君
桃園結義三兄弟　個個英雄天下聞
五虎上將誰能敵　還有軍師諸孔明
北魏王將曹孟德　也有許多能戰人

小喬自歎 不分卷

清末許灣黃文運堂刻本

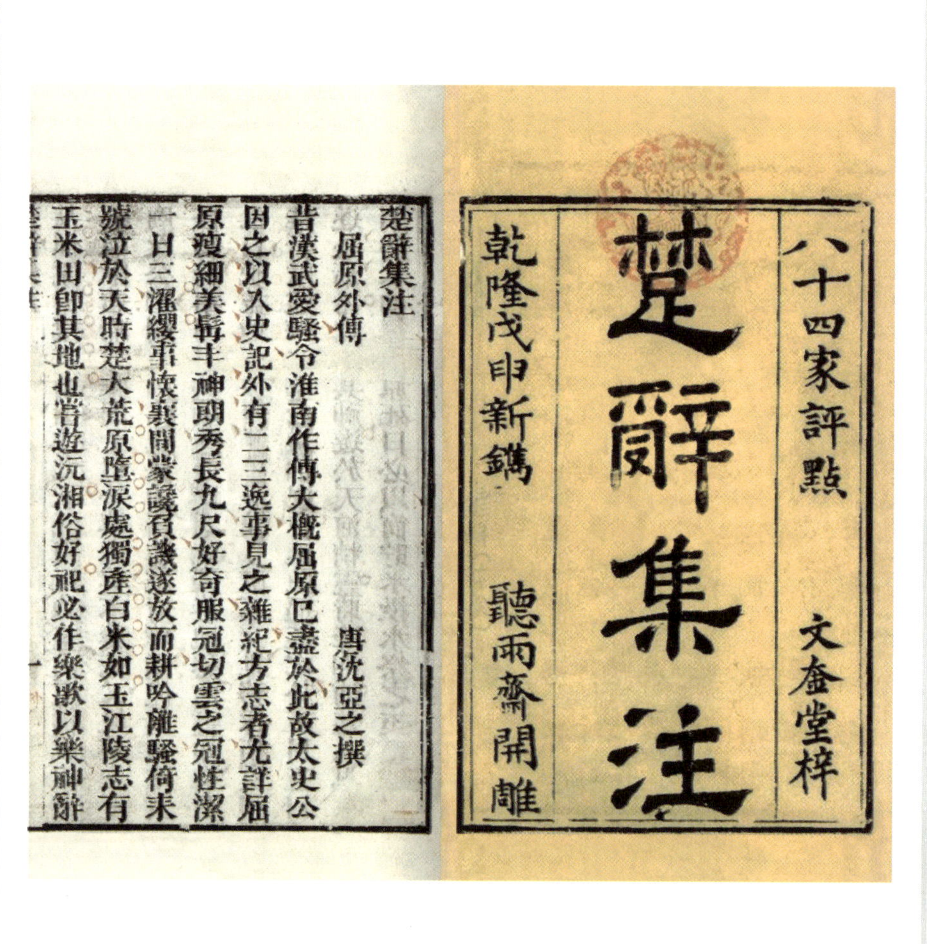

八十四家評點

楚辭集注

文奎堂梓

乾隆戊申新鐫

聽雨齋開雕

楚辭集注

屈原外傳　　唐沈亞之撰

昔漢武愛騷令淮南作傳大概屈原已盡於此故太史公因之以入史記外有一二逸事見之雜紀方志者尤詳屈原瘦細美髯丰神朗秀長九尺好奇服冠切雲之冠性潔一日三濯纓事懷襄間蒙讒負譏遂放而耕吟離騷倚耒號泣於天時楚大荒原墮淚處獨產白米如玉江陵志有玉米田即其地也嘗遊沅湘俗好祀必作樂歌以樂神辭

楚辭集注 八卷 （宋）朱熹等 註

乾隆五十三年（1788）文奎堂聽雨齋刻本

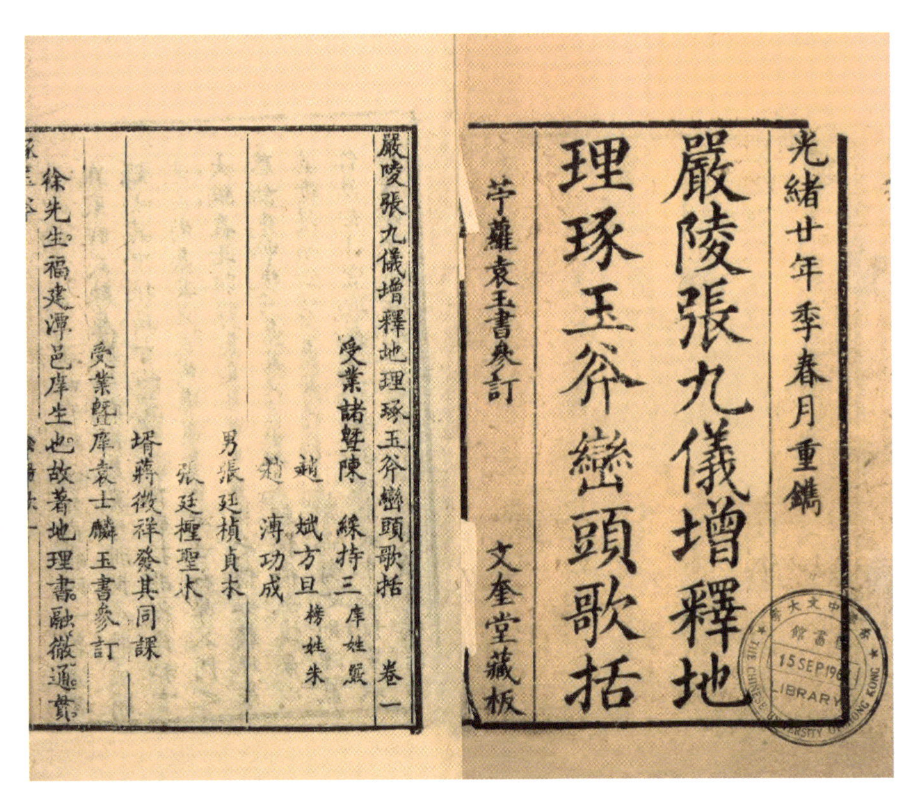

嚴陵張九儀增釋地理琢玉斧巒頭歌括 五卷 （清）徐之鏌 撰 張鳳藻 釋

光緒二十年（1894）文奎堂刻本 香港中文大學圖書館藏

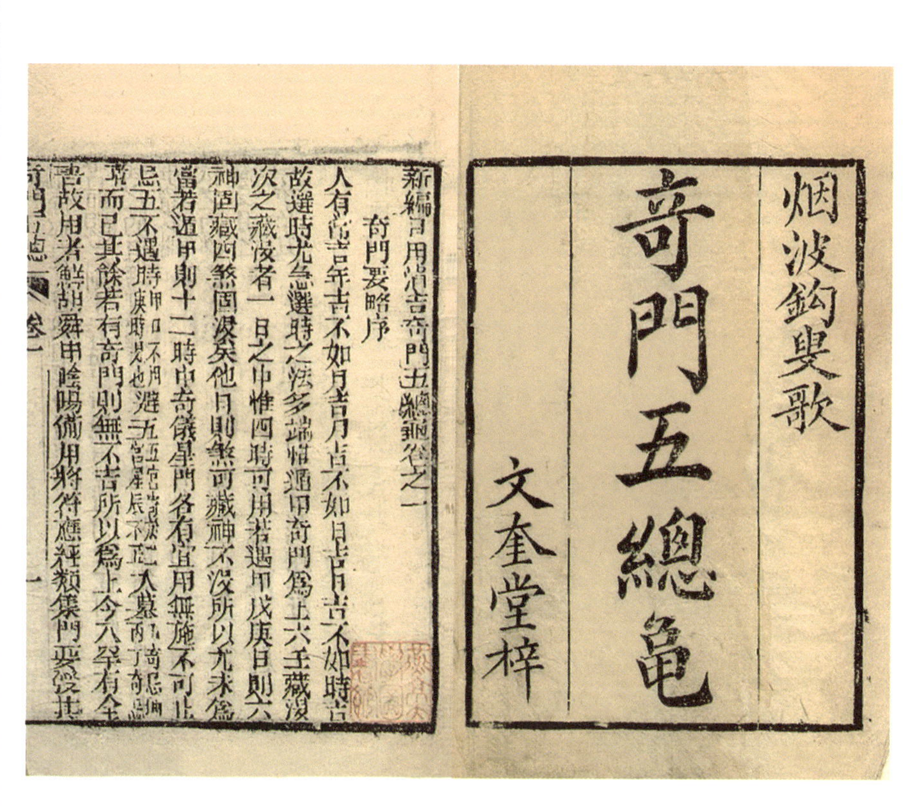

烟波釣叟歌

奇門五總龜

文奎堂梓

新編日用涓吉奇門五總龜卷之一

奇門要略序

人有言吉年吉不如月吉月吉不如日吉日吉不如時吉故選時尤急選時之法多端惟遁甲奇門為上六壬藏遁次之藏遁者一日之中惟四時可用若遇甲戊庚日則六神固藏四煞固遁矣他日則煞可藏神不遁所以尤未為當若遁甲則十二時中奇儀星門各有宜用無施不可止忌五不遇時（甲日不用庚時是也）避五[illegible]不起大墓[illegible]奇[illegible]而已其餘若有奇門則無不吉所以為上今八卒有全書故用者鮮胡舜申陰陽備用將符應經類集門要援其

奇門五總龜 卷一 一

奇門五總龜 四卷 （宋）趙普 撰

清末文奎堂刻本 北京大學圖書館藏

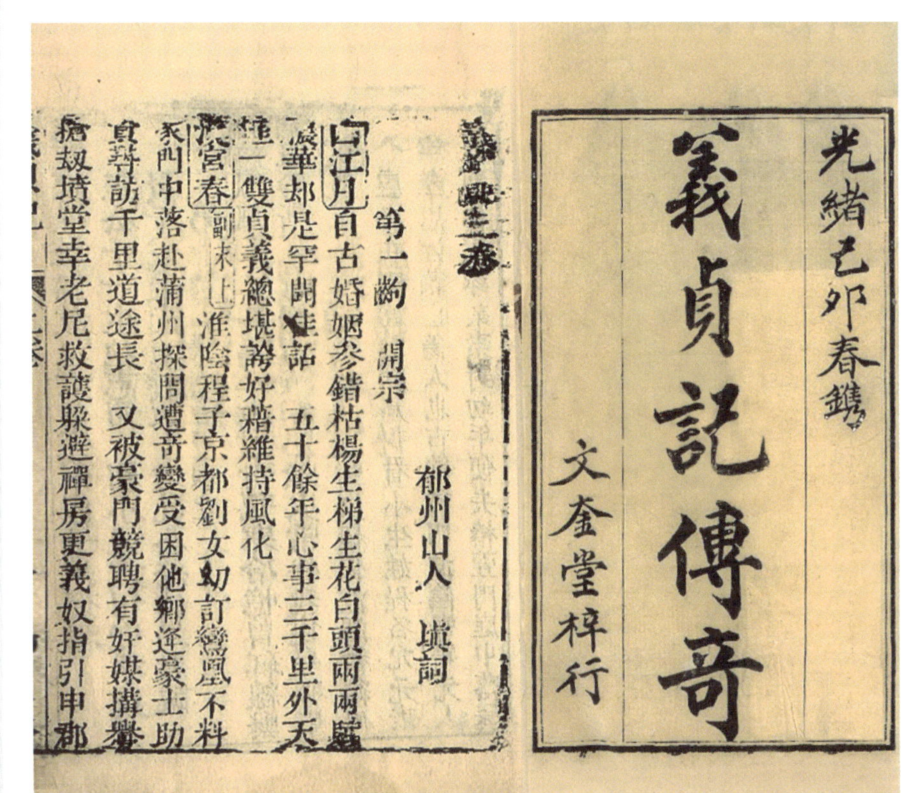

光緒己卯春鐫

義貞記傳奇

文奎堂梓行

義貞記上卷

第一齣 開宗

郁州山人 塡詞

西江月 自古婚姻參錯枯楊生梯生花白頭兩兩鳳凰華却是罕聞佳話 五十餘年心事三千里外天涯一雙貞義總堪誇好藉維持風化

滿宮春 副末上 淮陰程子京都劉女幼訂鸞凰不料家門中落赴蒲州探問遭奇變受困他鄉逢豪士助貲尋訪千里道途長 又被豪門競聘有奸媒搆釁擒刼墳堂幸老尼救護躲避禪房更義奴指引申郡

義貞記傳奇 二卷 （清）吳恒宣 撰

光緒五年（1879）文奎堂刻本

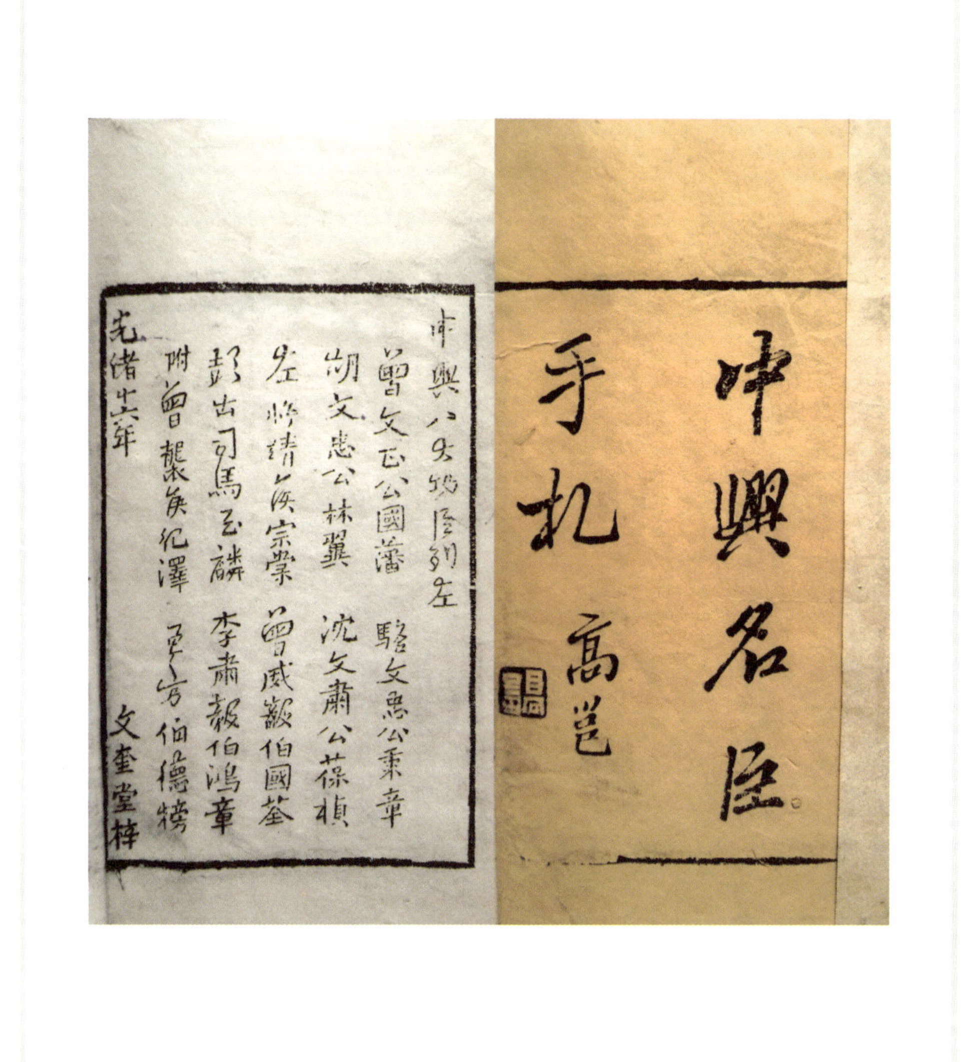

中興名臣手札

高邕

中興八大名臣列左

曾文正公國藩　駱文忠公秉章

胡文忠公林翼　沈文肅公葆楨

左恪靖侯宗棠　曾威毅伯國荃

彭古司馬玉麟　李肅毅伯鴻章

附曾襲侯紀澤　王宮伯德榜

光緒十六年　文奎堂梓

中興名臣手札 八卷 （清）湘鄉 曾國藩等 撰

光緒十六年（1890）文奎堂刻本 江西省圖書館藏

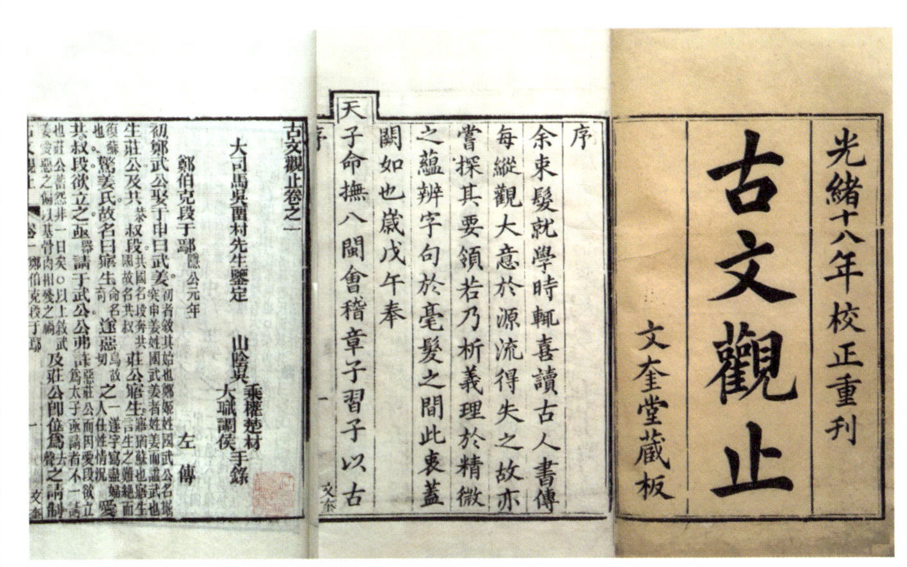
光緒十八年校正重刊

古文觀止

文奎堂藏板

序

余東髮就學時輒喜讀古人書傳每縱觀大意於源流得失之故亦嘗採其要領若乃析義理於精微之蘊辨字句於毫髮之間此衷蓋闕如也歲戊午奉

天子命撫八閩會稽章子習子以古

古文觀止卷之一

大司馬吳西村先生鑒定　山陰吳乘權楚材 大職調侯 手錄

鄭伯克段于鄢　隱公元年　左傳

初鄭武公娶于申曰武姜。生莊公及共叔段。莊公寤生。驚姜氏故名曰寤生。遂惡之。愛共叔段欲立之。亟請于武公。公弗許。及莊公即位為之請制

古文觀止　卷一　鄭伯克段于鄢　一　文奎

古文觀止（清）紹興 吴乘權 吴大職 輯

光緒十八年（1892）文奎堂刻本 江西省圖書館藏

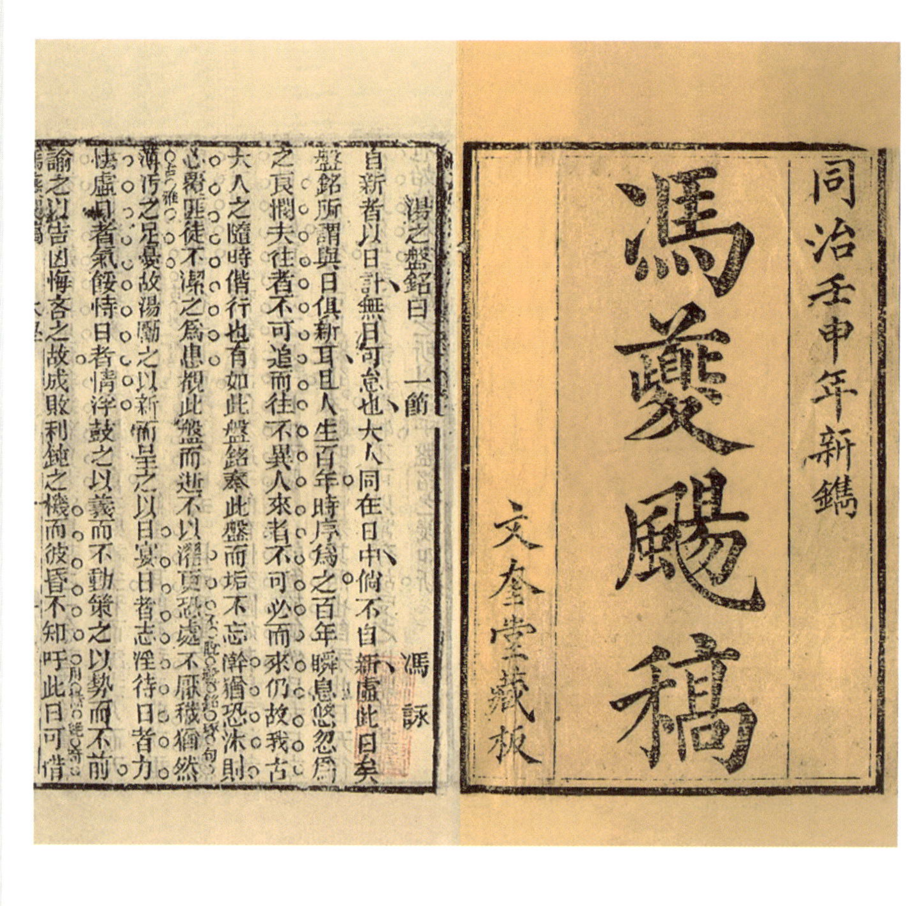

同治壬申年新鐫

馮夔颺稿

文奎堂藏板

湯之盤銘曰　一節　馮詠

自新者以日計無日可怠也大人同在日中倘不自新虛此日矣盤銘所謂與日俱新耳且人生百年時序爲之百年瞬息倏忽爲之良惘夫往者不可追而往不異人來者不可必而來仍故我古大人之隨時偕行也有如此盤銘奉此盤而垢不忘滌猶恐沬則心爲匪徒不潔之爲患視此盤而逝不以滌頁恐處不厭穢猶然滌汚之足憂故湯斸之以新而呈之以日宴日者志淫待日者力怯虛日者氣餒恃日者情浮鼓之以義而不動策之以勢而不前諭之以吉凶悔吝之故成敗利鈍之機而彼昏不知吁此日可惜

馮夔颺稿 不分卷 （清）金谿 馮詠 撰

同治十二年（1873）文奎堂刻本

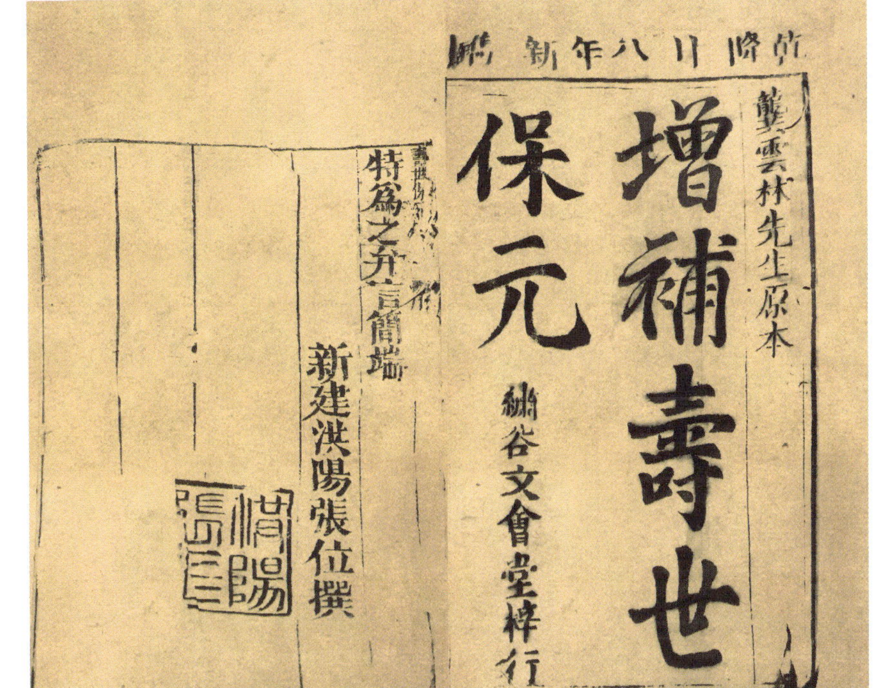

乾隆廿八年新鐫

龔雲林先生原本

增補壽世保元

繡谷文會堂梓行

特爲之弁言簡端

新建洪陽張位撰

增補壽世保元 十卷 （明）金谿 龔廷賢 撰

乾隆二十八年（1763）繡谷文會堂刻本

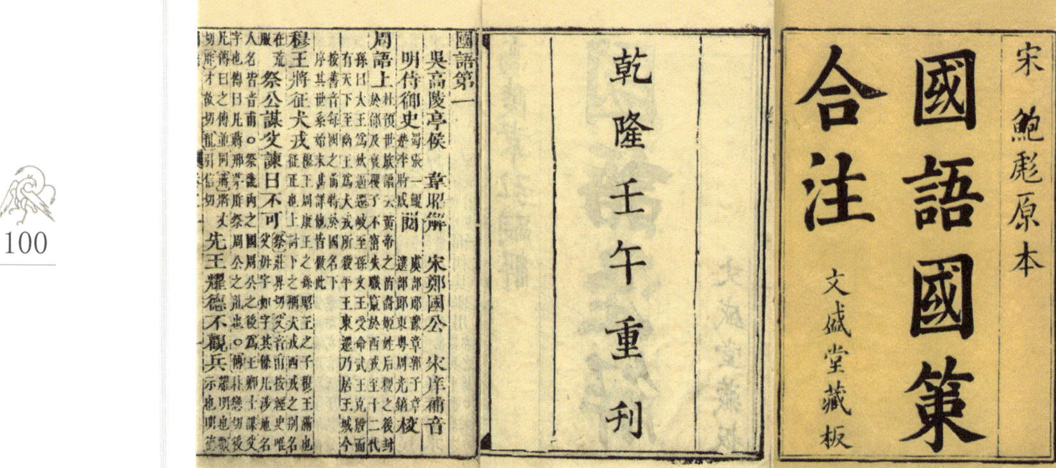

國語國策合注 二十一卷 （宋）鮑彪 註

乾隆二十七年（1762）文盛堂刻本

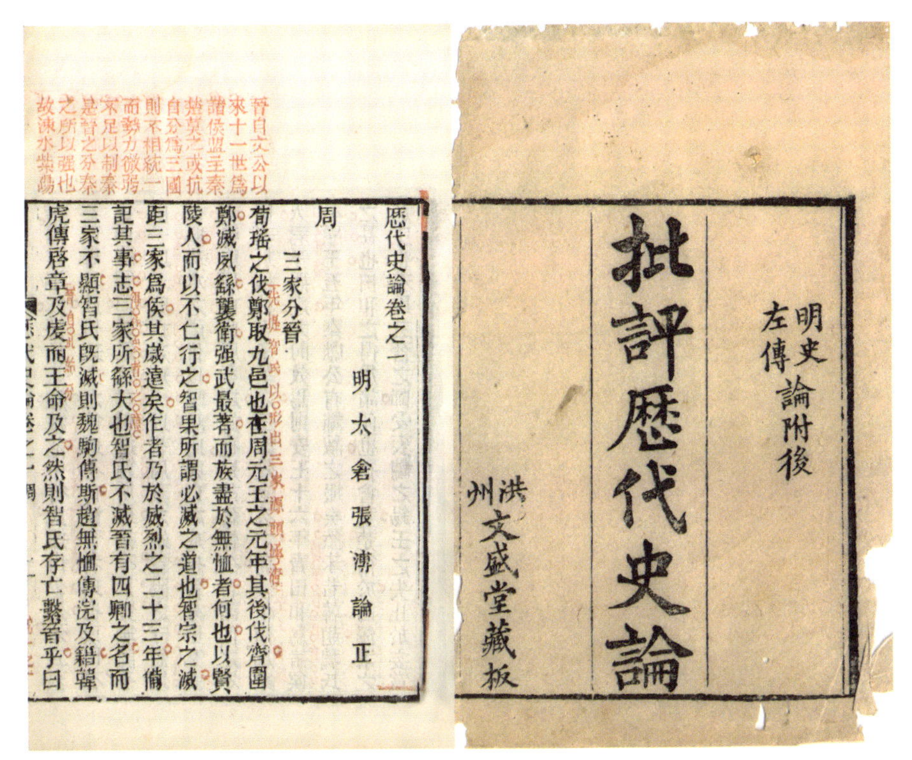

明史左傳論附後

批評歷代史論

洪州文盛堂藏板

晉自文公以來十一世爲諸侯盟主秦楚莫之或抗自分爲三國則不相統一而勢力微弱不足以制秦是晉之分秦之所以强也故渙水[illegible]

歷代史論卷之一

明 太倉 張溥 論正

周

三家分晉

荀瑤之伐鄭取九邑也在周元王之元年其後伐齊圍鄭滅夙繇襲衛強武最著而族盡於無恤者何也以賢陵人而以不仁行之智果所謂必滅之道也智宗之滅距三家爲侯其歲遠矣作者乃於威烈之二十三年備記其事志三家所繇大也智氏不滅晉有四卿之名而三家不顯智氏既滅則魏駒傳斯趙無恤傳浣及籍韓虎傳啓章及虔而王命及之然則智氏存亡繫晉乎曰

批評歷代史論 十二卷 （明）太倉 張溥 撰

光緒十三年（1887）洪州文盛堂朱墨套印本 劍川雕龍蟲館藏

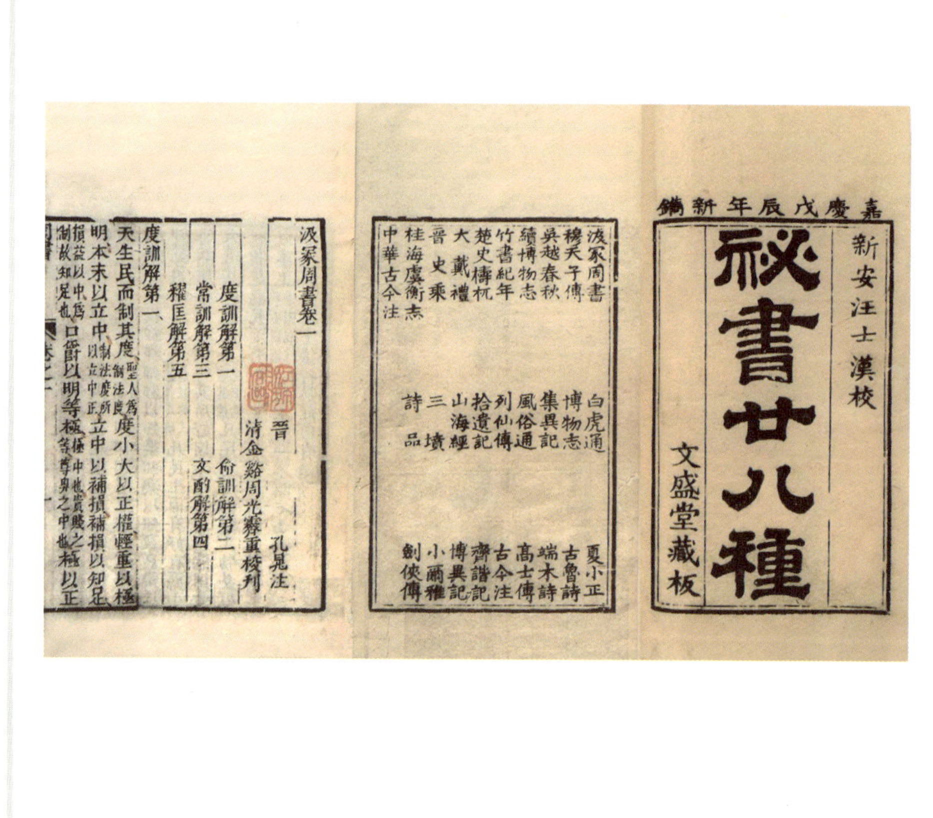

嘉慶戊辰年新鐫

新安汪士漢校

秘書廿八種

文盛堂藏板

汲冢周書　白虎通　夏小正
穆天子傳　博物志　古魯詩
吳越春秋　集異記　端木詩
續博物志　風俗通　高士傳
竹書紀年　列仙傳　古今注
楚史檮杌　拾遺記　齊諧記
大戴禮　山海經　博異記
晉史乘　三墳　小爾雅
桂海虞衡志　詩品　劍俠傳
中華古今注

汲冢周書卷一

晉　孔晁注

清金谿周光霽重校刊

度訓解第一　命訓解第二

常訓解第三　文酌解第四

糴匡解第五

度訓解第一

天生民而制其度聖人爲制法度度小大以正權輕重以極

明本末以立中以制法度所以立中正立中以補損補損以知足

損益以中爲……口爵以明等極極中也貴賤之等尊卑之中也極以正

秘書廿八種　一百三十三卷　（清）金谿 周光霽等 編

嘉慶十三年（1808）文盛堂刻本　復旦大學圖書館藏

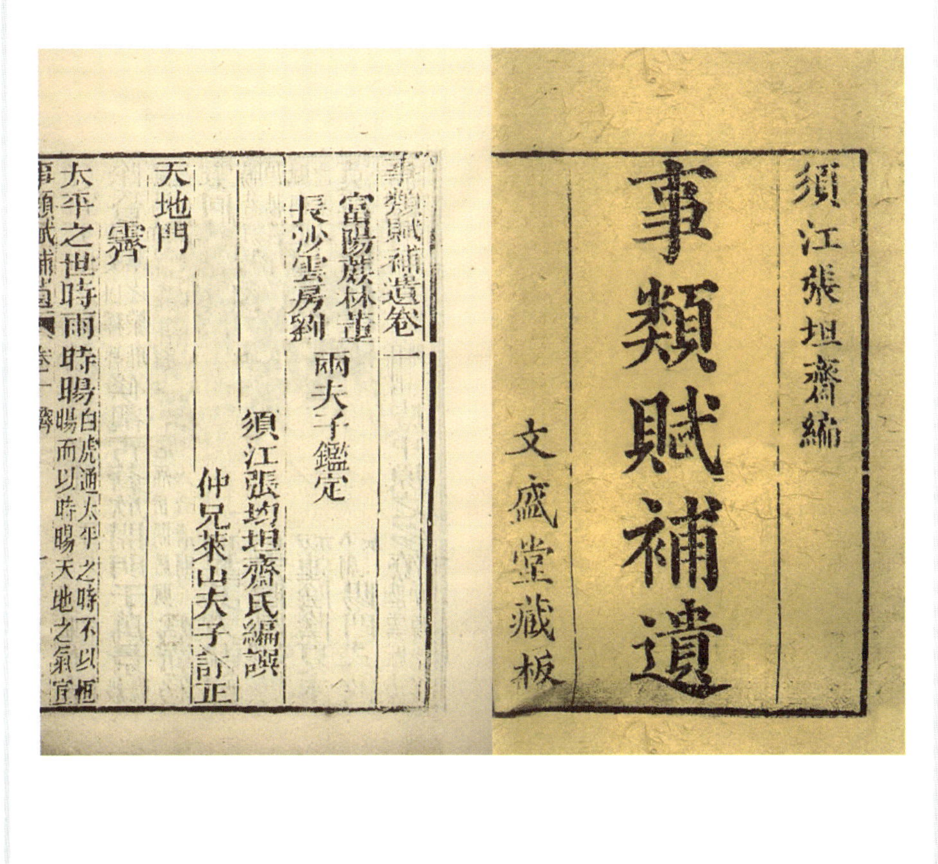

須江張坦齋編

事類賦補遺

文盛堂藏板

事類賦補遺卷一

富陽蔡林莊
長沙雲房劉　兩夫子鑑定

須江張均坦齋氏編輯

仲兄萊山夫子訂正

天地門

霽

太平之世時雨時暘白虎通太平之時不以極暘而以時暘天地之氣宜

事類賦補遺卷一

事類賦補遺 十四卷 （清）江山 張均 輯

清中晚期文盛堂刻本 山東大學圖書館藏

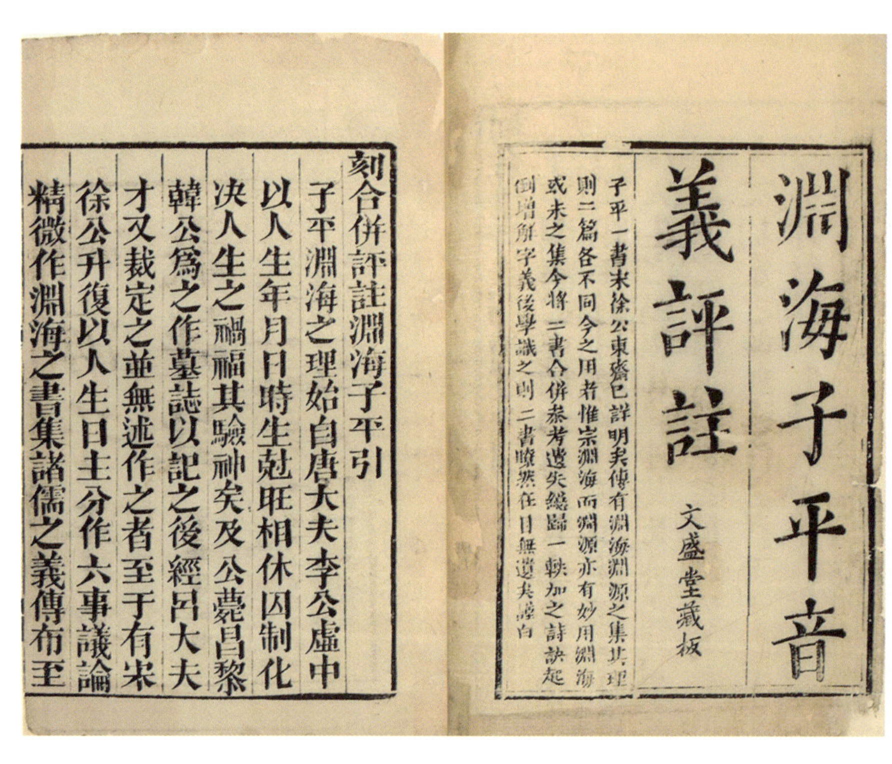

淵海子平音義評註

文盛堂藏板

子平一書宋徐公東齋已詳明矣傳有淵海淵源之集其理則二篇各不同今之用者惟宗淵海而淵源亦有妙用淵海或未之集今將二書合併參考遺失總歸一帙加之詩訣起例增解字義後學識之則二書瞭然在目無遺矣謹白

刻合併評註淵海子平引

子平淵海之理始自唐大夫李公虛中以人生年月日時生剋旺相休囚制化決人生之禍福其驗神矣及公薨昌黎韓公爲之作墓誌以記之後經呂大夫才又裁定之並無述作之者至于有宋徐公升復以人生日主分作六事議論精微作淵海之書集諸儒之義傳布至

淵海子平音義評註 五卷 （宋）徐升 撰 （明）楊淙 註

清中晚期文盛堂刻本

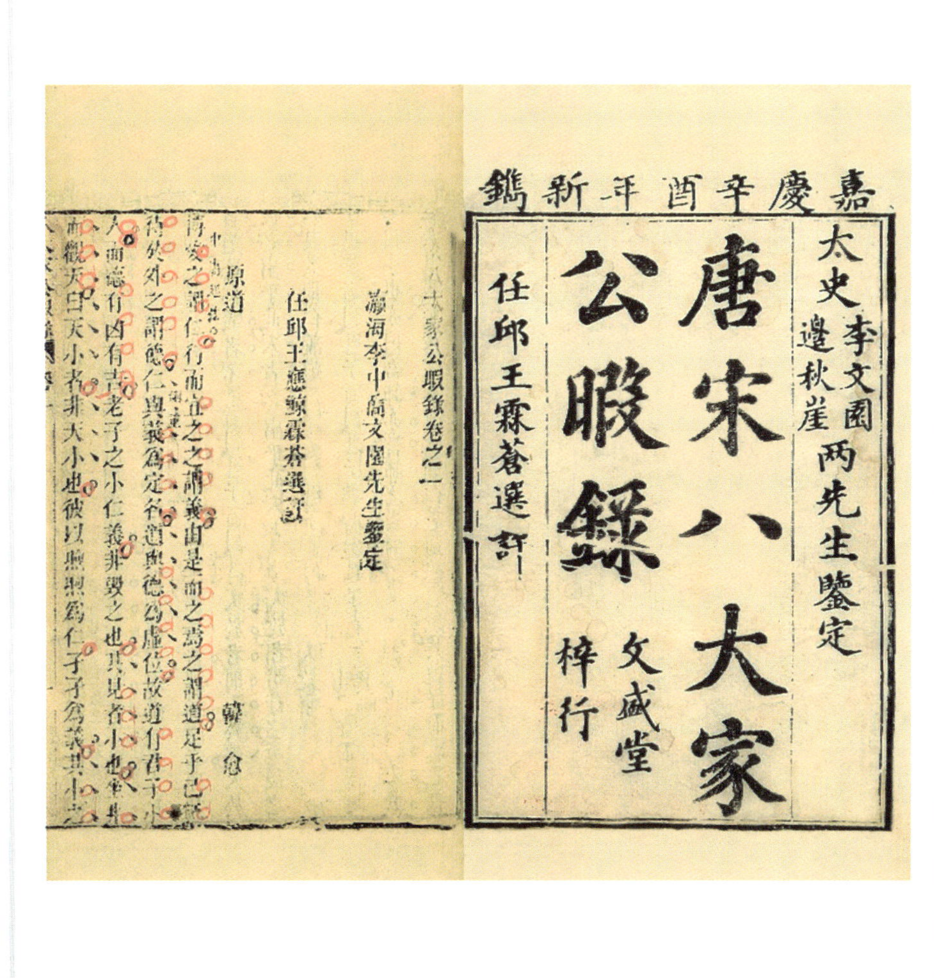
嘉慶辛酉年新鐫

太史李文園 邊秋崖 兩先生鑒定

唐宋八大家公暇錄

文盛堂梓行

任邱王霖蒼選評

唐宋八大家公暇錄卷之一

瀛海李中高文園先生鑒定

任邱王應鯨霖蒼選評

原道 韓愈

博愛之謂仁行而宜之之謂義由是而之焉之謂道足乎己無待於外之謂德仁與義爲定名道與德爲虛位故道有君子小人而德有凶有吉老子之小仁義非毁之也其見者小也坐井而觀天曰天小者非天小也彼以煦煦爲仁孑孑爲義其小之

唐宋八大家公暇錄 六卷 （清）任丘 王霖蒼 選評

嘉慶六年（1801）文盛堂刻本 遼寧大學圖書館藏

東坡先生全集卷之一

賦

灔澦堆賦

世以瞿塘峽口灔澦堆爲天下之至險凡覆舟者皆歸咎於此石以余觀之葢有功於斯人者夫蜀江會百水而至於夔瀰漫浩汗横放於大野而峽之小大曾不及其十一苟先無以齟齬於其間則江之遠來奔騰迅快盡鋭於瞿唐之口則其嶮悍可畏當不啻於今耳因爲之賦以待好事者試觀而思之

陳明卿太史訂正

蘇文忠公全集

文盛堂藏板

蘇文忠公全集 詩五十卷 文二十八卷 附錄二卷 （宋）蘇軾 撰

清早期文盛堂刻本 南開大學圖書館藏

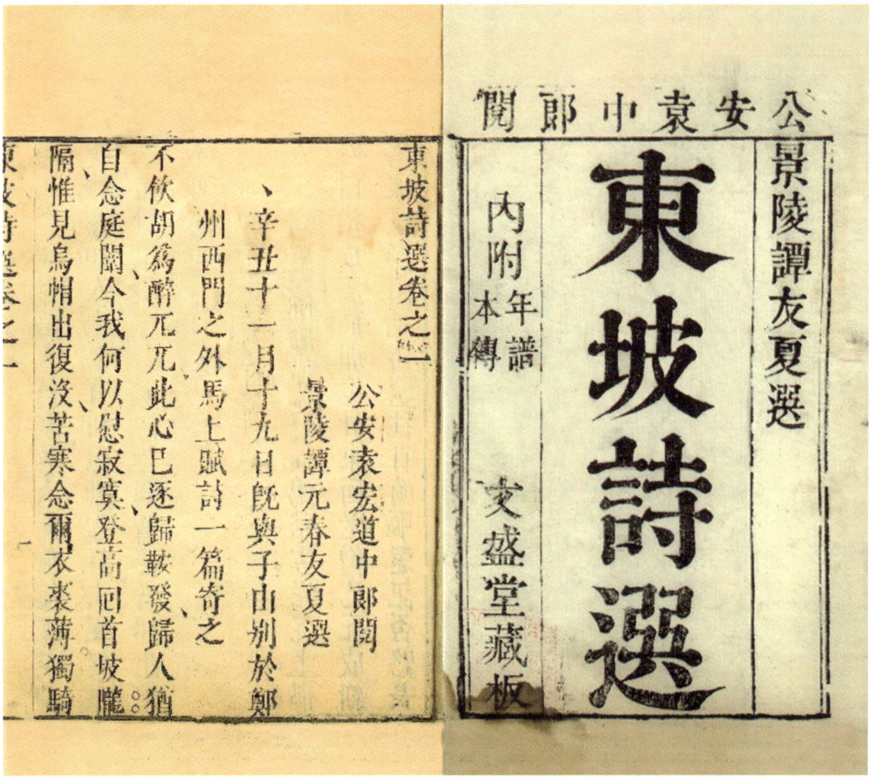

東坡詩選 十二卷 （明）公安 袁宏道 選編

清早期文盛堂刻本 北京師範大學圖書館藏

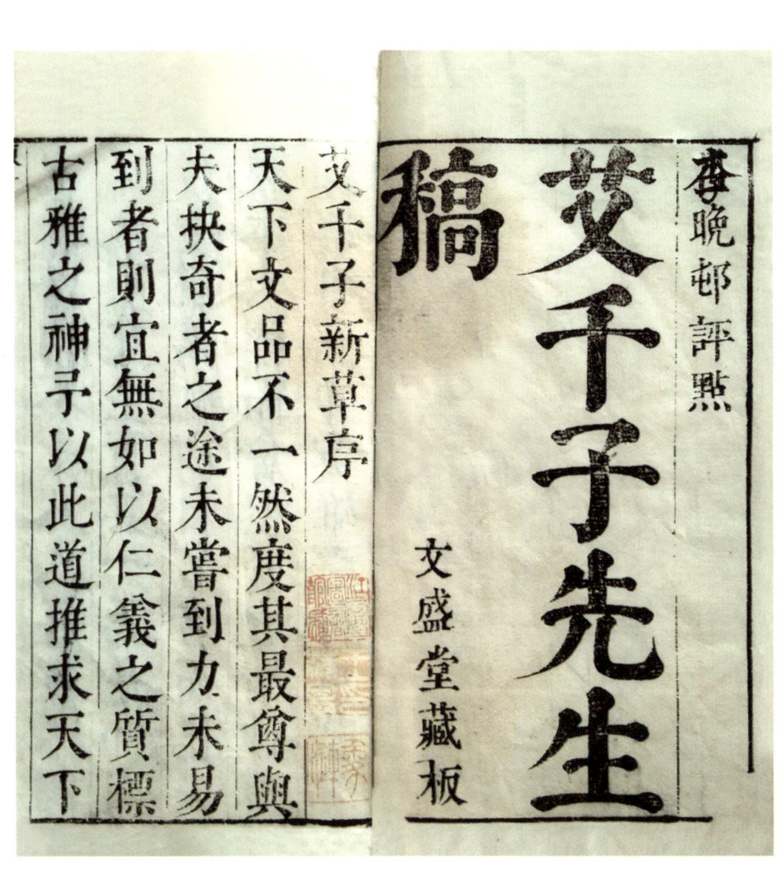
李晚邨評點
艾千子先生稿
文盛堂藏板

艾千子新草序
天下文品不一然度其最尊與夫抉奇者之途未嘗到力未易到者則宜無如以仁義之質標古雅之神乎以此道推求天下

艾千子先生稿 一卷 （明）東鄉 艾南英 撰 （清）呂留良 評

清初文盛堂刻本 江西省圖書館藏

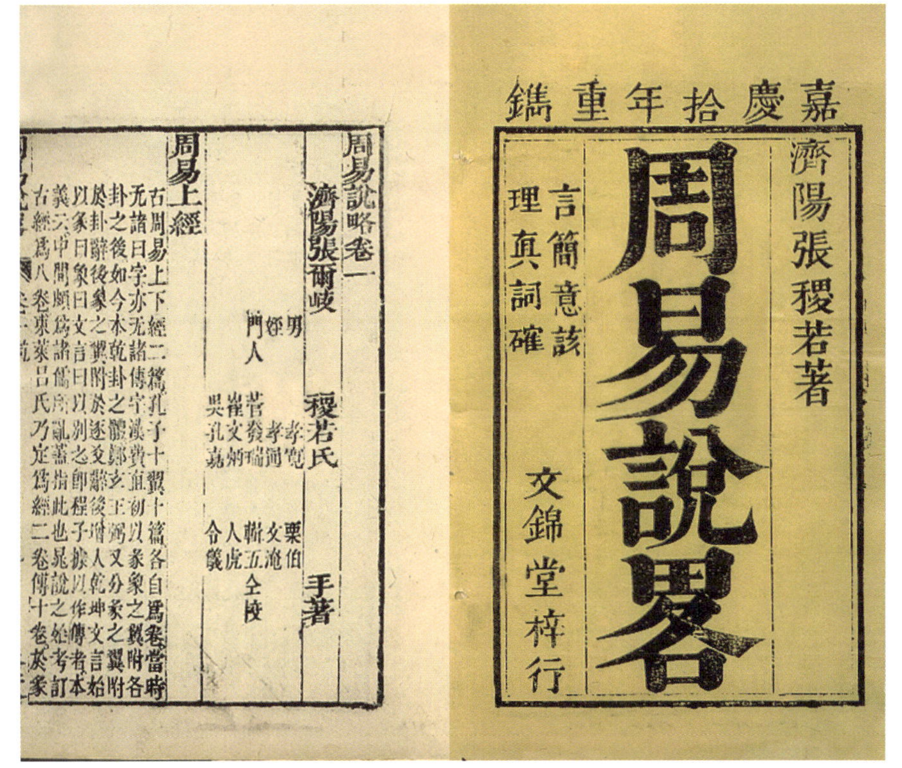

周易說略 四卷 （清）濟陽 張爾岐 撰

嘉慶十年（1805）文錦堂刻本 人民大學圖書館藏

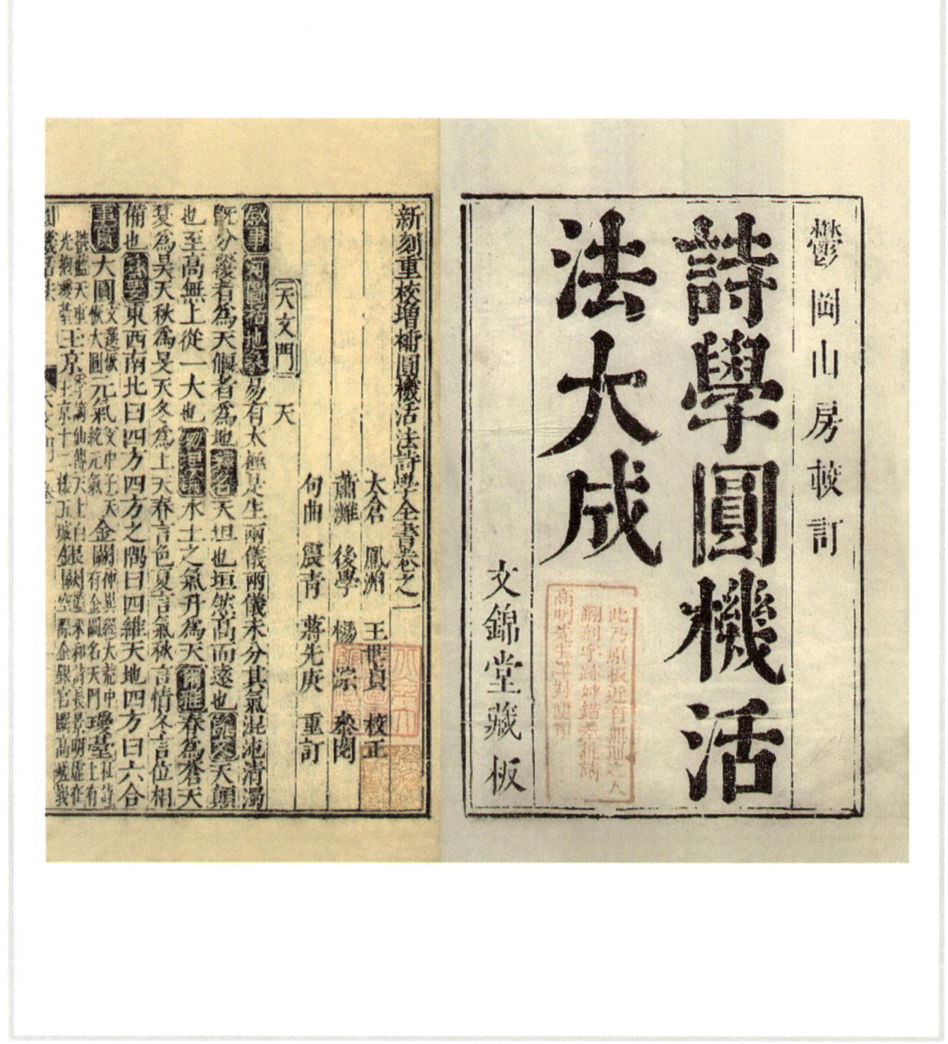

鬱岡山房較訂

詩學圓機活法大成

文錦堂藏板

新刻重校增補圓機活法詩學全書卷之一

太倉 鳳洲 王世貞 校正

蕭灘 後學 楊 淙 參閱

句曲 震青 蔣先庚 重訂

天文門

天

敘事 易有太極是生兩儀兩儀未分其氣混沌清濁既分伏者為天偃者為地 天坦也坦然高而遠也 天顛也至高無上從一大也 水土之氣升為天 春為蒼天夏為昊天秋為旻天冬為上天春言色夏言氣秋言情冬言位相備也 東西南北曰四方四方之隅曰四維天地四方曰六合

大圓 元氣 金闕 瓊臺 上京 銀闕

詩學圓機活法大成 二十四卷 （明）太倉 王世貞 輯

清前期文錦堂刻本 北京大學圖書館藏

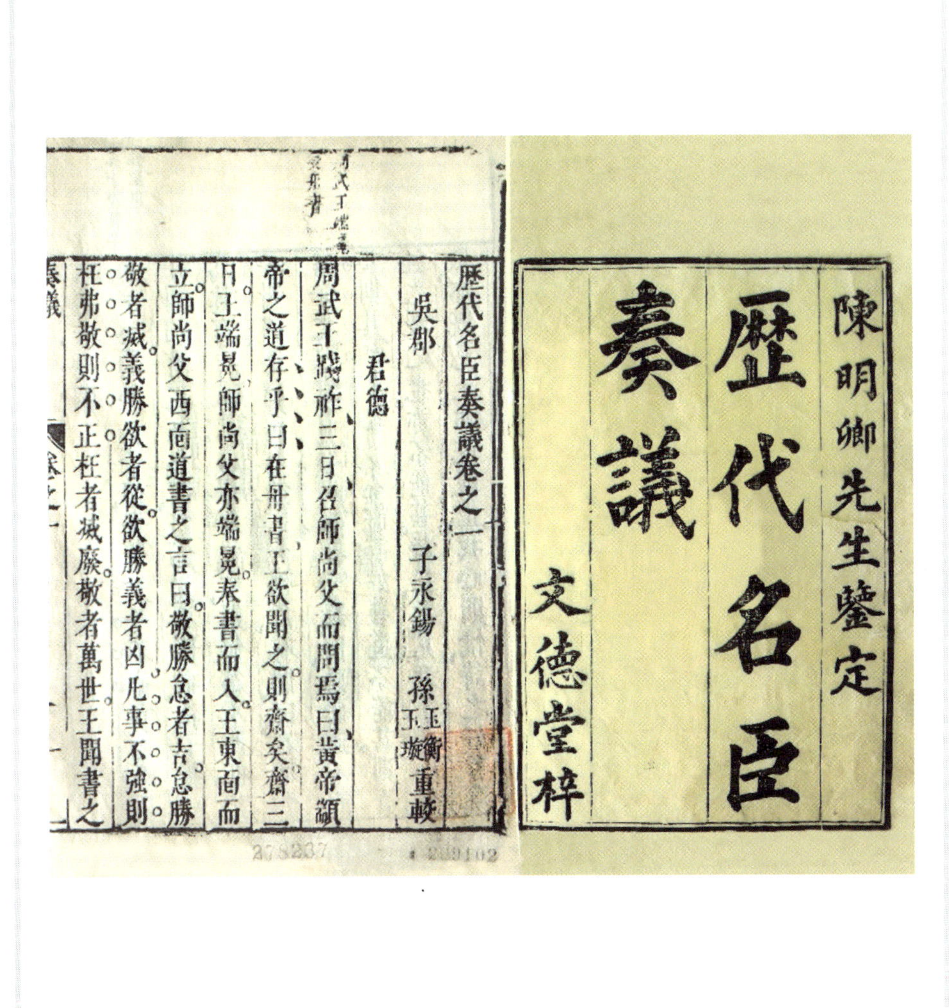

陳明卿先生鑒定

歷代名臣奏議

文德堂梓

歷代名臣奏議卷之一

吳郡　子永錫　孫玉衡　玉璇　重較

君德

周武王踐祚三日召師尚父而問焉曰黃帝顓帝之道存乎曰在丹書王欲聞之則齋矣齋三日王端冕師尚父亦端冕奉書而入王東面而立師尚父西面道書之言曰敬勝怠者吉怠勝敬者滅義勝欲者從欲勝義者凶凡事不強則枉弗敬則不正枉者滅廢敬者萬世王聞書之

歷代名臣奏議　三百一十九卷　（明）黄淮　輯

清中晚期文德堂據明末刻本重印　南京師範大學圖書館藏

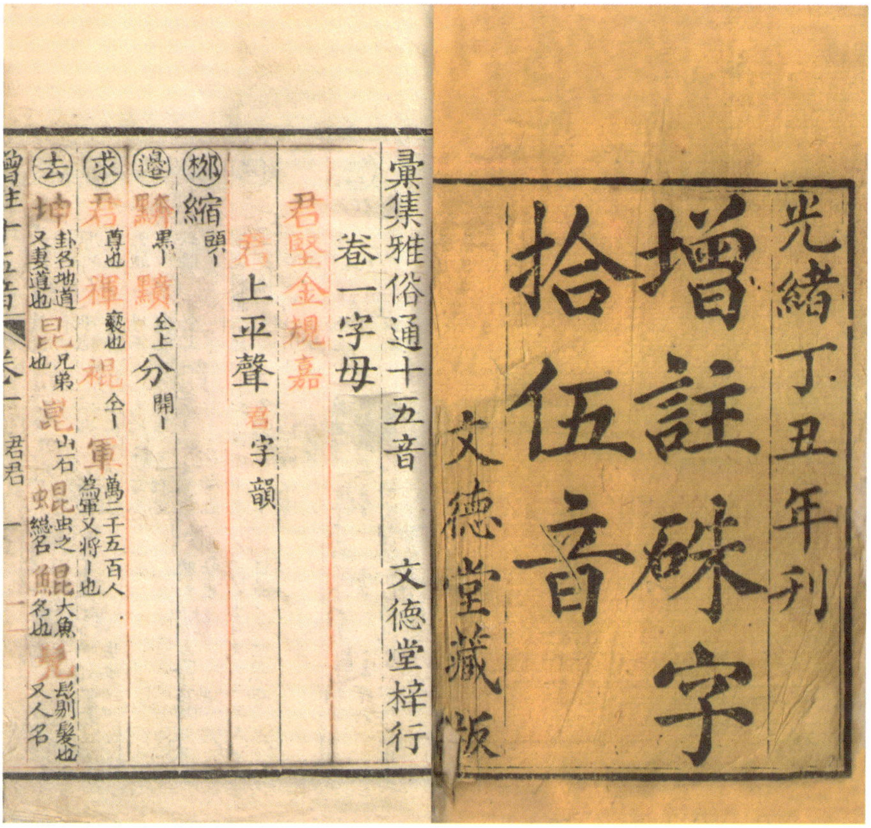

增註硃字拾伍音 八卷 四册 （清）漳州 谢香岚 撰

光绪三年（1877）文德堂朱墨套印本 劍川雕龍蟲館藏

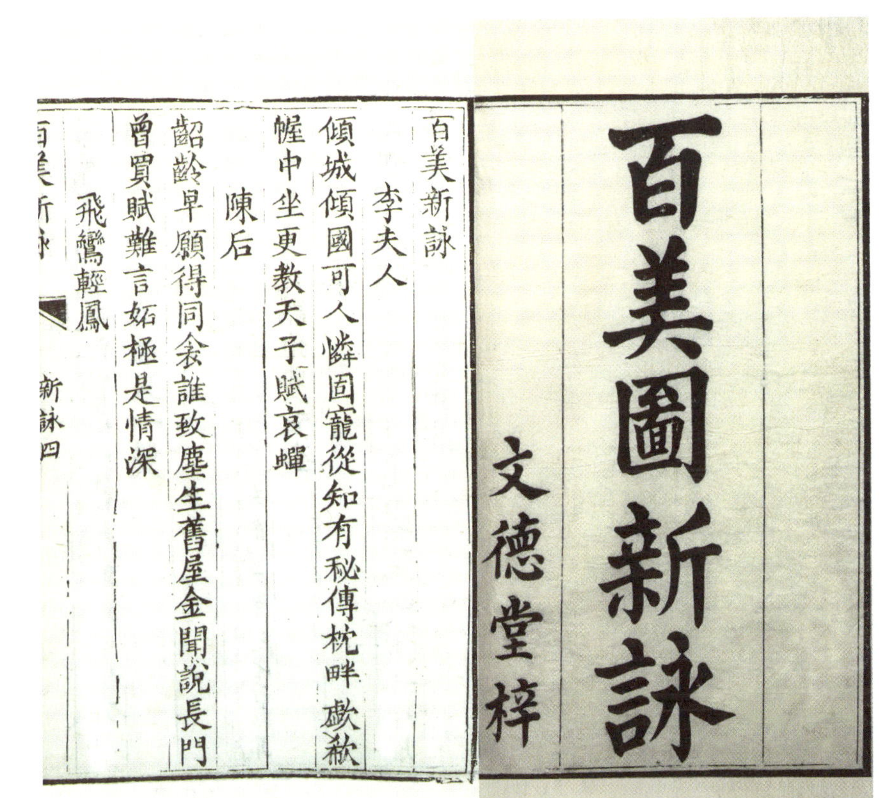

百美圖新詠

文德堂梓

百美新詠

李夫人

傾城傾國可人憐圓寵從知有秘傳枕畔歔欷
幄中坐更教天子賦哀蟬

陳后

齠齡早願得同衾誰致塵生舊屋金聞說長門
曾買賦難言妬極是情深

飛鸞輕鳳

百美新詠　新詠四

百美圖新詠 不分卷 （清）顏希源 撰

清中晚期文德堂刻本 首都圖書館藏

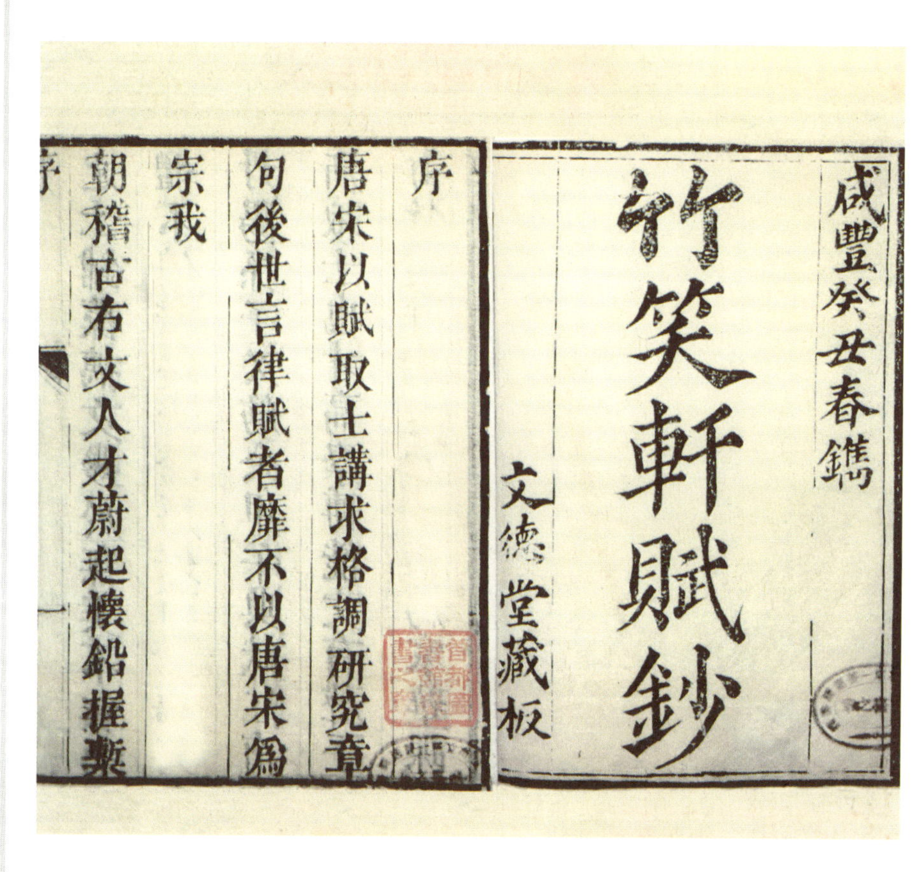

咸豐癸丑春鐫

竹笑軒賦鈔

文德堂藏板

序

唐宋以賦取士講求格調研究章句後世言律賦者靡不以唐宋爲宗我

朝稽古右文人才蔚起懷鉛握槧

竹笑軒賦鈔 二集 （清）孫清達 撰

咸豐三年（1853）文德堂刻本 首都圖書館藏

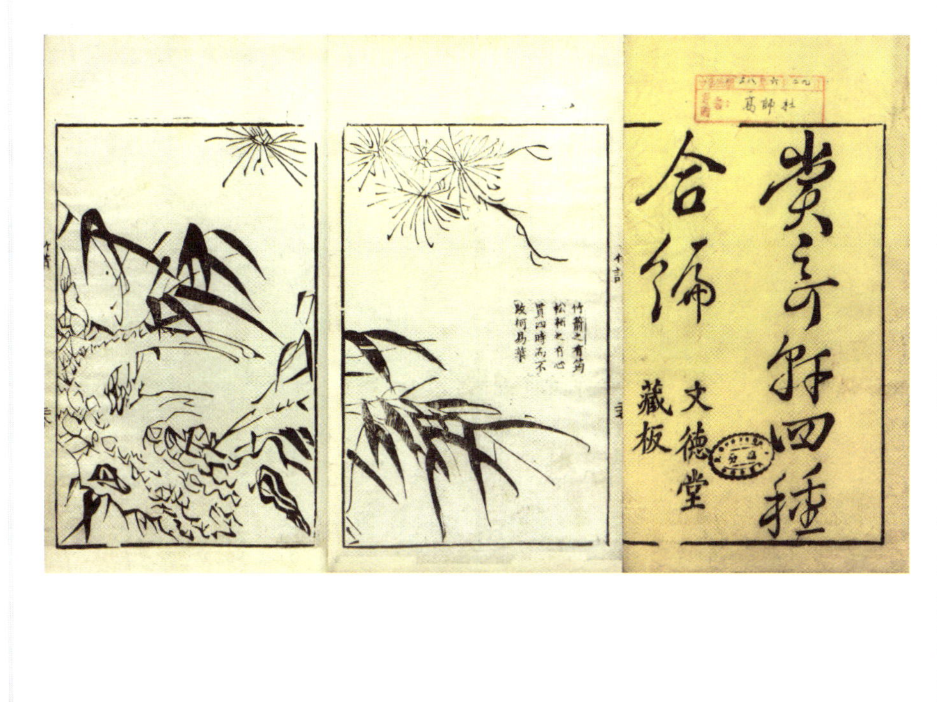

賞奇軒四種合編（東坡遺意 竹譜 南陵無雙譜 官子譜）（明）顧果等 撰

清中期文德堂刻本 首都圖書館藏

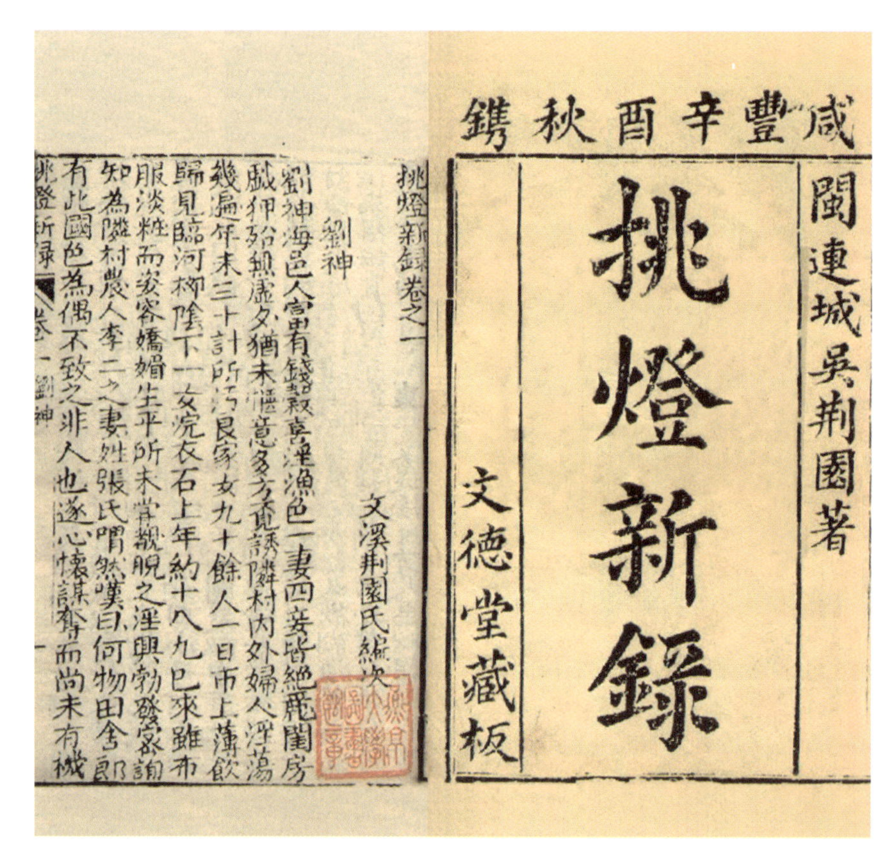

咸豐辛酉秋鐫

閩連城吳荊園著

挑燈新錄

文德堂藏板

挑燈新錄卷之一

文溪荊園氏編次

劉神

劉神海邑人富有錢穀喜淫漁色一妻四妾皆絕麗閨房戲狎殆無虛夕猶未饜意多方覓誘鄰村內外婦人淫蕩幾遍年未三十計所污良家女九十餘人一日市上薄飲歸見臨河柳陰下一女浣衣石上年約十八九已來雖布服淡粧而姿容嬌媚生平所未嘗覩睨之淫興勃發密詢知為鄰村農人李二之妻姓張氏喟然嘆曰何物田舍郎有此國色為偶不致之非人也遂心懷謀奪而尚未有機

挑燈新錄 卷一 劉神 一

挑燈新錄 六卷 （清）連城 吳荊園 撰

咸豐十一年（1861） 文德堂刻本 北京大學圖書館藏

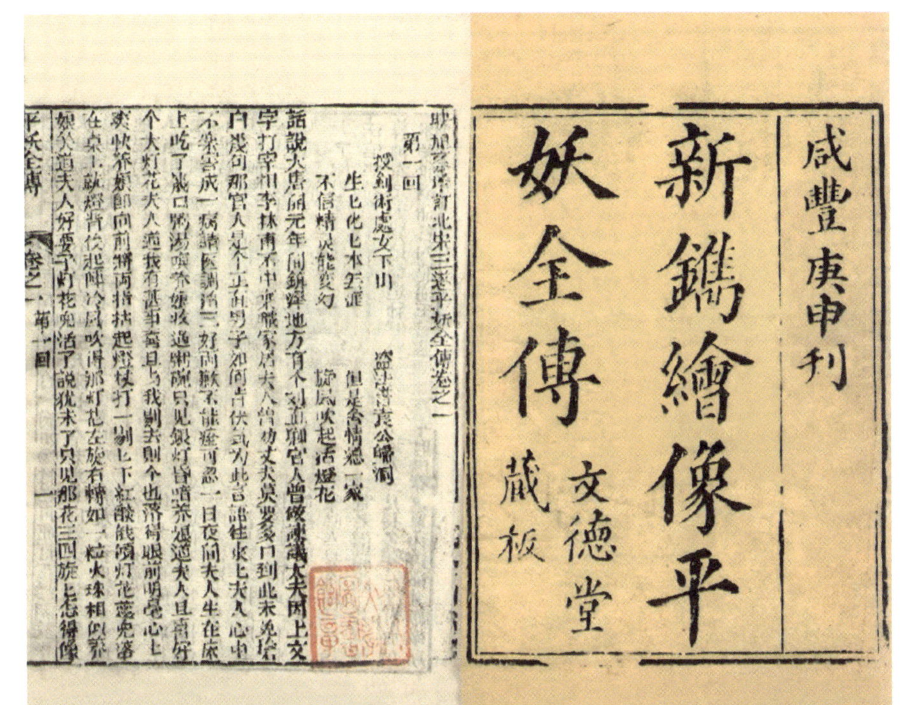

新鐫繪像平妖全傳 十八卷 四十回 （明）羅本 撰

咸豐十年（1860）文德堂刻本 北京大學圖書館藏

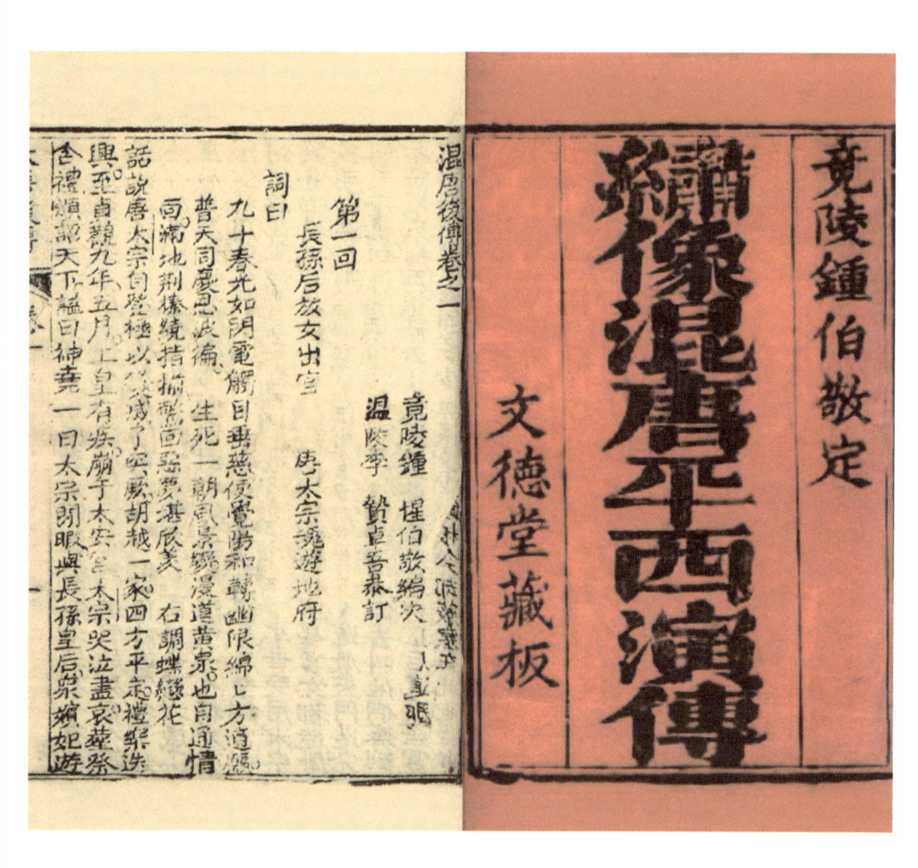

竟陵鍾伯敬定

繡像混唐平西演傳

文德堂藏板

混唐後傳卷之一

竟陵鍾　惺伯敬編次

溫陵李　贄卓吾參訂

第一回

長孫后放女出宮　唐太宗魂遊地府

詞曰

九十春光如閃電觸目再慈便覺陽和轉幽恨綿綿方適遠
普天同慶恩波徧生死一朝風景變漫道黃泉也自通情
面滿地荆榛繞指輪徽回鄉夢堪嗟羨　右調蝶戀花

話說唐太宗自登極以後戡成了亂威胡越一家四方平定禮樂洪
興至貞觀九年五月上皇有疾崩于太安宮太宗哭泣盡哀葬祭
合禮頒詔天下謚曰神堯一日太宗朗暇與長孫皇后眾嬪妃遊

繡像混唐平西演傳 八卷 （明）鍾惺 編

清中後期文德堂刻本 北京大學圖書館藏

繡像

嘉慶庚辰年鐫

爭春園

文德堂梓

爭春園全傳

第一回

昇平橋義俠贈劍

話說漢朝洛陽有一世宦姓郝名鸞字鳴鳳他父在日曾授鎮殿將軍母親吳氏父母雙亡又無兄妹這郝鸞生得面如重棗兩道濃眉身長七尺有餘肩寬背潤勇力過人若論詩詞歌賦可以成篇武藝刀鎗件件皆精他父母所遺下

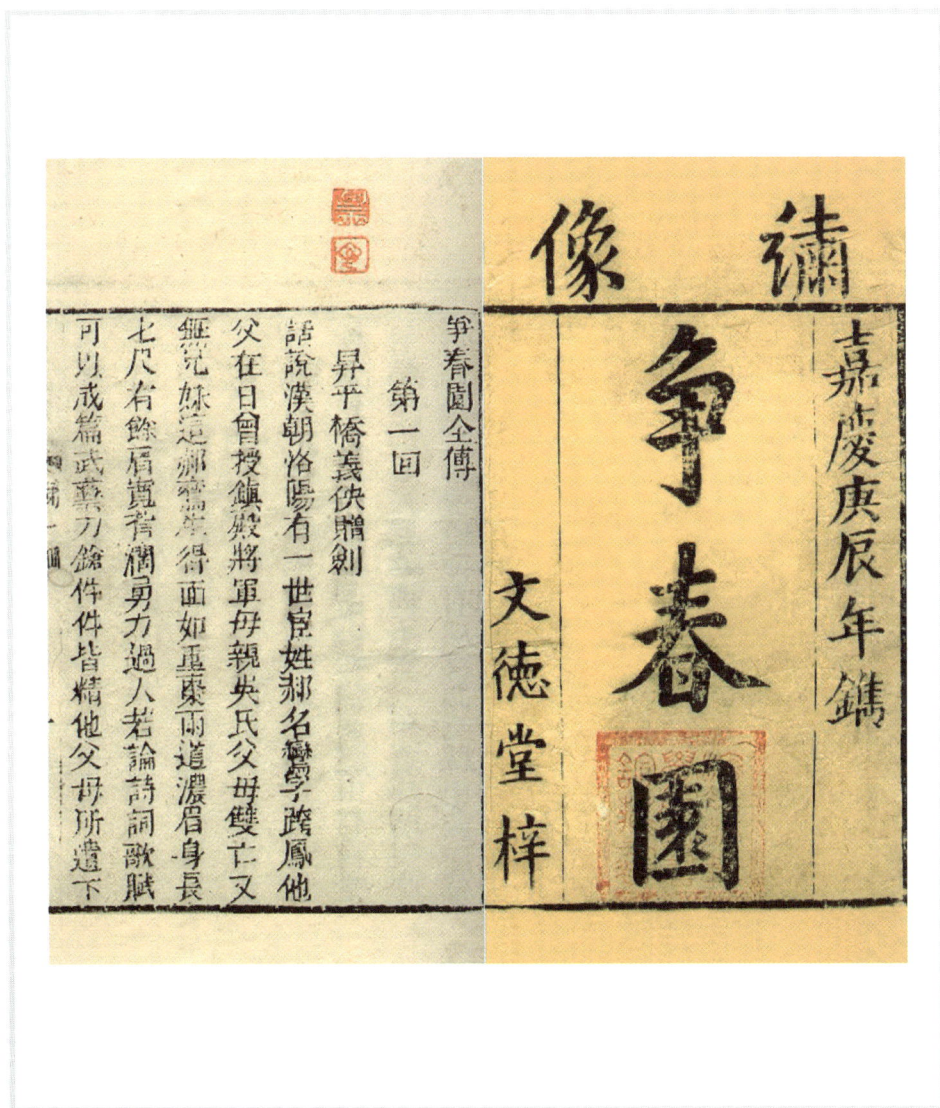

繡像爭春園 四十八回 （清）寄生氏 撰

嘉慶二十五年（1820）文德堂刻本 沈陽師範大學圖書館藏

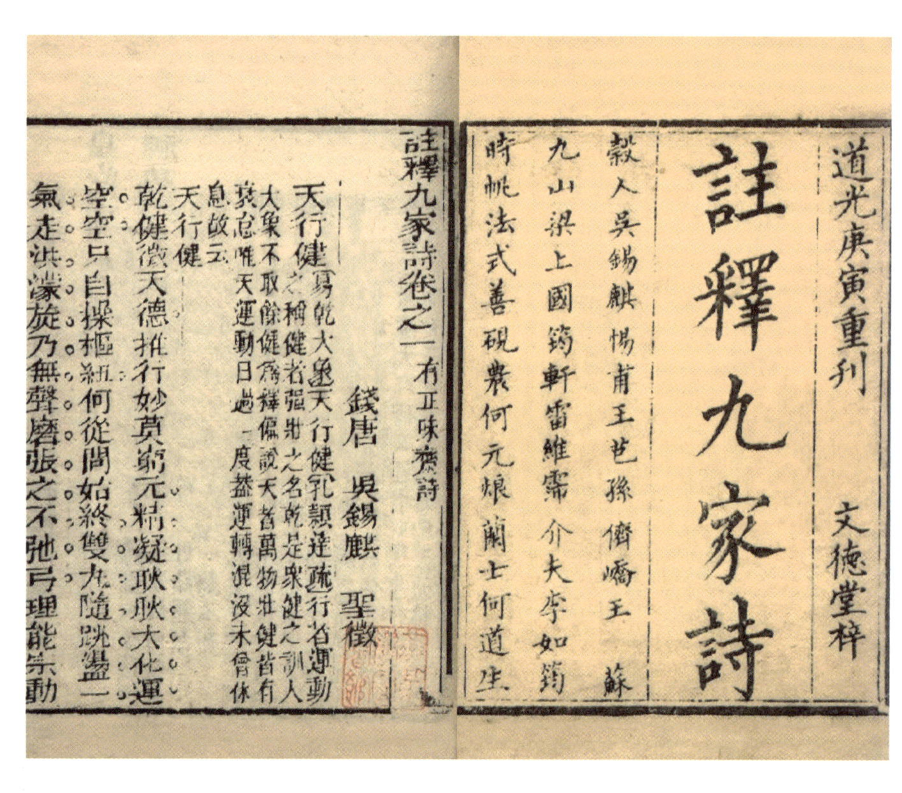

道光庚寅重刊

文德堂梓

註釋九家詩

穀人吴錫麒　惕甫王芑孫　儕嶠王蘇

九山梁上國　藥軒雷維霈　介夫李如筠

時帆法式善　硯農何元烺　蘭士何道生

註釋九家詩卷之一　有正味齋詩

錢唐　吴錫麒　聖徵

天行健 易乾大象天行健孔穎達疏行者運動之稱健者强壯之名乾是衆健之訓人大象不取餘健爲釋偏說天者萬物壯健皆有衰怠唯天運動日過一度蓋運轉混沒未曾休息故云

天行健

乾健徵天德推行妙莫窮元精凝耿耿大化運空空只自操樞紐何從問始終雙丸隨跳盪一氣走洪濛旋乃無聲磨張之不弛弓理能宗動

註釋九家詩 十一卷 （清）杭州 吴錫麒等 撰

道光十年（1830）文德堂刻本 北京大學圖書館藏

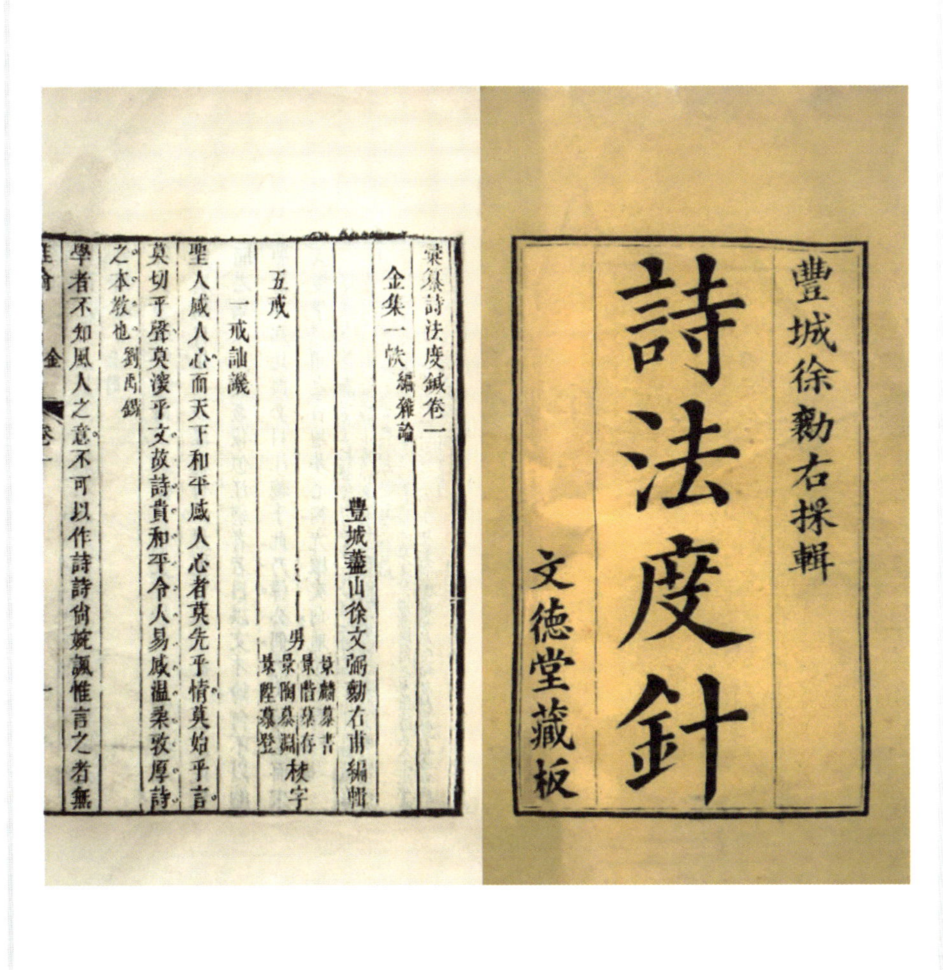

豐城徐勷右採輯

詩法度針

文德堂藏板

彙纂詩法度鍼卷一

金集一帙 編雜論

豐城蠡山徐文弼勷右甫編輯

男 景麟纂書 景體纂存 景陶纂錄 景陞纂登 校字

五戒

一戒詘譏

聖人感人心而天下和平感人心者莫先乎情莫始乎言莫切乎聲莫深乎文故詩貴和平令人易感溫柔敦厚詩之本教也 劉禹錫

學者不知風人之意不可以作詩詩尚婉諷惟言之者無

詩法度針 三十三卷 卷首一卷 （清）豐城 徐文弼 撰

清中晚期文德堂刻本 劍川雕龍蟲館藏

紀慎齋先生全集 五十八卷 （清）臨川 紀大奎 撰

嘉慶十三年（1808）繡谷文德堂刻本 貴州省圖書館藏

五湖閔寓五先生稾本

六書通

基聞堂篆訂

光緒四年歲次戊寅仲春月上澣本堂不惜工貲遵依原本校對無訛識者珍之

繡谷留耕堂重刊

六書通　上平聲上第一

海鹽畢弘述既明篆訂　苕溪閔章含貞 程昌煒赤文 同校

一東

六書通 十卷 （清）湖州 閔齊伋 撰

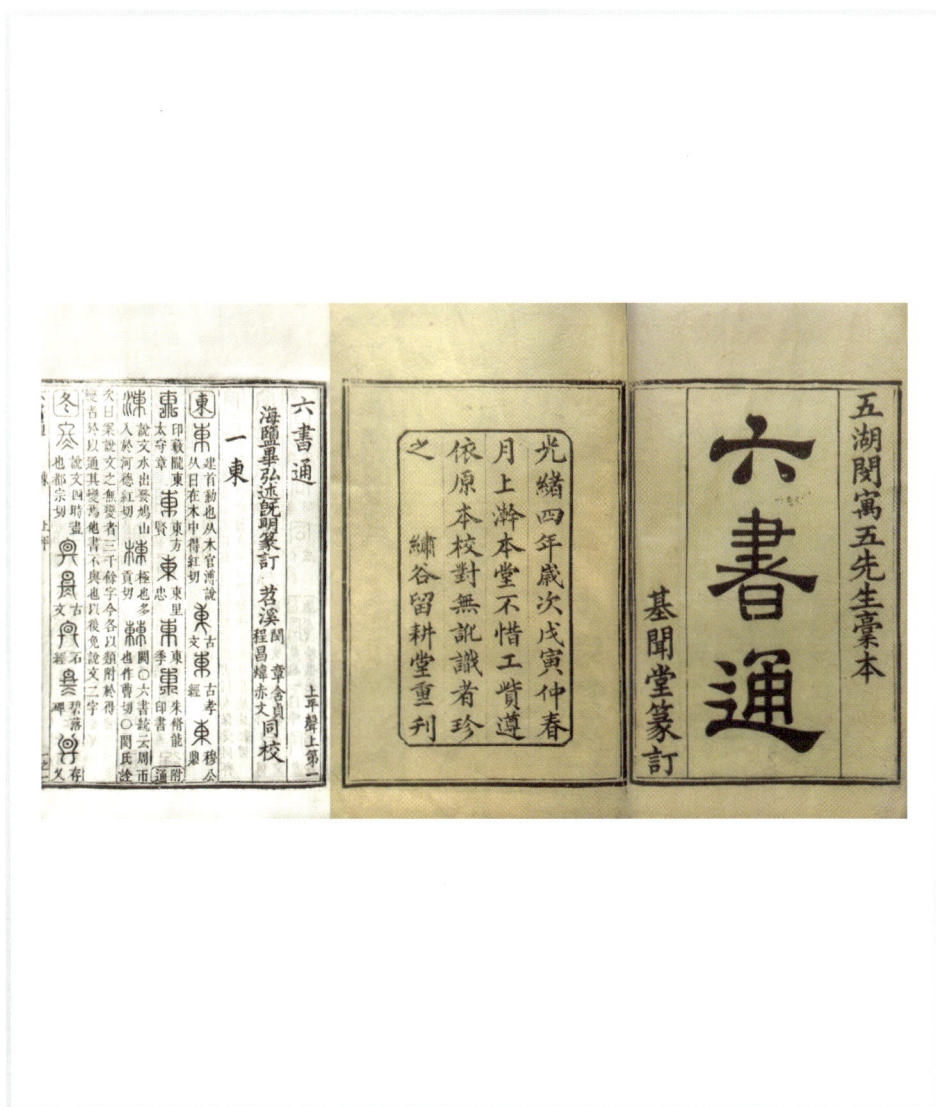

光緒四年（1878）珊城留耕堂據基聞堂本翻刻 首都圖書館藏

癸亥仲秋

良方集腋

留耕堂梓

良方集腋卷之上

吳中蕙庭謝元慶編集

濲水蘅香王慶霄參校

頭面門

偏正頭風

班蝥壹箇 去頭足翅隔紙研細爲末篩去衣殼將末少許點在膏藥上如患左痛貼右太陽患右痛貼左太陽隔足半日取下永不再發矣久貼恐起泡耳

良方集腋 卷上 頭面 一

良方集腋 二卷 （清）蘇州 謝元慶 輯

同治二年（1863）留耕堂刻本

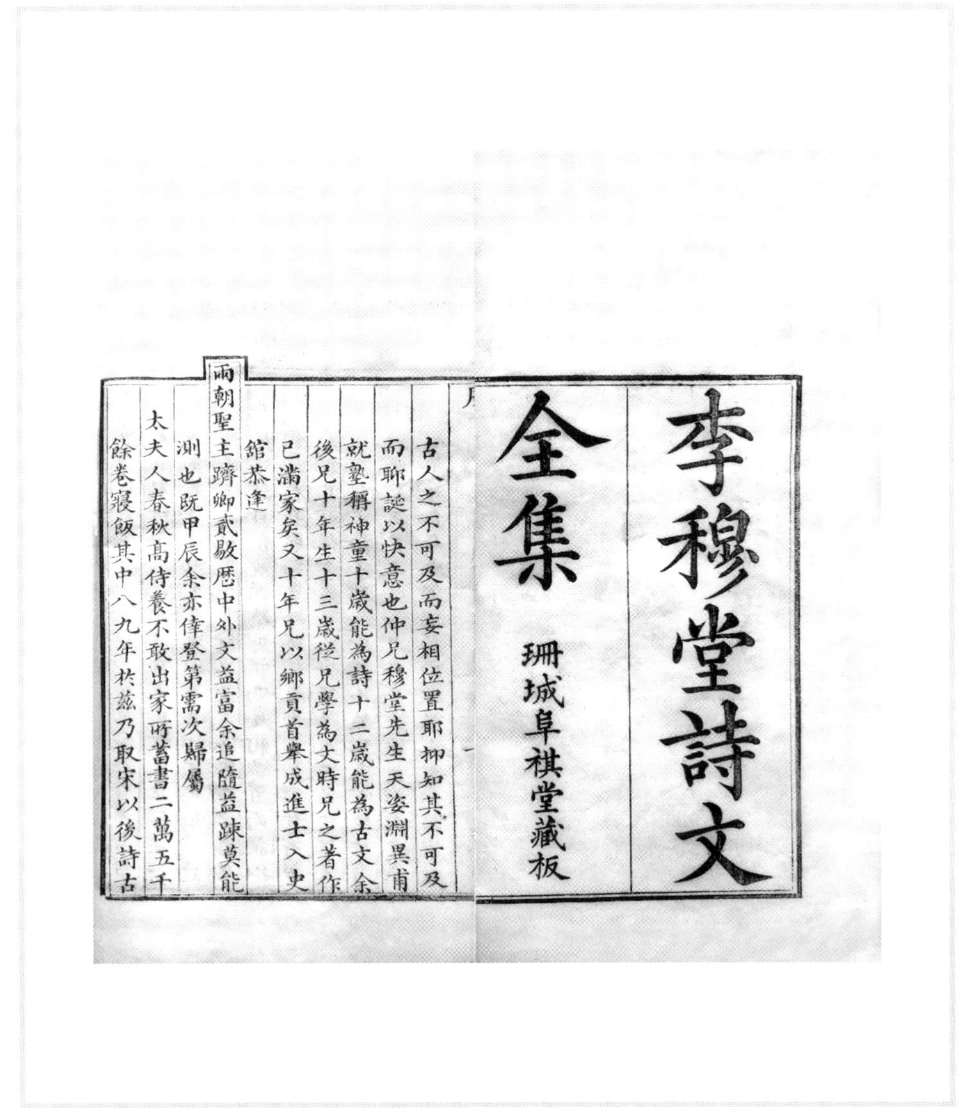

李穆堂詩文全集

珊城阜祺堂藏板

序

古人之不可及而妄相位置耶抑知其不可及而聊謔以快意也仲兄穆堂先生天姿淵異甫就塾稱神童十歲能為詩十二歲能為古文余後兄十年生十三歲從兄學為文時兄之著作已滿家矣又十年兄以鄉貢首舉成進士入史館恭逢

兩朝聖主躋卿貳歷中外文益富余追隨益踈莫能測也既甲辰余亦倖登第需次歸屬

太夫人春秋高侍養不敢出家所蓄書二萬五千餘卷寢飯其中八九年於茲乃取宋以後詩古

李穆堂詩文全集 一百卷 （清）臨川 李紱 撰

道光十一年（1831）珊城阜祺堂刻本 江西省圖書館藏

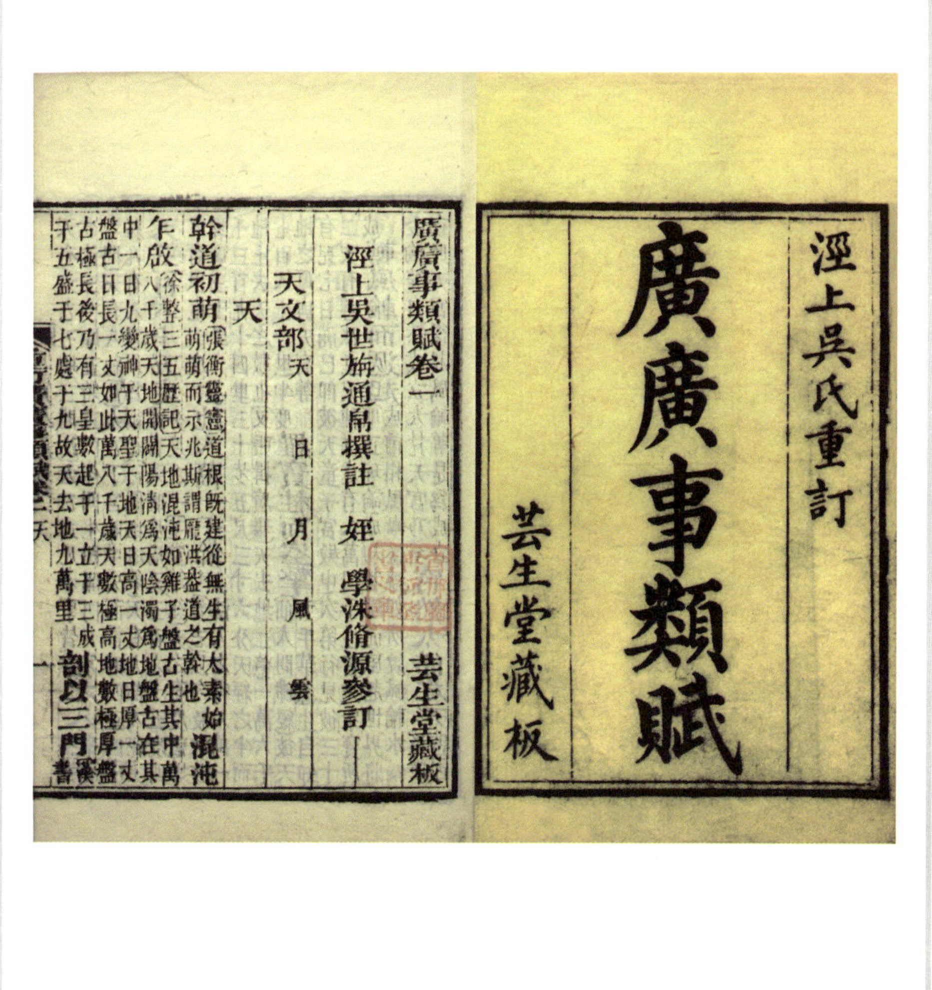
涇上吳氏重訂

廣廣事類賦

芸生堂藏板

廣廣事類賦卷一　芸生堂藏板

涇上吳世旃通帛撰註　姪　學洙倚源參訂

天文部　天　日　月　風　雲

天

幹道初萌張衡靈憲道根既建從無生有太素始萌萌而示兆斯謂厖洪蓋道之幹也混沌乍啟徐整三五歷記天地混沌如雞子盤古生其中萬八千歲天地開闢陽清爲天陰濁爲地盤古在其中一日九變神于天聖于地天日高一丈地日厚一丈盤古日長一丈如此萬八千歲天數極高地數極厚盤古極長後乃有三皇數起于一立于三成于五盛于七處于九故天去地九萬里剖以三門溪書

廣廣事類賦 三十二卷 （清）涇縣 吳世旃 重輯

嘉慶十三年（1808）芸生堂刻本 首都圖書館藏

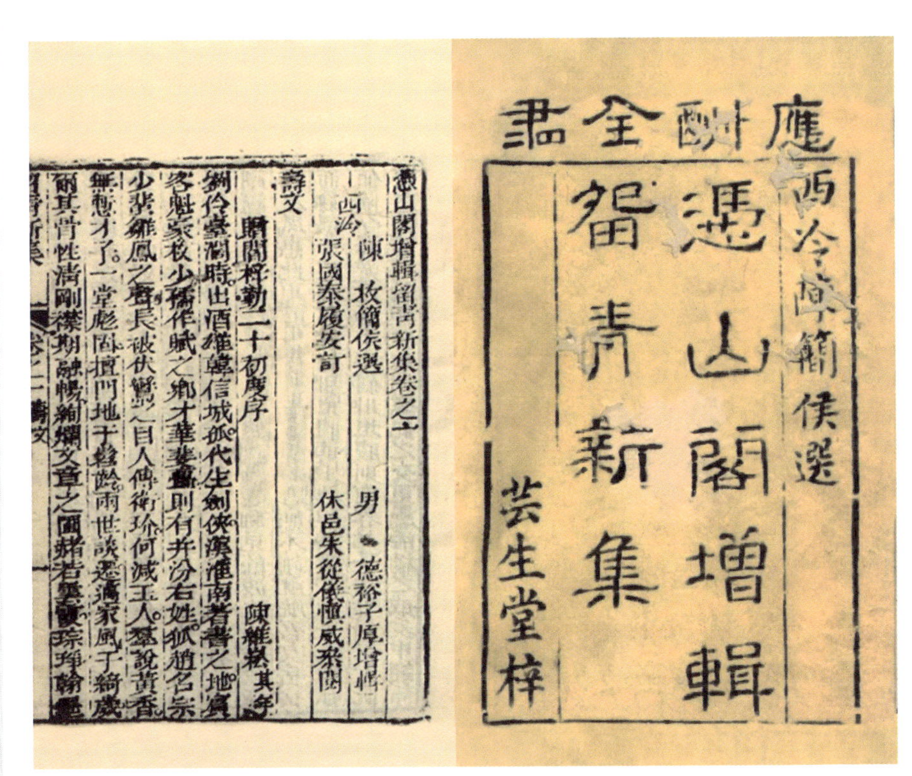

應酬全書

西泠亭簡侯選

憑山閣增輯

留青新集

芸生堂梓

憑山閣增輯留青新集卷之十二

西泠 陳 枚簡侯選 男 德裕子厚增輯

西泠 張國泰履安訂 休邑朱從僅懂威參閱

壽文

憑山閣增輯留青新集 十二卷 （清）杭州 陳枚 輯

清中晚期芸生堂刻本 圖片來自網絡

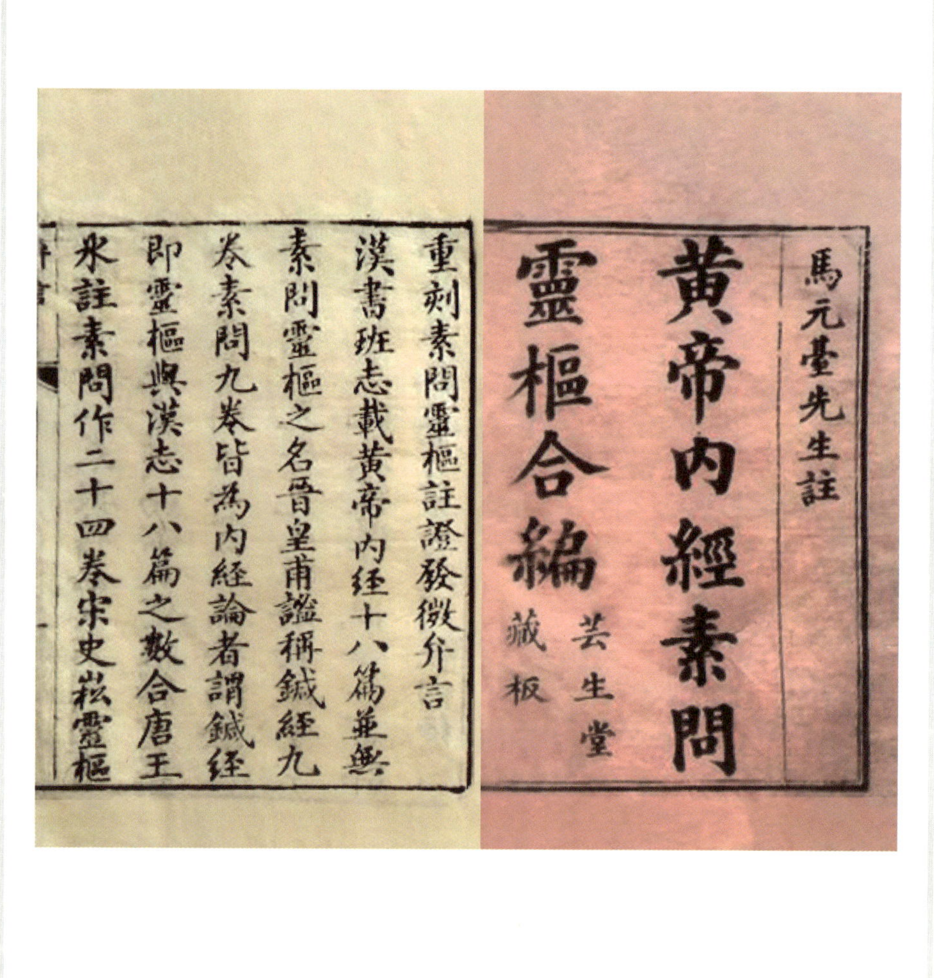

馬元臺先生註

黃帝內經素問靈樞合編

芸生堂藏板

重刻素問靈樞註證發微弁言

漢書班志載黃帝內經十八篇並無素問靈樞之名晉皇甫謐稱鍼經九卷素問九卷皆為內經論者謂鍼經即靈樞與漢志十八篇之數合唐王冰註素問作二十四卷宋史崧靈樞

黃帝內經素問靈樞合編 十八卷 （明）馬元台 註

清中晚期芸生堂刻本

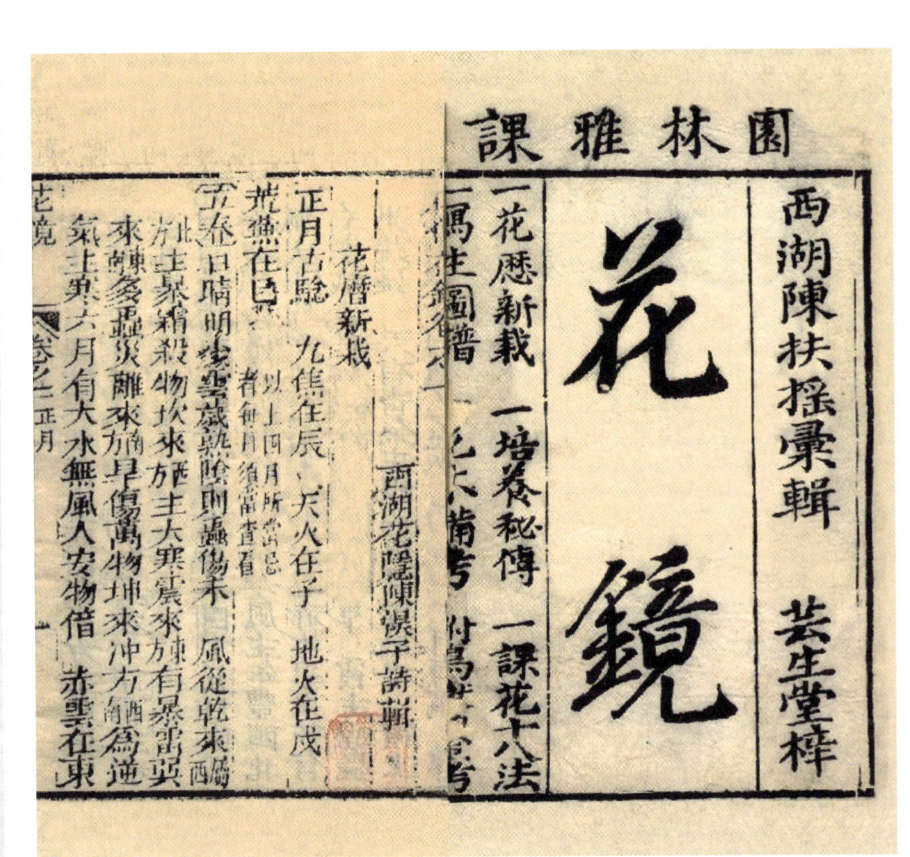

園林雅課

西湖陳扶搖彙輯

花鏡

芸生堂梓

一花歷新栽　一培養秘傳　一課花十八法

一種植圖譜　一花木備考　附禽獸鱗介考

花鏡卷之一

西湖花隱陳淏子誥輯

花曆新栽

正月古驗　九焦在辰　天火在子　地火在戌

荒蕪在巳　以上四月所當忌者每月須當查看

元旦日晴明歲豐熟陰則蟲傷禾　風從乾來西北主暴霜殺物　坎來北方主大寒　震來東方有暴雷　巽來東南多蟲災　離來南方旱傷萬物　坤來西南為逆氣主寒　六月有大水　無風人安物倍　赤雲在東

花鏡　卷之一　正月　一

花鏡 六卷 （清）杭州 陳淏 輯

清中晚期芸生堂刻本 首都圖書館藏

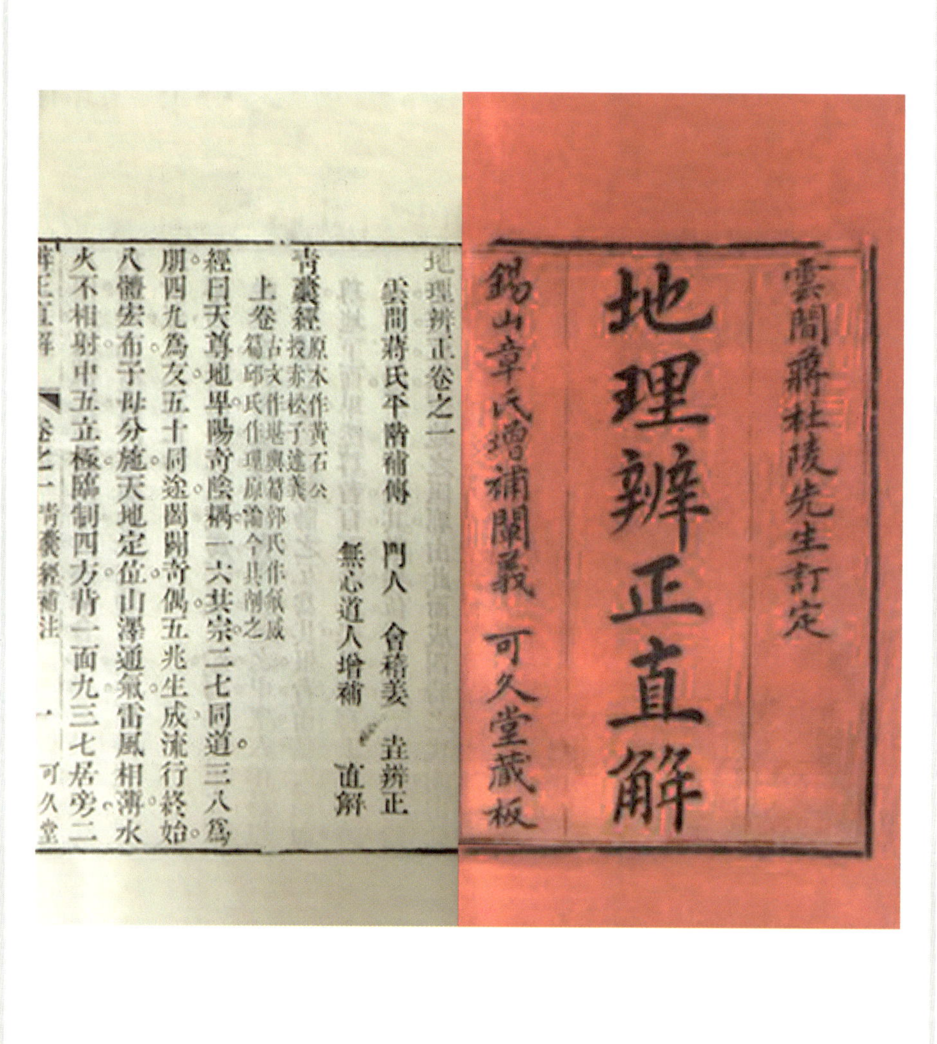

雲間蔣杜陵先生訂定

地理辨正直解

錫山章氏增補闡義　可久堂藏板

地理辨正卷之一

雲間蔣氏平階補傳　門人　會稽姜　垚辨正

無心道人增補　直解

青囊經原本作黃石公授赤松子述義

上卷古文作堪輿篇郭氏作氣感篇郭氏作理原論今共刪之

經曰天尊地卑。陽奇陰耦。一六共宗。二七同道。三八為朋。四九為友。五十同途。闔闢奇偶。五兆生成。流行終始。八體宏布。子母分施。天地定位。山澤通氣。雷風相薄。水火不相射。中五立極。臨制四方。背一面九。三七居旁。二

辨正直解　卷之一　青囊經補注　一　可久堂

地理辨正直解　（清）上海 蔣平階 輯

清中期可久堂刻本

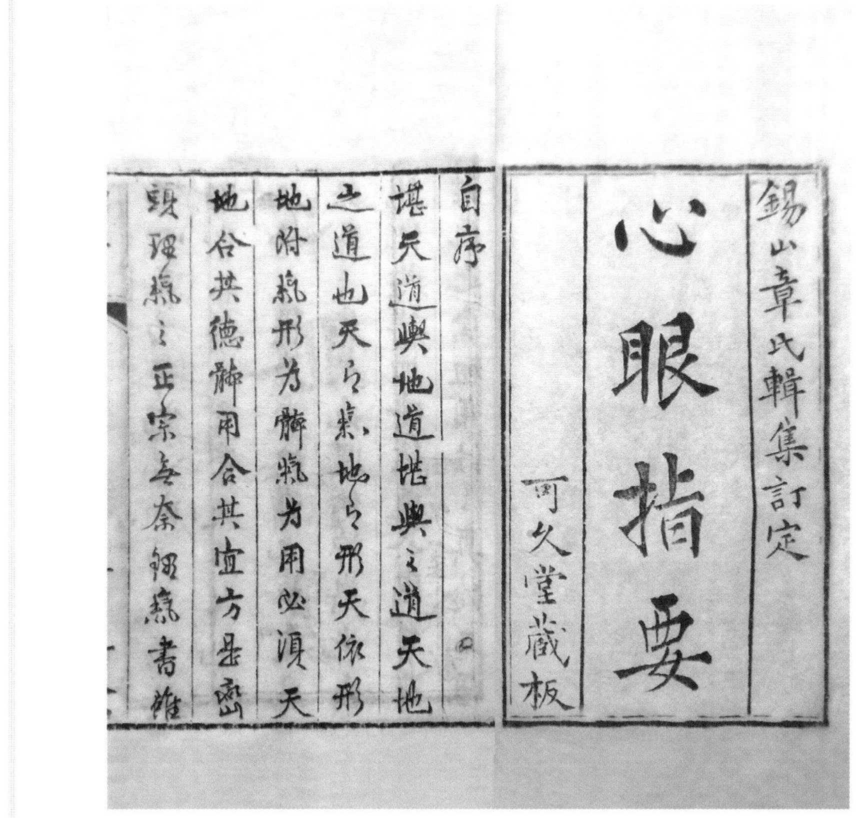

錫山章氏輯集訂定

心眼指要

可久堂藏板

自序

堪天道與地道堪輿之道天地之道也天之氣地之形天依形地附氣形為體氣為用必須天地合其德體用合其宜方是巒頭理氣之正宗無奈紛紛書雖

心眼指要 四卷 （清）無錫 章甫 撰

清中期可久堂刻本

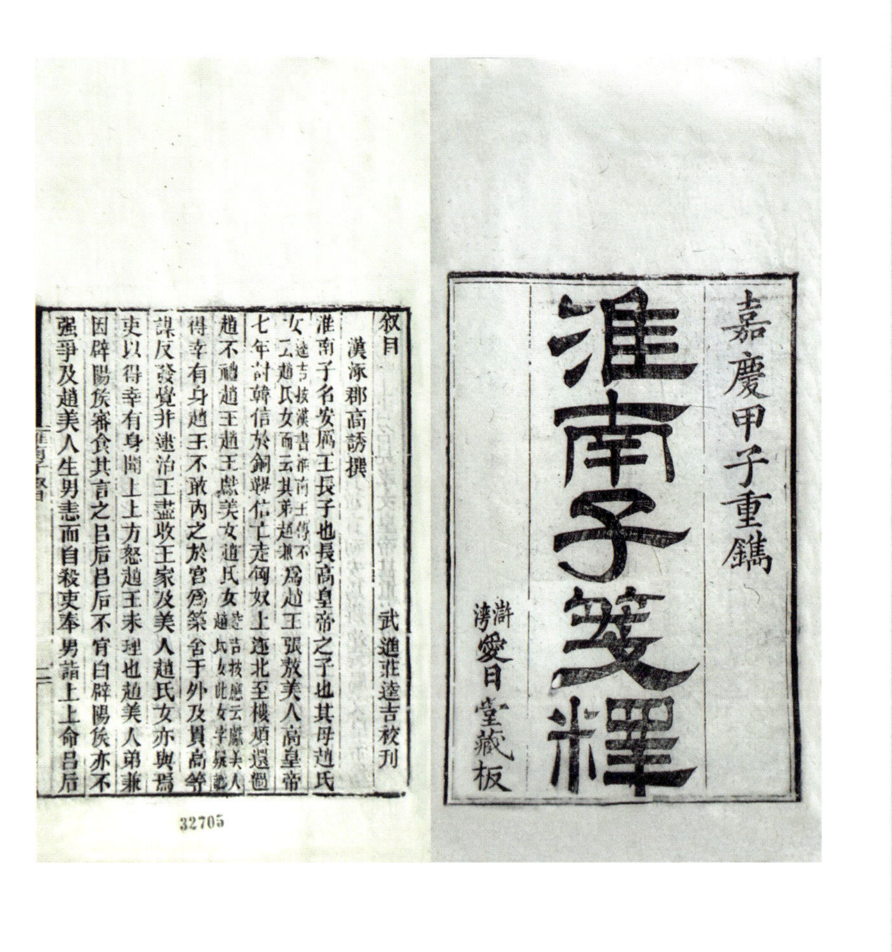
嘉慶甲子重鐫

淮南子箋釋

滸灣愛日堂藏板

敘目

漢涿郡高誘撰　武進莊逵吉校刊

淮南子名安厲王長子也長高皇帝之子也其母趙氏
女（逵吉按漢書淮南王傳不云趙氏女而云其弟趙兼）爲趙王張敖美人高皇帝
七年討韓信於銅鞮信亡走匈奴上遂北至樓煩還過
趙不禮趙王趙王獻美女趙氏女（逵吉按應云趙美人女此女字疑衍）
得幸有身趙王不敢內之於宮爲築舍于外及貫高等
謀反發覺幷逮治王盡收王家及美人趙氏女亦與焉
吏以得幸有身聞上上方怒趙王未理也趙美人弟兼
因辟陽侯審食其言之呂后呂后不肯白辟陽侯亦不
彊爭及趙美人生男恚而自殺吏奉男詣上上命呂后

淮南子敘　二

淮南子箋釋 二十一卷 四冊 （漢）高誘 撰

嘉慶九年（1804）滸灣愛日堂刻本 天津圖書館藏

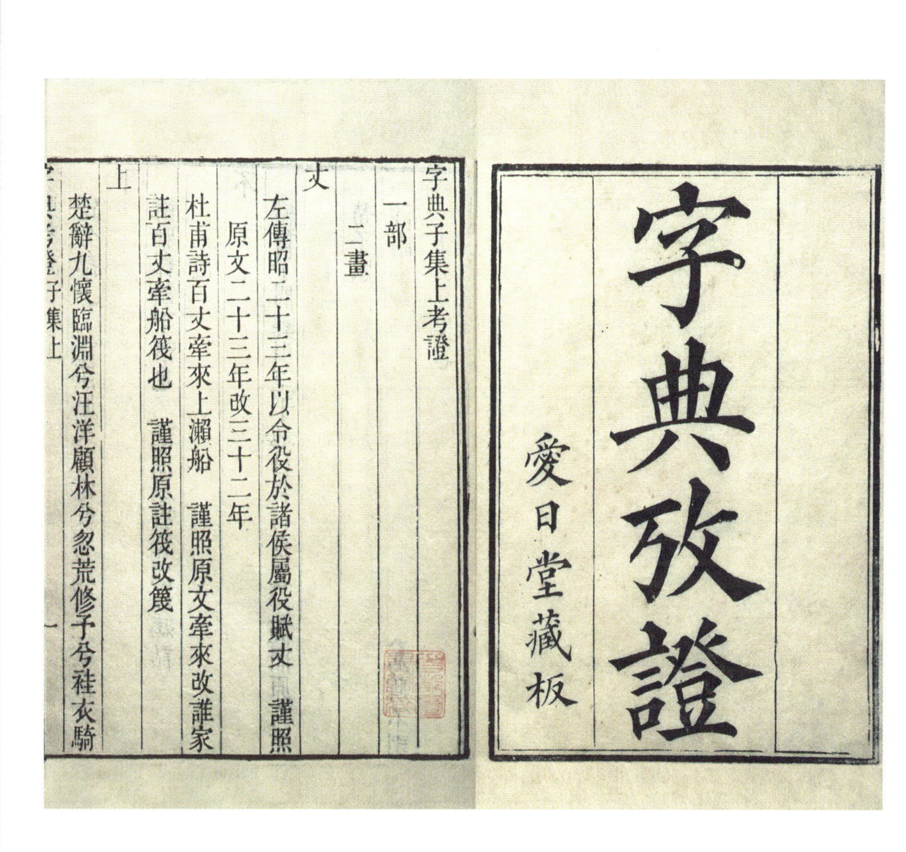

字典攷證

愛日堂藏板

字典子集上考證

一部

二畫

丈

左傳昭二十三年以令役於諸侯屬役賦丈　謹照原文二十三年改三十二年

杜甫詩百丈牽來上瀨船　謹照原文牽來改誰家

註百丈牽船筏也　謹照原註筏改篾

上

楚辭九懷臨淵兮汪洋顧林兮忽荒修予兮袿衣騎

字典考證子集上　一

字典考證 十二卷 （清）高郵 王引之 撰

道光十一年（1831）愛日堂刻本 首都圖書館藏

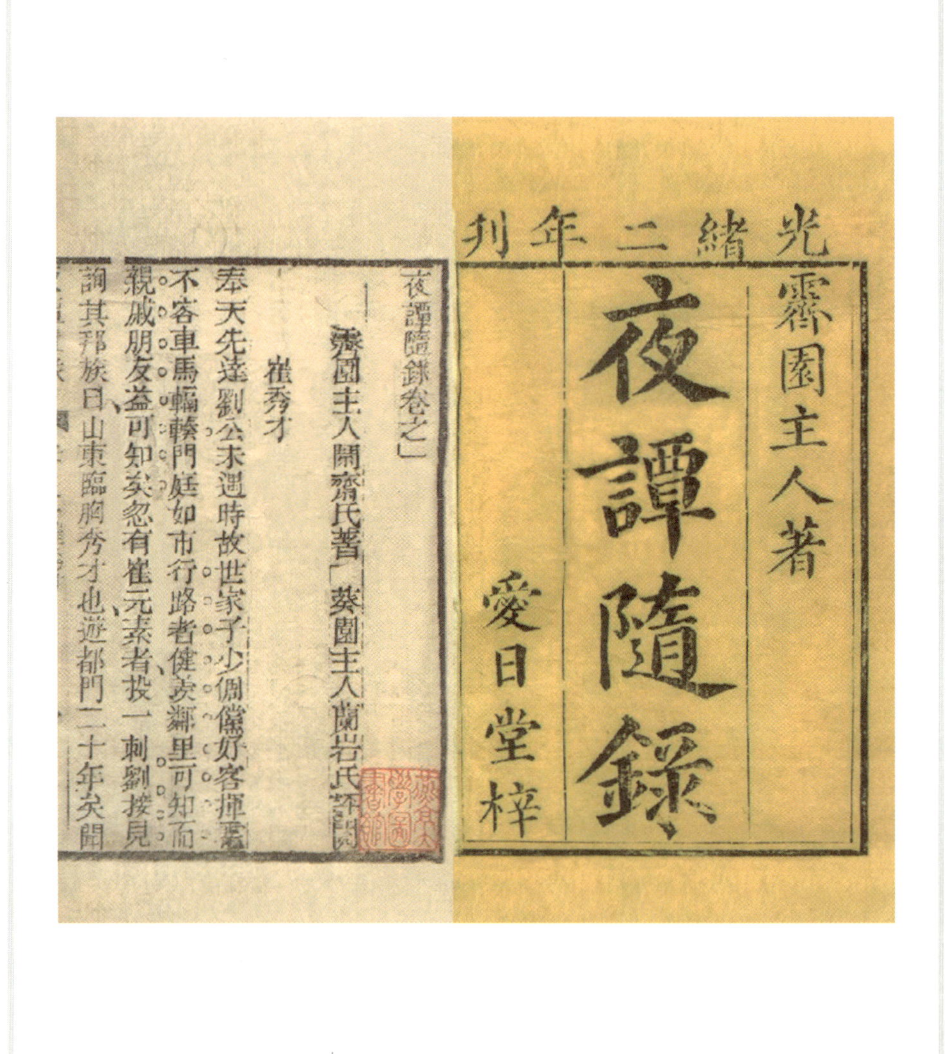

光緒二年刊

霽園主人著

夜譚隨錄

愛日堂梓

夜譚隨錄卷之一

霽園主人閒齋氏著　葵園主人蘭岩氏評閱

崔秀才

奉天先達劉公未遇時故世家子少倜儻好客揮霍不吝車馬輻輳門庭如市行路者健羨鄰里可知而親戚朋友益可知矣忽有崔元素者投一刺劉接見詢其邦族曰山東臨朐秀才也遊都門二十年矣聞

夜譚隨錄 四卷 （清）霽園主人 著

光緒二年（1876）愛日堂刻本 北京大學圖書館藏

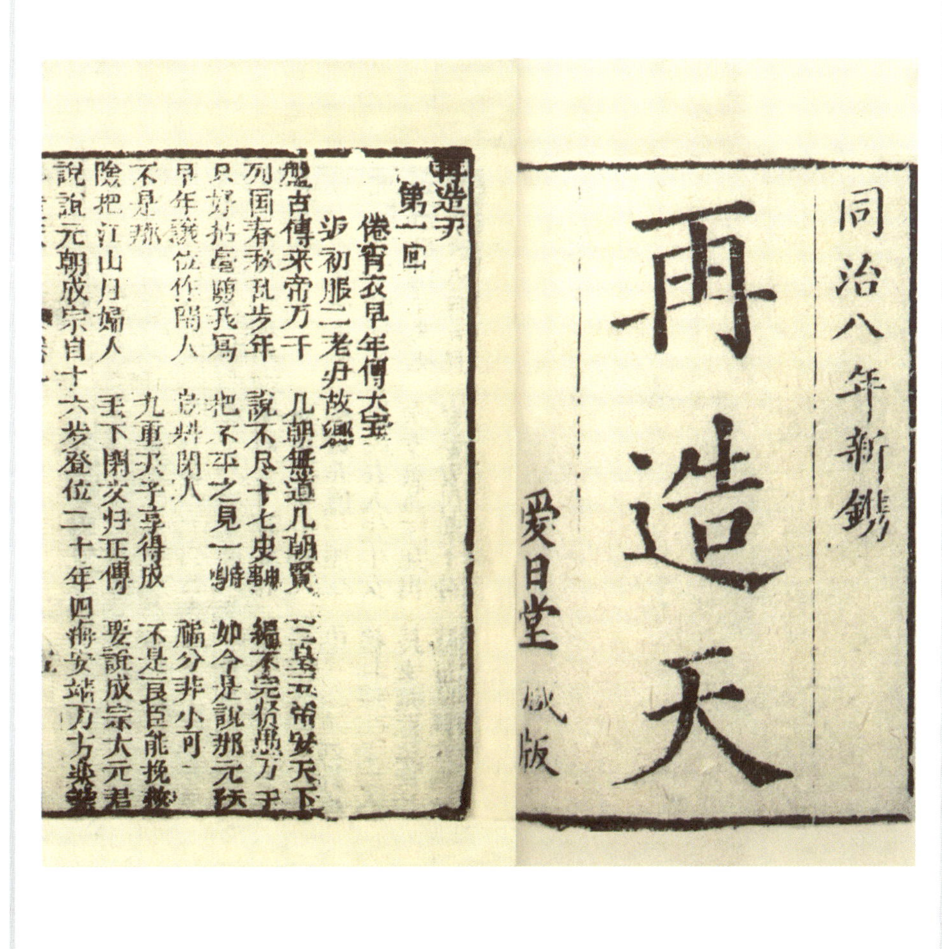
同治八年新鐫

再造天

愛日堂藏版

再造天

第一回

倦宵衣早年傳大寶
步初服二老歸故鄉

盤古傳來帝万千　几朝無道几朝賢　三皇五帝安天下
列国春秋乱步年　說不尽十七史軸　編不完[illegible]万千
只好拈毫聽我寫　把不平之見一歸　如今是說那元朝
早年讓位作閒人　總將閒人　　　　編分非小可
不是孫　　　　　九重天子享得成　不是良臣能挽救
險把江山月婦人　玉下閑交歸正傳　要說成宗太元君
說說元朝成宗自十六歲登位二十年四海安靖万方樂業

再造天 十六冊 （清）侯香葉 撰

同治八年（1869）愛日堂刻本 首都圖書館藏

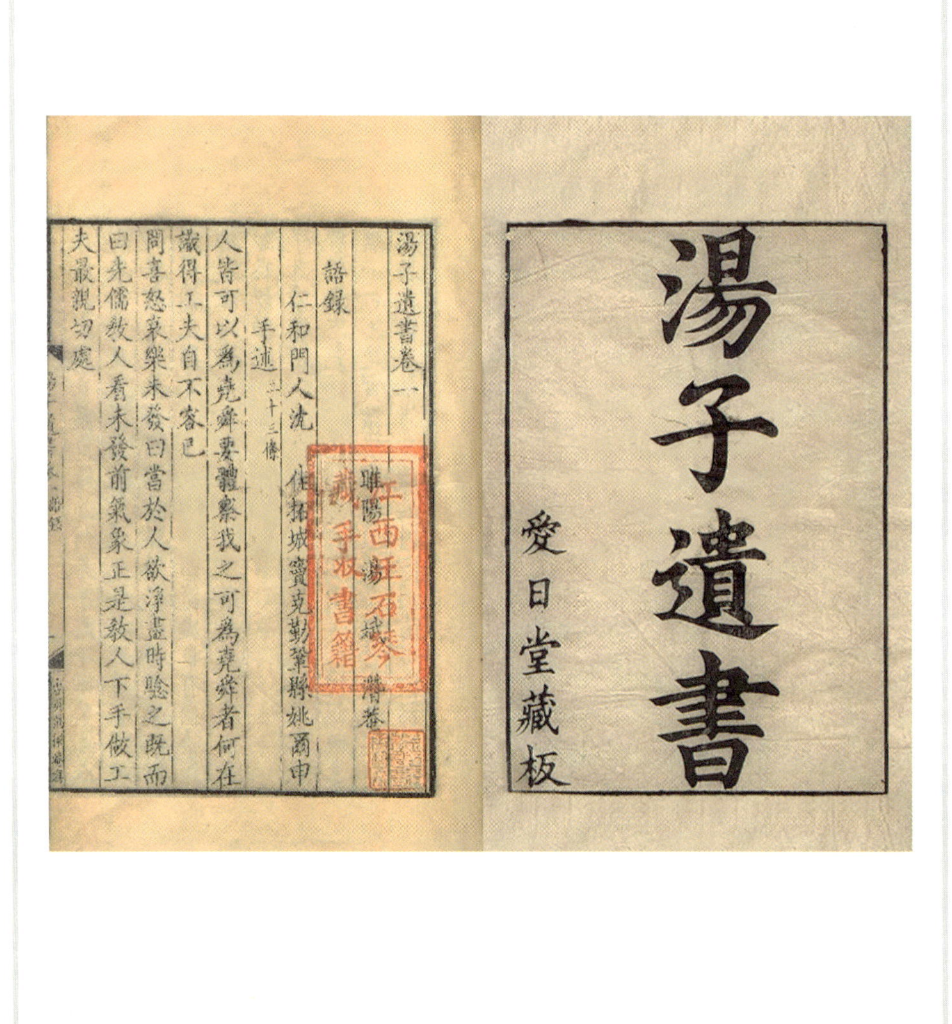

湯子遺書

愛日堂藏板

湯子遺書卷一

睢陽湯斌潛菴

語錄

仁和門人沈佳　柘城竇克勤　鞏縣姚爾申

手述 三十三條

人皆可以爲堯舜要體察我之可爲堯舜者何在識得工夫自不容已

問喜怒哀樂未發曰當於人欲淨盡時驗之既而曰先儒教人看未發前氣象正是教人下手做工夫最親切處

湯子遺書 十卷 附錄一卷 （清）湯斌 撰

清同治九年（1870）愛日堂刻本 山東大學圖書館藏

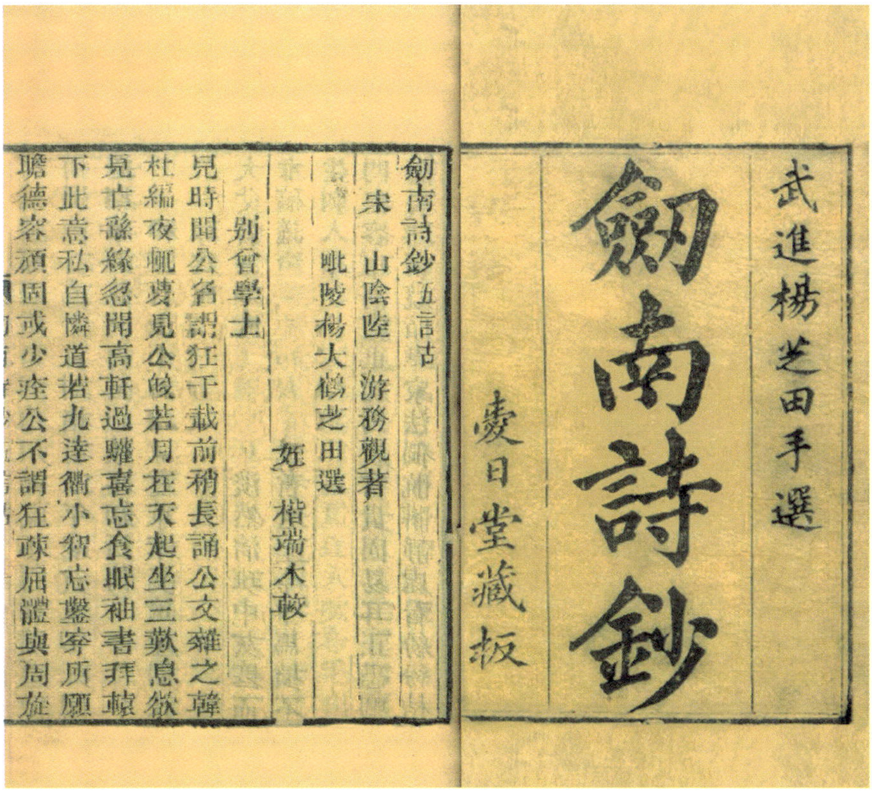

劍南詩鈔 六卷 十二冊 （宋）陸游 撰

清中期愛日堂刻本 天津圖書館藏

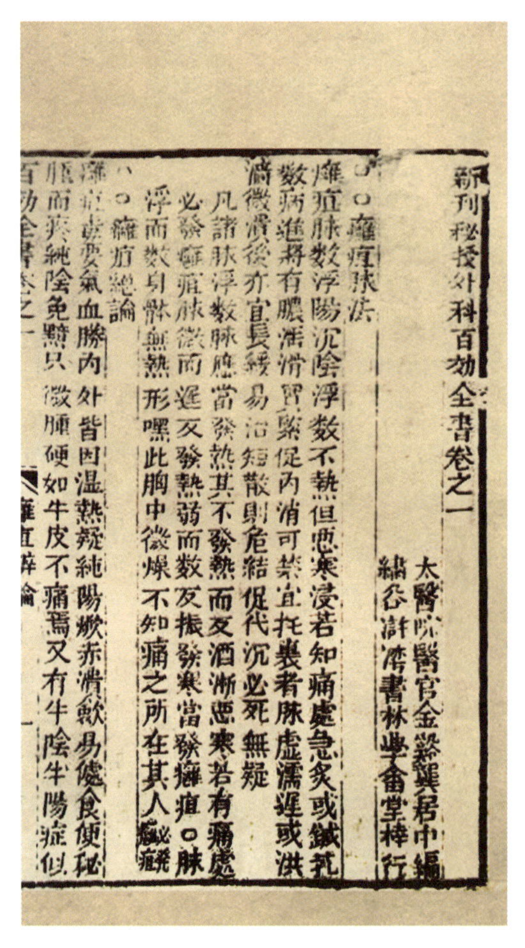

新刊秘授外科百効全書卷之一

太醫院醫官金谿龔居中編
繡谷滸湾書林學畬堂梓行

○癰疽脉法

癰疽脉数浮陽沉陰浮数不熱但悪寒浸若知痛處急灸或鍼紮数病進將有膿洪滑實緊促內消可禁宜托裏者脉虚濡遅或洪濇微潰後亦宜長緩易治短散則危結促代沉必死無疑

凡諸脉浮数脉應當發熱其不發熱而反洒淅悪寒若有痛處必發癰疽脉微而遅反發熱弱而数反振發寒當發癰疽○脉浮而数身無熱形嘿此胸中微燥不知痛之所在其人癜癖

○癰疽總論

癰疽要氣血勝內外皆因湿熱凝純陽焮赤潰歛易穢食便秘脹而疼純陰免黯只微腫硬如牛皮不痛焉又有牛陰牛陽症似

百効全書卷之一　癰疽瘁論　一

新刊秘授外科百效全書 六卷 （明）金谿 龔居中 撰

清中期繡谷滸灣書林學畬堂刻本

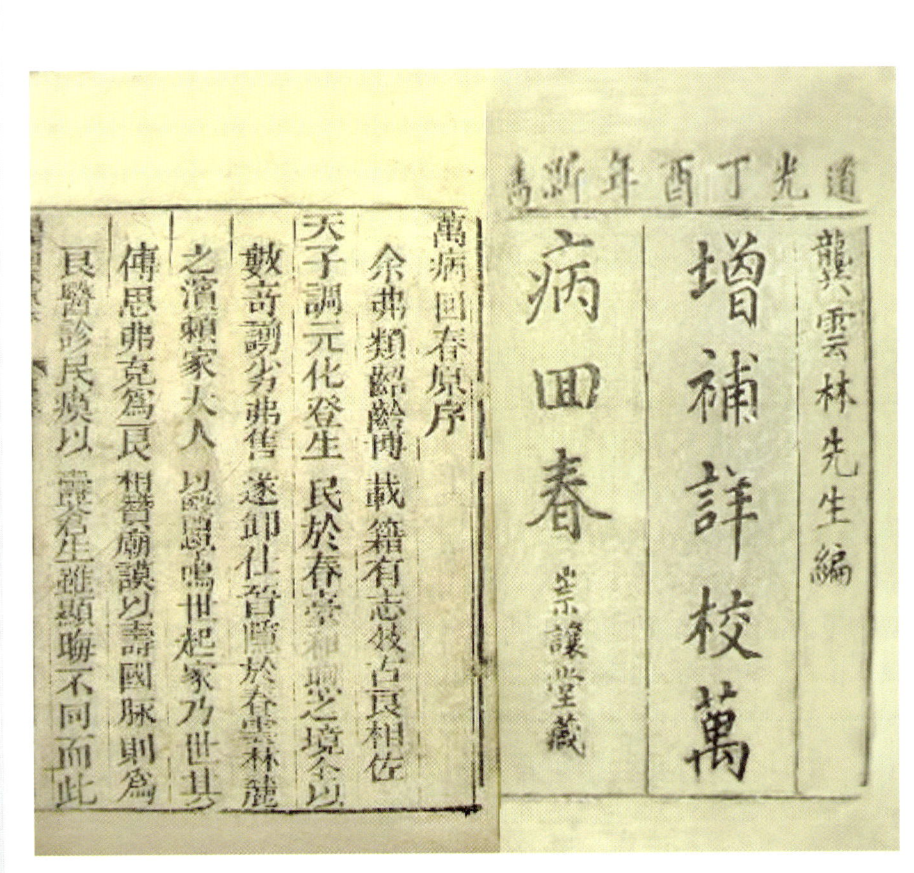

道光丁酉年新鐫

龔雲林先生編

增補詳校萬病回春

崇讓堂藏

萬病回春原序

余弗類髫齡博載籍有志披古良相佐
天子調元化登生民於春臺和煦之境余以
數奇調劣弗售遂卸仕晉隱於吞雲林麓
之濱賴家大人以醫鳴世起家乃世其
傳思弗克爲良相贊廟謨以壽國脈則爲
良醫診民瘼以蘇蒼生雖顯晦不同而此

增補詳校萬病回春 八卷 （明）金谿 龔廷賢 撰

道光十七年（1837）崇讓堂刻本

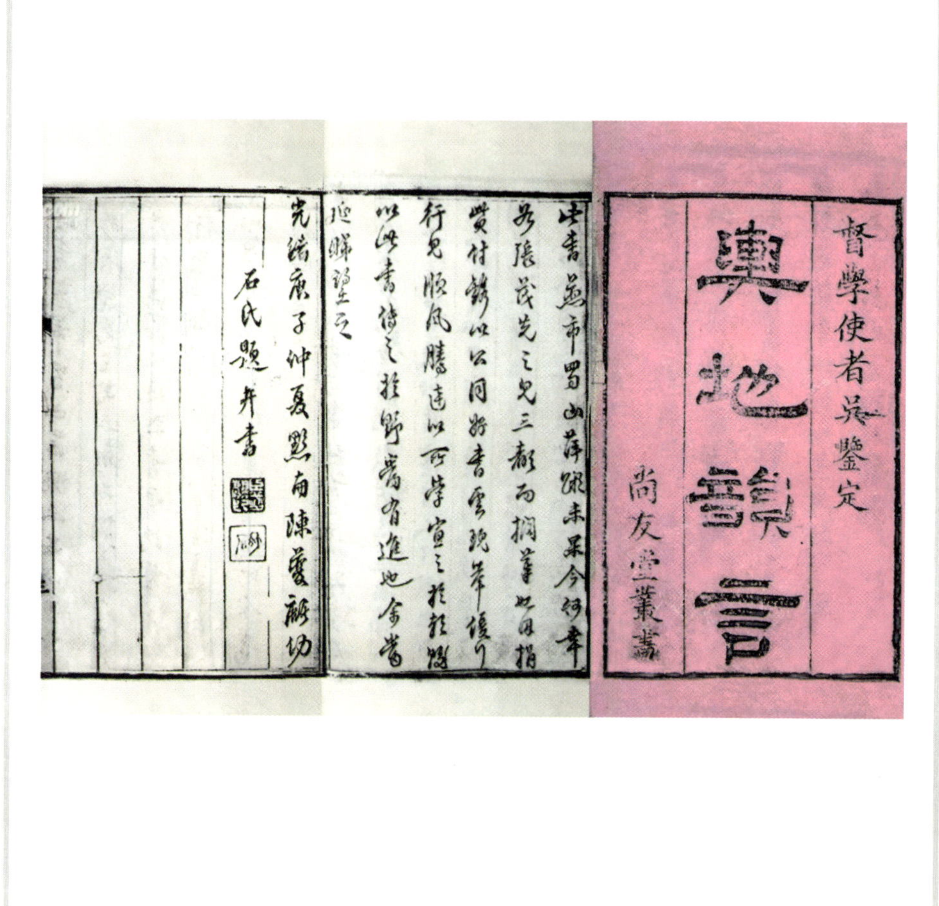

輿地韻言 四卷 （清）佚名 撰

光緒二十六年（1900）尚友堂刻本

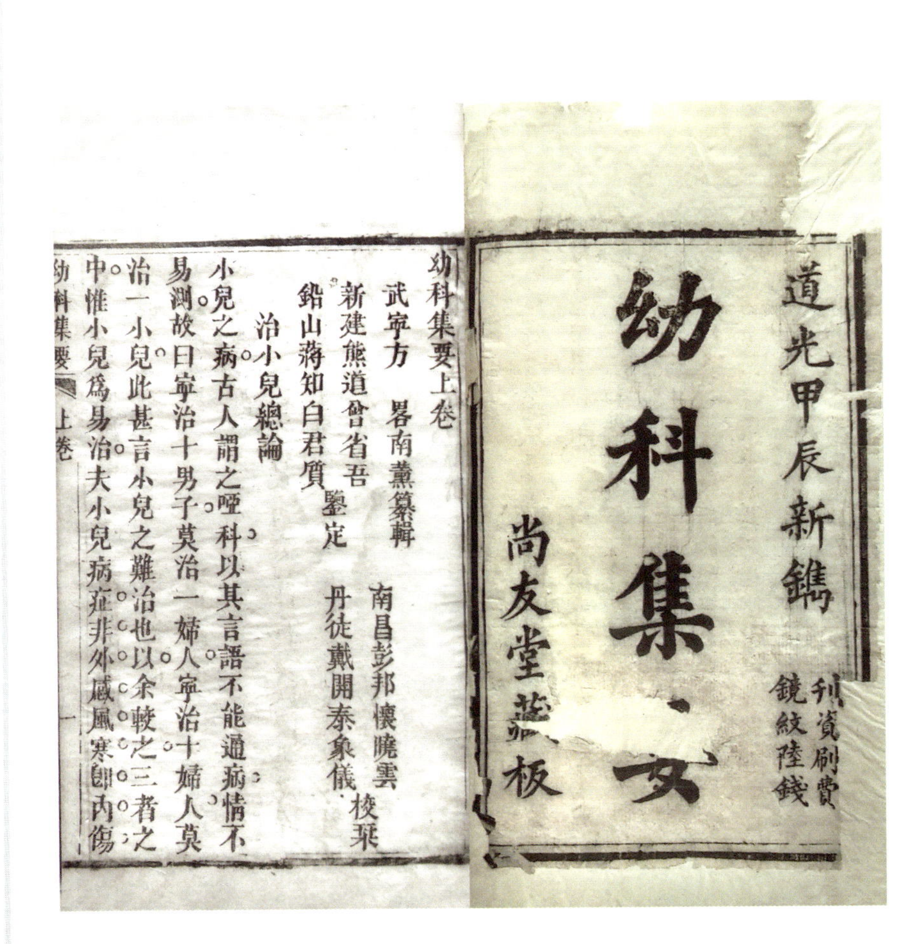

道光甲辰新鐫

幼科集要

尚友堂藏板

刊資刷費
鏡紋陸錢

幼科集要上卷

武寧方　畧南熏纂輯

新建熊道晉省吾
鉛山蔣知白君質　鑒定

南昌彭邦懷曉雲
丹徒戴開泰象儀　校梓

治小兒總論

小兒之病古人謂之啞科以其言語不能通病情不易測故曰寧治十男子莫治一婦人寧治十婦人莫治一小兒此甚言小兒之難治也以余較之三者之中惟小兒爲易治夫小兒病症非外感風寒即內傷

幼科集要　上卷　一

幼科集要 二卷 （清）武寧 方略 輯

道光二十四年（1844）尚友堂刻本

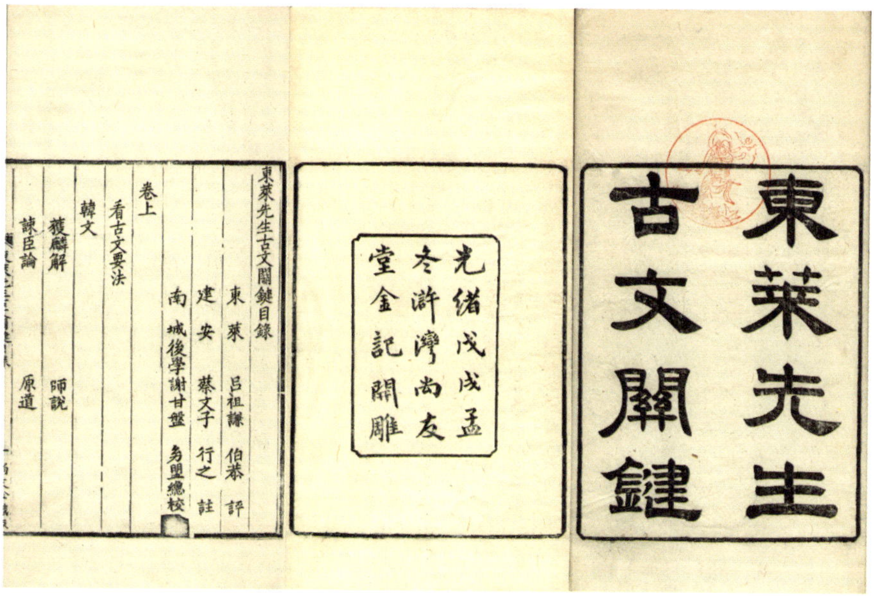

東萊先生古文關鍵

光緒戊戌孟冬滸灣尚友堂金記開雕

東萊先生古文關鍵目錄

東萊 呂祖謙 伯恭 評

建安 蔡文子 行之 註

南城後學謝甘盤 勇盟總校

卷上

看古文要法

韓文

獲麟解 師說

諫臣論 原道

東萊先生古文關鍵 二卷 （宋）金華 呂祖謙 撰

光緒二十四年（1898）滸灣尚友堂金記刻本 清華大學圖書館藏

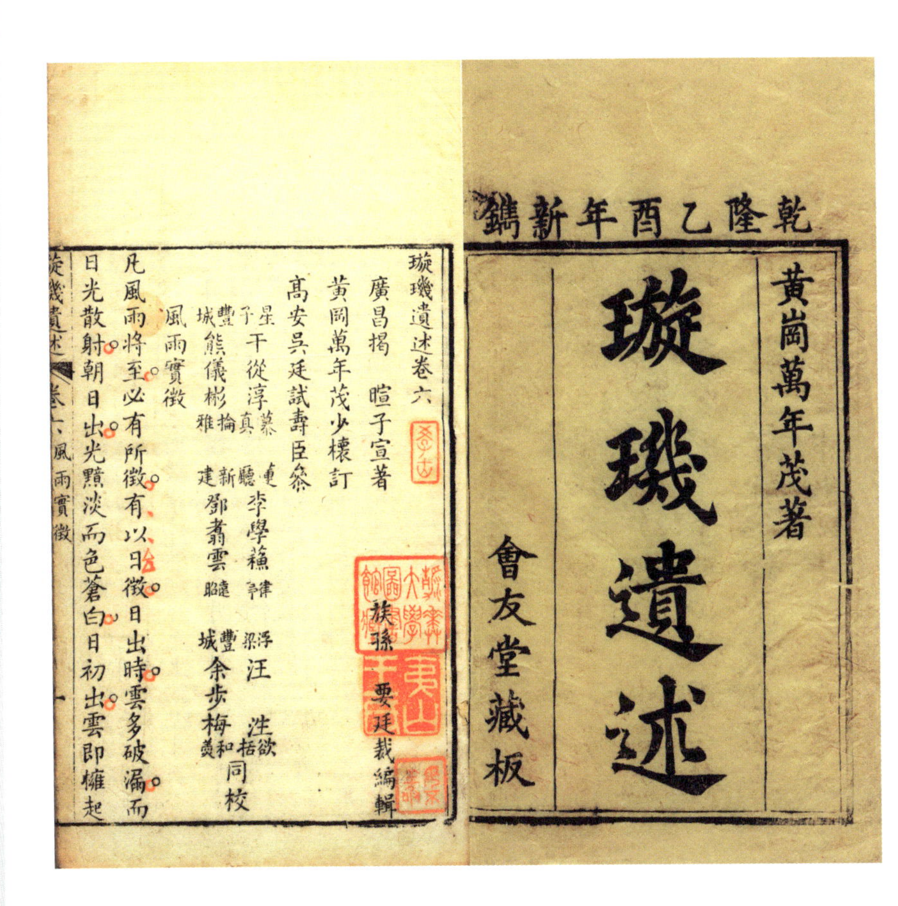
乾隆乙酉年新鐫

黄岡萬年茂著

璇璣遺述

會友堂藏板

璇璣遺述卷六

廣昌揭　暄子宣著

黄岡萬年茂少懷訂

高安吳廷試壽臣參

星子干從淳慕真　李學藴　浮梁汪　泩

豐城熊儀彬倫雅　新建鄧耆雲昭遠　豐城余步梅和羹　同校

族孫　要廷　栽編輯

風雨實徵

凡風雨將至必有所徵有以日徵日出時雲多破漏而日光散射朝日出光黯淡而色蒼白日初出雲即擁起

璇璣遺述　卷六　風雨實徵

璇璣遺述 六卷 （明）廣昌 揭暄 撰

乾隆三十年（1765）會友堂刻本 清華大學圖書館藏

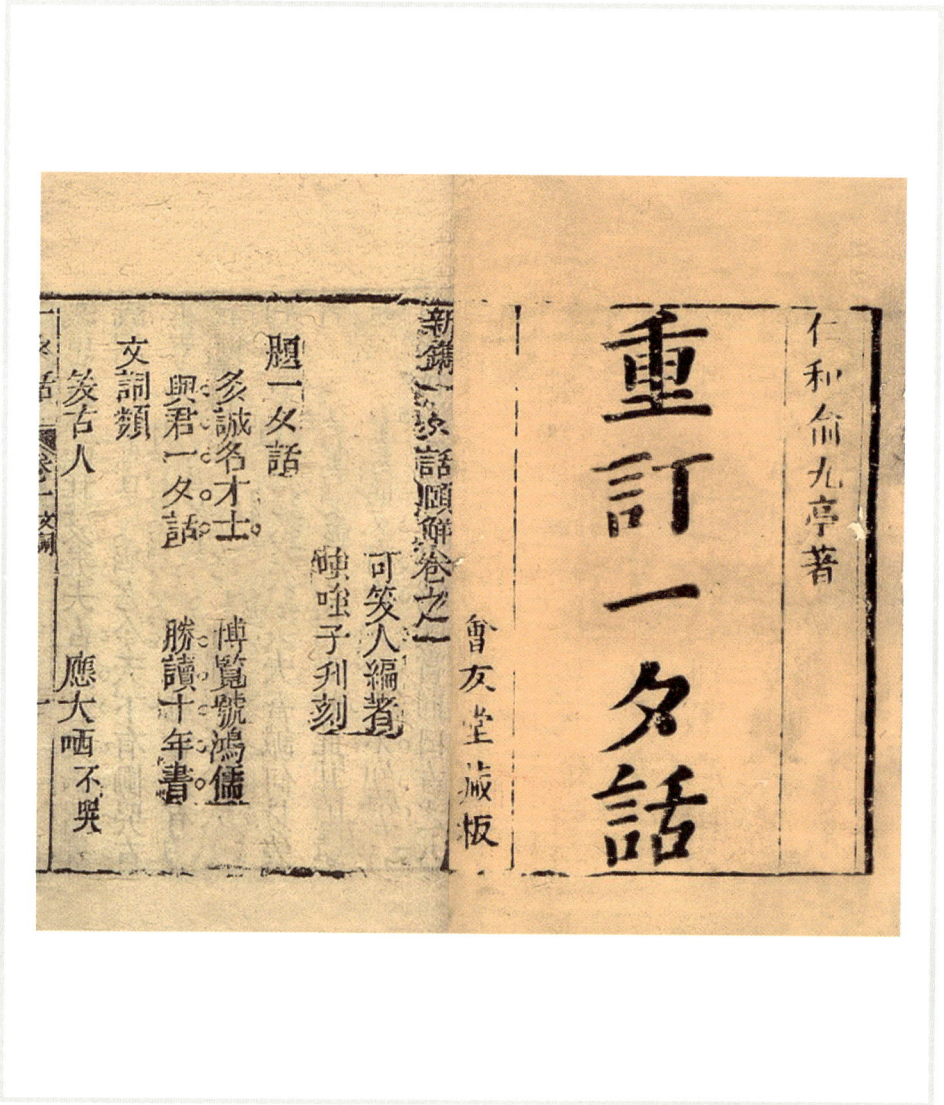

重訂一夕話 四卷 （清）杭州 俞九亭 撰

清末會友堂刻本 北京大學圖書館藏

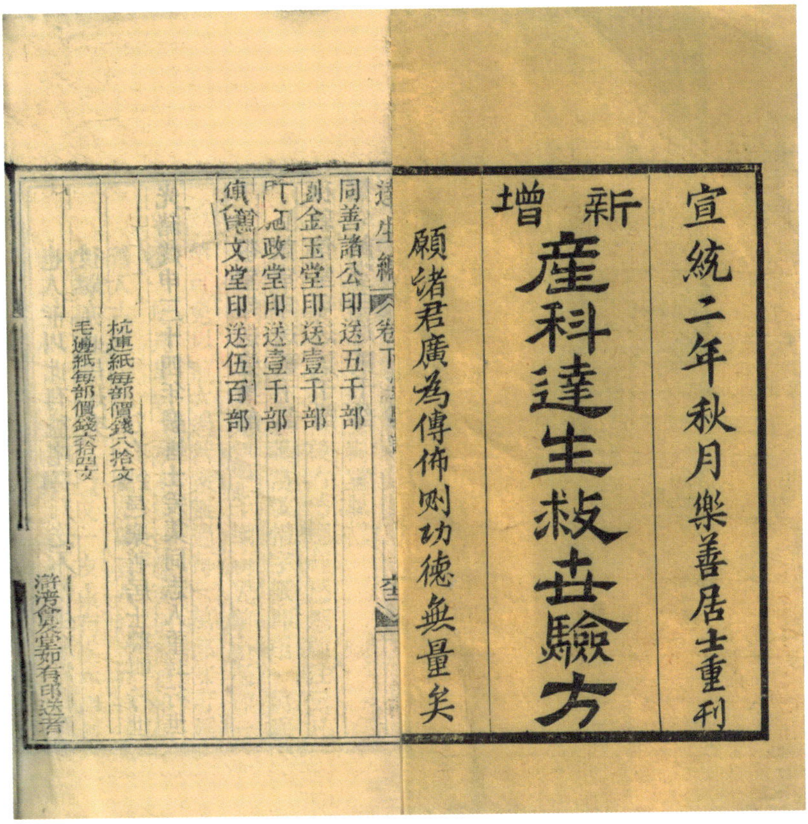

新增產科達生救世驗方 不分卷

宣統二年（1910）滸灣會友堂刻本

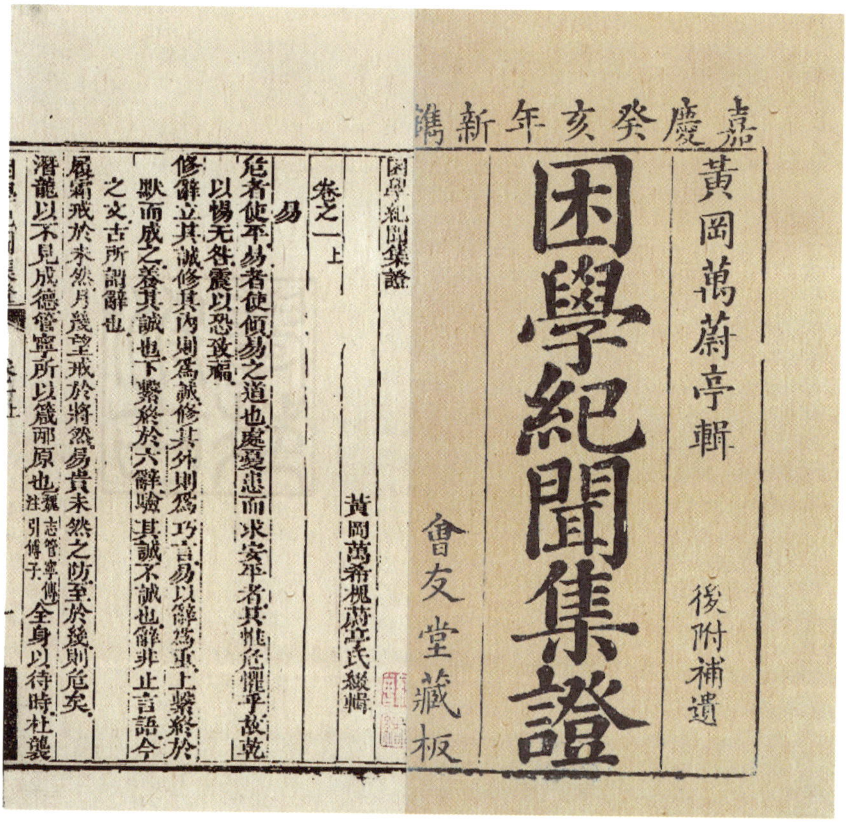

嘉慶癸亥年新鐫

黃岡萬蔚亭輯

困學紀聞集證

後附補遺

會友堂藏板

困學紀聞集證

卷之一上　黃岡萬希槐蔚亭氏纂輯

易

危者使平易者使傾易之道也處憂患而求安平者其惟危懼乎故乾以惕无咎震以恐致福

修辭立其誠修其內則爲誠修其外則爲巧言易以辭爲重上繫終於默而成之養其誠也下繫終於六辭驗其誠不誠也辭非止言語今之文古所謂辭也

履霜戒於未然月幾望戒於將然易貴未然之防至於幾則危矣

潛龍以不見成德管寧所以箴邴原也魏志管寧傳注引傅子全身以待時杜襲

困學紀聞集證二十卷　（清）黃岡 萬希槐 輯

嘉慶八年（1803）會友堂刻本　南開大學圖書館藏

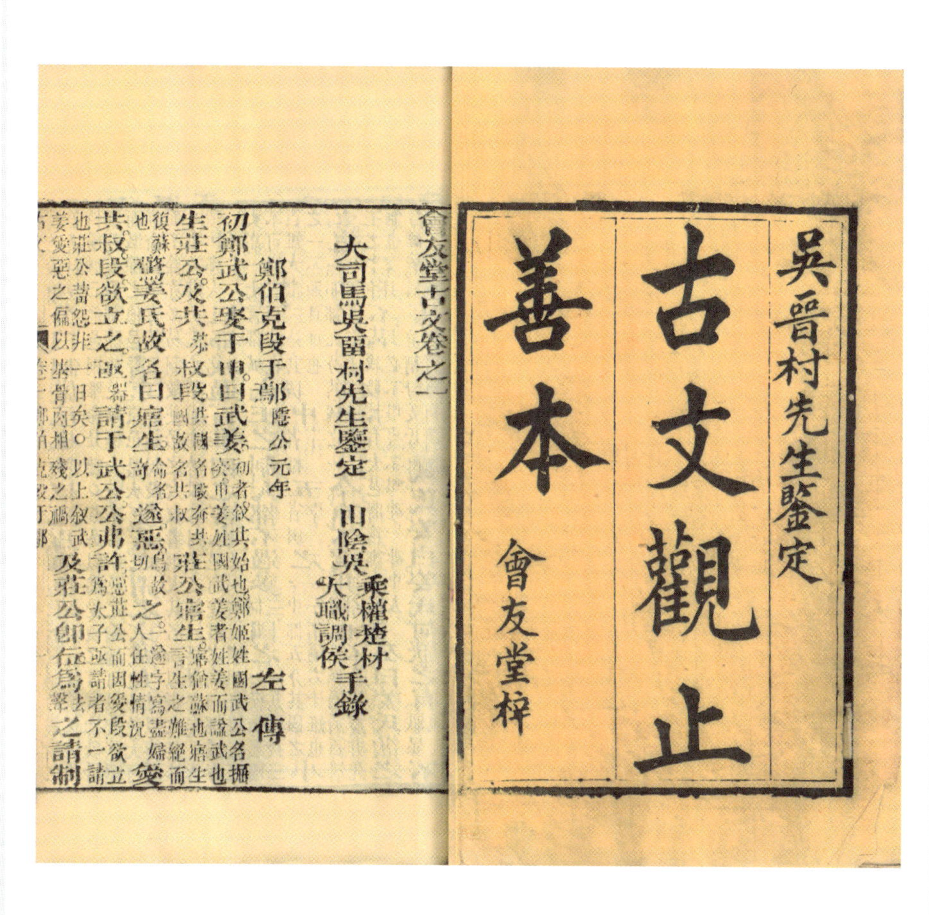

吳晉村先生鑒定

古文觀止

善本

會友堂梓

會友堂古文卷之一

大司馬吳留村先生鑒定　山陰吳乘權楚材 吳大職調侯 手錄

鄭伯克段于鄢 隱公元年　左傳

初鄭武公娶于申。曰武姜。生莊公及共叔段。莊公寤生。驚姜氏。故名曰寤生。遂惡之。愛共叔段。欲立之。亟請于武公。公弗許。及莊公即位。為之請制。

古文觀止善本 十二卷 （清）紹興 吳乘權 吳大職 輯

清中期會友堂刻本 撫州陳建福藏

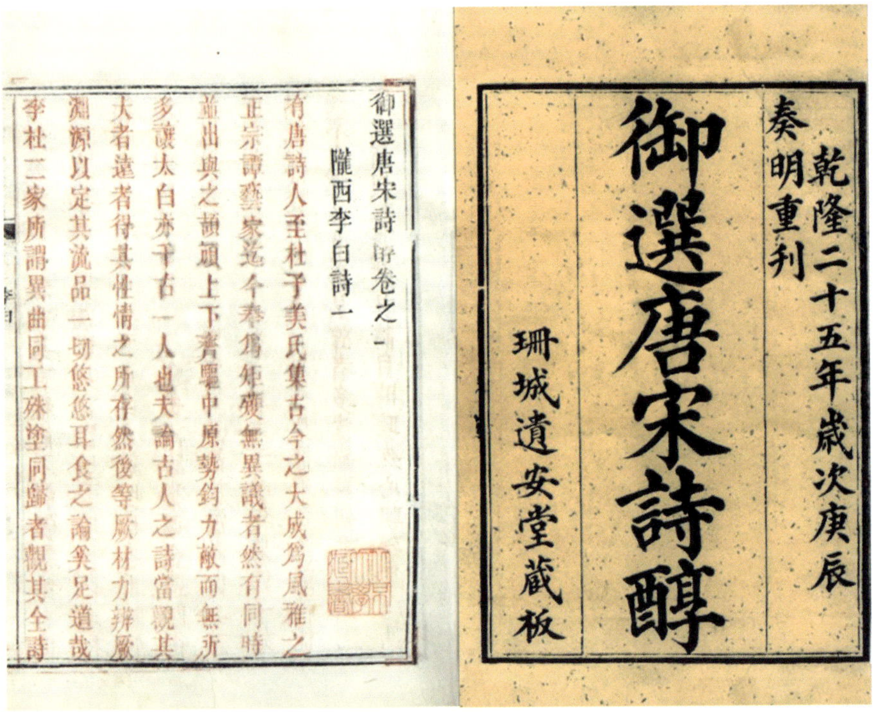

乾隆二十五年歲次庚辰

奏明重刊

御選唐宋詩醇

珊城遺安堂藏板

御選唐宋詩醇卷之一

隴西李白詩一

有唐詩人至杜子美氏集古今之大成爲風雅之正宗譚藝家迄今奉爲矩矱無異議者然有同時並出與之頡頏上下齊驅中原勢均力敵而無所多讓太白亦千古一人也夫論古人之詩當觀其大者遠者得其性情之所存然後等厥材力辨厥淵源以定其流品一切悠悠耳食之論奚足道哉李杜二家所謂異曲同工殊塗同歸者觀其全詩

御選唐宋詩醇 四十七卷 目錄二卷 （清）愛新覺羅 · 玄燁 選

乾隆二十五年（1760）珊城遺安堂朱墨套印本 北京大學圖書館藏

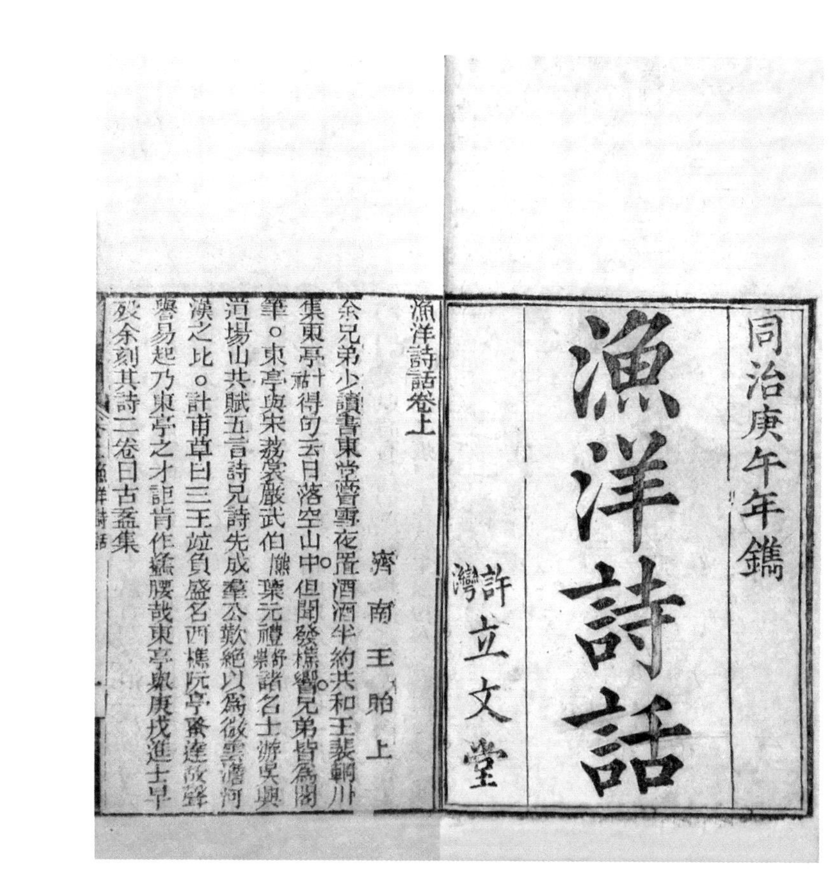

同治庚午年鐫

漁洋詩話

許灣立文堂

漁洋詩話卷上　　濟南王貽上

余兄弟少讀書東堂嘗雪夜置酒酒半約共和王裴輞川集東亭士祜得句云日落空山中。但聞發樵響。兄弟皆爲閣筆。東亭與宋荔裳嚴武伯灝葉元禮舒崇諸名士游吳興道場山共賦五言詩兄詩先成羣公歎絶以爲徵雲澹河漢之比。許甫草曰三王竝負盛名西樵阮亭豫達放辭響易起乃東亭之才詎肯作纖腰哉東亭與庚戌進士早歿余刻其詩二卷曰古盋集

漁洋詩話

漁洋詩話 二卷 （清）桓台 王士禛 撰

同治九年（1870）許灣立文堂刻本 江蘇師範大學圖書館藏

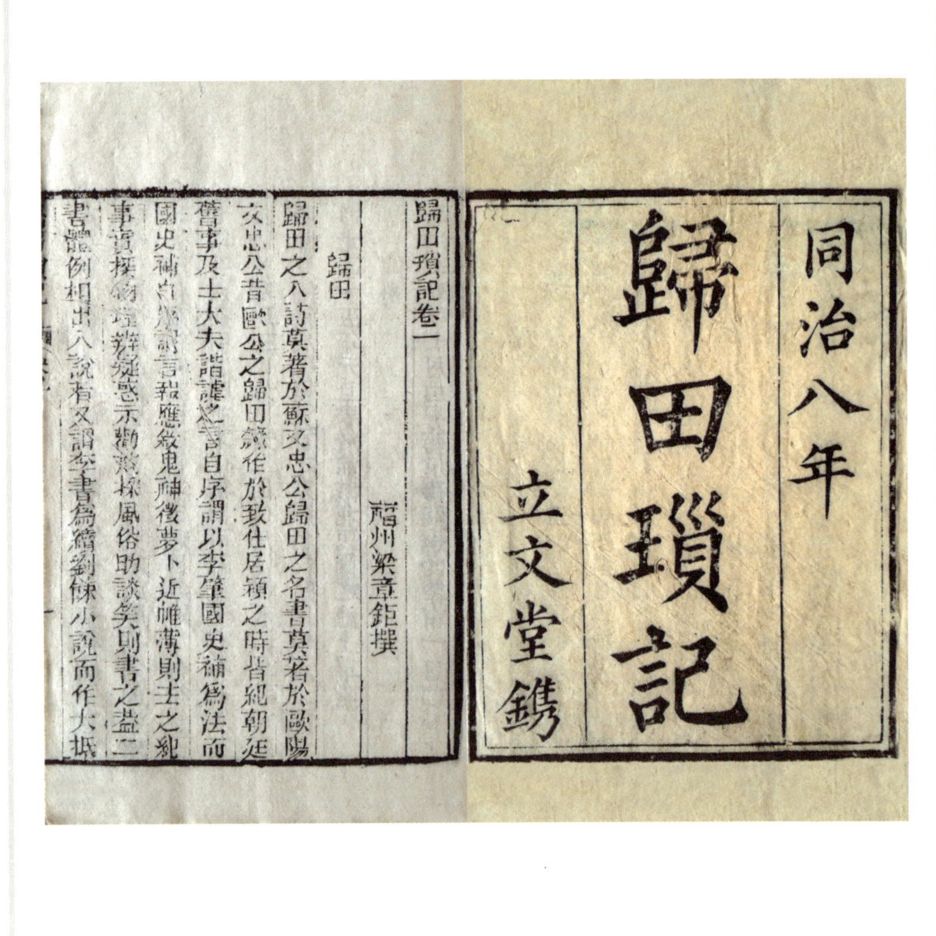

同治八年

歸田瑣記

立文堂鐫

歸田瑣記卷一

福州梁章鉅撰

歸田

歸田之八詩莫著於蘇文忠公歸田之名書莫著於歐陽文忠公昔歐公之歸田錄作於致仕居潁之時皆紀朝廷舊事及士大夫諧謔之言自序謂以李肇國史補爲法而國史補自序則言報應敘鬼神徵夢卜近帷薄則去之紀事實探物理辨疑惑示勸戒採風俗助談笑則書之蓋二書體例相出入說者又謂李書爲續劉餗小說而作大抵

歸田瑣記 八卷 （清）福州 梁章鉅 撰

同治八年（1869）立文堂刻本 北京師範大學圖書館藏

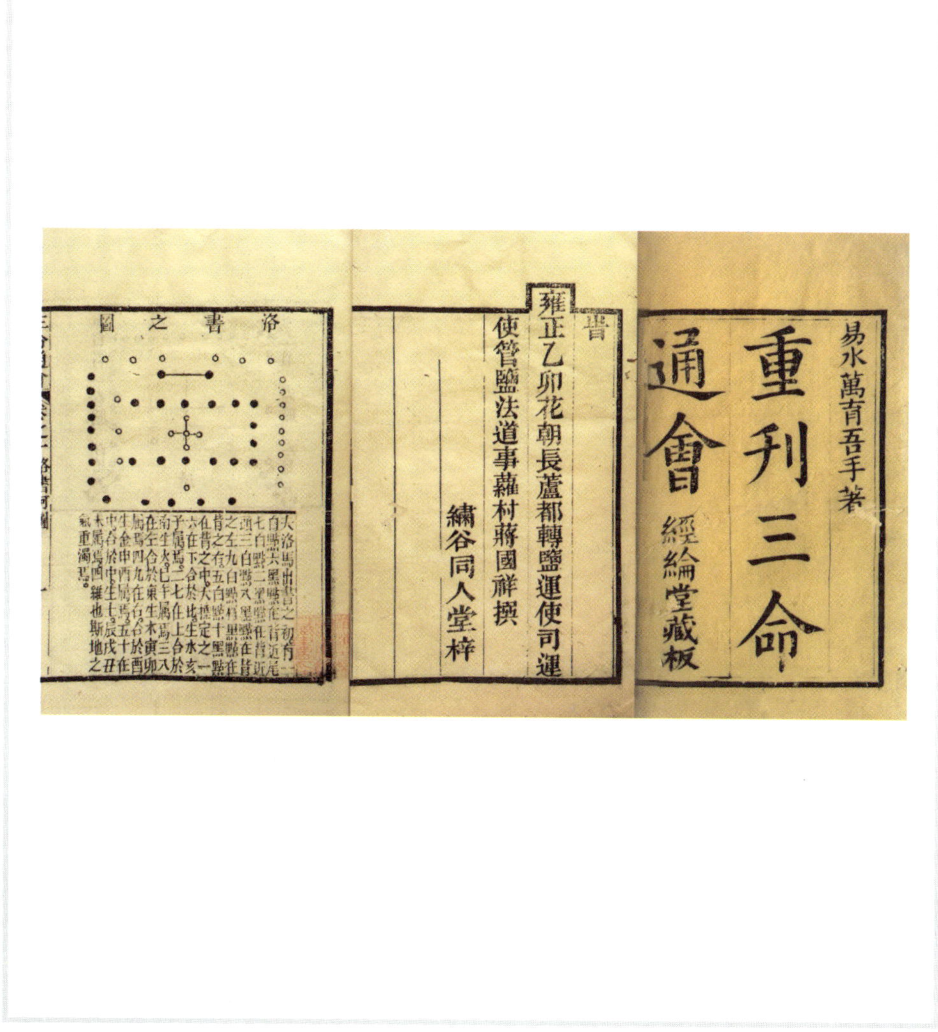

重刊三命通會 十二卷 （明）易縣 萬民英 撰

雍正十三年（1735）繡谷同人堂刻本 徐州市圖書館藏

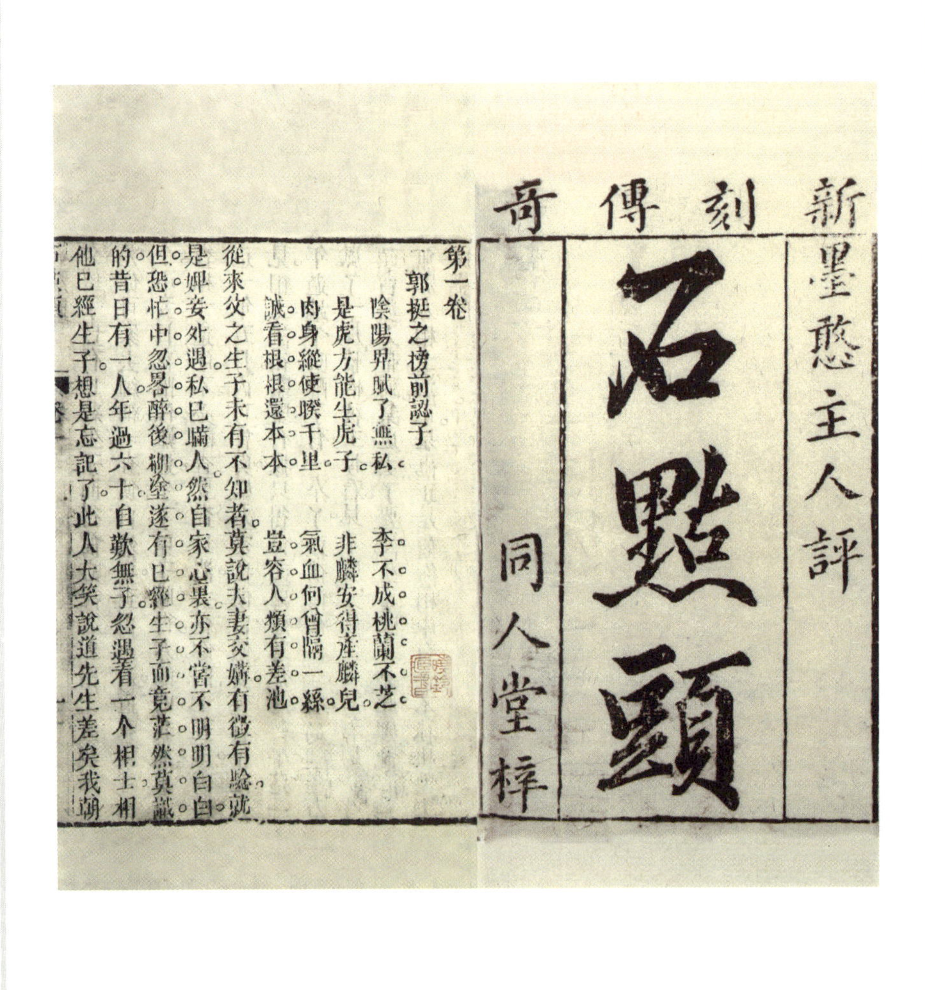

新刻傳奇

墨憨主人評

石點頭

同人堂梓

第一卷

郭挺之榜前認子

陰陽界賦了無私　李不成桃蘭不芝
是虎方能生虎子　非麟安得產麟兒
肉身縱使睽千里　氣血何曾隔一絲
誠看根根還本本　豈容人類有差池

從來父之生子未有不知者莫說夫妻交媾有徵有驗就是婢妾外遇私已瞞人然自家心裏亦不嘗不明明白白但恐忙中忽略醉後糊塗遂有已經生子而竟茫然莫識的昔日有一人年過六十自歎無子忽遇着一个相士相他已經生子想是忘記了此人大笑說道先生差矣我朔

石點頭 卷一

石點頭 十四卷 （明）天然癡叟 撰 （清）墨憨主人 評

清中期同人堂刻本 首都圖書館藏

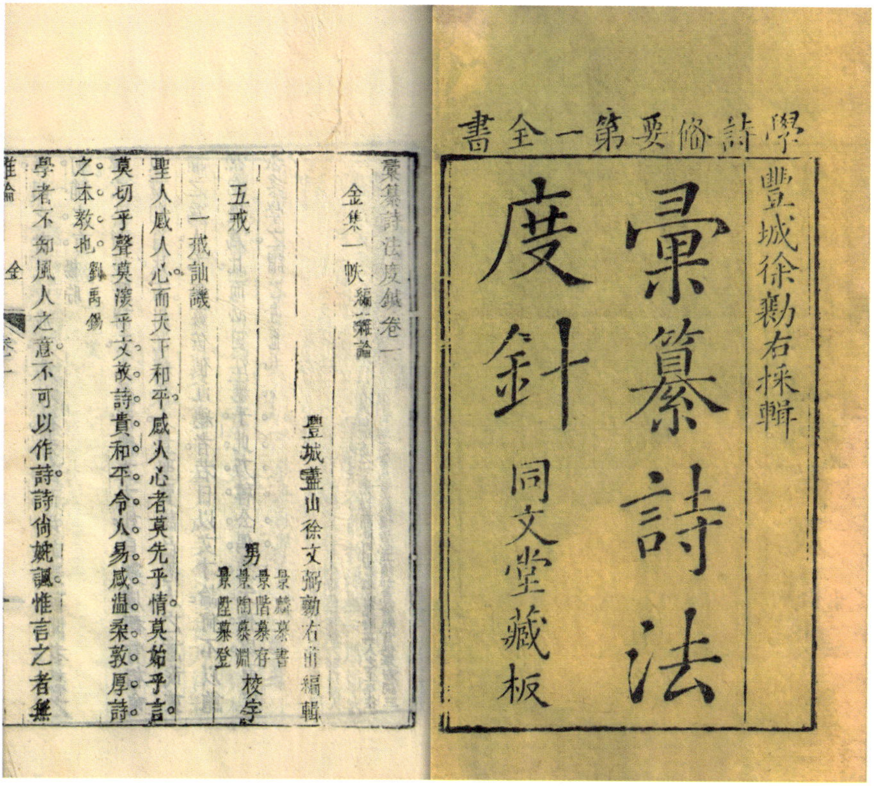

匯纂詩法度針 三十三卷 卷首一卷 （清）豐城 徐文弼 撰

乾隆年間同文堂刻本 劍川雕龍蟲館藏

乾隆乙卯新鐫

遵依一定字樣
較正點畫無訛

狀元禮記

同志堂藏板

前聖繼天立極之道莫大於禮後聖垂世立教之書亦莫先於禮禮儀三百威儀三千孰非精神心思之所寓故能與天地同其節四代損益[illegible]其詳不可得聞矣儀禮十七篇戴記四十九篇[illegible]學之為千萬世道學之淵[illegible]其間[illegible]篇之文雖純駁不同然義之淺深同異[illegible]表見之也鄭氏祖讖緯孔疏推鄭之從雖有他說不復收載固為可恨然其灼然可見者不可易也近世應氏集解於雜記大小記等篇皆闕而不釋[illegible]經遠其間於人倫世道非細故而可略哉先

[illegible]序

狀元禮記 十卷 （元）都昌 陳澔 註

乾隆六十年（1795）同志堂刻本

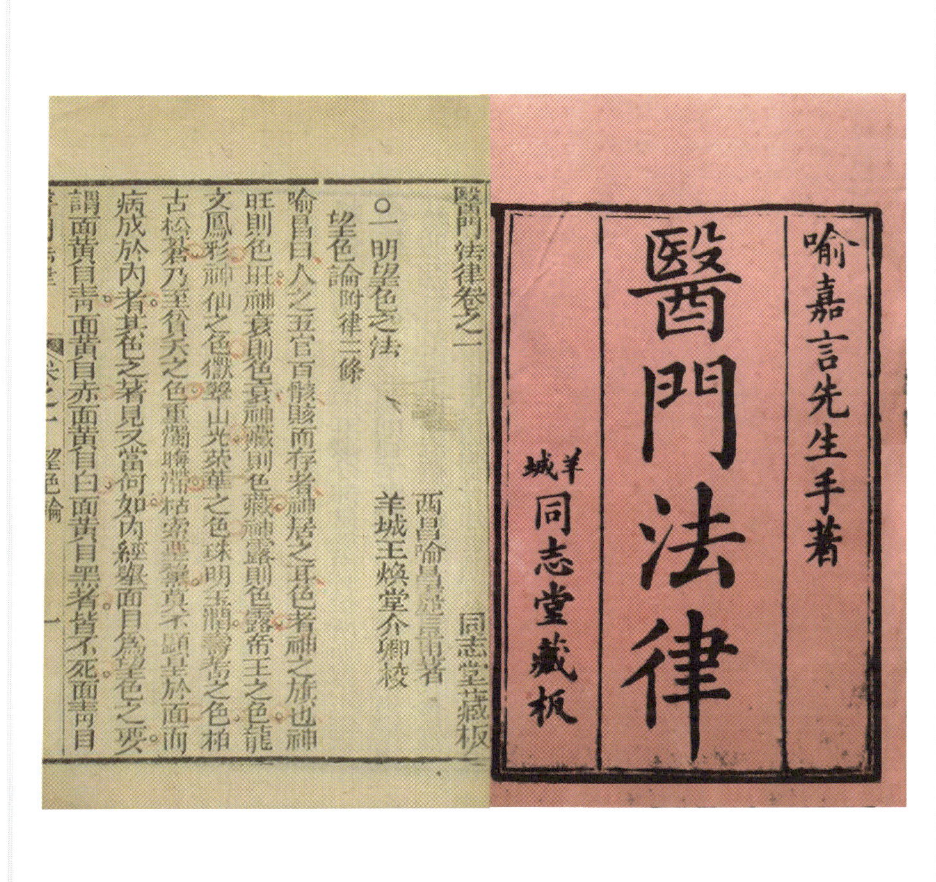

喻嘉言先生手著

醫門法律

羊城
同志堂藏板

醫門法律卷之一　　同志堂藏板

西昌喻昌嘉言甫著
羊城王煥堂介卿校

〇一明望色之法

望色論附律二條

喻昌曰人之五官百骸賅而存者神居之耳色者神之旗也神旺則色旺神衰則色衰神藏則色藏神露則色露帝王之色龍文鳳彩神仙之色嶽翠山光榮華之色珠明玉潤壽耇之色柏古松蒼乃至貧夭之色重濁晦滯枯索垔黲莫不顯呈於面而病成於內者其色之著見又當何如內經舉面目為望色之要謂面黃目青面黃目赤面黃目白面黃目黑者皆不死面青目

醫門法律　卷之一　望色論　一

醫門法律 六卷 （明）新建 喻昌 撰

清中晚期羊城同志堂刻本

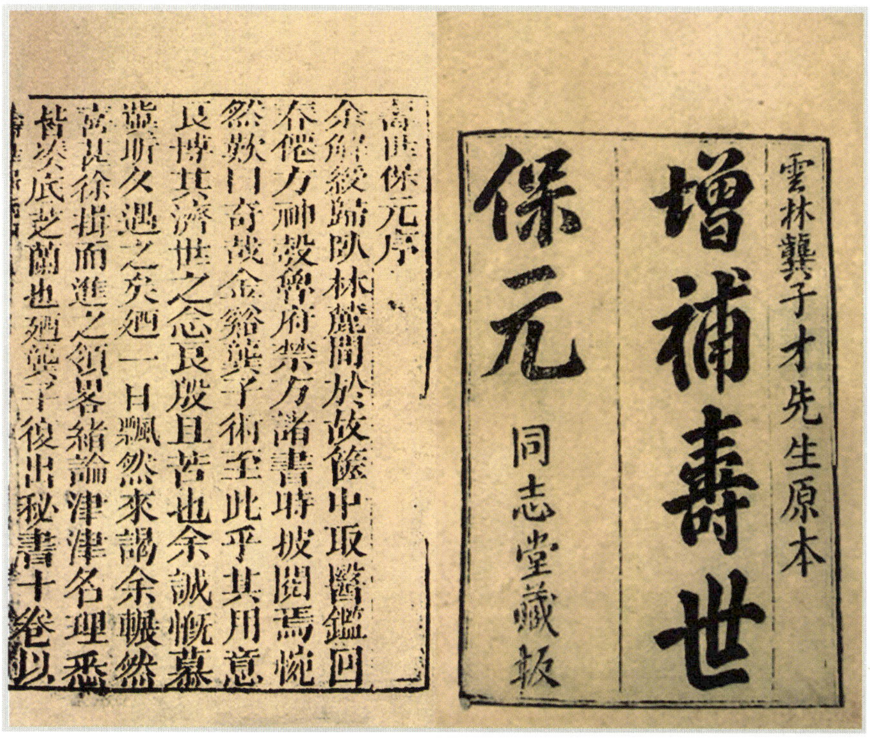

雲林龔子才先生原本

增補壽世保元

同志堂藏板

壽世保元序

余解綬歸卧林麓閒於故篋中取醫鑑回春僊方神彀醫府禁方諸書時披閱焉慨然歎曰奇哉金谿龔子術至此乎其用意良博其濟世之念良殷且苦也余誠慨慕覬晤久遇之矣廼一日飄然來謁余輾然喜其徐揖而進之領畧緒論津津名理悉皆癸底芝蘭也廼龔子復出秘書十卷以

增補壽世保元 十卷 （明）新建 喻昌 撰

清中晚期同志堂刻本

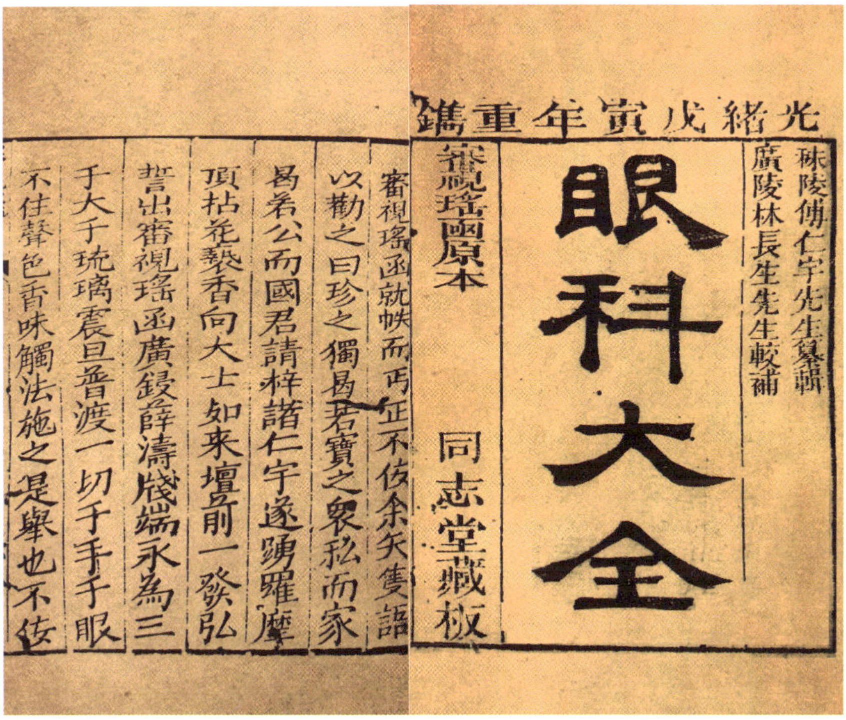

光緒戊寅年重鐫

秣陵傅仁宇先生纂輯
廣陵林長生先生較補

眼科大全

審視瑤函原本

同志堂藏板

審視瑤函就帙而丐正不佞余矢隻語以勸之曰珍之獨曷若寶之衆私而家曷若公而國君請梓諸仁宇遂踴躍摩頂拈花爇香向大士如來壇前一發弘誓出審視瑤函廣鋟辞濤㦲端永為三千大千琉璃寰宇普渡一切千手千眼不住聲色香味觸法施之是舉也不佞

眼科大全（審視瑤函）六卷（清）南京 傅仁宇 輯

清中晚期同志堂刻本

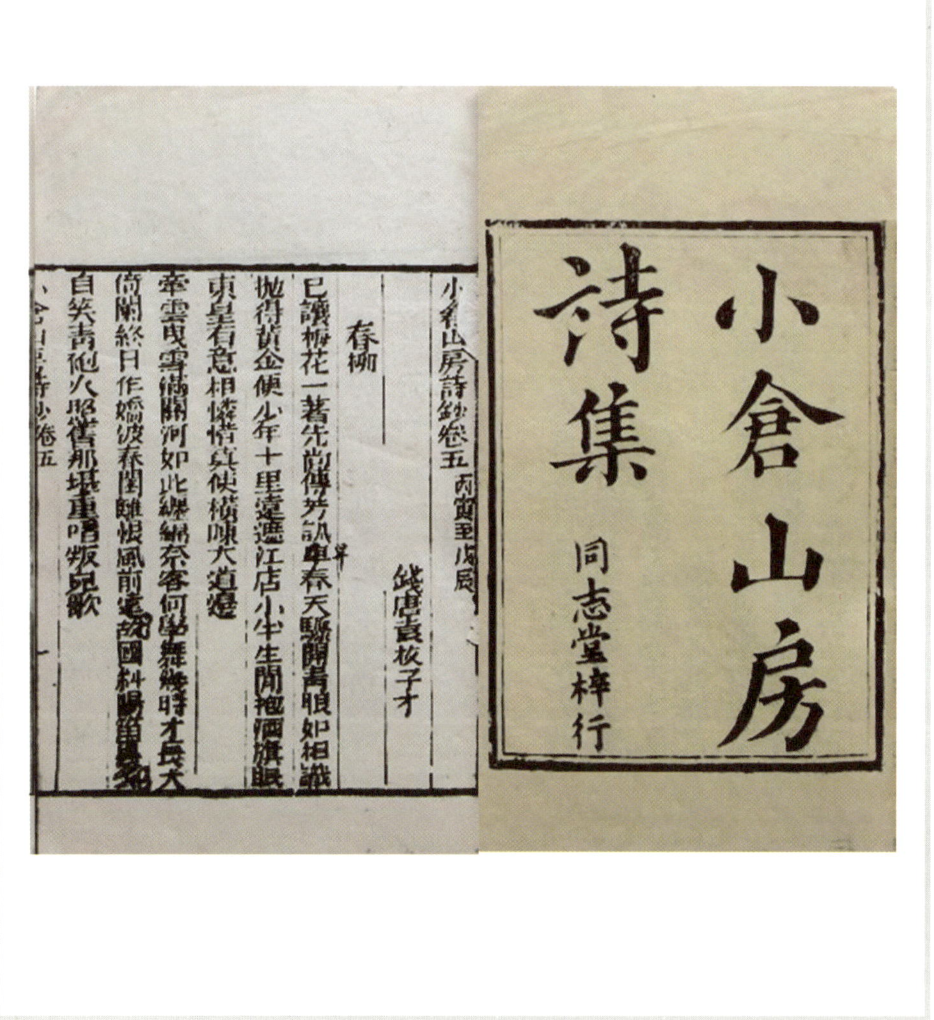

小倉山房詩鈔卷五　丙寅至戊辰

錢唐袁枚子才

春柳

已讓梅花一著先嗣傳芳訊早春天驕開青眼如相識
拋得黃金便少年十里遠遮江店小半生閑抱酒旗眠
東皇有意相憐惜莫使橫陳大道邊
牽雲曳雪惱關河如此纏綿奈客何學舞幾時才長大
倚闌終日作嬌波春閨雖恨風前遠故國斜陽留[illegible]多
自笑青袍人似舊那堪重唱叛兒歌

小倉山房詩鈔卷五

小倉山房詩集

同志堂梓行

小倉山房詩集 三十七卷 補遺三卷 （清）南京 袁枚 撰

清中期同志堂刻本

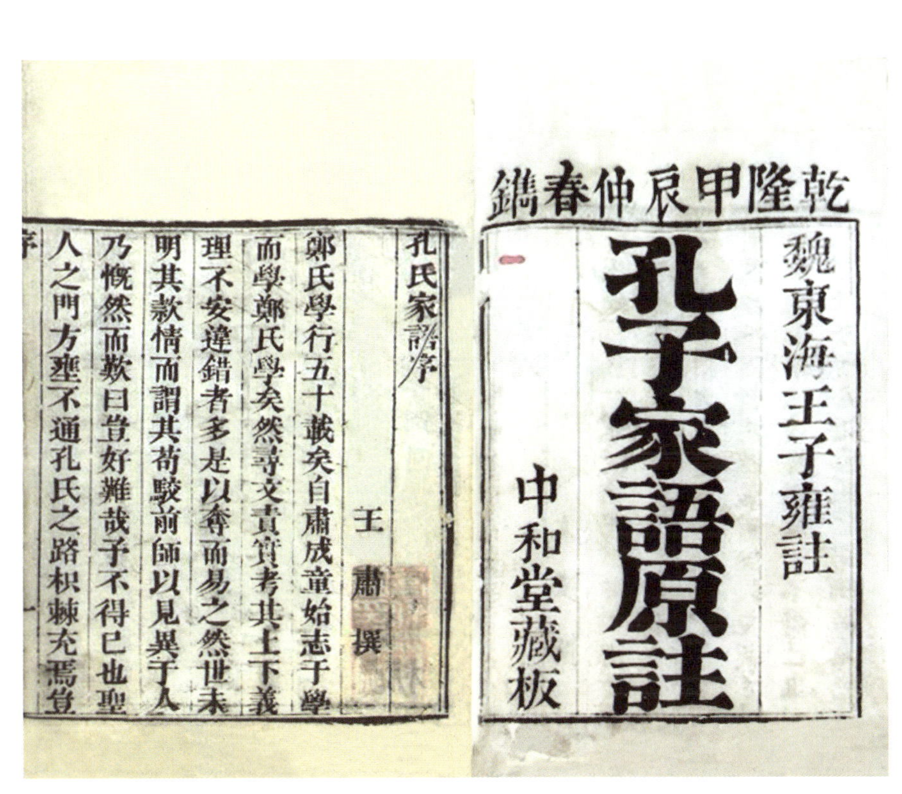

乾隆甲辰仲春鐫

魏東海王子雍註

孔子家語原註

中和堂藏板

孔氏家語序

王肅撰

鄭氏學行五十載矣自肅成童始志于學而學鄭氏學矣然尋文責實考其上下義理不安違錯者多是以奪而易之然世未明其款情而謂其苟駮前師以見異於人乃慨然而歎曰豈好難哉予不得已也聖人之門方壅不通孔氏之路枳棘充焉豈

序

孔子家語原註 十卷 （三國 · 魏）王肅 註

乾隆四十九年（1784）中和堂刻本

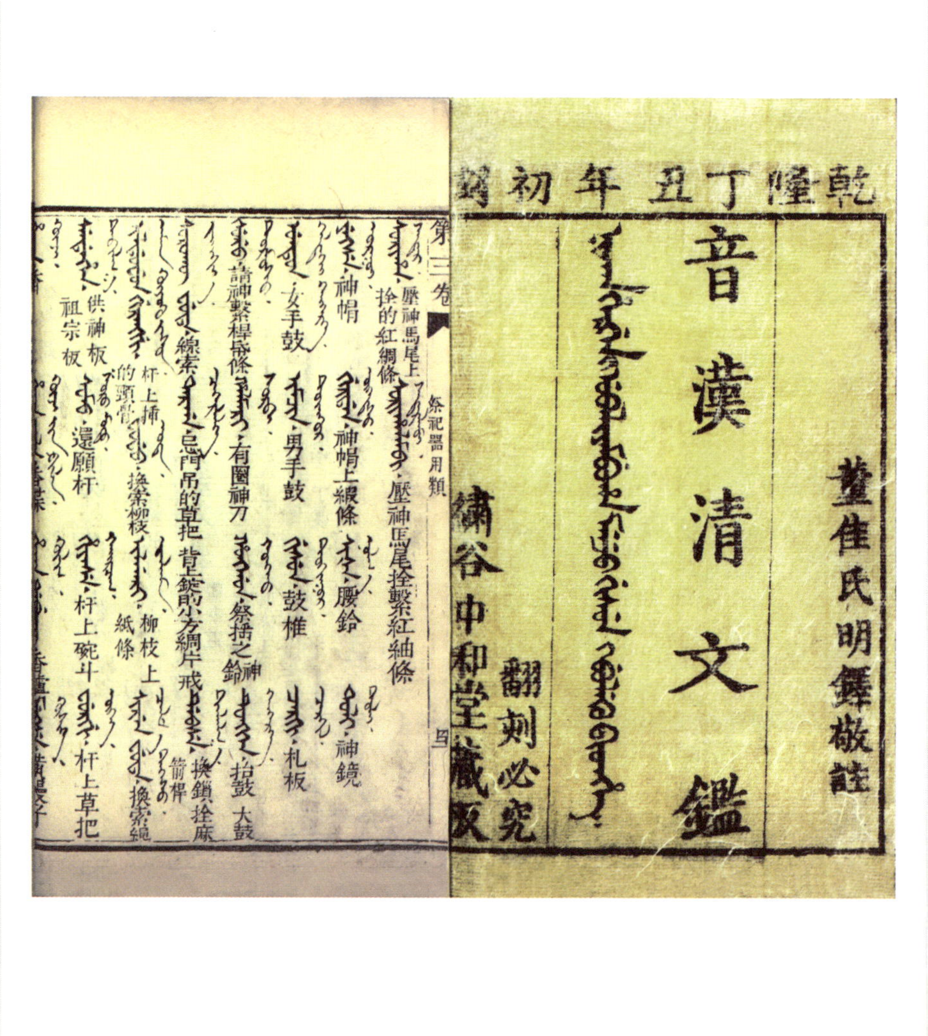

乾隆丁丑年初鐫

董佳氏明鐸敬註

音漢清文鑑

繡谷中和堂藏板

翻刻必究

第三卷 祭祀器用類

壓神馬尾上拴的紅綢條 壓神馬尾拴繫紅紬條 神帽 神帽上緩條 腰鈴 神鏡 女手鼓 男手鼓 鼓槌 札板 請神繫桿條 有圈神刀 祭掛之神鈴 抬鼓 大鼓 纓索 息門吊的草把 背鐙前小方綢片 戒箭桿 換鎖拴麻 換索柳枝 柳枝上紙條 換索繩 供神板 祖宗板 還願杆 杆上碗斗 杆上草把

音漢清文鑑 二十卷 （清）董佳氏明鐸 輯

乾隆二十二年（1757）繡谷中和堂滿漢文刻本 首都圖書館藏

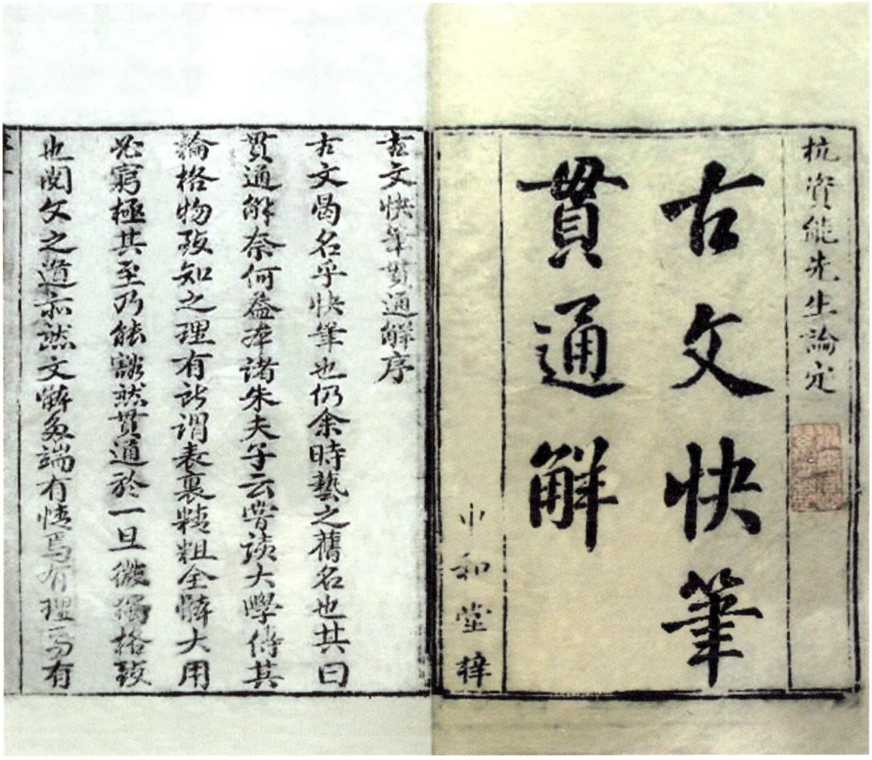

古文快筆貫通解 四卷 （清）杭永年 輯

清中期中和堂刻本

致和堂

乾隆三十五年鐫

高安朱可亭
竟陵王遜直　两先生註訂

楚辭評註

致和堂梓行

楚辭卷一

竟陵　王　萌遜直　評註

姪　遠帶存　攷音

高安　朱　軾可亭　校訂

離騷

離騷者屈原見疏於懷王而作也離猶遭騷猶憂幽愁憂思而作離騷古詩之變也其謂之經者後人祖其辭而尊名之非原本意也

楚不列風有騷而後可無遺憾天生屈子以補此段

楚辭評註 十卷 （清）天門 王萌 評注 高安 朱軾 校訂

乾隆三十五年（1770）致和堂刻本 北京大學圖書館藏

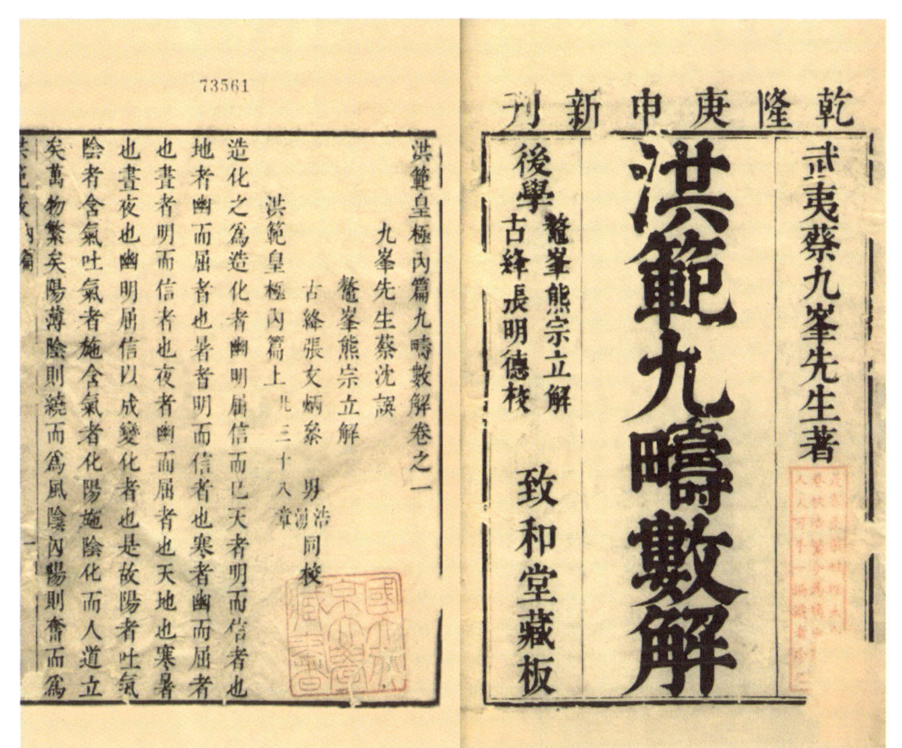

乾隆庚申新刊

武夷蔡九峯先生著

洪範九疇數解

後學 鼇峯熊宗立解 古絳張明德校

致和堂藏板

洪範皇極內篇九疇數解卷之一

九峯先生蔡沈譔

鼇峯熊宗立解

古絳張文炳纂 男浩 潤 同校

洪範皇極內篇上 凡三十八章

造化之爲造化者幽明屈信而已天者明而信者也地者幽而屈者也暑者明而信者也寒者幽而屈者也晝者明而信者也夜者幽而屈者也天地也寒暑也晝夜也幽明屈信以成變化者也是故陽者吐氣陰者含氣吐氣者施含氣者化陽施陰化而人道立矣萬物繁矣陽薄陰則繞而爲風陰囚陽則奮而爲

洪范九疇數解 三卷 （明）建陽 蔡沈 撰 熊宗立 解

乾隆五年（1740）致和堂刻本 北京大學圖書館藏

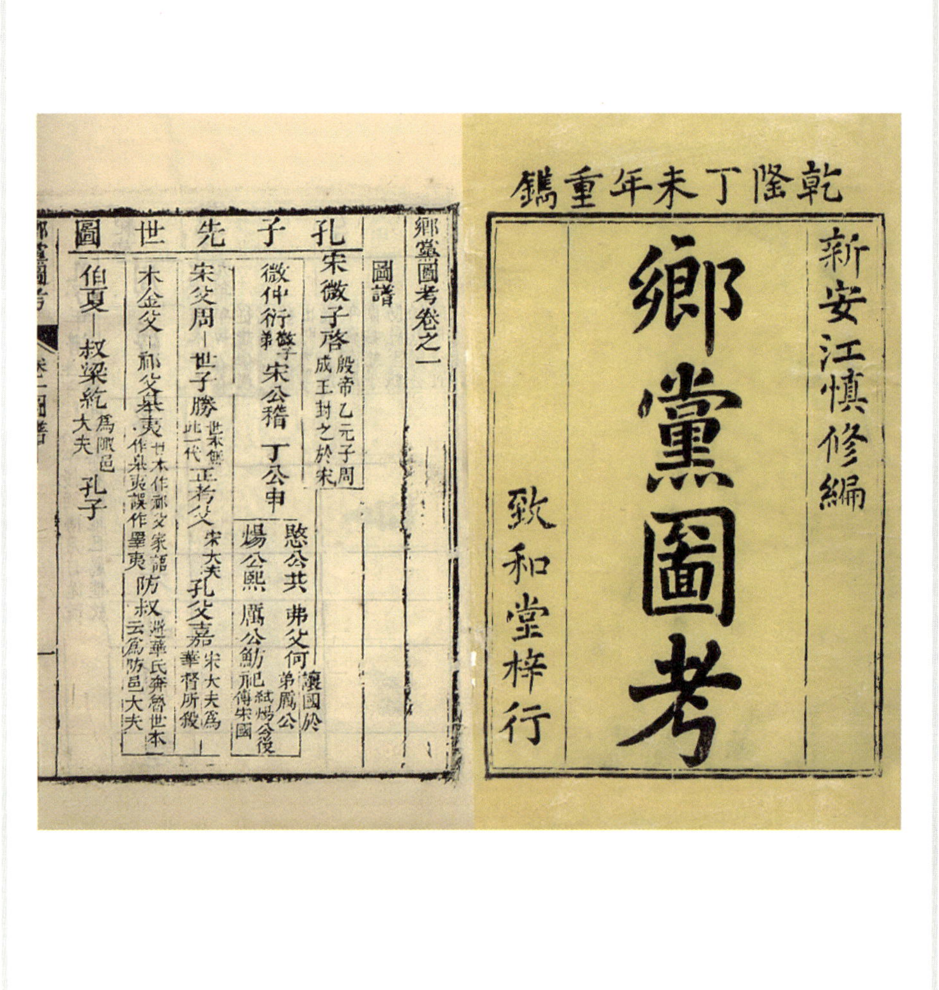

乾隆丁未年重鐫

新安江慎修編

鄉黨圖考

致和堂梓行

鄉黨圖考卷之一

圖譜

孔子先世圖

鄉黨圖考 十卷 （清）婺源 江永 撰

乾隆五十二年（1787）致和堂刻本 北京大學圖書館藏

乾隆丙寅冬鐫

丹陽吳蓀右纂輯
金谿李玉書參補

新增四書典故補註近言正解

致和堂梓行

吳子蓀右舊有四書正解行世久爲海內所珍近復爲初學計依文衍義淺不入俚顯不失膚而仍載朱註于後刻典故人物考于上名曰近言俾閱者一覽了然於以由粗及精徵事詮理洵後學之津梁入門之捷徑也朱子嘗言某易說畧語孟說不厭詳蓋易以象該理無所不包可意會而不可言傳惟四子六經之階梯其致極精微其事極切近要未有文義未通而能優游涵泳庶幾有得於

新增四書典故補註近言正解　（清）丹陽 吳蓀右 輯 金谿 李玉書 補

乾隆十一年（1746）致和堂刻本

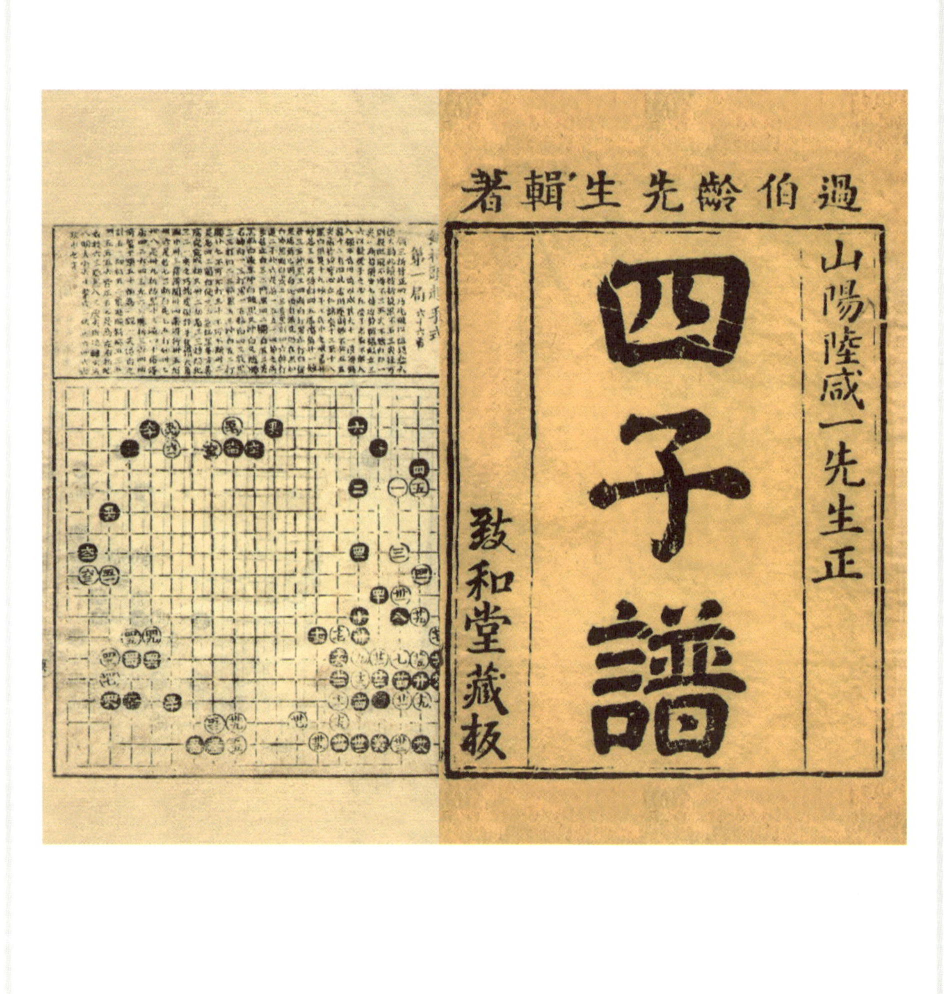

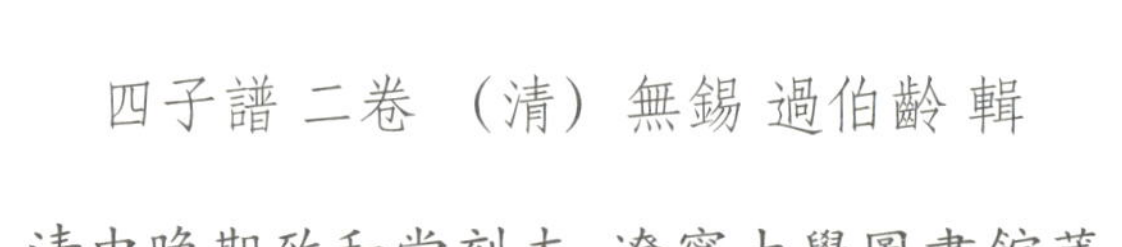
四子譜 二卷 （清）無錫 過伯齡 輯

清中晚期致和堂刻本 遼寧大學圖書館藏

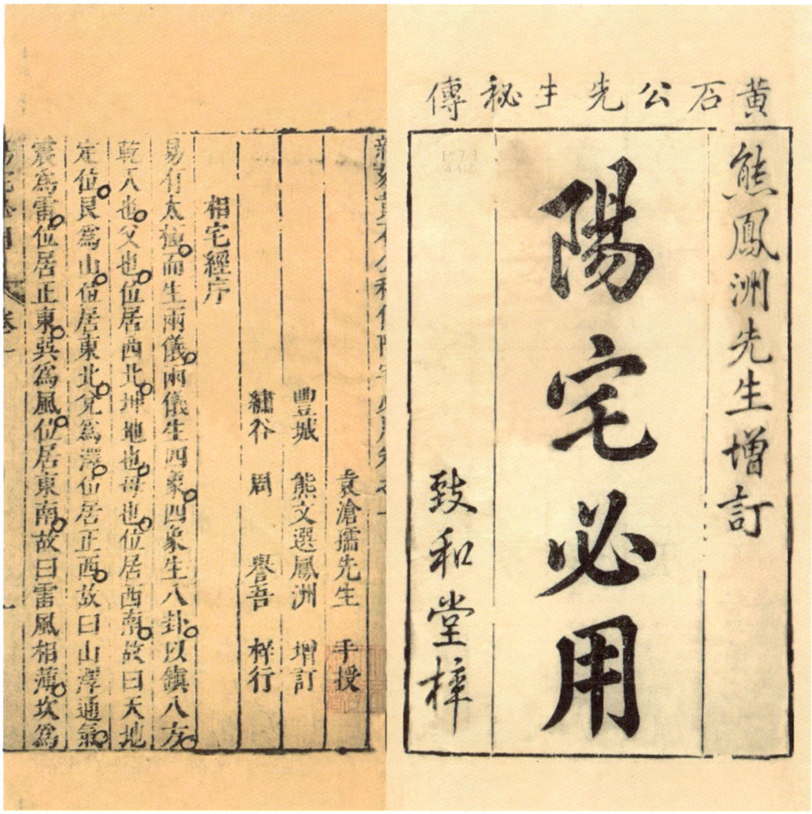

陽宅必用 二卷 （清）豐城 熊文選 增訂

清中期致和堂刻本 北京大學圖書館藏

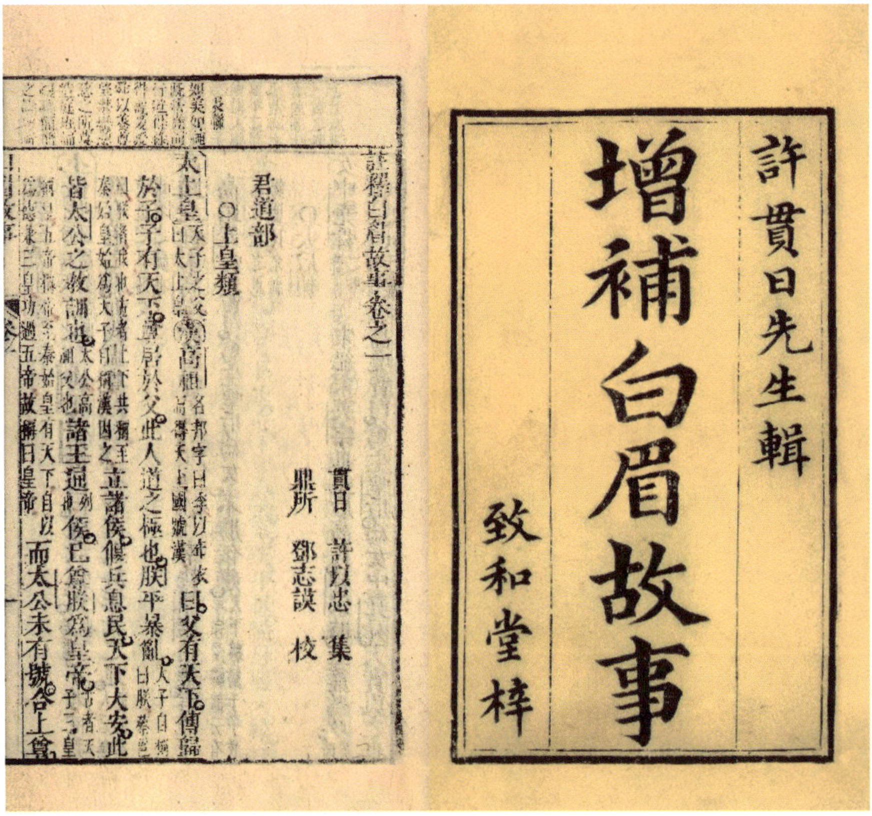

許貫日先生輯

增補白眉故事

致和堂梓

詳釋白眉故事卷之一

貫日　許以忠　集

鼎所　鄧志謨　校

君道部

○上皇類

增補白眉故事 十卷 （明）許以忠 輯

清初致和堂刻本 浙江師範大學圖書館藏

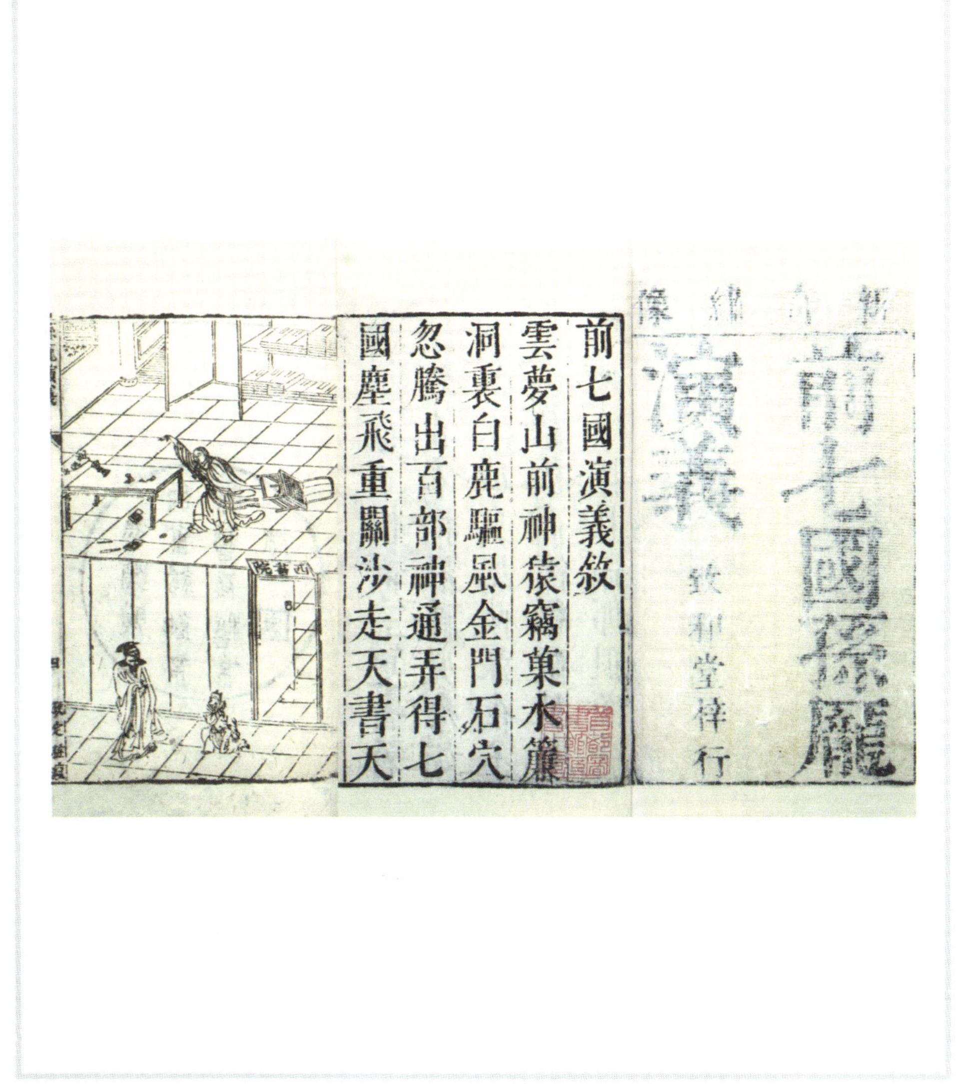
前七國孫龐演義

致和堂梓行

前七國演義敘

雲夢山前神猿竊菓木簾洞裏白鹿驅凨金門石穴忽騰出百部神通弄得七國塵飛重關涉走天書天

前七國孫龐演義 二十回 （清）佚名 撰

康熙十八年（1679）致和堂刻本 首都圖書館藏

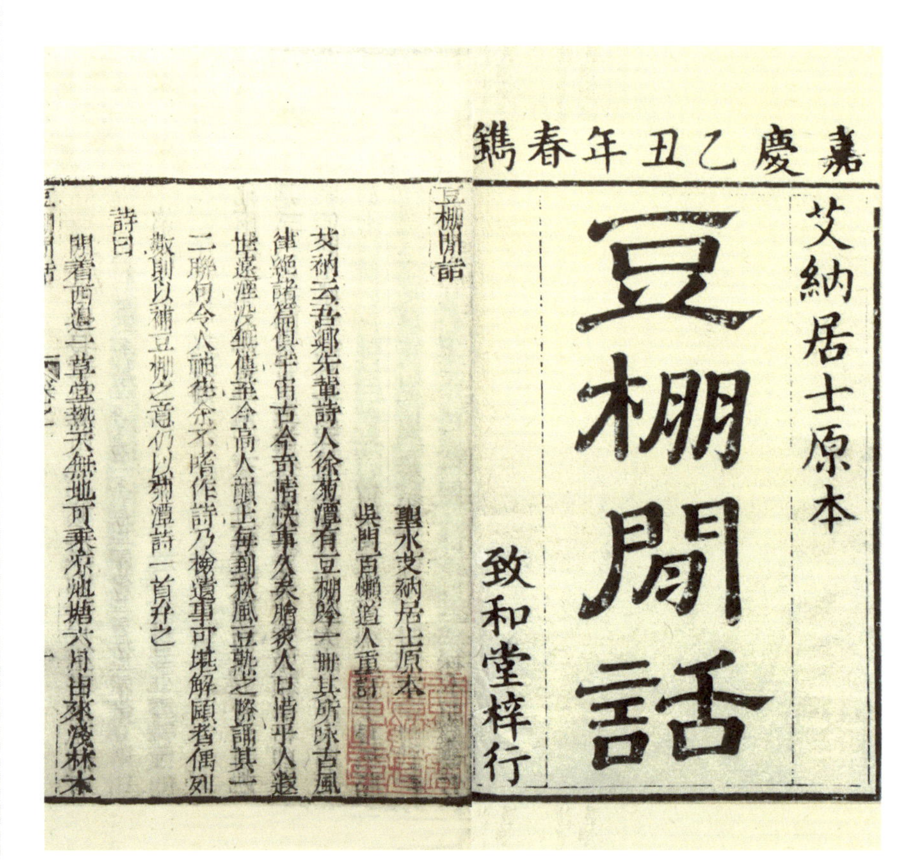
嘉慶乙丑年春鐫

艾納居士原本

豆棚閒話

致和堂梓行

豆棚閒話

聖水艾衲居士原本

吳門百懶道人重訂

艾衲云吾鄉先輩詩人徐菊潭有豆棚吟一冊其所咏古風律絕諸篇俱宇宙古今奇情快事久矣膾炙人口惜乎人遐世遠湮沒無傳至今高人韻士每到秋風豆熟之際誦其一二聯句令人神往余不嗜作詩乃檢遺事可堪解頤者偶列數則以補豆棚之意仍以菊潭詩一首弁之

詩曰

閒着西邊一草堂熱天無地可乘凉池塘六月由來淺林木

豆棚閒話 十二卷 （清）艾衲居士 編 百懶道人 重訂

嘉慶十年（1805）致和堂刻本 首都圖書館藏

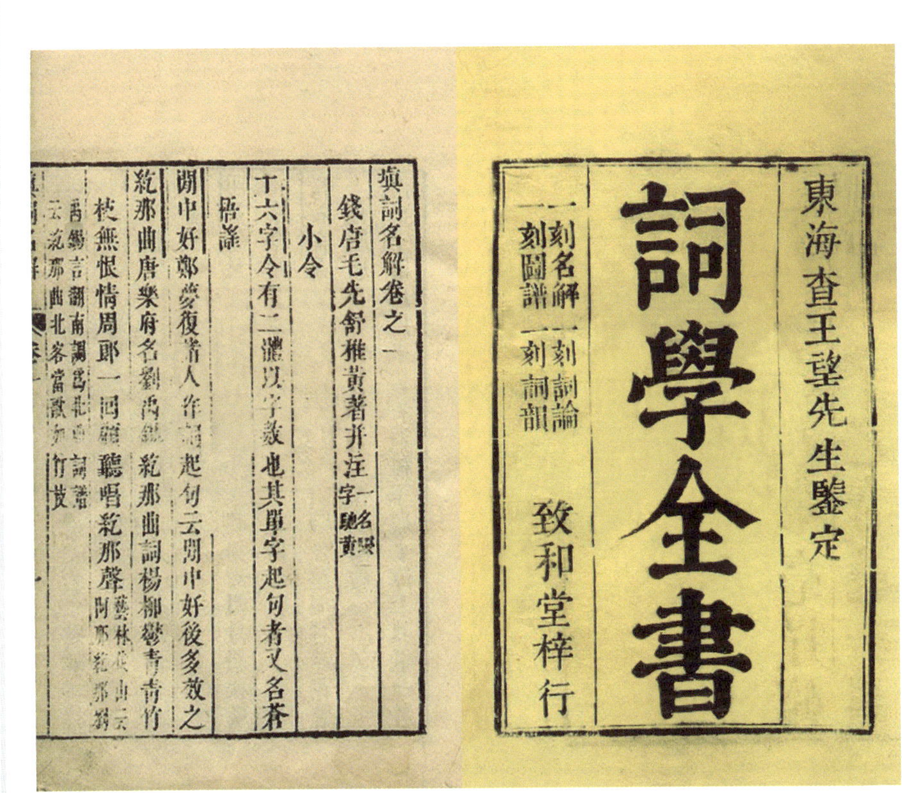

東海查王望先生鑒定

詞學全書

一刻名解 一刻詞論
一刻圖譜 一刻詞韻

致和堂梓行

填詞名解卷之一

錢唐毛先舒稚黃著并注 字一名馳黃

小令

十六字令有二體以字數也其單字起句者又名蒼梧謠

閒中好鄭夢復常人作詞起句云閒中好後多效之

紇那曲唐樂府名劉禹錫紇那曲詞楊柳鬱青青竹枝無限情周郎一回顧聽唱紇那聲

詞學全書 六種 十四卷 （清）查培繼 輯

乾隆十一年（1746）致和堂刻本 遼寧大學圖書館藏

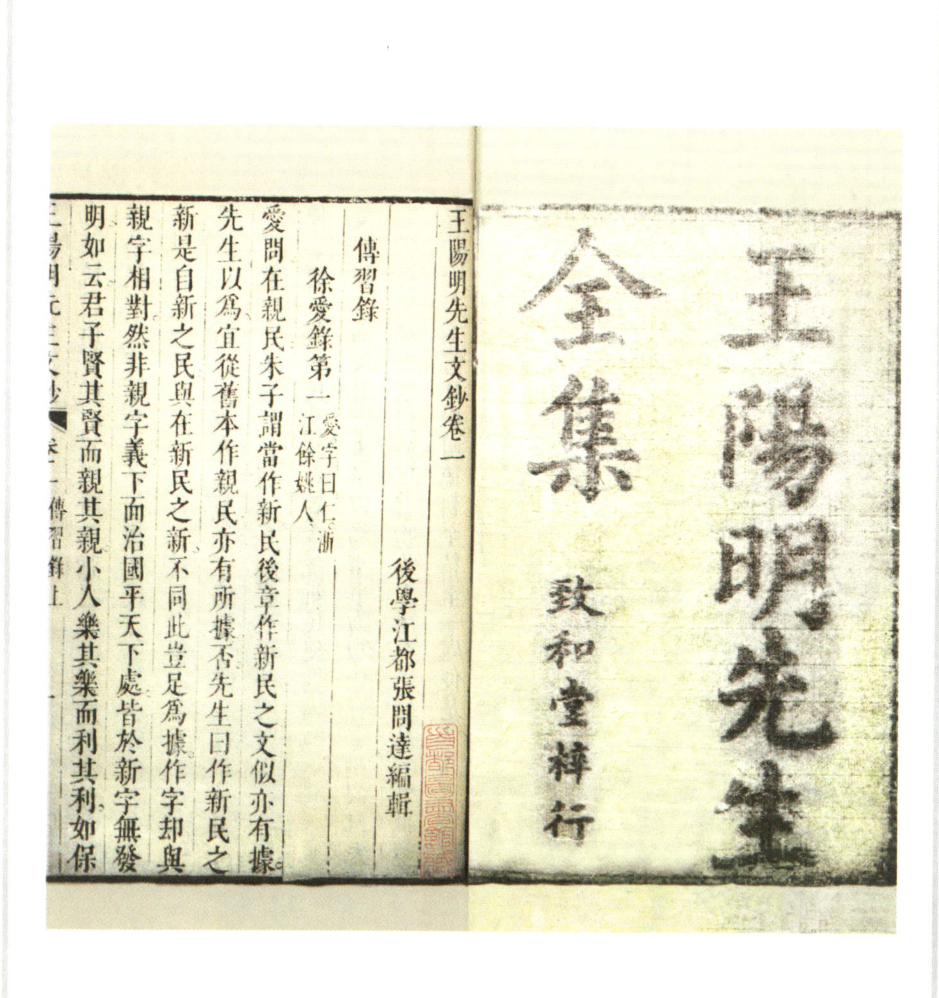

王陽明先生全集

致和堂梓行

王陽明先生文鈔卷一

後學江都張問達編輯

傳習錄

徐愛錄第一 愛字曰仁浙江餘姚人

愛問在親民朱子謂當作新民後章作新民之文似亦有據先生以爲宜從舊本作親民亦有所據否先生曰作新民之新是自新之民與在新民之新不同此豈足爲據作字却與親字相對然非親字義下面治國平天下處皆於新字無發明如云君子賢其賢而親其親小人樂其樂而利其利如保

王陽明先生文鈔 卷一 傳習錄上 一

王陽明先生全集 （明）余姚 王守仁 撰

康熙年間致和堂刻本 首都圖書館藏

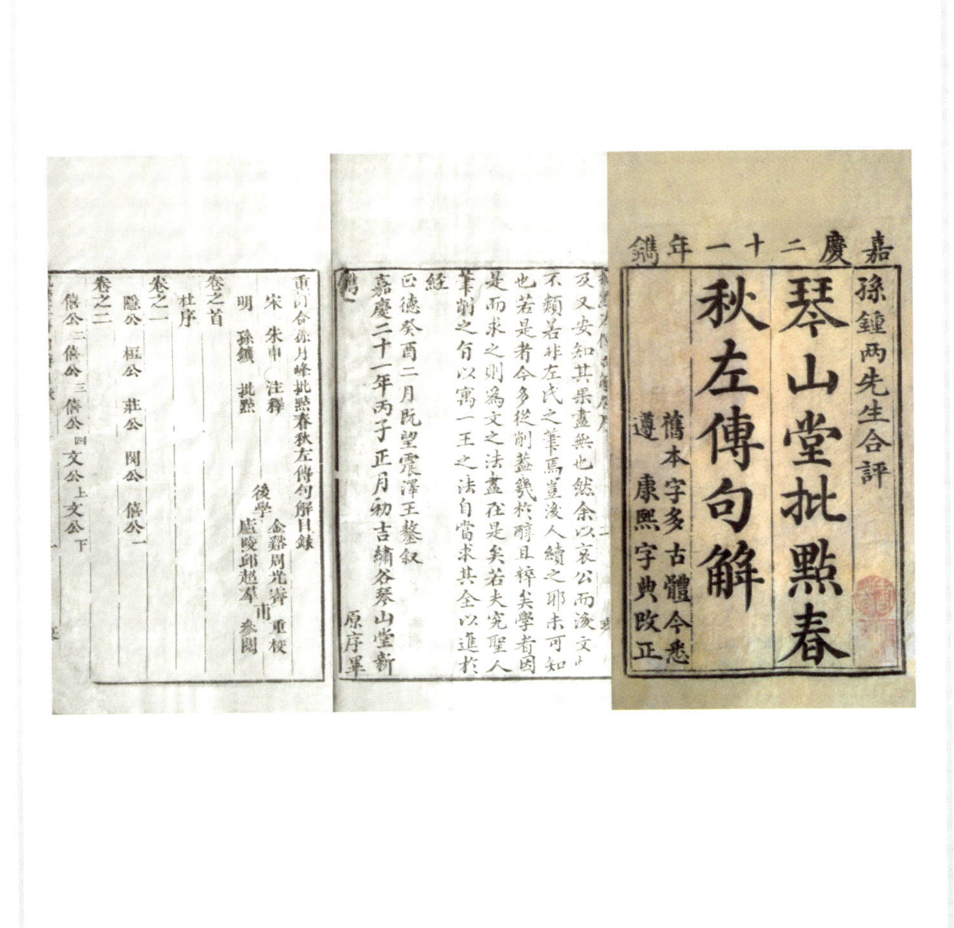

嘉慶二十一年鐫

孫鍾兩先生合評

琴山堂批點春秋左傳句解

舊本字多古體今悉遵康熙字典改正

及又安知其果盡無也然余以哀公而後文

不類若非左氏之筆焉豈後人續之耶未可知

也若是者今多從削蓋幾於醇且粹矣學者因

是而求之則為文之法盡在是矣若夫究聖人

筆削之旨以寓一王之法自當求其全以進於

經

正德癸酉二月既望震澤王鏊叙

嘉慶二十一年丙子正月穀吉繡谷琴山堂新

鐫

原序畢

重訂合孫月峰批點春秋左傳句解目錄

宋 朱申 注釋

明 孫鑛 批點

後學 金谿周光寅甫重校

盧陵鄧起翠 參閱

卷之首

杜序

卷之一

隱公 桓公 莊公 閔公 僖公一

卷之二

僖公二 僖公三 僖公四 文公上 文公下

琴山堂批點春秋左傳句解 六卷 卷首一卷 （宋）朱申 注釋 （明）孫鑛 批點

嘉慶二十一年（1816）繡谷琴山堂刻本 金谿王冰泉藏

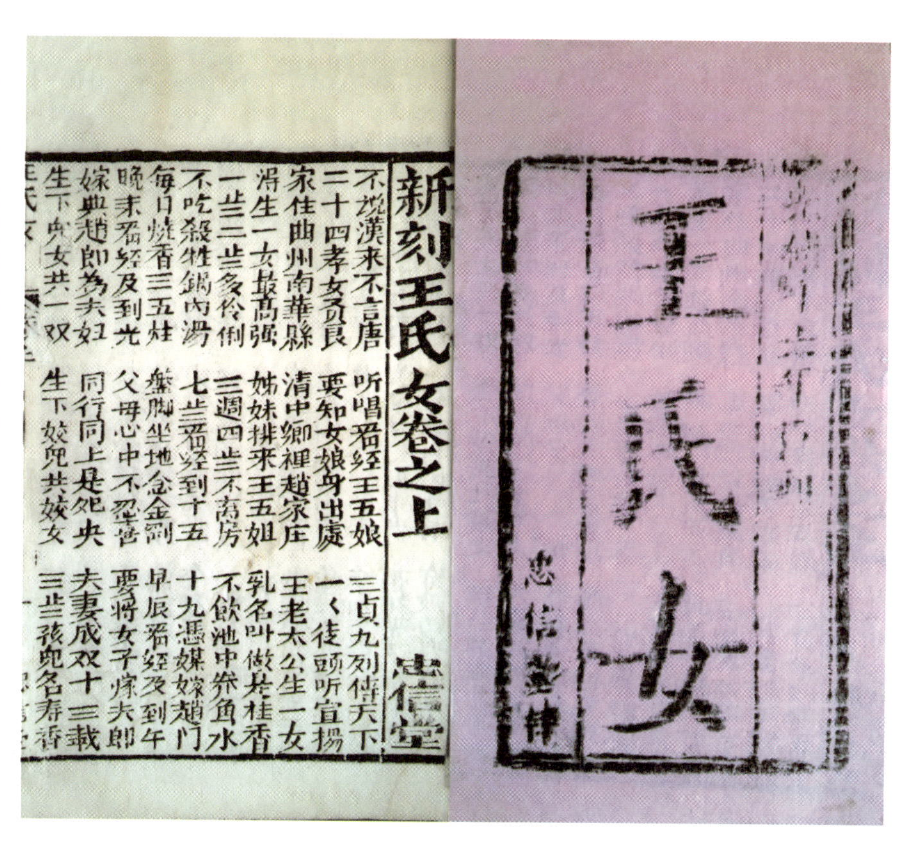

新刻王氏女卷之上　忠信堂

不說漢來不言唐　听唱宝經王五娘　三貞九烈傳天下
二十四孝女貞良　要知女娘身出處　一一從頭听宣揚
家住曲州南華縣　清中鄉裡趙家庄　王老太公生一女
渭生一女最高强　姊妹排來王五姐　乳名叫做是桂香
一些二些多伶俐　三週四些不離房　不飲池中養魚水
不吃殺牲鍋內湯　七些宝經到十五　十九憑媒嫁趙門
每日燒香三五炷　盤腳坐地念金剛　早辰宝經及到午
晚来宝經及到光　父母心中不忍苦　要將女子嫁夫郎
嫁與趙郎為夫婦　同行同上是夗央　夫妻成双十三載
生下兒女共一双　生下姣兒共姣女　三些孩兒名壽香

王氏女 兩卷 （清）佚名 撰

光緒十六年（1890）忠信堂刻本 金谿王冰泉藏

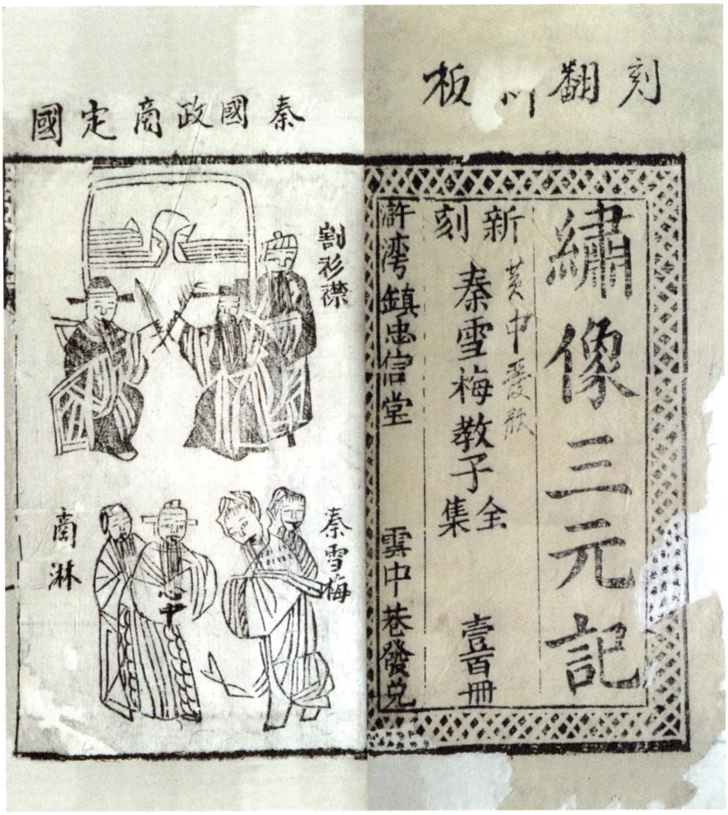

繡像三元記 不分卷

清末滸灣鎮忠信堂刻本 金谿王冰泉藏

太醫院校正

增補醫方捷徑

萬順堂梓行

治腸痛藥性　肉桂　柴胡　桔梗

治腰痛藥性　杜仲　木瓜　補骨脂　牛膝　石斛　何首烏

治喉咽腫痛及聲音不出藥性　細辛　桔梗　杏仁　石菖蒲　玄參　射干

○海螵蛸主辛鹹味　止漏通經破血瘀
斂肉止膿除目翳　治人水腫及心疼
○殭蠶平性驚癇上　能去諸風最有功
男子陽痿女崩帶　又能發汗去三蟲
○斑貓大熱行諸蠱　破血通經又墮胎
爛肉通腸行水道　諸癰瘰癧總當該
○花蛇溫毒去風精　癱瘓喎斜又可行
疥癩大風專用此　用而頭尾去之甯
○全蠍搜風治搐搦　半身不遂最應堪
祛涎療疹能安腎　幼子驚癇即便安
○五靈脂暖行諸氣　可以通經又治瘂

增補醫方捷徑 二卷 （明）羅必煒 參訂

清中晚期萬順堂刻本

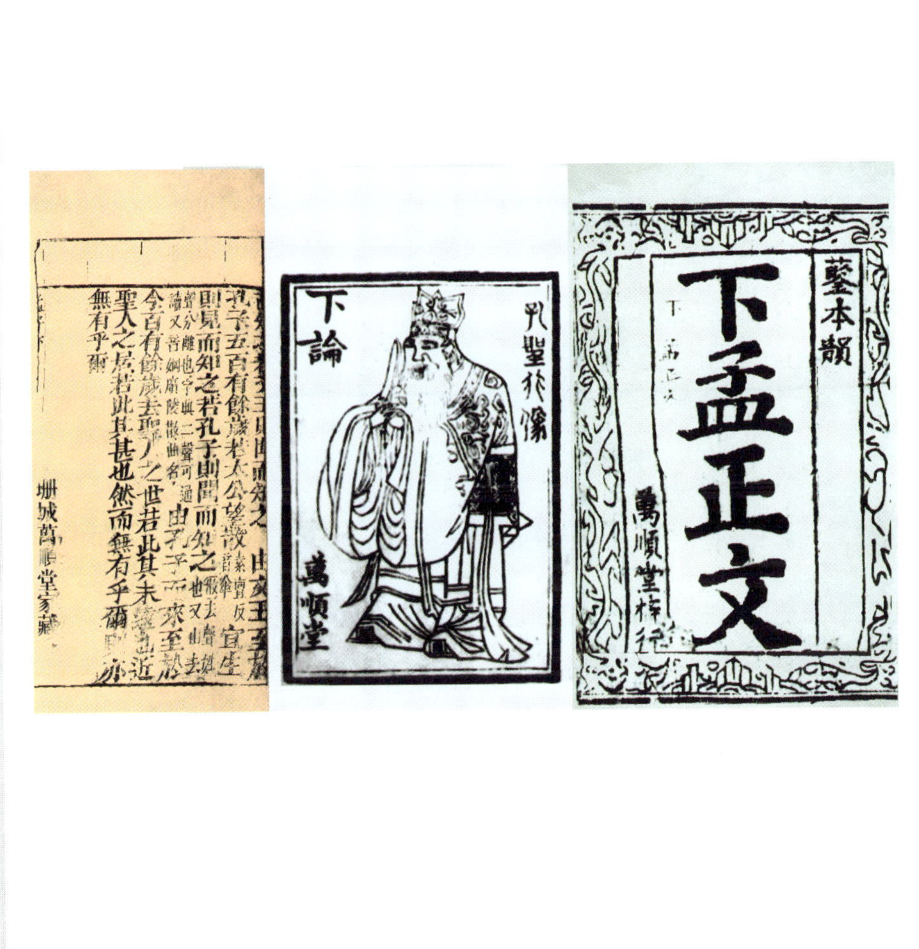

四書正字 （清）永州 陳钜 唐獻珍 正字

清中晚期珊城萬順堂刻本

萬順堂

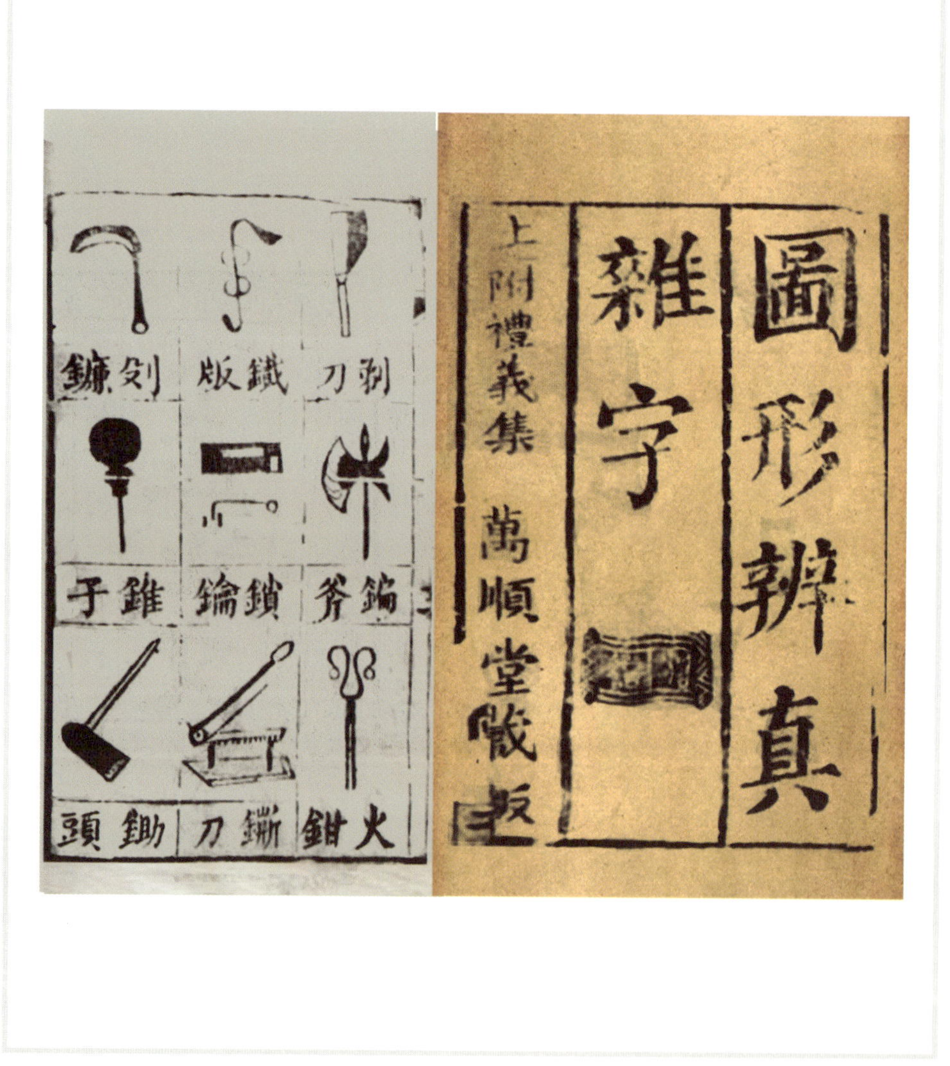

圖形辨真雜字 不分卷

清末萬順堂刻本

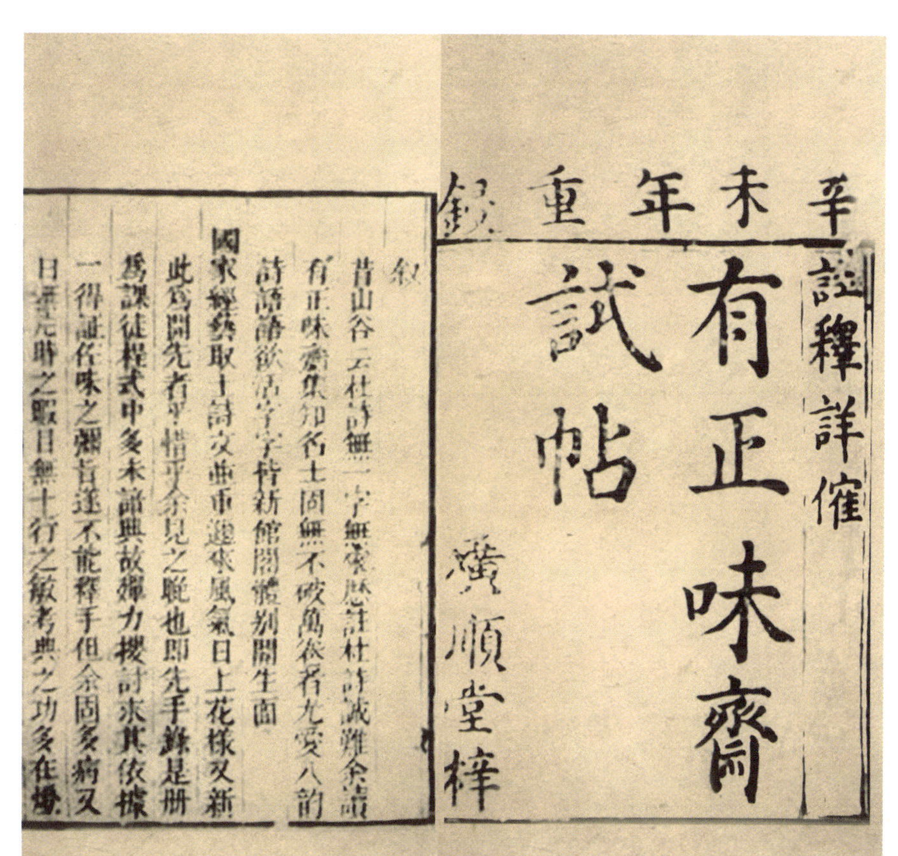

辛未年重鐫

註釋詳確

有正味齋試帖

廣順堂梓

叙

昔山谷云杜詩無一字無來歷註杜詩誠難余讀有正味齋集知名士固無不破萬卷者尤愛八韵詩語語欲活字字皆新館閣體別開生面

國家經藝取士詩文並重邇來風氣日上花樣又新此爲闢先者乎惜乎余見之晚也即先手錄是册爲課徒程式中多未諳典故殫力搜討求其依據一得證佐味之彌旨逾不能釋手但余固多病又日鮮片時之暇目無十行之敏考典之功多在燈

有正味斎試帖 八卷 （清）吴錫麟 撰

同治十年（1871）廣順堂刻本

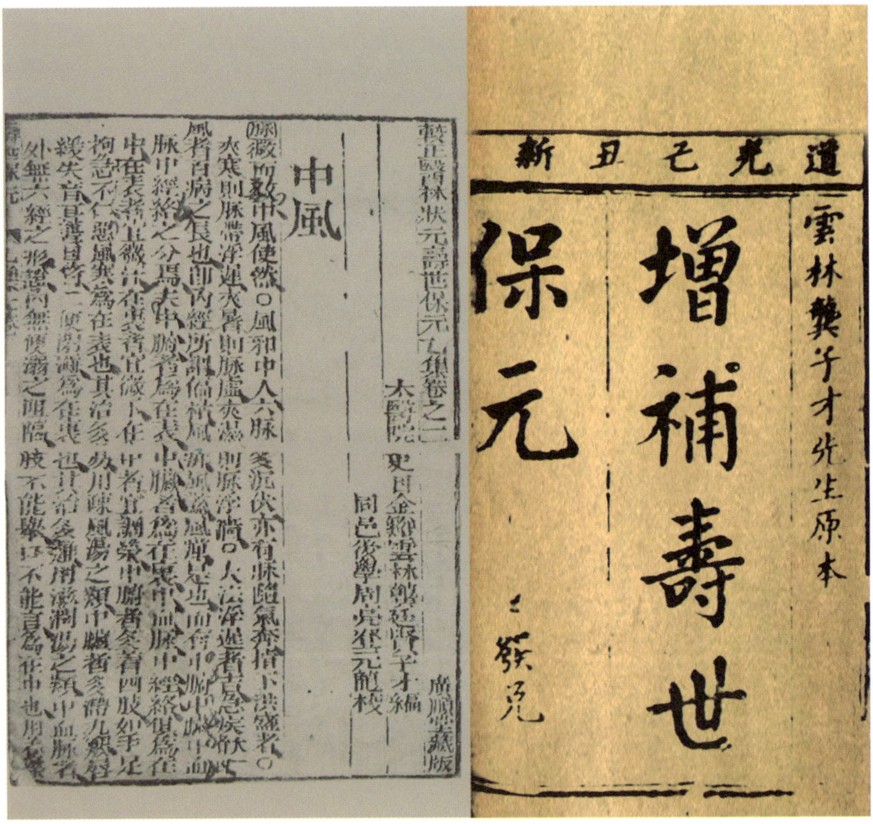

增補壽世保元 十卷 （明）金谿 龔廷賢 撰

道光九年（1829）廣順堂刻本

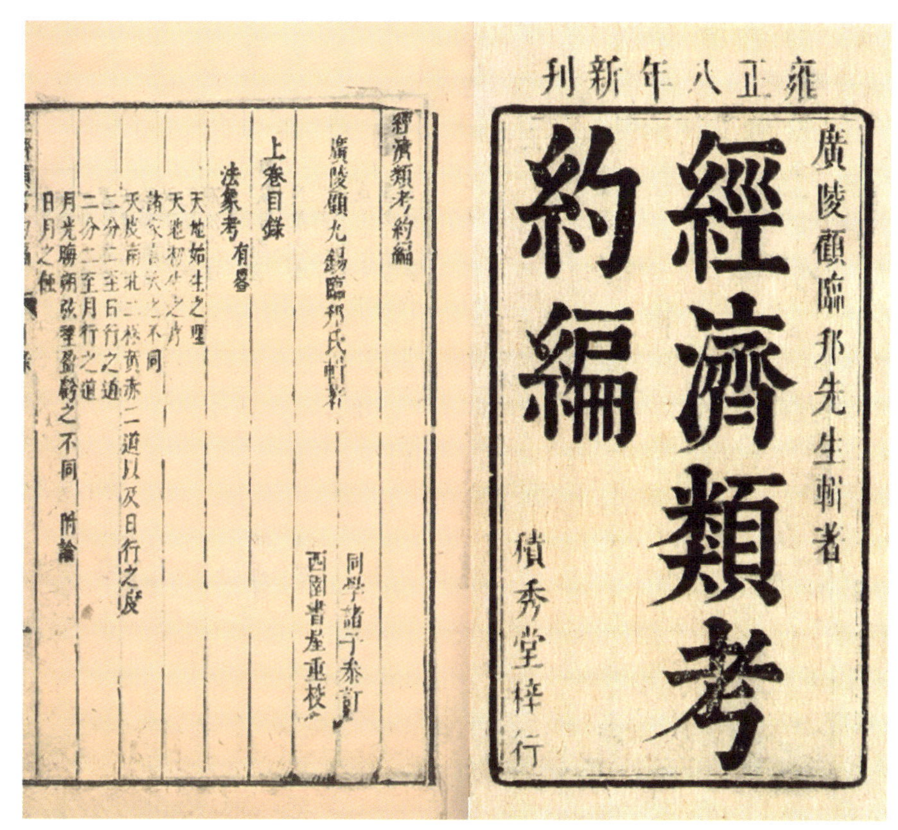

雍正八年新刊

廣陵顧臨邦先生輯著

經濟類考約編

積秀堂梓行

經濟類考約編

廣陵顧允錫臨邦氏輯著

同學諸子參訂

西園書屋重校

上卷目錄

法象考 有圖

天地始生之理

天地形體之度

諸家言天之不同

天度南北二極黃赤二道以及日行之度

二分二至日行之道

二分二至月行之道

月光晦朔弦望盈虧之不同 附論

日月之蝕

經濟類考約編 （清）揚州 顧允錫 輯

雍正八年（1730）積秀堂刻本 北京大學圖書館藏

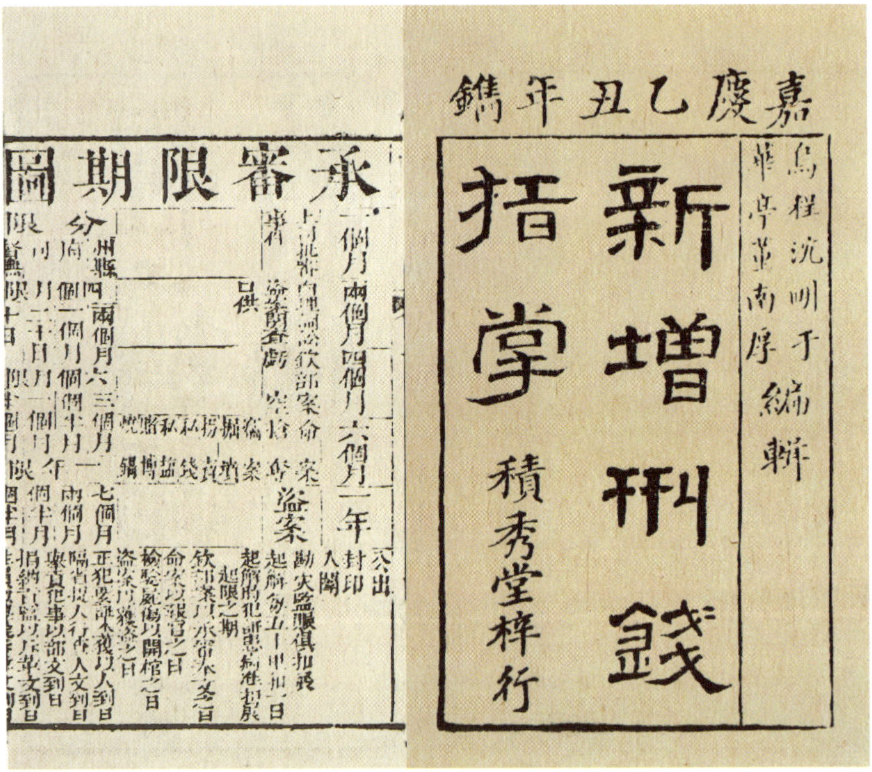

新增刑錢指掌 二卷 （清）沈辛田 輯

嘉慶十年（1805）積秀堂刻本 北京大學圖書館藏

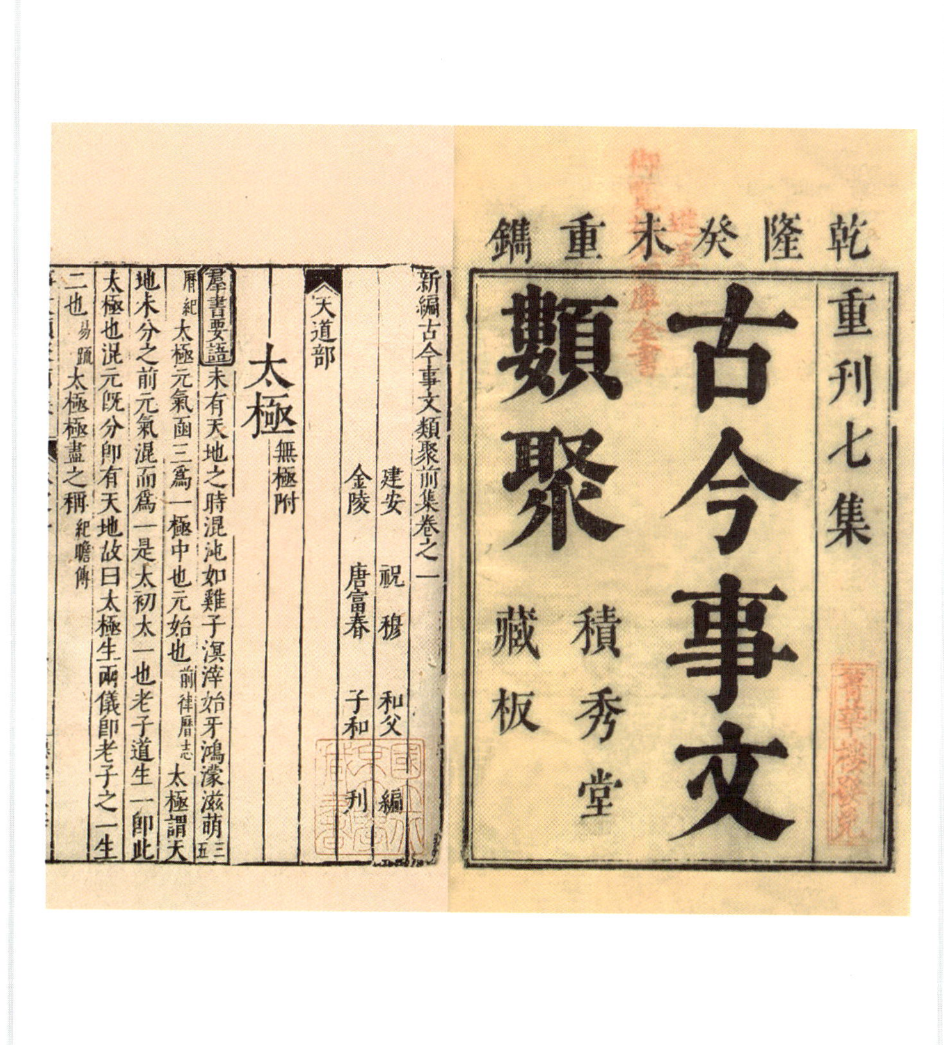

乾隆癸未重鐫

重刊七集

古今事文類聚

積秀堂 藏板

新編古今事文類聚前集卷之一

建安 祝穆 和父 編

金陵 唐富春 子和 刊

天道部

太極 無極附

羣書要語 未有天地之時混沌如雞子溟涬始牙鴻濛滋萌 三五曆紀 太極元氣函三爲一極中也元始也 前漢律曆志 太極謂天地未分之前元氣混而爲一是太初太一也老子道生一即此太極也混元既分即有天地故曰太極生兩儀即老子之一生二也 易疏 太極極盡之稱 紀瞻傳

古今事文類聚 二百三十六卷 （宋）建安 祝穆 編

乾隆二十八年（1763）積秀堂據明末唐富春本重刷 北京大學圖書館藏

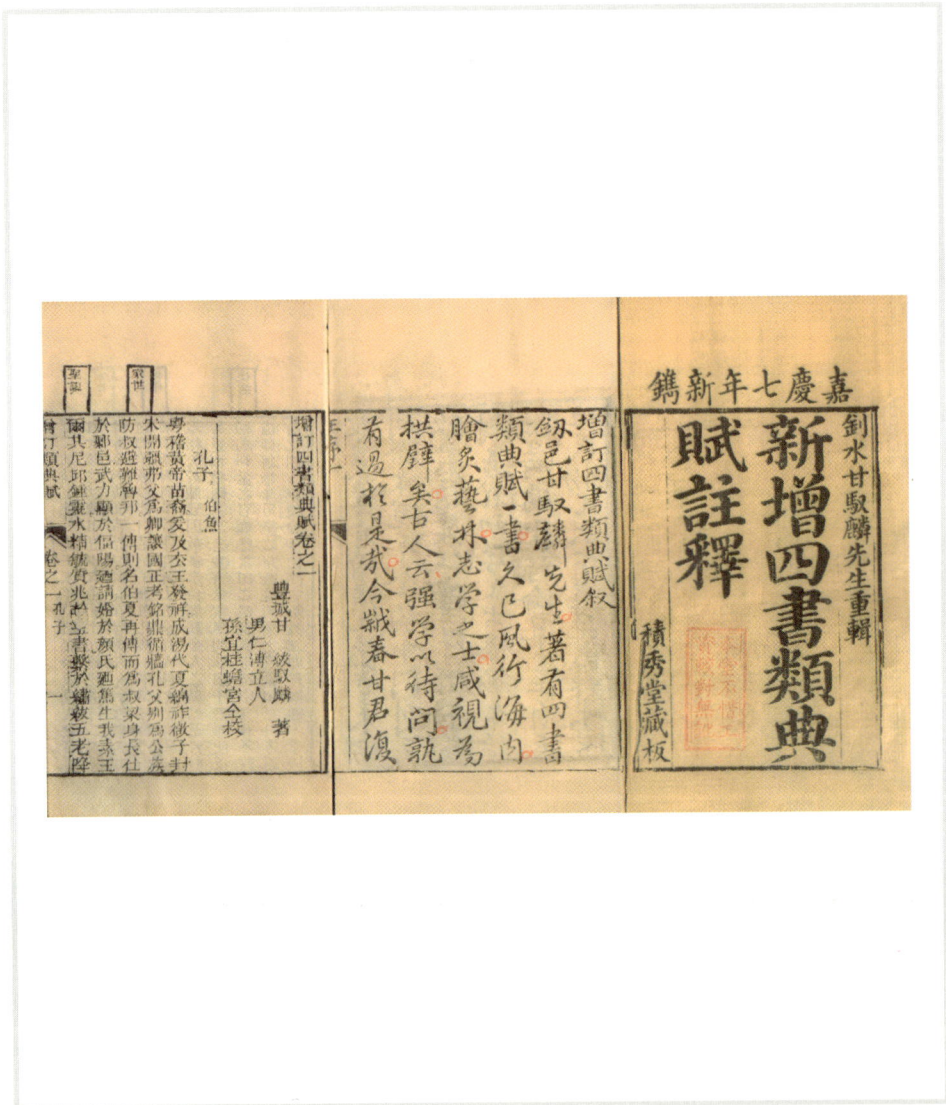

新增四書類典賦註釋 六十六卷 （清）豐城 甘紱 撰

嘉慶七年（1802）積秀堂刻本 劍川雕龍蟲館藏

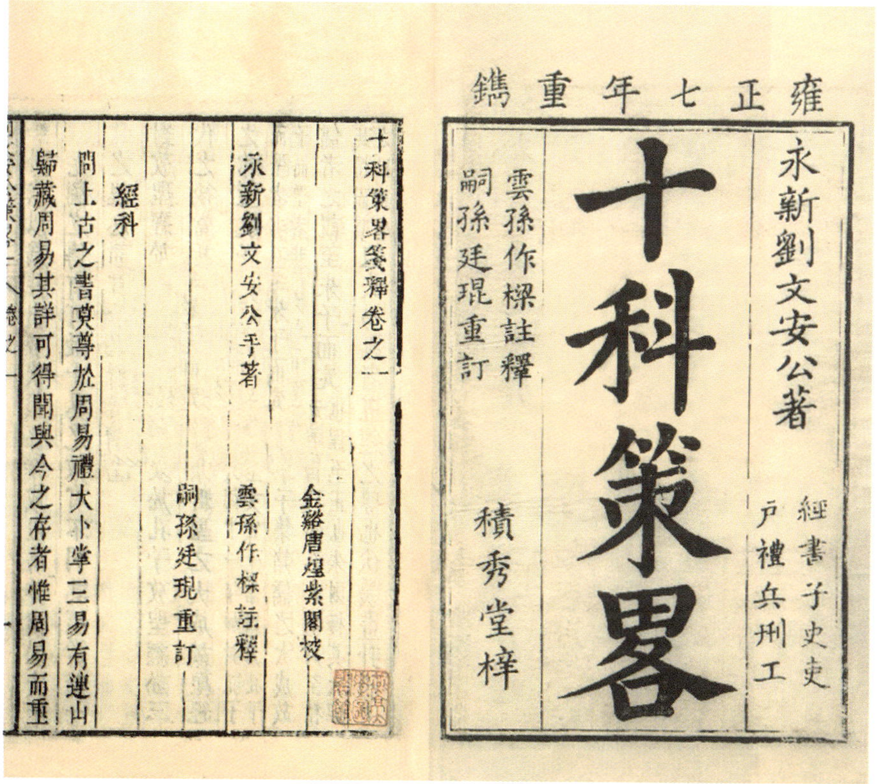
雍正七年重鐫

永新劉文安公著

經書子史

戶禮兵刑工

十科策畧

雲孫作楳註釋

嗣孫廷琨重訂

積秀堂梓

十科策畧箋釋卷之一

金谿唐煌紫閣校

永新劉文安公手著

雲孫作楳註釋

嗣孫廷琨重訂

經科

問上古之書莫尊於周易禮大卜掌三易有連山

歸藏周易其詳可得聞與今之存者惟周易而重

十科策略 十卷 （明）永新 劉定之 撰 （清）金谿 唐煌 校正

雍正七年（1729）積秀堂刻本 北京大學圖書館藏

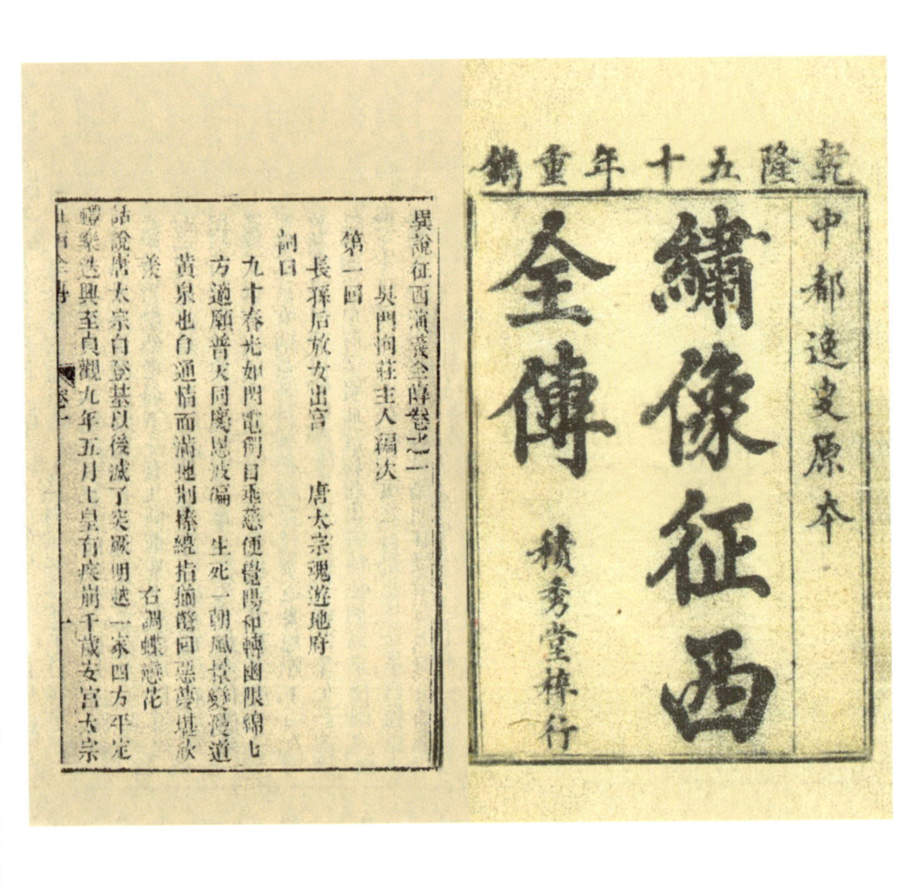
乾隆五十年重鐫

中都逸叟原本

繡像征西全傳

積秀堂梓行

異說征西演義全傳卷之一

吳門恂莊主人編次

第一回

長孫后放女出宮　唐太宗魂遊地府

詞曰

九十春光如閃電瞬目悉慈便覺陽和轉幽限綿乜

方適願普天同慶恩波徧　生死一朝風景變漫道

黃泉也自通情面滿地荆榛縱指擿斷回憑夢堪欣

羨　右調蝶戀花

話說唐太宗自登基以後滅了突厥明述一統四方平定

禮樂迭興至貞觀九年五月上皇有疾崩千歲安宮太宗

征西全傳　卷一　一

繡像征西全傳 六卷 四十回 （清）中都逸叟 撰

乾隆五十年（1785）積秀堂刻本 北京大學圖書館藏

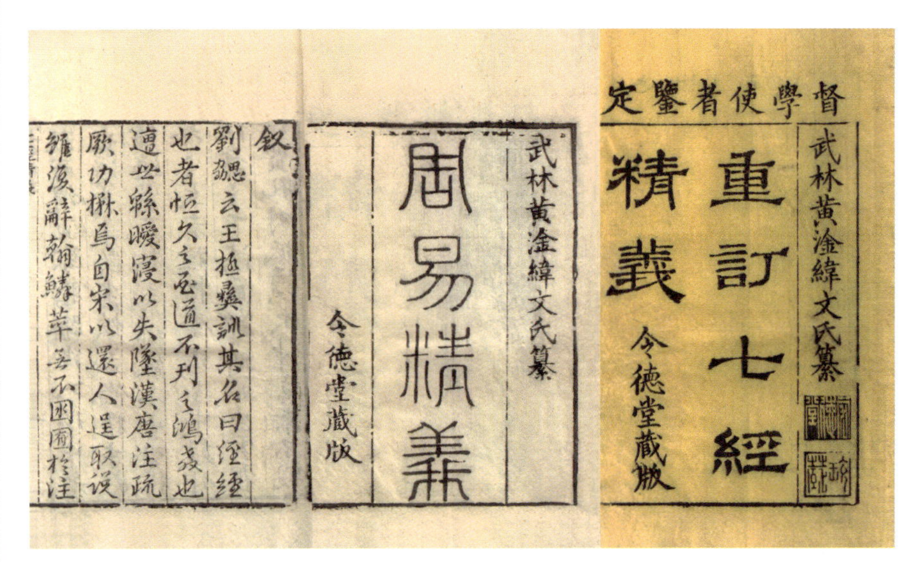

督學使者鑒定

武林黃淦緯文氏纂

重訂七經精義

令德堂藏版

武林黃淦緯文氏纂

周易精義

令德堂藏版

敘

劉勰云王極彝訓其名曰經經
也者恒久之至道不刊之鴻教也
遭世綿曖寖以失墜漢唐注疏
厥功楙焉自宋以還人逞臆說
雖復辭翰鱗萃無不囿於注

重訂七經精義 三十卷 （清）杭州 黃淦 撰

嘉慶十二年（1807）令德堂刻本 劍川雕龍蟲館藏

經書字音辨要 九卷 （清）雲龍 楊名颺 輯

道光二十七年（1874）令德堂刻本 吉林大學圖書館藏

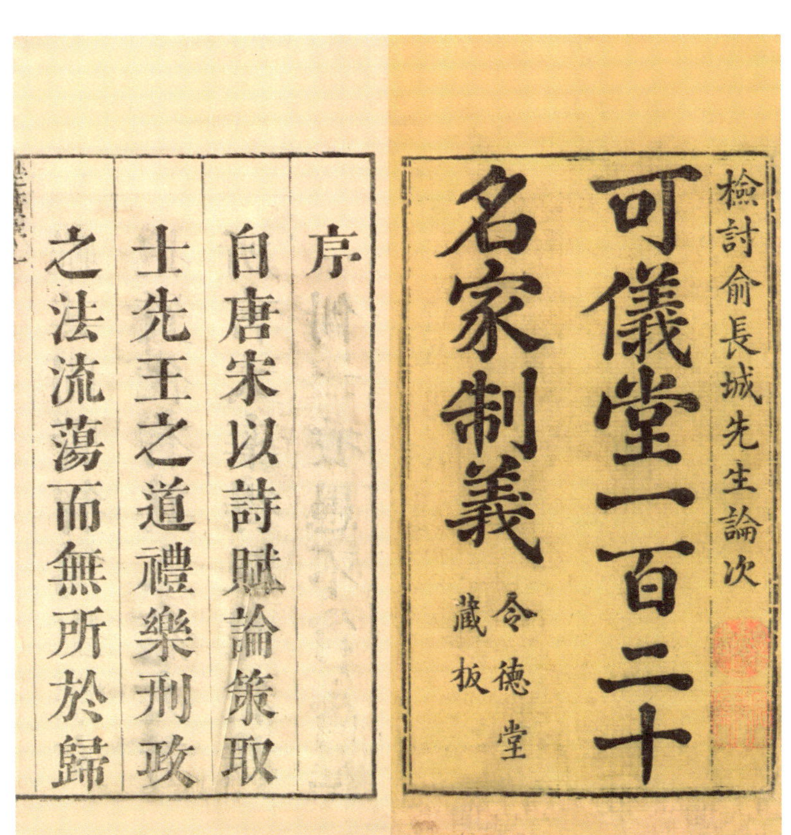

檢討俞長城先生論次

可儀堂一百二十名家制義

令德堂藏板

序

自唐宋以詩賦論策取士先王之道禮樂刑政之法流蕩而無所於歸

可儀堂一百二十名家制義 四十八卷 （清）桐城 俞長城 輯

康熙三十八年（1699）令德堂刻本 劍川雕龍蟲館藏

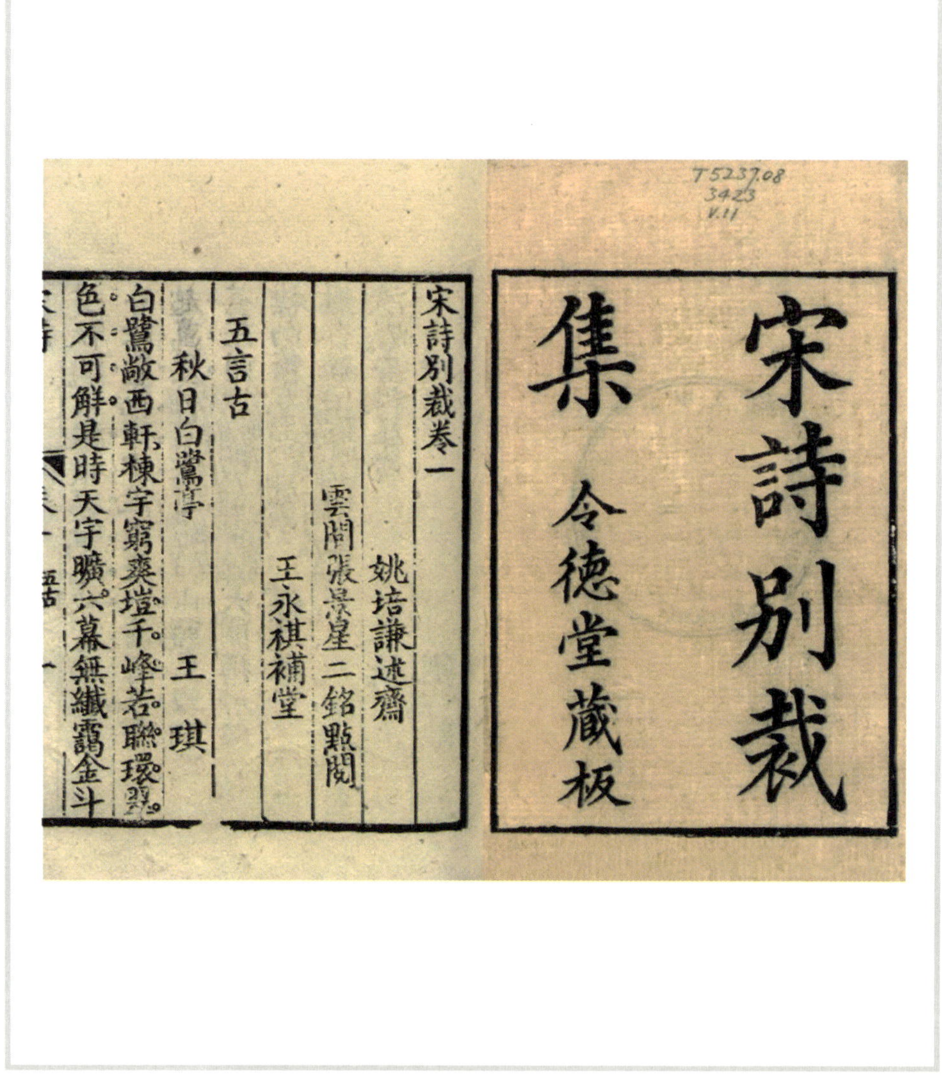

宋詩別裁集

令德堂藏板

宋詩別裁卷一

姚培謙述齋

雲間張景星二銘點閱

王永祺補堂

五言古

秋日白鷺亭　王琪

白鷺敞西軒。棟宇窮爽塏。千峰若聯環。翠色不可鮮。是時天宇曠。六幕無纖靄。金斗

宋詩別裁　卷一　五古　一

宋詩別裁集 八卷 （清）張景星 姚培謙 王永祺 編

乾隆二十六年（1761）令德堂刻本 香港中文大學圖書館藏

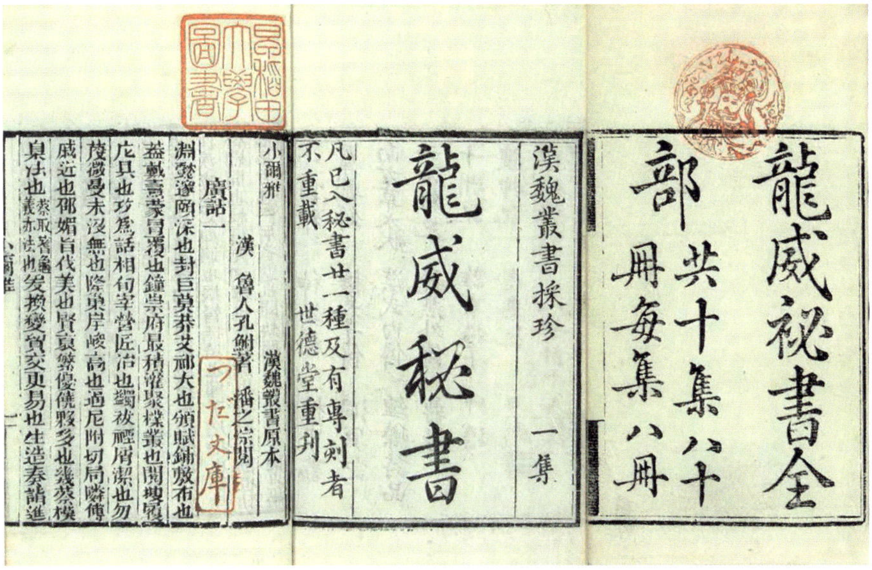

龍威秘書全部 十集 八十冊 （清）桐城 馬駿良 輯

乾隆五十九年（1794）世德堂刻本 日本早稻田大學圖書館藏

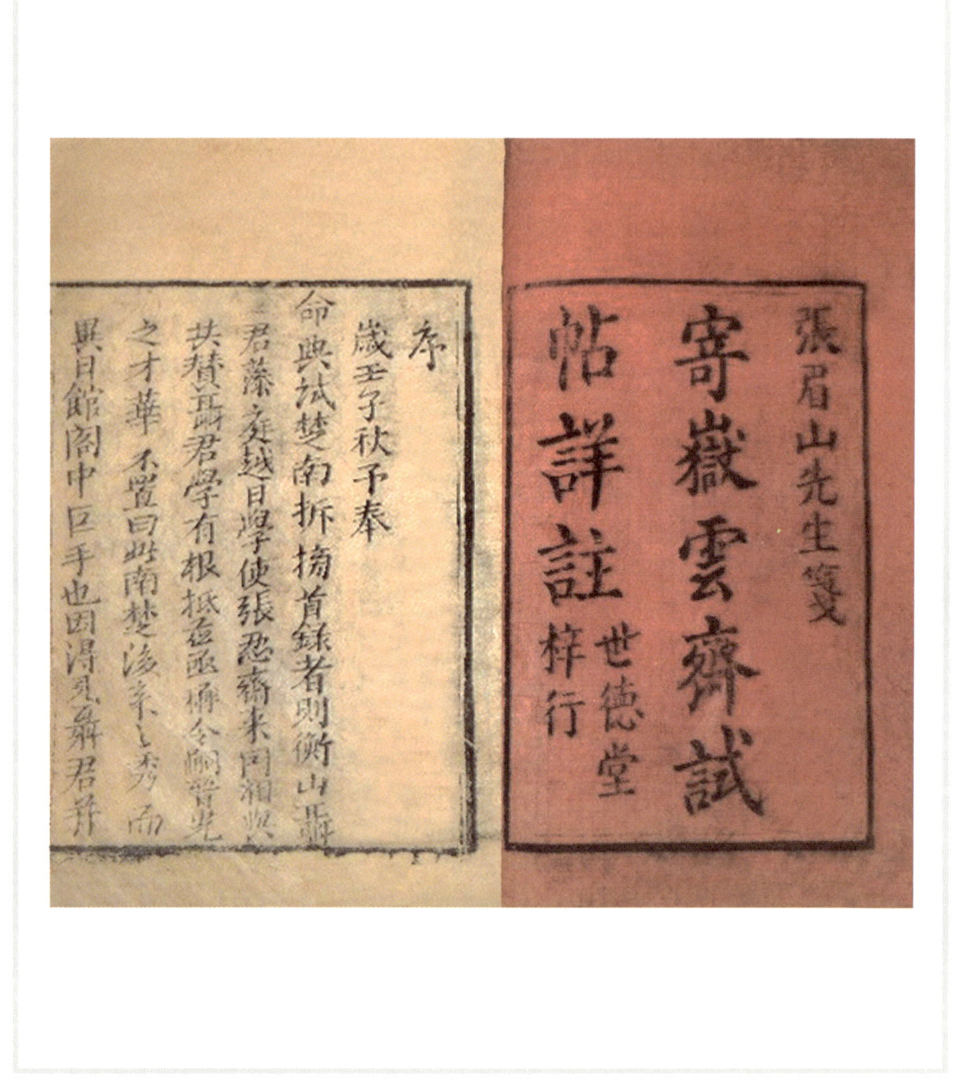
張君山先生箋
寄嶽雲齋試帖詳註
世德堂梓行
序
歲壬子秋予奉
命典試楚南拆摘首錄者則衡山聶
君藻亭越日學使張恐齋來同相與

寄嶽雲齋試帖詳註 四卷 （清）衡山 聶銑敏 撰 張學蘇 箋

清中晚期世德堂刻本

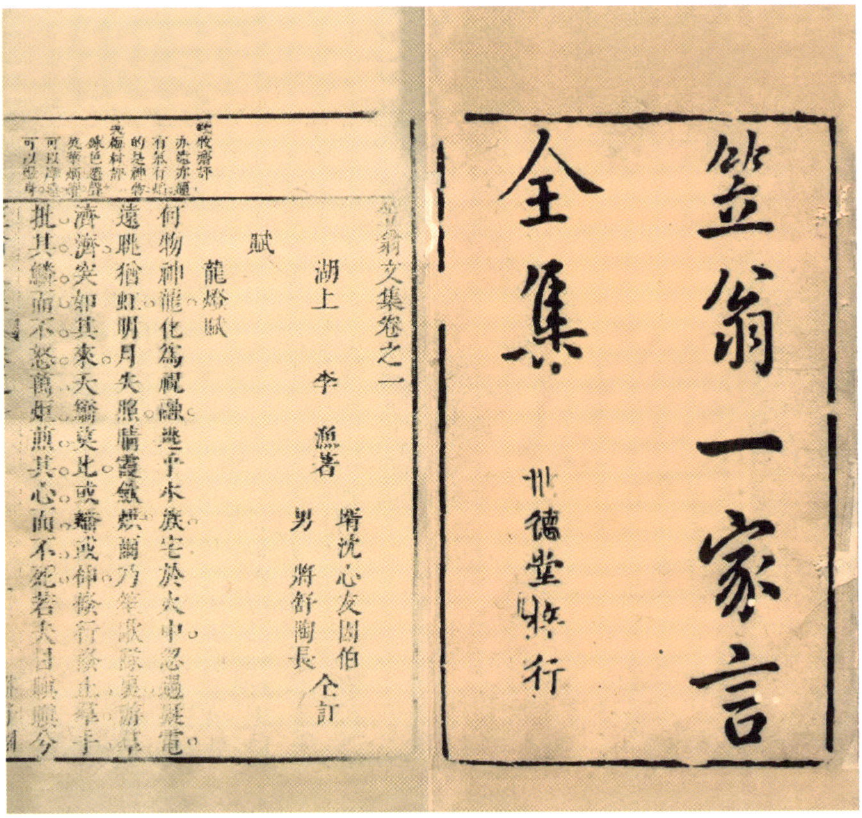

笠翁一家言全集 初集十二卷 二集十二卷 別集四卷 （清）蘭溪 李漁 撰

清中期世德堂刻本

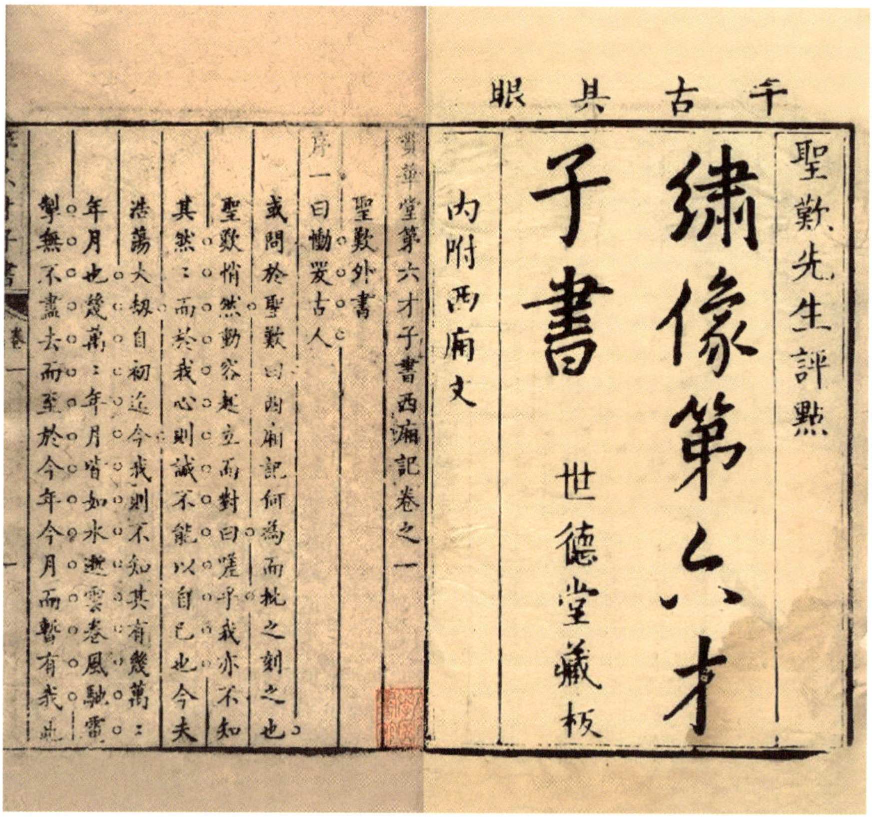

繡像第六才子書（西廂記）八卷 （元）王實甫 撰

清中期世德堂刻本

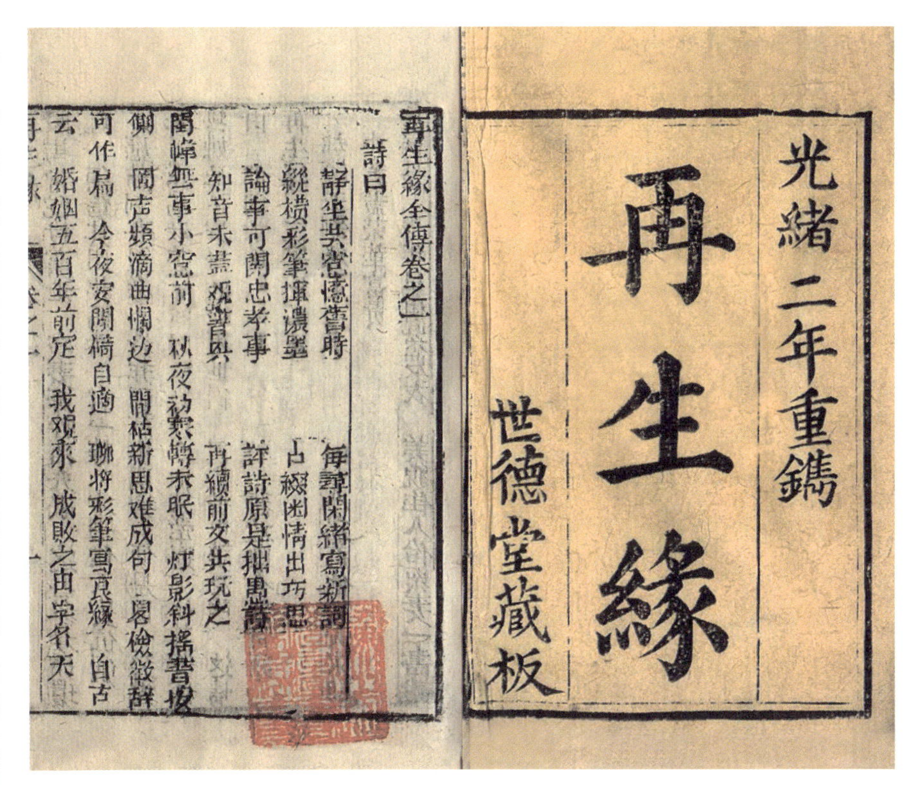

光緒二年重鐫

再生緣

世德堂藏板

再生緣全傳卷之一

詩曰

靜坐深窗憶舊時　每尋閑緒寫新詞

縱橫彩筆揮濃墨　點綴閑情出巧思

論事可關忠孝事　評詩原是拙愚詩

知音未盡觀書興　再續前文共玩之

閨幃無事小窗前　秋夜初寒轉未眠　灯影斜搖書案側　雨声頻滴曲欄边　閒拈新思難成句　略檢微辭可作篇　今夜安閑倚自適　聊將彩筆寫良緣　自古云　婚姻五百年前定　我觀來　成敗之由字名天

再生緣 二十卷 （清）侯香葉 撰

光緒二年（1876）世德堂刻本 蘇州圖書館藏

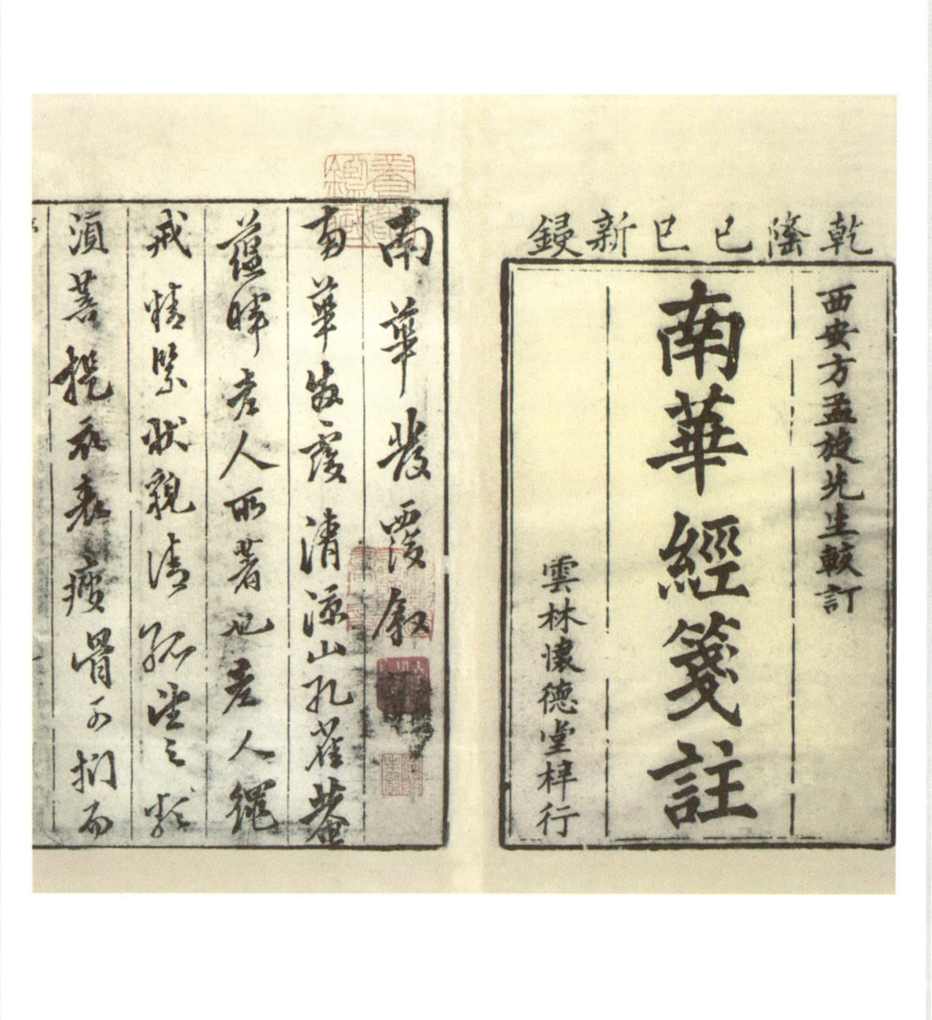
乾隆乙巳新鐫

西安方孟旋先生較訂

南華經箋註

雲林懷德堂梓行

南華發覆敘

南華經箋註（南華發覆）八卷 （明）釋性通 註

乾隆五十年（1785）雲林懷德堂刻本 首都圖書館藏

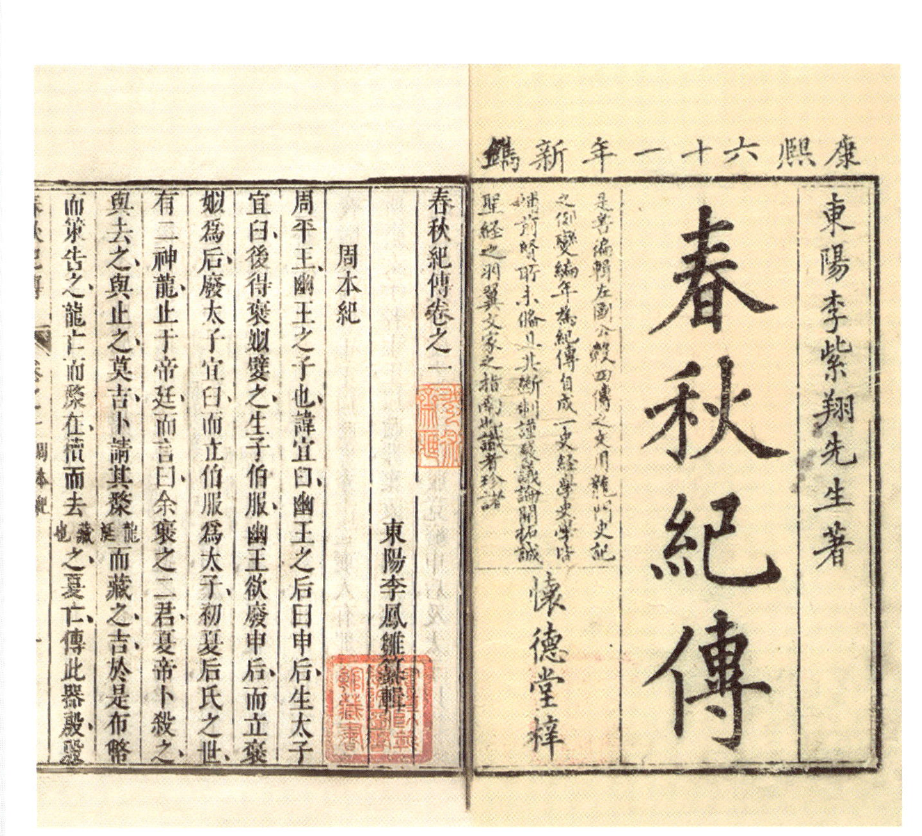

春秋紀傳 五十一卷 （清）東陽 李鳳雛 撰

康熙六十一年（1722）懷德堂刻本 沈陽師範大學圖書館藏

嘉慶五年

續太平廣記

懷德堂藏板

續太平廣記卷一　古吳陸壽名處實父集

天地部

天裂

宣德中一日未申間天裂於西南視之若千餘丈時晴碧無翳內外際畔了了可辨其中蒼茫藻繪不可窮極良久乃合

弘治戊申二月廿六日浙東處州景寧縣北屏風山有白馬成羣首尾相銜從牛首山迤邐騰空而去是

續太平廣記　天地部　一　卷一

續太平廣記 八卷 （清）蘇州 陸壽名 撰

嘉慶五年（1800）懷德堂刻本 北京大學圖書館藏

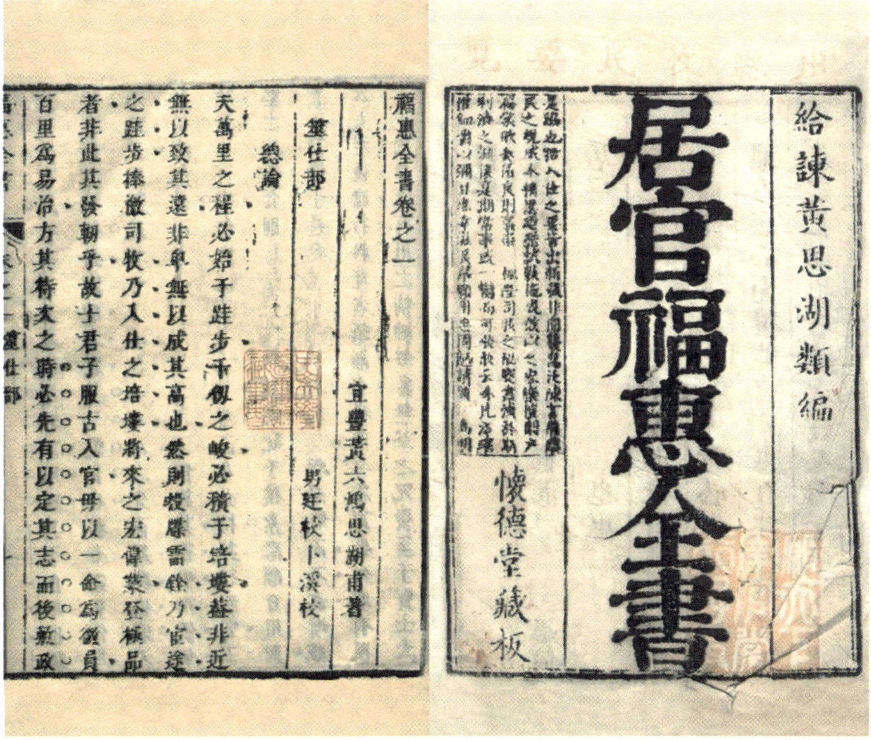

居官福惠全書 三十二卷 （清）宜豐 黄六鴻 撰

康熙三十三年（1694）懷德堂刻本 中山大學圖書館藏

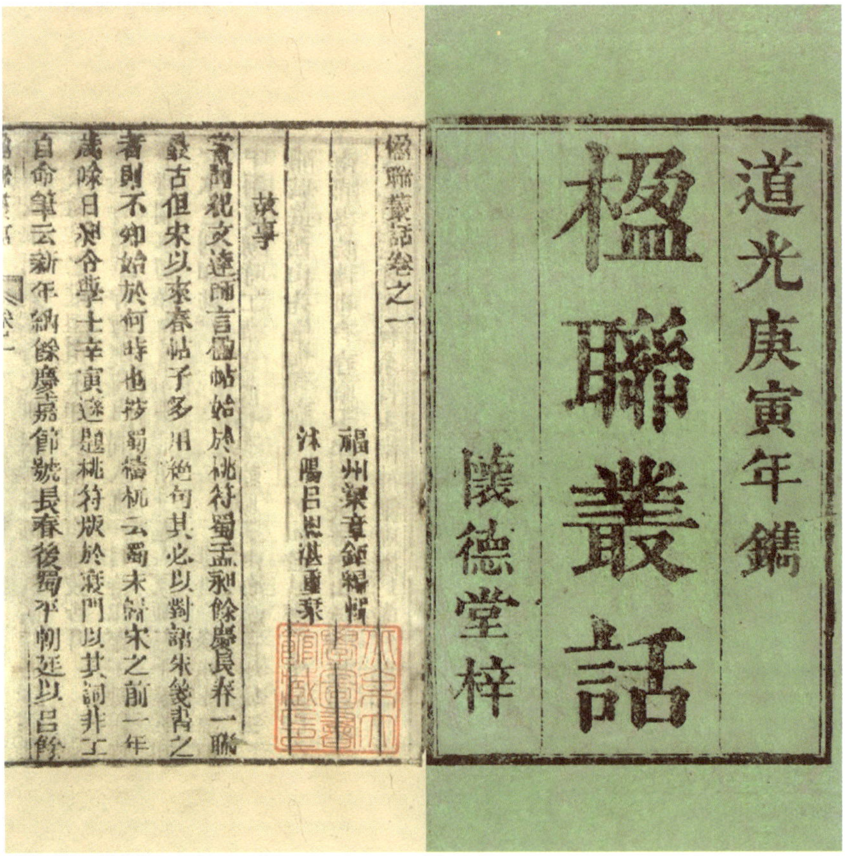

楹聯叢話 十二卷 續話四卷 （清）福州 梁章鉅 撰

道光十年（1830）懷德堂刻本 北京大學圖書館藏

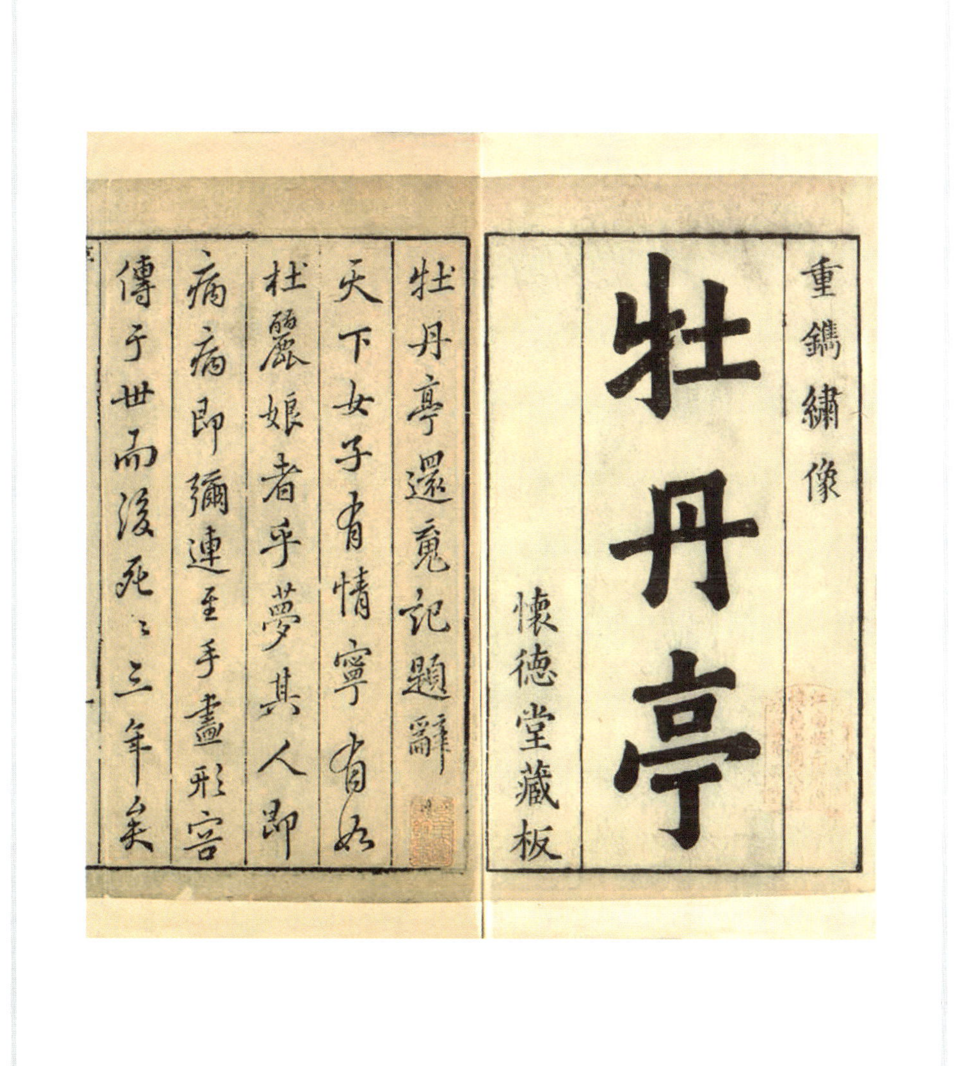

重鐫繡像

牡丹亭

懷德堂藏板

牡丹亭還魂記題辭

天下女子有情寧有如杜麗娘者乎夢其人即病病即彌連至手畫形容傳于世而後死〻三年矣

牡丹亭 二卷 （明）臨川 湯顯祖 撰

明末清初懷德堂刻本 北京師範大學圖書館藏

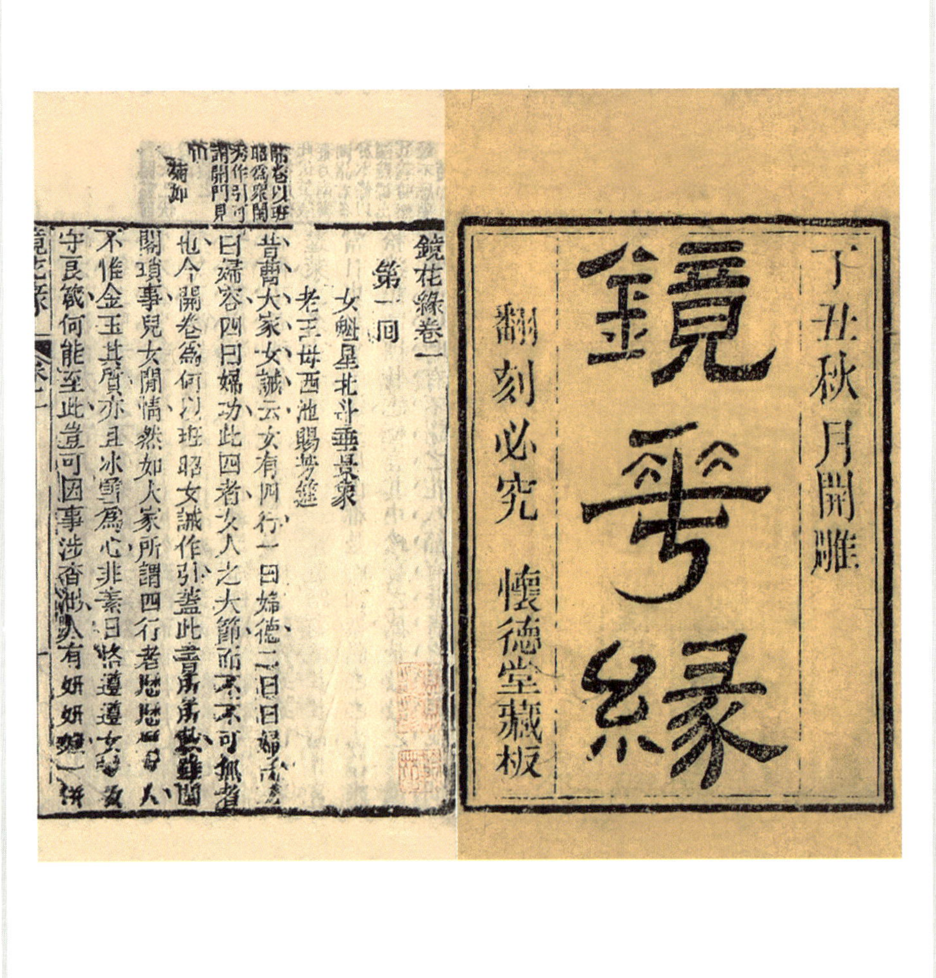

丁丑秋月開雕
鏡花緣
翻刻必究 懷德堂藏板
鏡花緣卷一
第一回
女魁星北斗垂景象 老王母西池賜芳筵
昔曹大家女誡云女有四行一曰婦德二曰婦言三曰婦容四曰婦功此四者女人之大節而不可無者也今開卷爲何以班昭女誡作引蓋此書所載雖閨閣瑣事兒女閒情然如大家所謂四行者歷歷有人不惟金玉其質亦且冰雪爲心非素日恪遵女誡敬守良箴何能至此豈可因事涉杳渺人有妍媸一併

鏡花緣 二十卷 一百回 （清）大興 李汝珍 撰

光緒三年（1877）懷德堂刻本 蘇州大學圖書館藏

乾隆五年春刊

陸宣公集

雲林懷德堂梓行

唐陸宣公翰苑集序　　唐權德輿撰

嘗讀賈誼書觀其經制人文鋪陳帝業術亦至矣待之宣室恨得後時過亦深矣然竟不能達四聰而盡其善排羣議而試厥謀道之難行亦已久矣東陽絳灌何代無之噫一薰一蕕善齊不能同其器方鑿圓枘良工無以措巧心所以理世少而亂日多大雅衰而正聲寖漢道未融旣失之於賈傅吾唐不幸復擯棄於陸公公諱贄字敬輿吳郡蘇人溧陽令偘之子年十八登進士第應博學宏辭科授鄭縣尉非其好也省母歸壽春刺史張鎰有名於時一獲晤言大加

陸宣公集　序　一

陸宣公集 二十二卷 （唐）嘉興 陸贄 撰

乾隆五年（1740）雲林懷德堂寫刻本 北京大學圖書館藏

仇滄柱先生鑒定

趙子常 虞伯生 原註

杜律箋註

懷德堂藏板

趙子常選杜律五言註卷一

休寧查弘道書雲　同學　長洲李杲容山

桐鄉金集鳳坡　補　華亭吳弘章景南　參

後學吳縣程邦彥彝英　較

朝省二首

晚出左掖 宣政殿左右有中書門下二省公甫為左拾遺屬門下故曰左掖

晝刻傳呼淺。春旗簇仗齊。退朝花底散。歸院柳邊迷。樓雪融城濕。宮雲去殿低。避人焚諫草。騎馬欲鷄棲。

杜律箋註 六卷 （元）崇仁 虞集等 註

清早期懷德堂刻本 北京大學圖書館藏

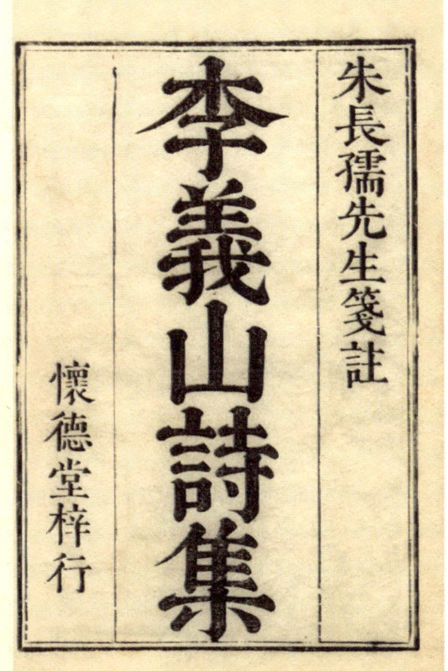

朱長孺先生箋註

李義山詩集

懷德堂梓行

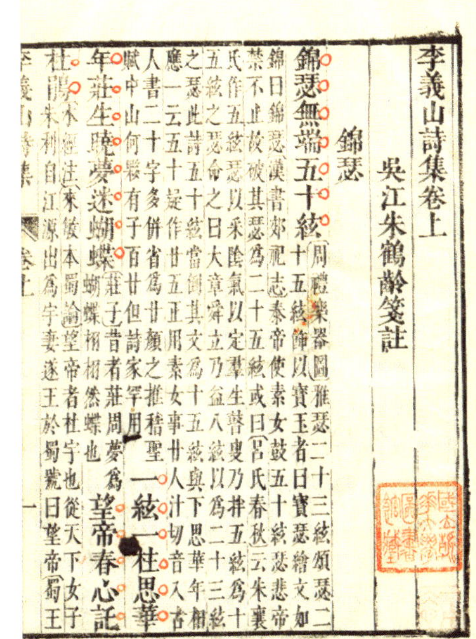

李義山詩集卷上

吳江朱鶴齡箋註

錦瑟

錦瑟無端五十絃〔周禮樂器圖〕雅瑟二十三絃頌瑟二十五絃飾以寶玉者曰寶瑟繪文如錦曰錦瑟〔漢書郊祀志〕泰帝使素女鼓五十絃瑟悲帝禁不止故破其瑟爲二十五絃或曰〔呂氏春秋〕云朱襄氏作五絃瑟以來陰氣以定羣生瞽叟乃拌五絃爲十五絃之瑟命之日大章舜立乃益八絃以爲二十三絃之瑟此詩五十絃當倒其文爲十五絃與下思華年相應一云五十疑作廿五正用素女事廿人汁切音入古人書二十字多併省爲廿顏之推稽聖賦中山何夥有子百廿但詩家罕用　一絃一柱思華年　莊生曉夢迷蝴蝶〔莊子〕昔者莊周夢爲蝴蝶栩栩然蝶也　望帝春心託杜鵑〔水經注〕來敏本蜀論望帝者杜宇也從天下女子朱利自江源出爲宇妻遂王於蜀號曰望帝〔蜀王

李義山詩集　卷上　一

李義山詩集 三卷 （唐）李商隱 撰

順治十六年（1659）懷德堂刻本 清華大學圖書館藏

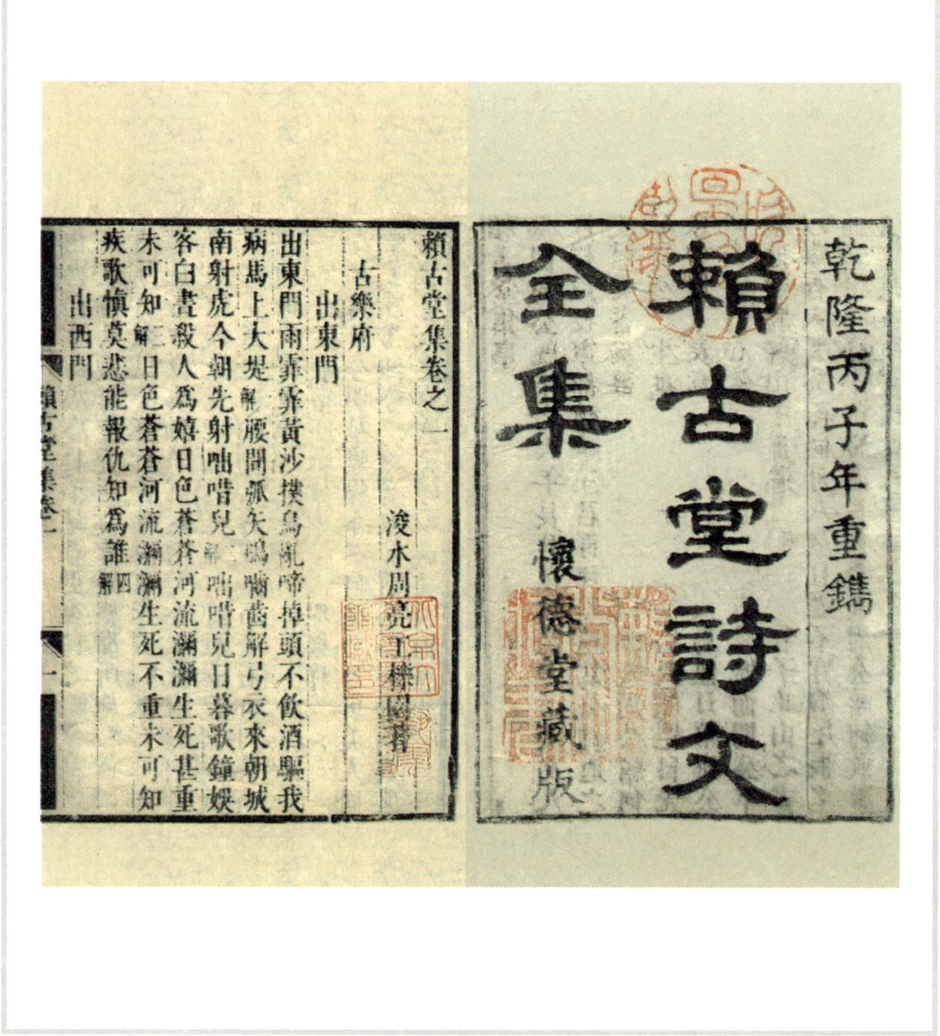
乾隆丙子年重鐫

賴古堂詩文全集

懷德堂藏版

賴古堂集卷之一

浚水周亮工櫟園著

古樂府

出東門

出東門雨霏霏黃沙撲鳥亂啼掉頭不飲酒驅我病馬上大堤解一腰間弧矢鳴嘯茜解弓衣來朝城南射虎今朝先射咄唶兒解二咄唶兒日暮歌鐘娛客白晝殺人為嬉日色蒼蒼河流瀰瀰生死甚重未可知解三日色蒼蒼河流瀰瀰生死不重未可知疾歌慎莫悲能報仇知為誰解四

出西門

賴古堂集卷一　一

賴古堂詩文全集（清）金谿 周亮工 撰

乾隆二十一年（1756）懷德堂刻本 北京大學圖書館藏

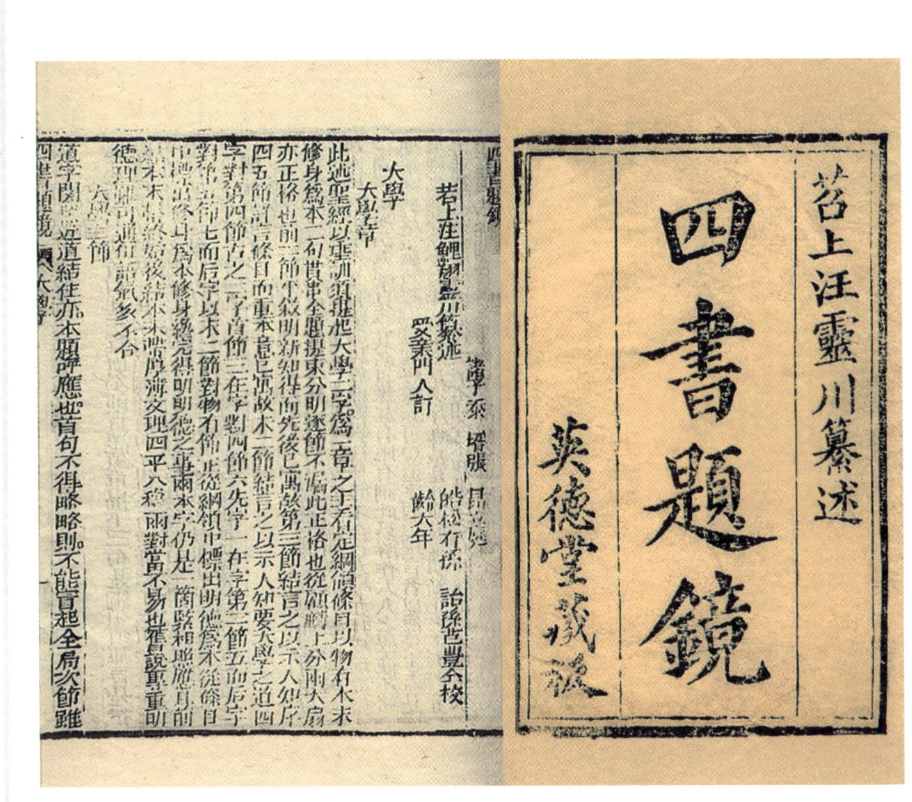

茗上汪靈川纂述

四書題鏡

英德堂藏板

四書題鏡 八冊 （清）湖州 汪鯉翔 輯

乾隆元年（1736）英德堂刻本 北京大學圖書館藏

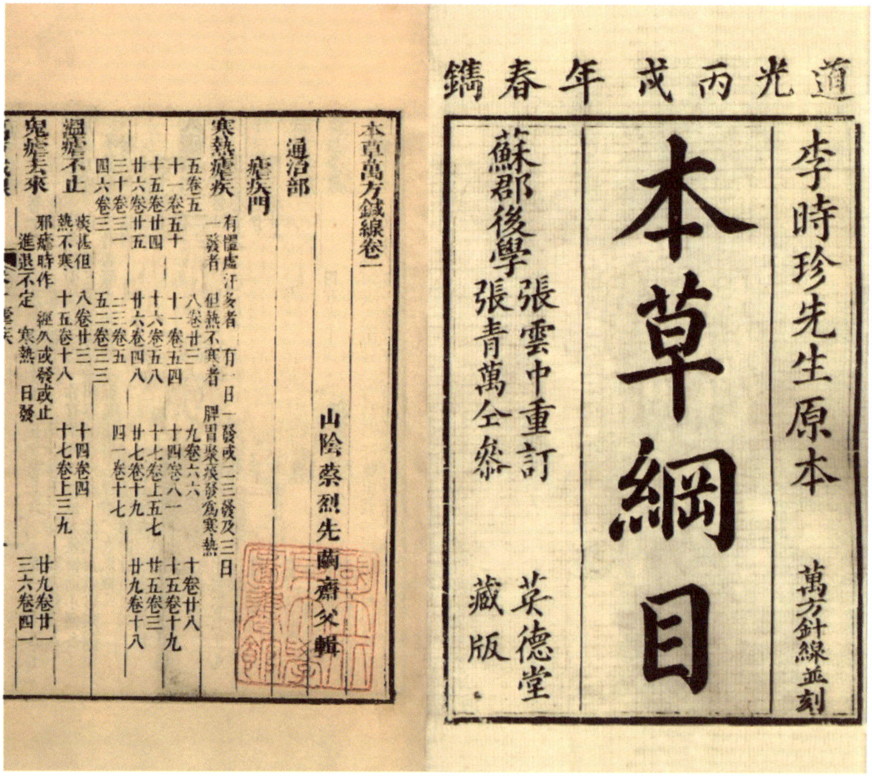

道光丙戌年春鐫

李時珍先生原本

本草綱目

萬方針線並刻

蘇郡後學 張雲中重訂 張青萬仝叅

英德堂藏版

本草萬方鍼線卷一

山陰蔡烈先繭齋父輯

通治部

瘧疾門

本草綱目 五十二卷 圖三卷 （明）蘄春 李時珍 撰

道光六年（1826）英德堂刻本 北京大學圖書館藏

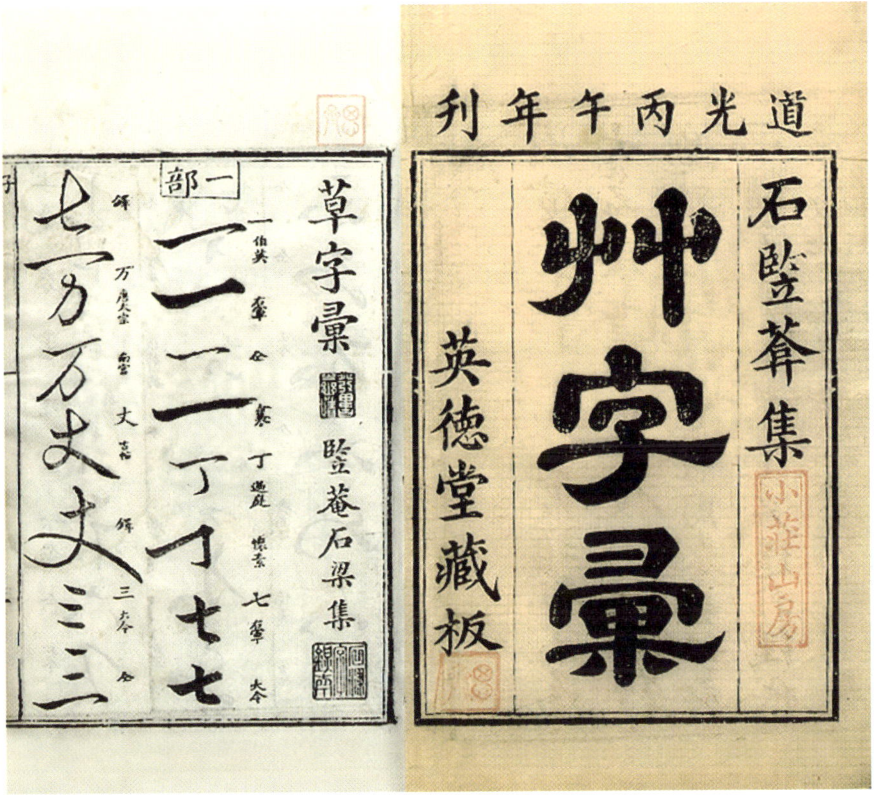

草字彙 十二卷 （清）諸暨 石樑 輯

道光二十六年（1846）英德堂刻本

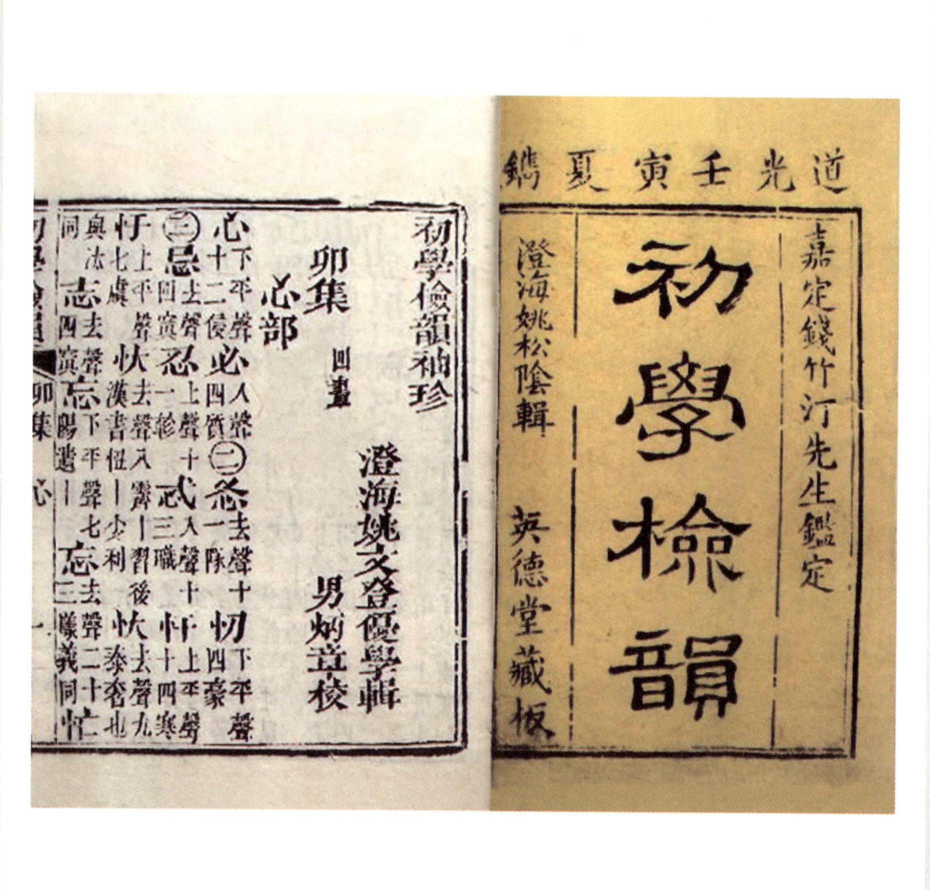

初學檢韻 十二集 （清）澄海 姚文登 輯

道光二十二年（1842）英德堂刻本

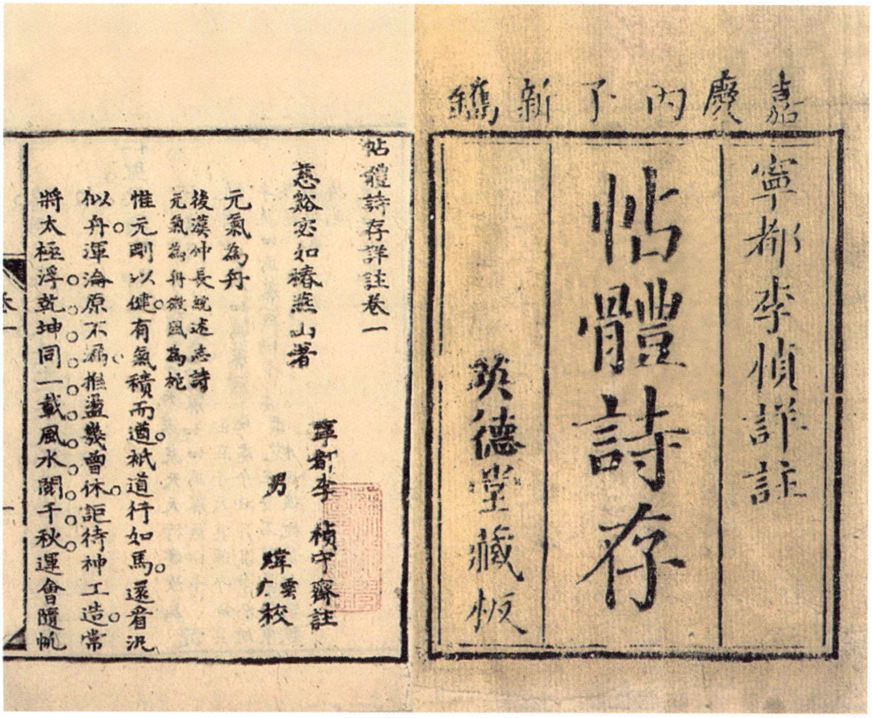

帖體詩存 八卷 （清）慈谿 窔如椿 撰 寧都 李楨 註

嘉慶二十一年（1816） 英德堂刻本 蘇州大學圖書館藏

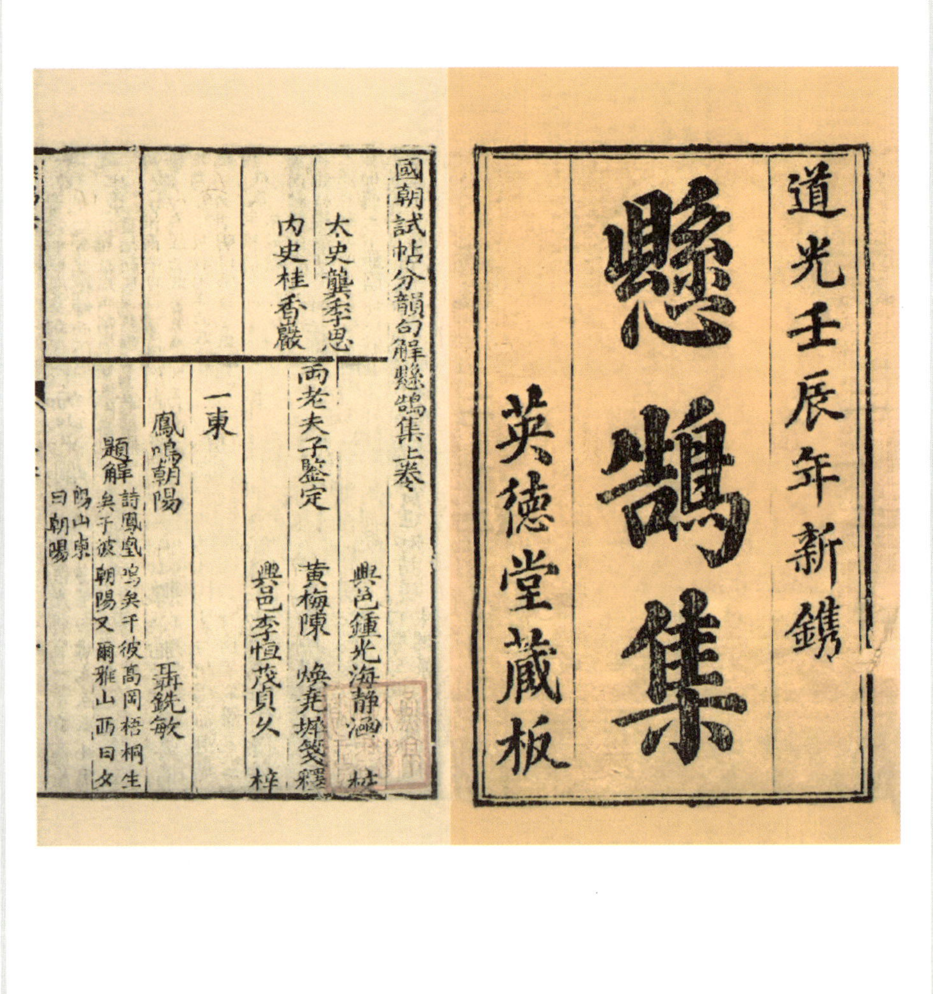

道光壬辰年新鐫

懸鵠集

英德堂藏板

國朝試帖分韻句解懸鵠集上卷

太史龔季思
內史桂香巖 兩老夫子鑒定

興邑鍾光海靜涵 校

黃梅陳 煥堯埰 箋釋

豐邑李愷茂貞父 梓

一東

鳳鳴朝陽 王壽銑敏

題解 詩鳳凰鳴矣于彼高岡梧桐生矣于彼朝陽又爾雅山西曰夕陽山東曰朝陽

懸鵠集 二卷 （清）黃梅 陳煥 箋釋

道光十二年（1832）英德堂刻本 北京大學圖書館藏

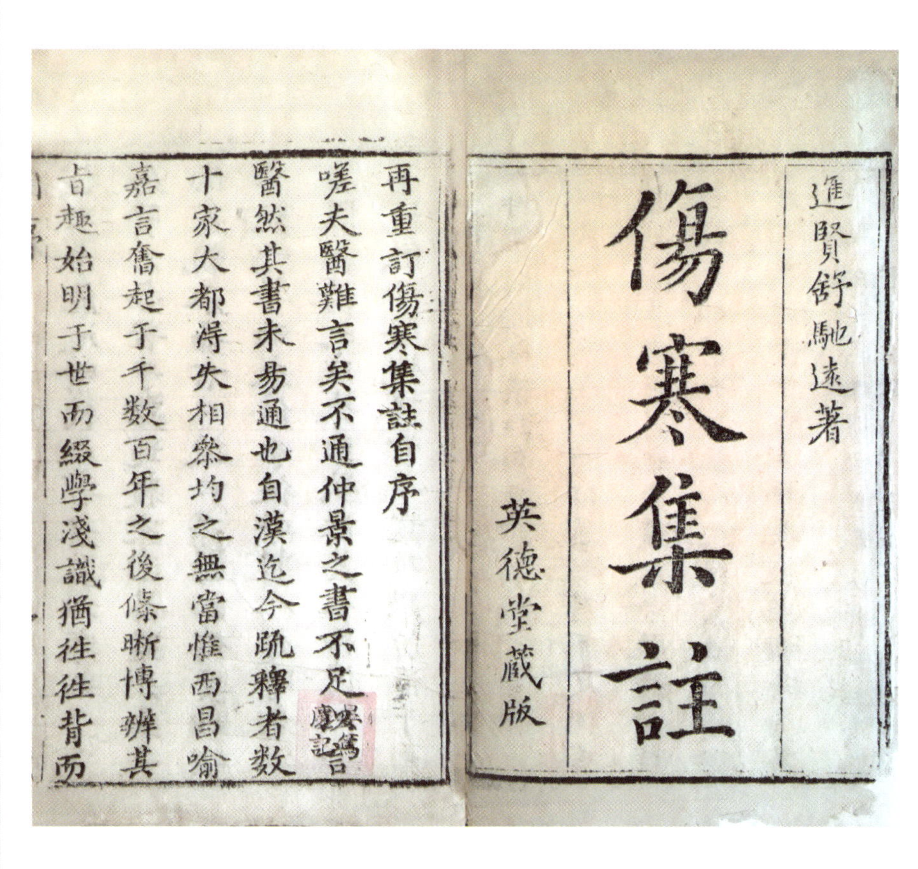

進賢舒馳遠著

傷寒集註

英德堂藏版

再重訂傷寒集註自序

嗟夫醫難言矣不通仲景之書不足
醫然其書未易通也自漢迄今疏釋者數
十家大都得失相參均之無當惟西昌喻
嘉言奮起于千數百年之後條晰博辨其
旨趣始明于世而綴學淺識猶往往背而

傷寒集註 十卷 （清）進賢 舒詔 撰

乾隆年間英德堂刻本

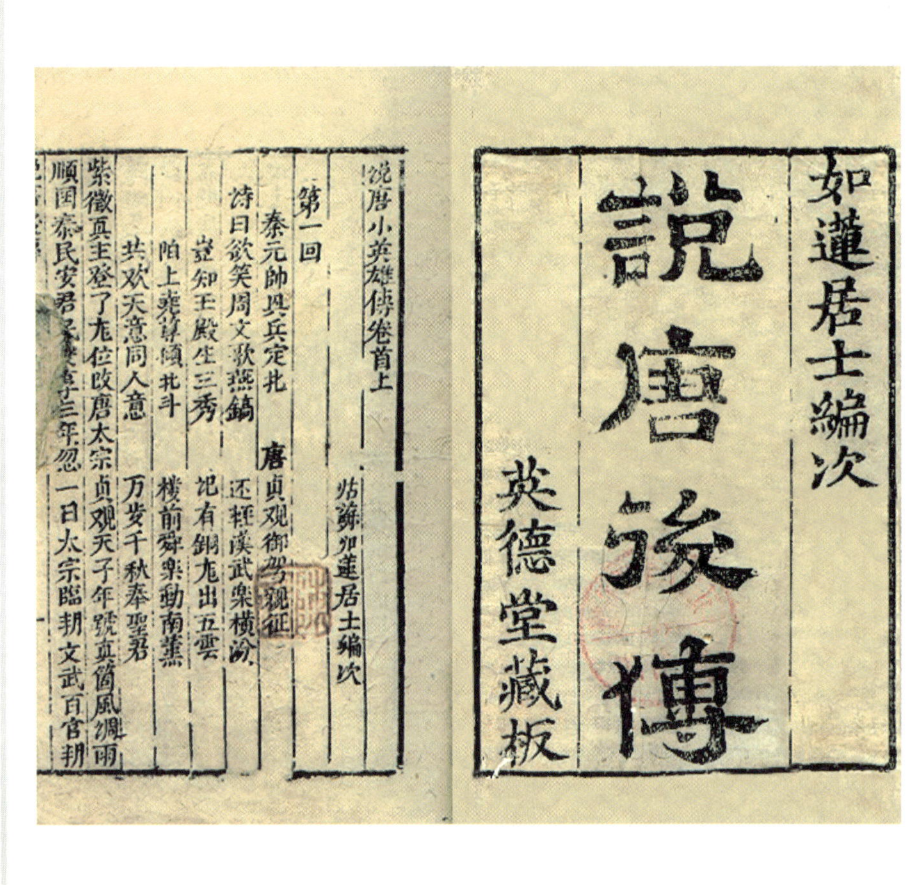

如蓮居士編次

說唐後傳

英德堂藏板

說唐小英雄傳卷首上　姑蘇如蓮居士編次

第一回

秦元帥興兵定北　唐貞观御駕親征

詩曰欲笑周文歌燕鎬　还輕漢武樂橫汾

豈知王殿生三秀　况有銅龍出五雲

陌上堯尊傾北斗　樓前舜樂動南薰

共欢天意同人意　万歲千秋奉聖君

紫微真主登了龙位改唐太宗貞观天子年號真箇風調雨

顺國泰民安君[illegible]十三年忽一日太宗臨朝文武百官朝

說唐後傳 四十二回 （清）如蓮居士 編

清中晚期英德堂刻本 首都圖書館藏

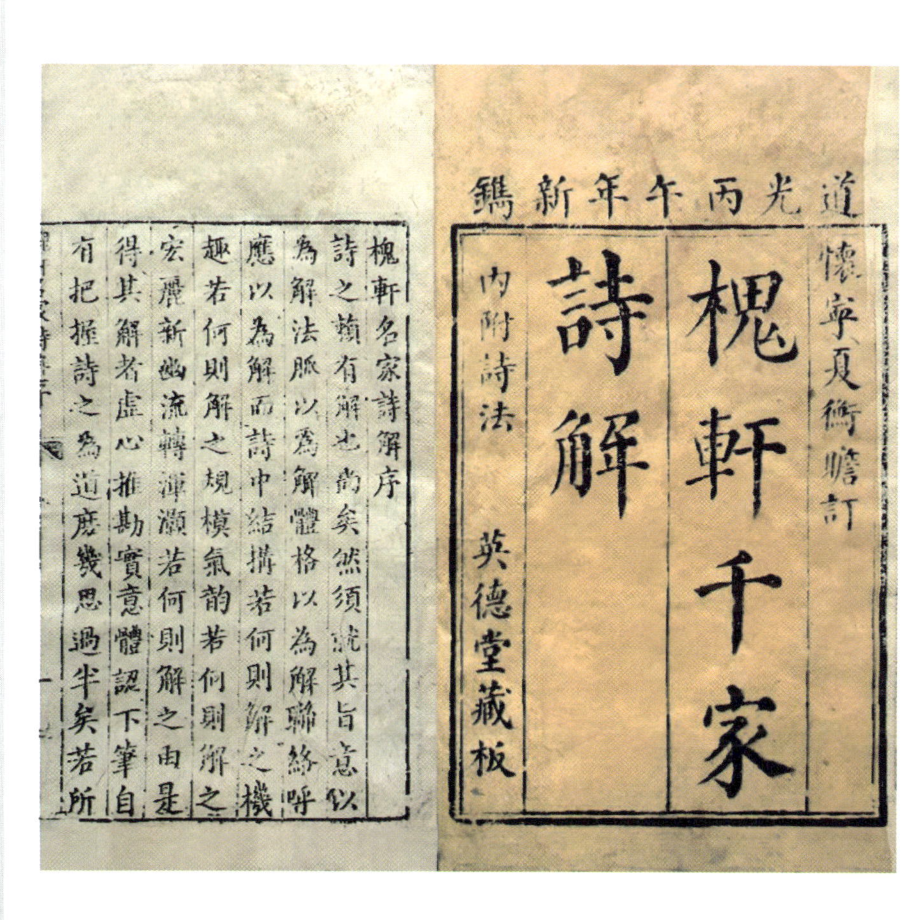
道光丙午年新鐫

懷寧夏衡瞻訂

槐軒千家詩解

内附詩法

英德堂藏板

槐軒名家詩解序

詩之蘊有解也尚矣然須識其旨意以為解法脈以為解體格以為解聯絡呼應以為解而詩中結搆若何則解之機趣若何則解之規模氣韵若何則解之宏麗新幽流轉渾灝若何則解之由是得其解者虛心推勘實意體認下筆自有把握詩之為道應幾思過半矣若所

槐軒千家詩解 （清）懷寧 夏衡瞻 輯註

道光二十六年（1846）英德堂刻本

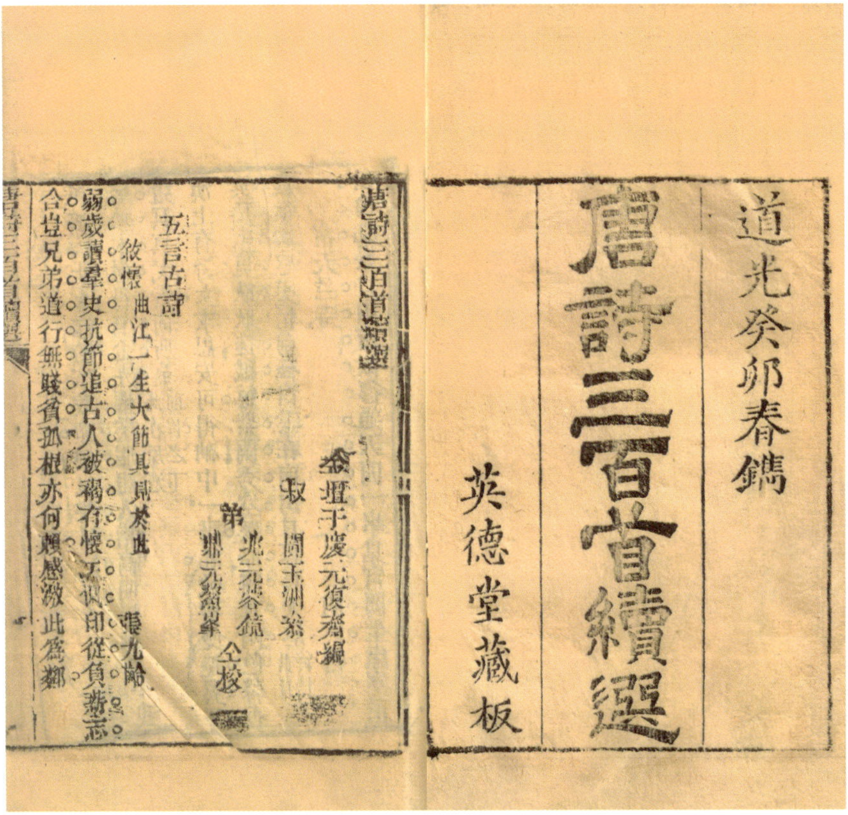

道光癸卯春鐫

唐詩三百首續選

英德堂藏板

唐詩三百首續選

金壇于慶元復齋編

五言古詩

敘懷 曲江 一生大節具見於此 張九齡

弱歲讀羣史抗節追古人被褐有懷玉佩印從負薪志合豈兄弟道行無賤貧孤根亦何賴感激此爲鄰

唐詩三百首續選 不分卷 （清）金壇 于慶元 編

道光二十三年（1843）英德堂刻本

光緒癸巳鐫

正字千字文

德盛堂梓行

高冠陪輦、世祿侈富、策功茂實、磻溪伊尹、

驅轂振纓、車駕肥輕、勒碑刻銘、佐時阿衡、

正字千字文 不分卷

光緒十九年（1893）德盛堂刻本

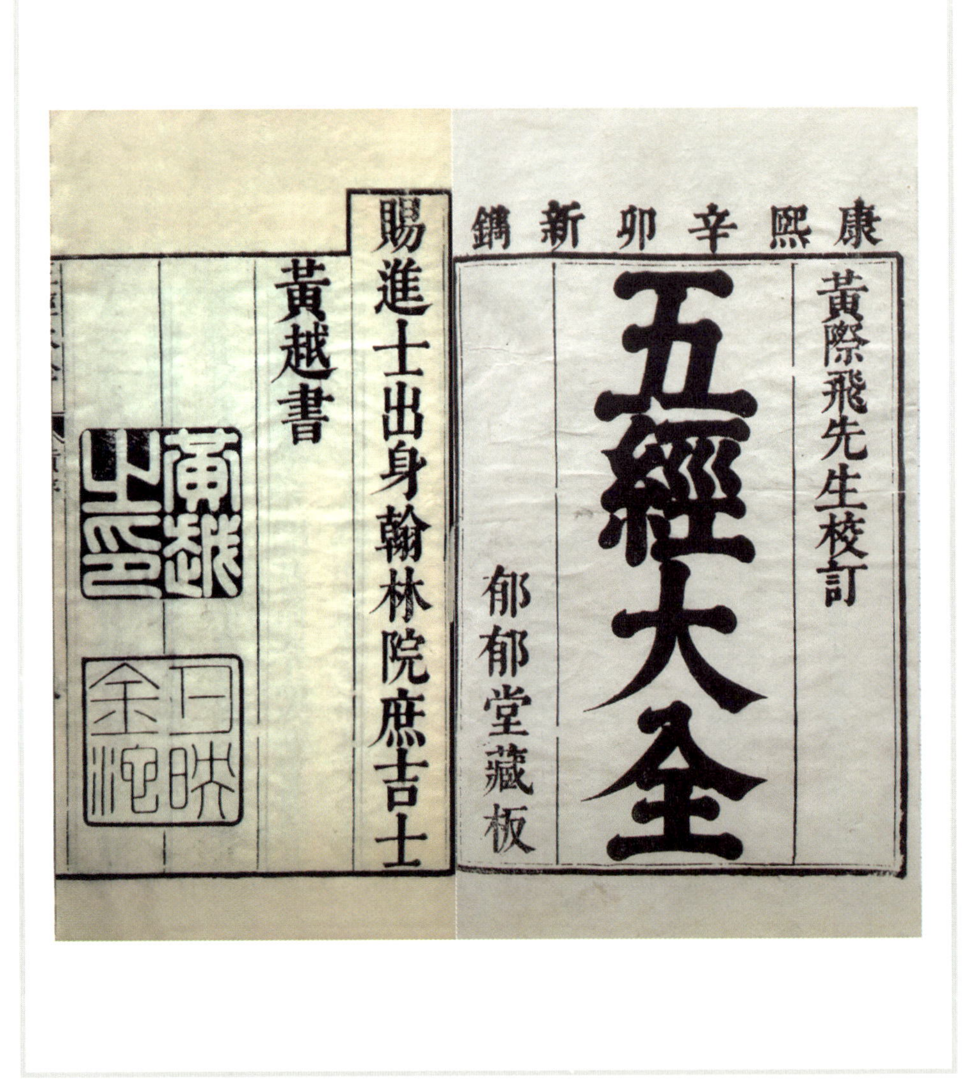

康熙辛卯新鐫
黃際飛先生校訂
五經大全
郁郁堂藏板

賜進士出身翰林院庶吉士
黃越書

五經大全 一百二十七卷 （明）吉水 胡廣等 纂

康熙五十年（1711）郁郁堂刻本 北京師範大學圖書館藏

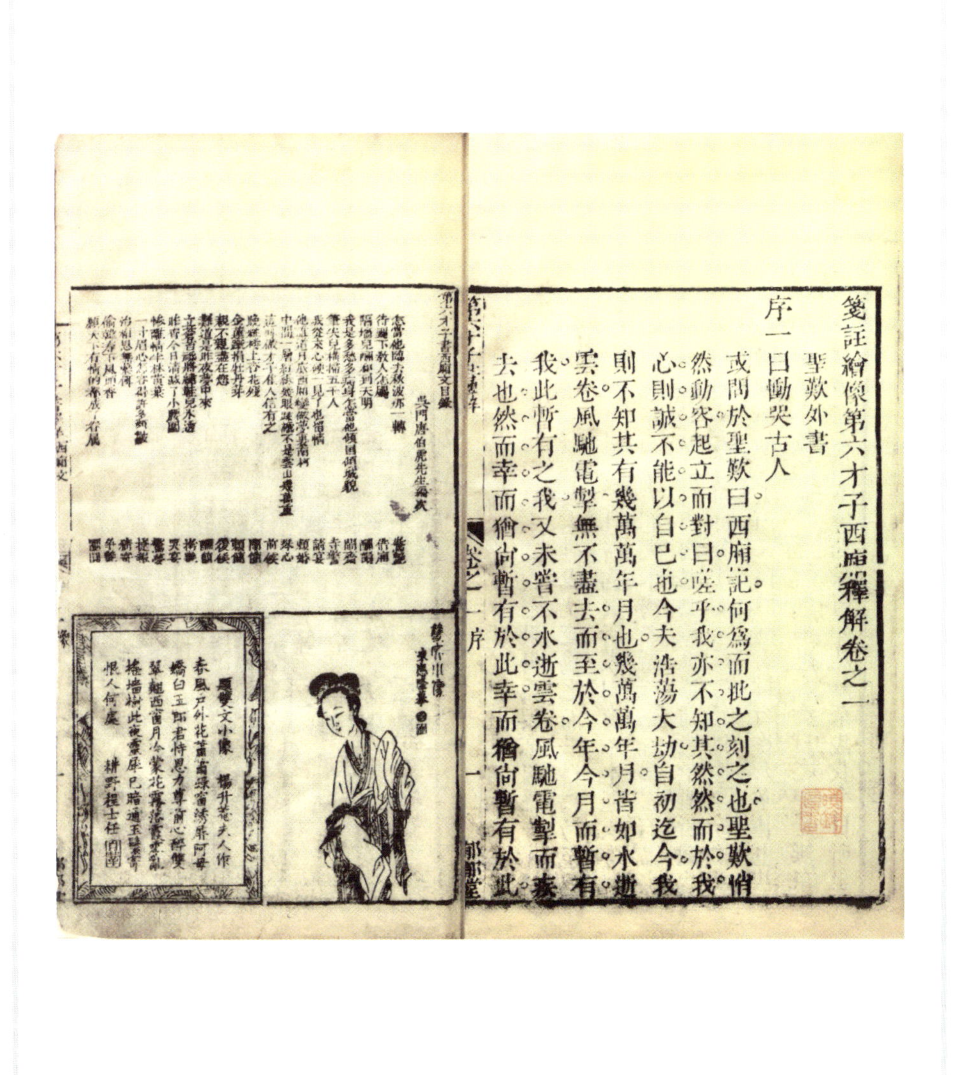

箋註繪像第六才子西廂釋解卷之一

聖歎外書

序一曰慟哭古人

或問於聖歎曰西廂記何為而批之刻之也聖歎悄然動容起立而對曰嗟乎我亦不知其然然而於我心則誠不能以自已也今夫浩蕩大劫自初迄今我則不知其有幾萬萬年月也幾萬萬年月皆如水逝雲卷風馳電掣無不盡去而至於今年今月而暫有我此暫有之我又未嘗不水逝雲卷風馳電掣而疾去也然而幸而猶尚暫有於此幸而猶尚暫有於此

第六才子書　卷之一　序　一　郁郁堂

箋註繪像第六才子西廂釋解 八卷 首一卷 （元）王實甫 撰 吳山三婦 評

清早期郁郁堂刻本 首都圖書館藏

侍御許青嶼先生鑒定

丹陽姜我英 吳蓀右 兩先生彙輯

詩經正解

光霽堂梓行

詩經正解 三十卷 （清）姜文燦 吳荃 輯

清早期光霽堂刻本 南開大學圖書館藏

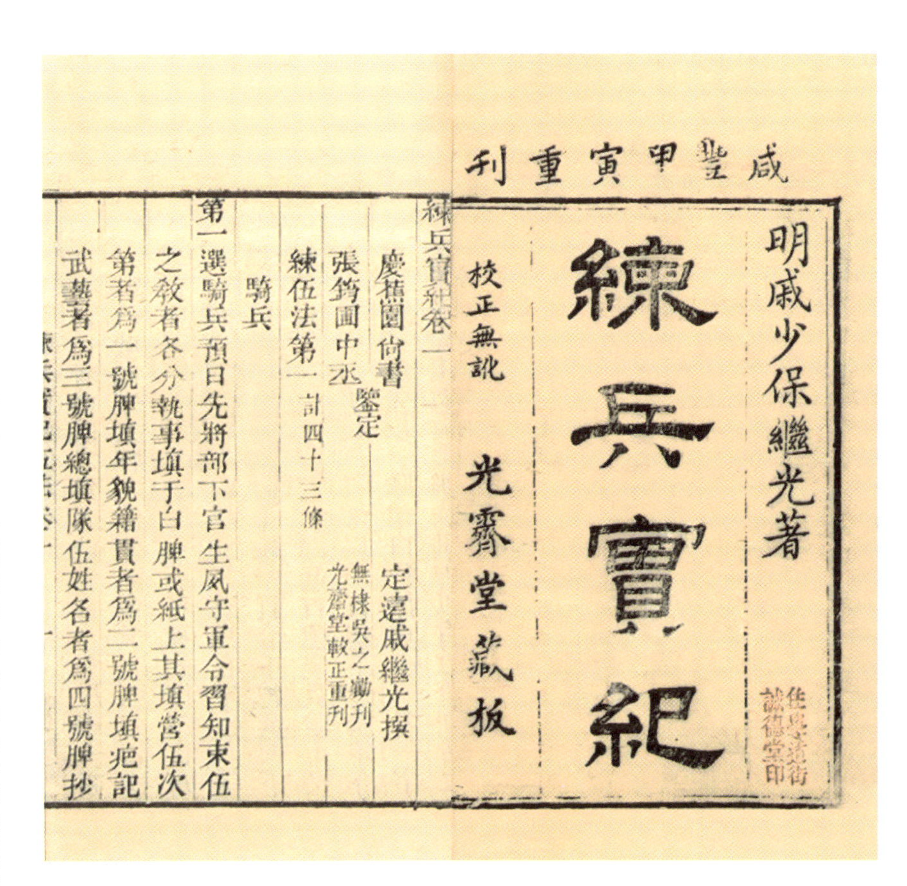

練兵實紀 九卷 （明）蓬萊 戚繼光 撰

咸豐四年（1854）光霽堂刻本

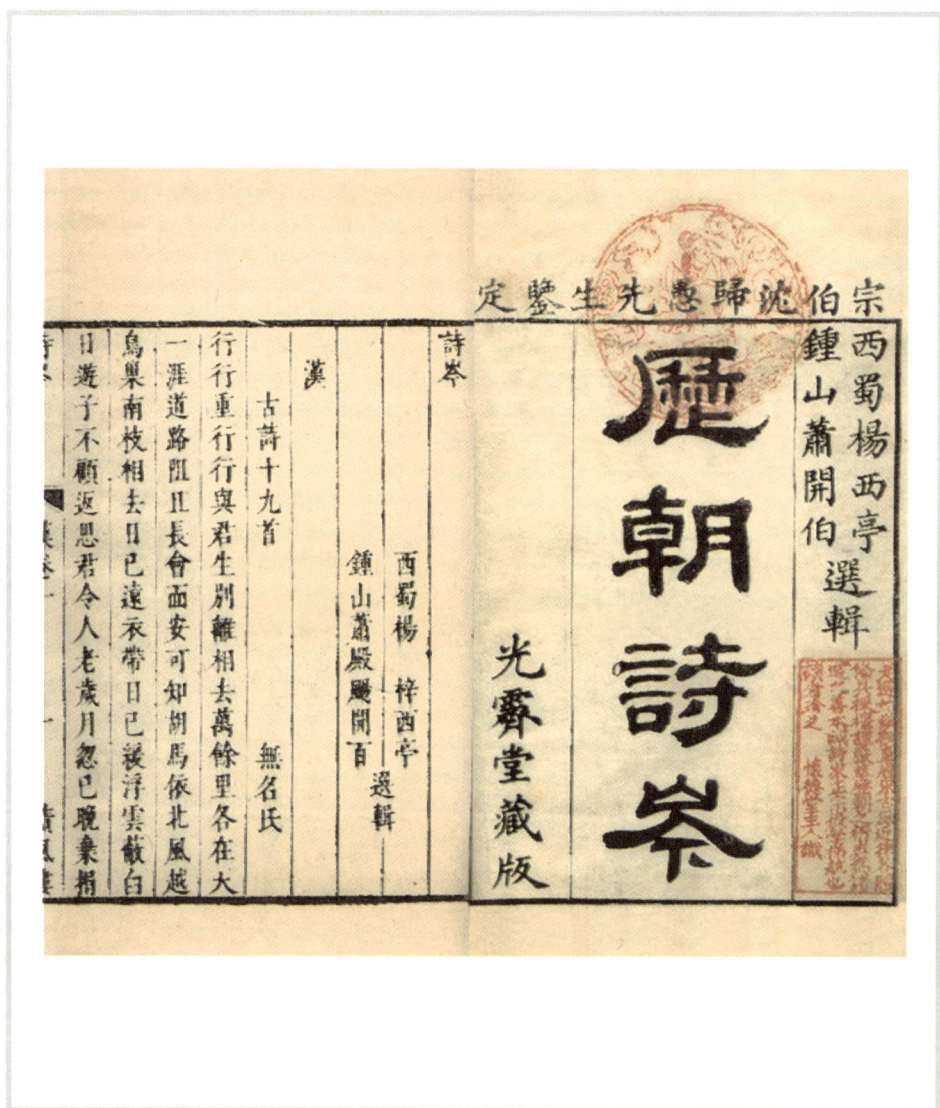

歷朝詩岑 二十二卷 （清）成都 楊梓 南京 蕭殿颺 撰

乾隆十四年（1749）光霽堂刻本 北京大學圖書館藏

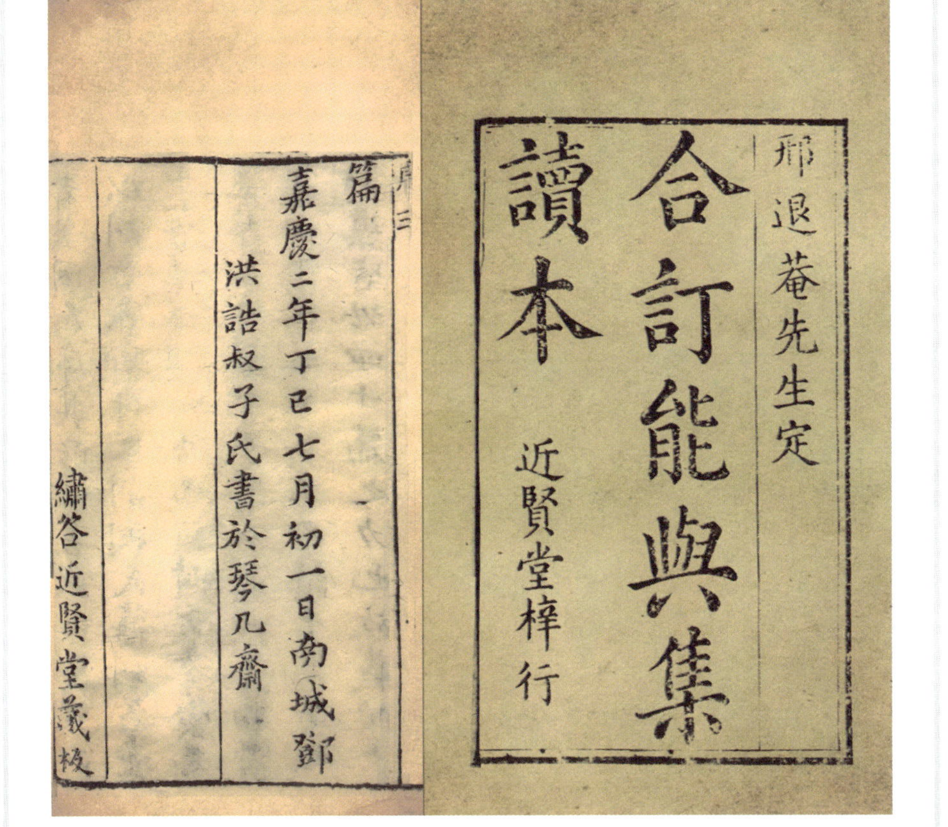

邢退菴先生定

合訂能與集讀本

近賢堂梓行

篇

嘉慶二年丁巳七月初一日南城鄧

洪誥叔子氏書於琴几齋

繡谷近賢堂藏板

合訂能與集讀本（清）沈業富 輯

嘉慶二年（1797）繡谷近賢堂刻本 華東師範大學圖書館藏

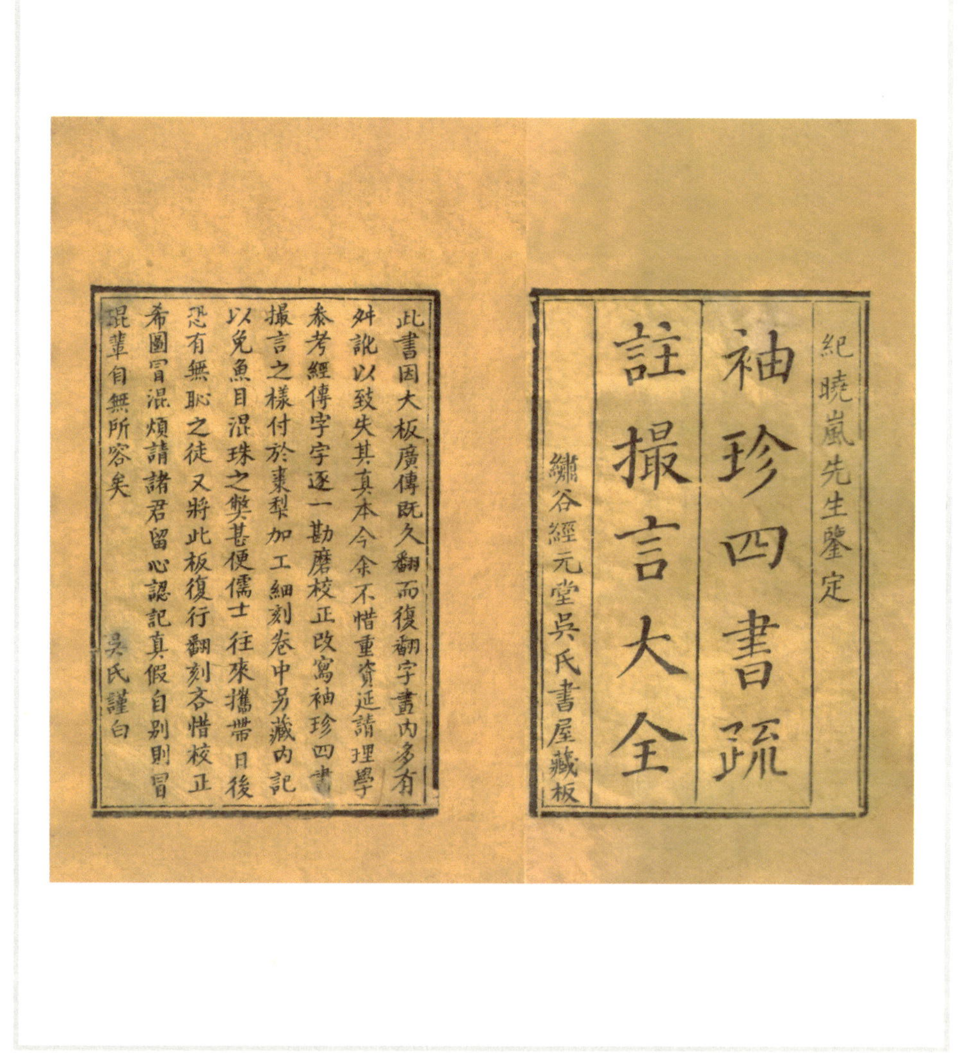

紀曉嵐先生鑒定

袖珍四書疏註撮言大全

繡谷經元堂吳氏書屋藏板

此書因大板廣傳既久翻而復翻字畫內多有舛訛以致失其真本今余不惜重資延請理學叅考經傳字字逐一勘磨校正改寫袖珍四書撮言之樣付於棗梨加工細刻卷中另藏內記以免魚目混珠之弊甚便儒士往來攜帶日後恐有無恥之徒又將此板復行翻刻吝惜校正希圖冒混煩請諸君留心認記真假自別則冒混筆自無所容矣

吳氏謹白

袖珍四書疏註撮言大全 （清）大興 紀昀 鑒定

清末繡谷經元堂吳氏書屋刻本 劍川雕龍蟲館藏

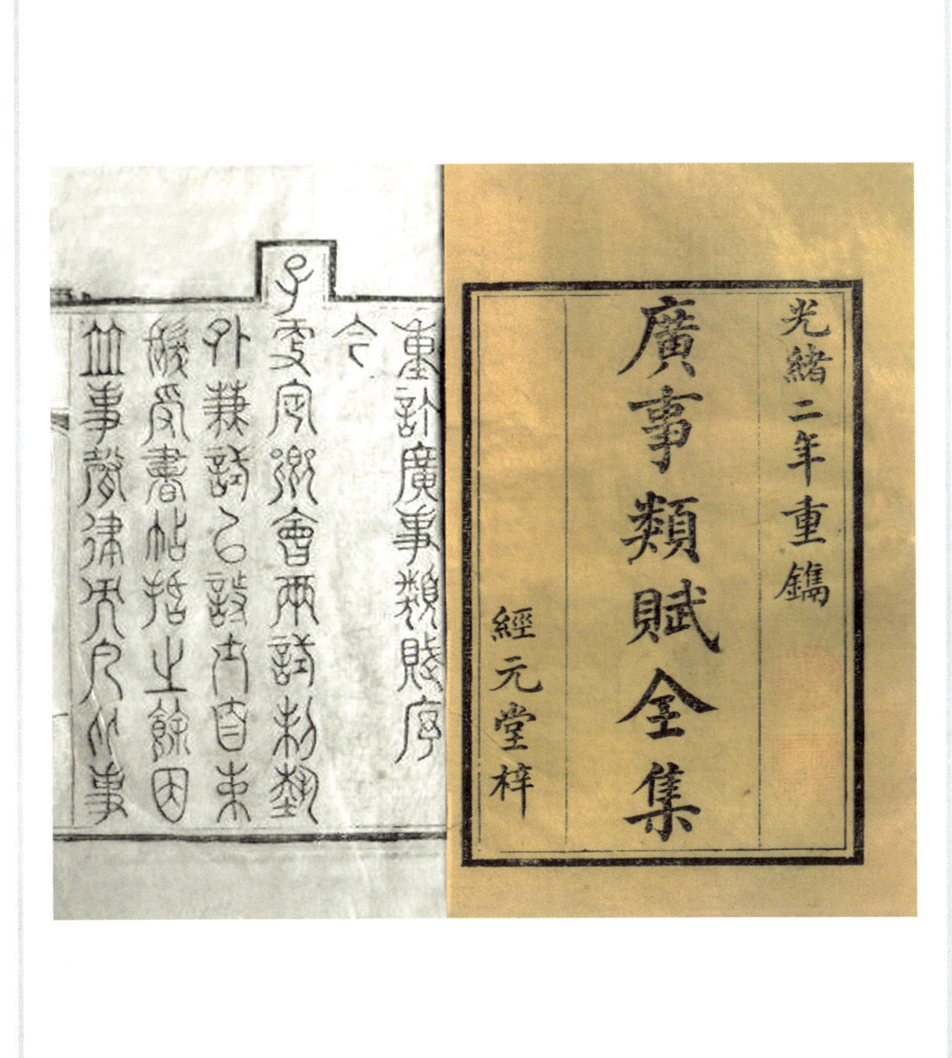

廣事類賦全集 四十卷 （宋）建安 祝穆 （清）華希閔等 輯

光緒二年（1876）經元堂刻本 劍川雕龍蟲館藏

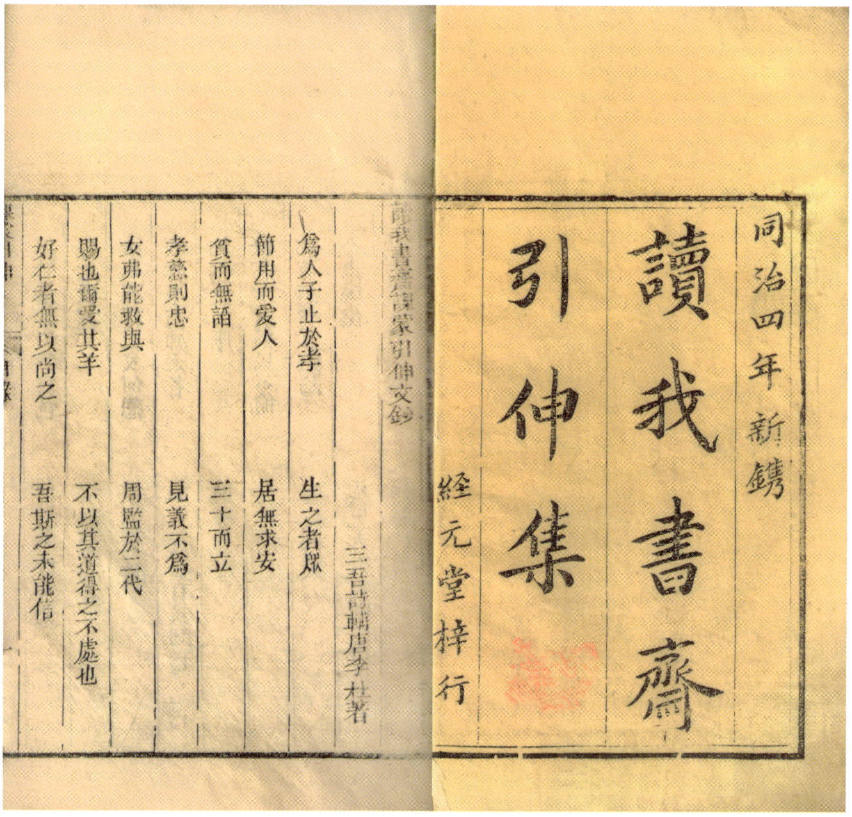

同治四年新鐫

讀我書齋引伸集

經元堂梓行

讀我書齋課蒙引伸文鈔

爲人子止於孝　生之者衆

節用而愛人　居無求安

貧而無諂　三十而立

孝慈則忠　見義不爲

女弗能救與　周監於二代

賜也爾愛其羊　不以其道得之不處也

好仁者無以尚之　吾斯之未能信

讀我書齋引伸集 二卷 （清）唐李杜 編

同治四年（1865）經元堂刻本 劍川雕龍蟲館藏

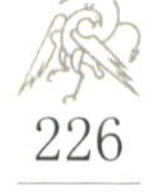

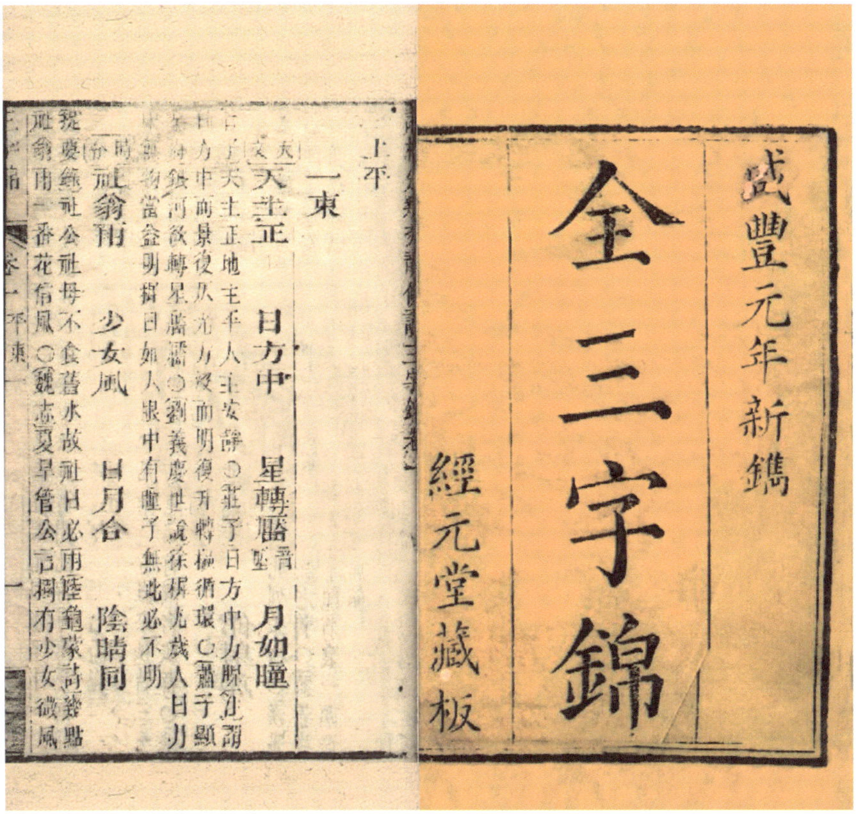

全三字錦 九卷 末一卷 （清）趙晅 撰

咸豐元年（1851）經元堂刻本 中山大學圖書館藏

經元堂

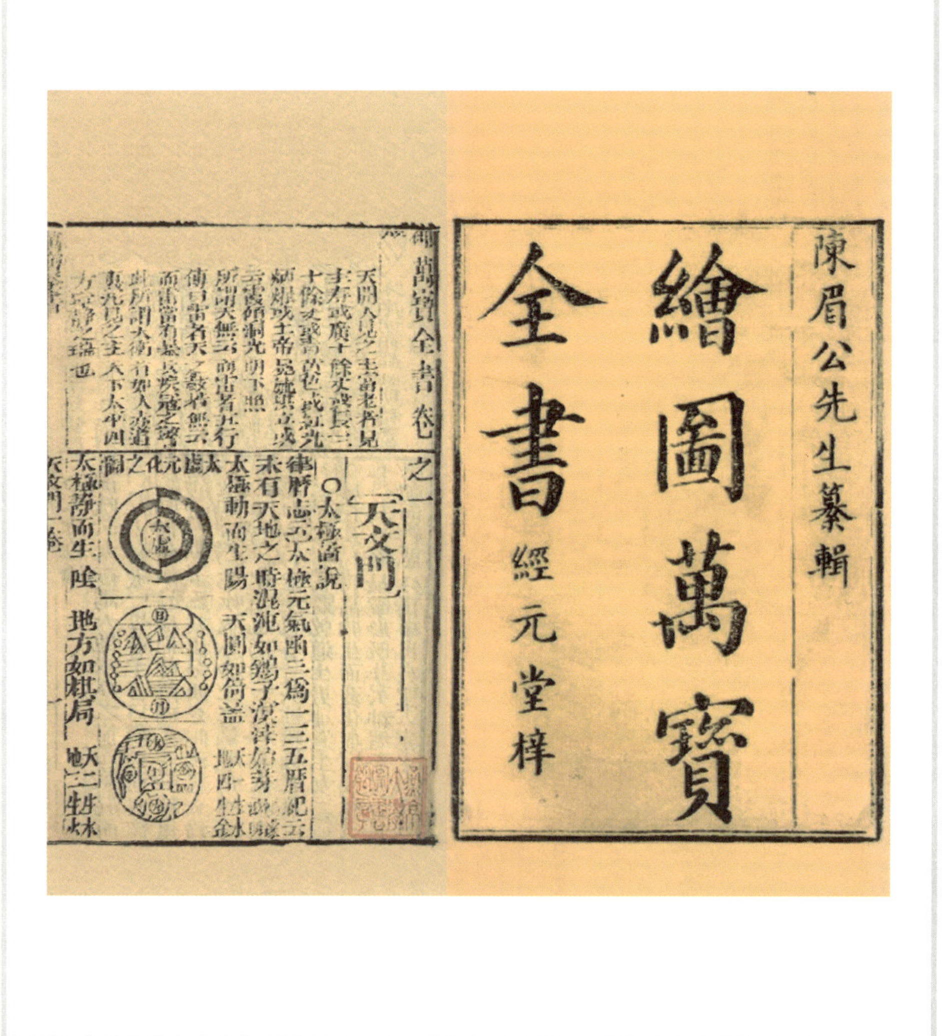

陳眉公先生纂輯
繪圖萬寶全書
經元堂梓

繪圖萬寶全書卷之一
天文門
太極圖說

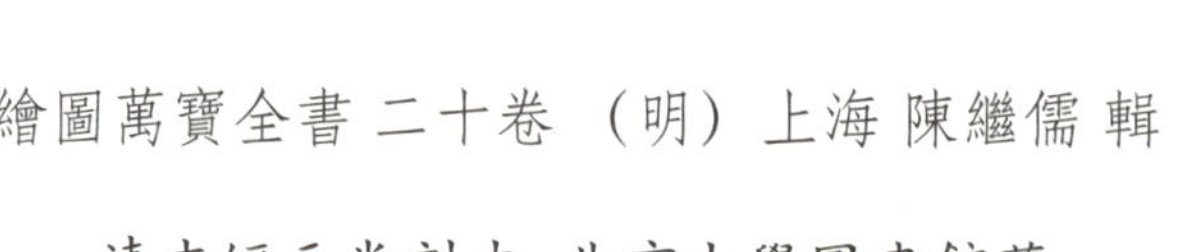

繪圖萬寶全書 二十卷 （明）上海 陳繼儒 輯

清末經元堂刻本 北京大學圖書館藏

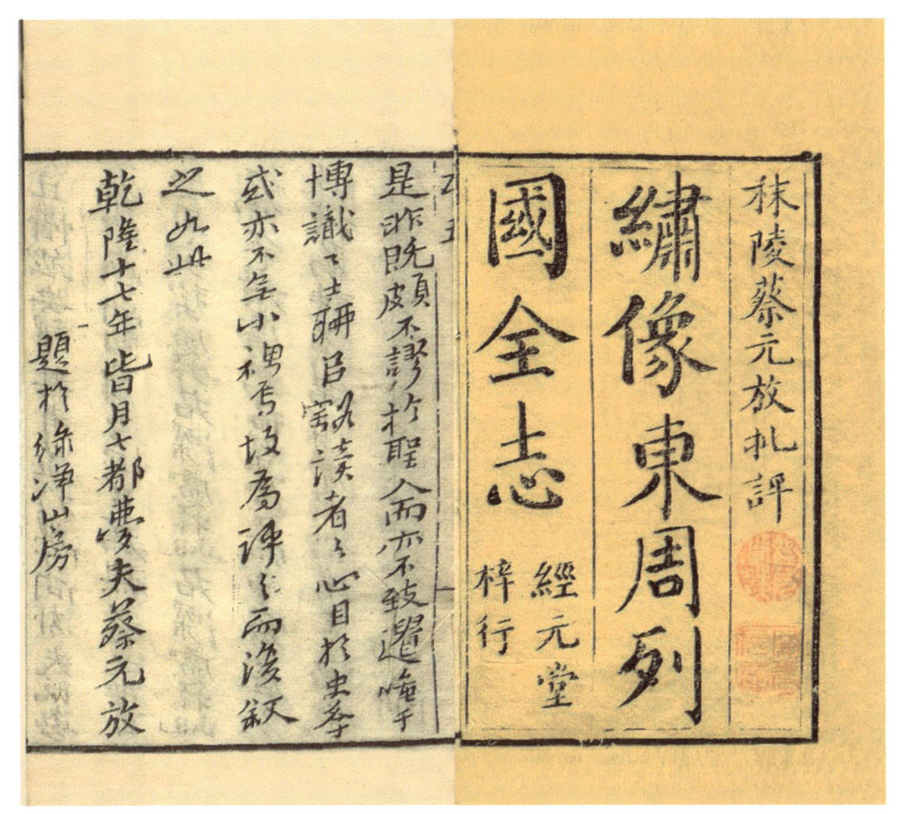

秣陵蔡元放批評
繡像東周列國全志
經元堂梓行

是非既頗不謬於聖人而亦不致遺惑於學
博識之士翻閱窮讀者之心目於史學
或亦不無小補焉故為評之而後敘
之如此
乾隆十七年暑月七都夢夫蔡元放
題於綠淨山房

繡像東周列國全志 二十三卷 一百零八回 （清）南京 蔡元放 撰

清末經元堂刻本 遼寧大學圖書館藏

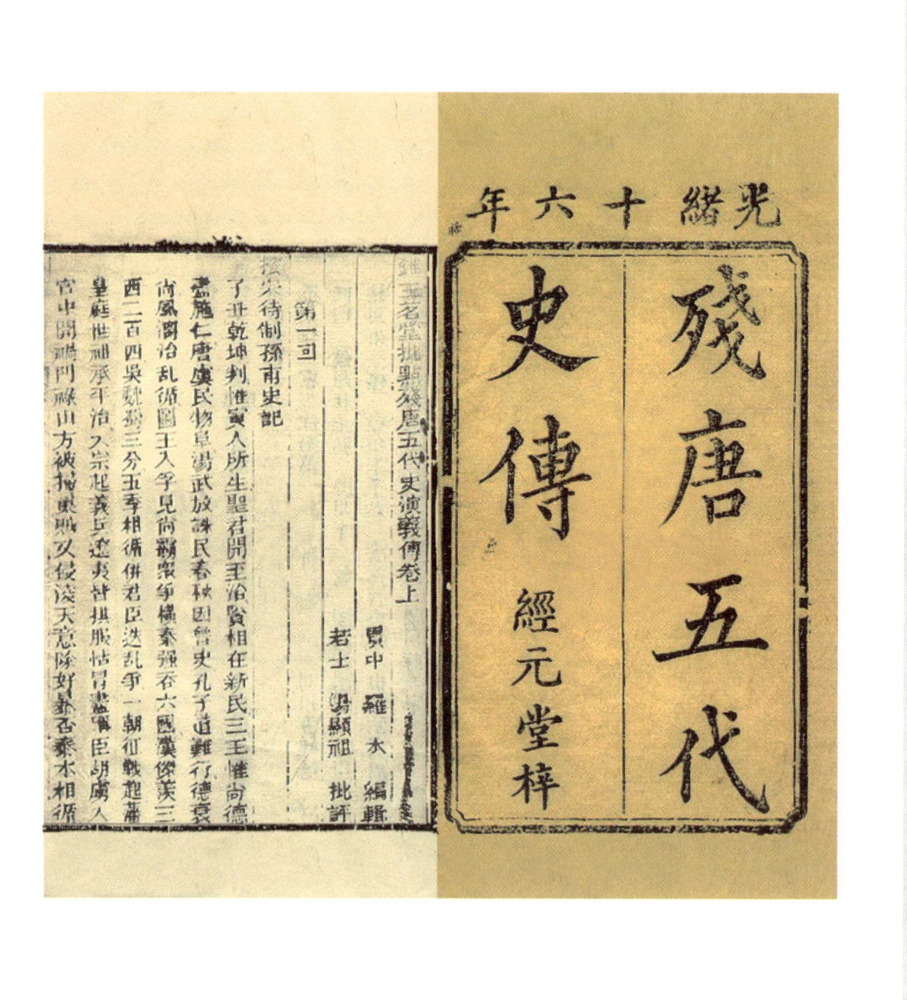

殘唐五代史傳 （明）羅貫中 編 （明）臨川 湯顯祖 評

光緒十六年（1890）經元堂刻本

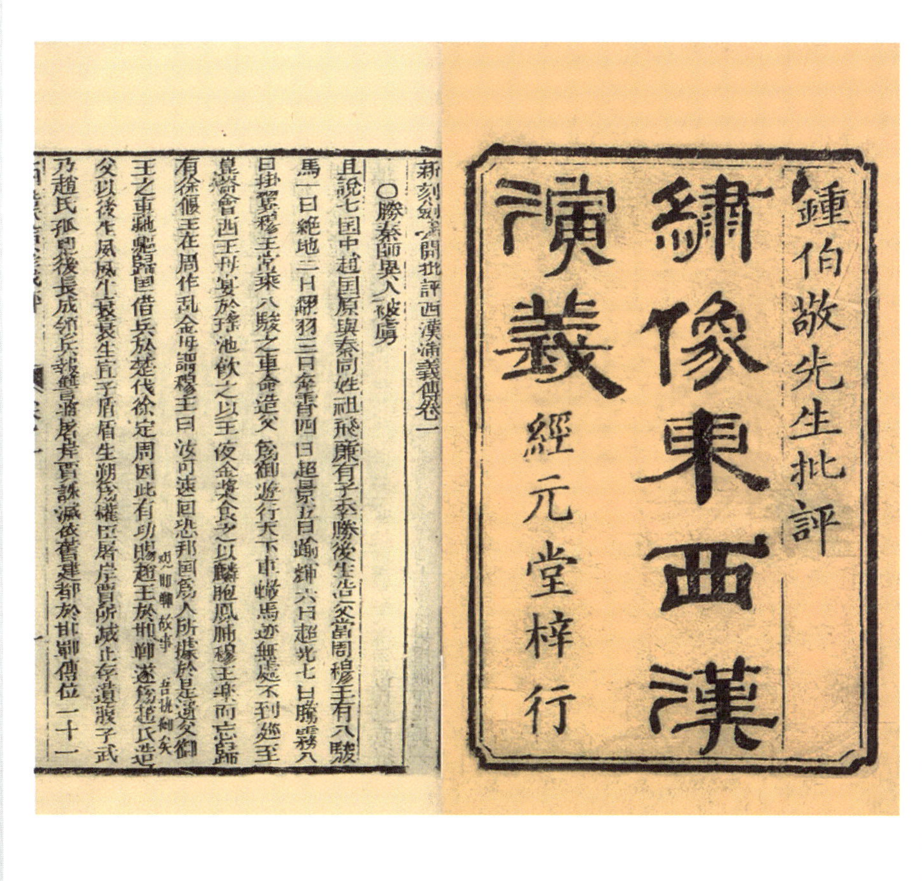
鍾伯敬先生批評

繡像東西漢演義

經元堂梓行

新刻劍嘯閣批評西漢演義傳卷一

○勝秦師與入被虜

且說七国中趙国原與秦同姓祖飛廉有子季勝後生造父嘗周穆王有八駿馬一曰絕地二曰翻羽三曰奔霄四曰超景五曰踰輝六曰超光七曰騰霧八曰挾翼穆王常乘八駿之車命造父爲御遊行天下車轍馬迹無處不到遂至崑崙會西王母宴於瑤池飲之以玉液金漿食之以麟脯鳳脯穆王樂而忘歸有徐偃王在周作亂金母謂穆王曰汝可速回恐邦国爲人所據於是造父御王之車趣驅歸国借兵於楚伐徐定周因此有功賜趙王於邯鄲遂爲趙氏造父以後生夙夙生衰衰生宣孟盾盾生朔爲權臣屠岸賈所滅止存遺腹子武乃趙氏孤兒後長成領兵報讎盡滅屠岸賈誅滅依舊建都於邯鄲傳位一十一

繡像東西漢演義 十六卷 （明）竟陵 鍾惺 評

清末經元堂翻刻劍嘯閣本 北京大學圖書館藏

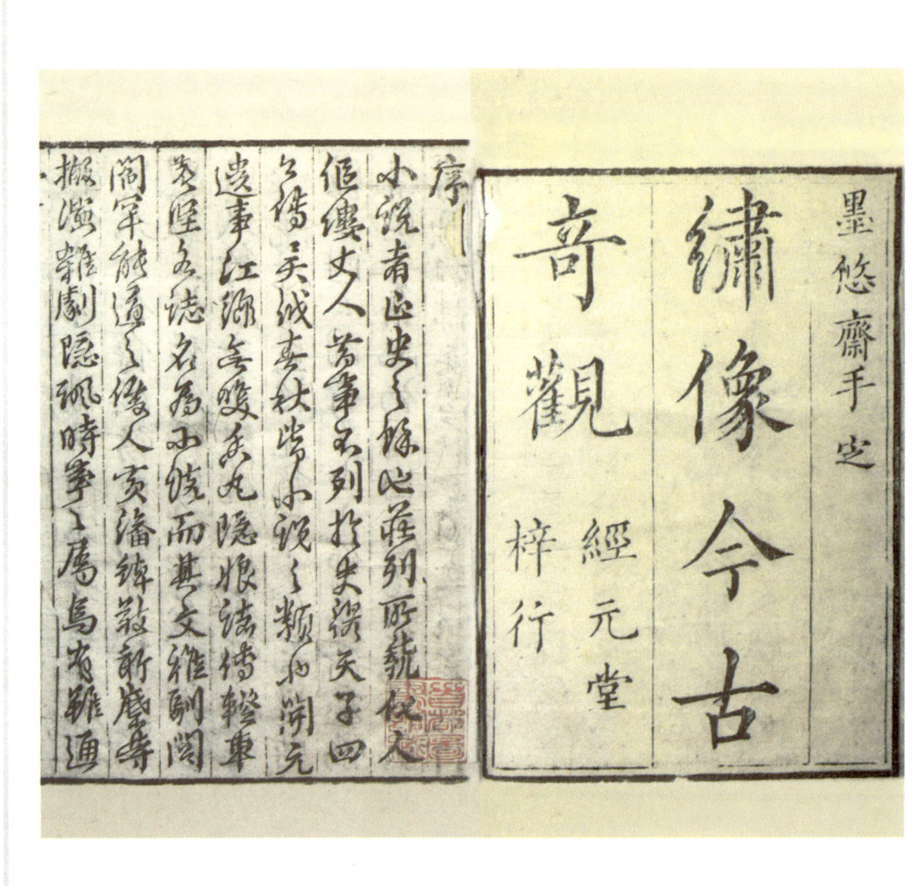

墨憨齋手定

繡像今古奇觀

經元堂梓行

序

小說者正史之餘也莊列所載化人
傴僂丈人昔事不列於史穆天子四
公傳吳越春秋皆小說之類也開元
遺事紅線無雙香丸隱娘諸傳睽車
夷堅各志名爲小說而其文雅馴閭
閻罕能道之優人黃繙綽敬新磨等
搬演雜劇隱諷時事事屬烏有雖通

繡像今古奇觀 四十卷 （清）墨憨齋主人 輯

清末經元堂刻本 首都圖書館藏

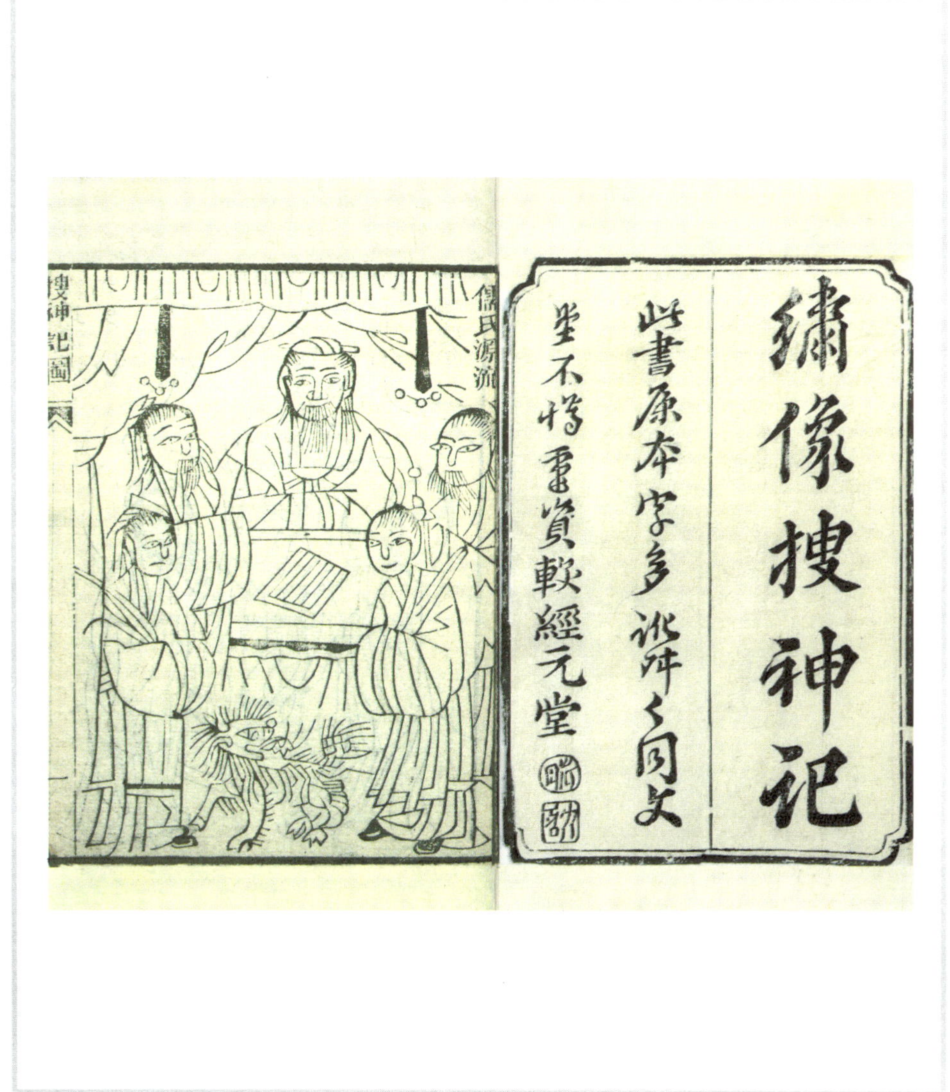

繡像搜神記 三冊 （晉）干寶 撰

清末經元堂刻本 首都圖書館藏

素菴主人編

錦香亭

經元堂藏板

錦香亭卷之一

古吳 素菴主人編
茂苑 種花小史閱

第一回

鍾景期三場飛兎穎

詞曰上苑花繁皇都春早紛紛覓翠尋芳畫橋煙柳鶯與燕爭忙一望

桃紅李白東風暖滿日韶光鞦韆架佳人笑語隱隱出雕墻〇王

孫行樂處金鞍銀勒玉轡瑤觴漸酒酣歌竟重過横塘更有題花

品鳥騷人輩任細端相魂消處楔頭月上歸去馬蹄香

這首詞單道那長安富貴的光景長安是歷來帝王建都之地秦曰咸陽

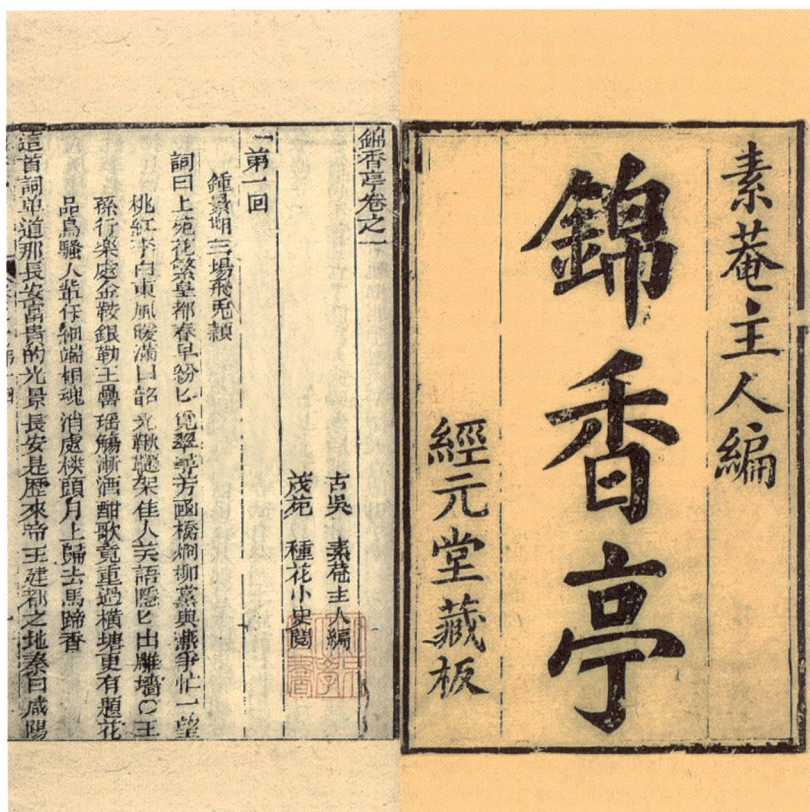

錦香亭 四卷 十六回 （清）南京 素庵主人 撰

清末經元堂刻本 北京大學圖書館藏

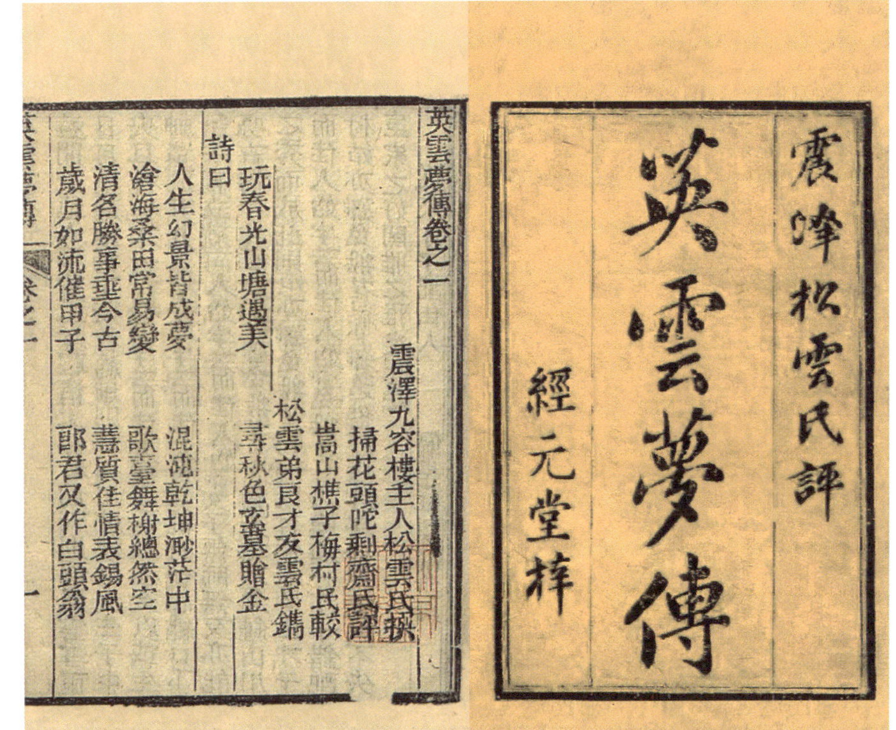

震澤松雲氏評

英雲夢傳

經元堂梓

英雲夢傳卷之一

震澤九容樓主人松雲氏撰

掃花頭陀剩齋氏評

嵩山樵子梅村氏較

松雲弟艮才友雲氏鐫

玩春光山塘遇美　尋秋色玄墓贈金

詩曰

人生幻景皆成夢　混沌乾坤渺茫中

滄海桑田常易變　歌臺舞榭總然空

清名勝事垂今古　慧質佳情表錫風

歲月如流催甲子　郎君又作白頭翁

英雲夢傳 （清）吳江 松雲氏 撰

咸豐三年（1853）經元堂（升記）刻本 北京大學圖書館藏

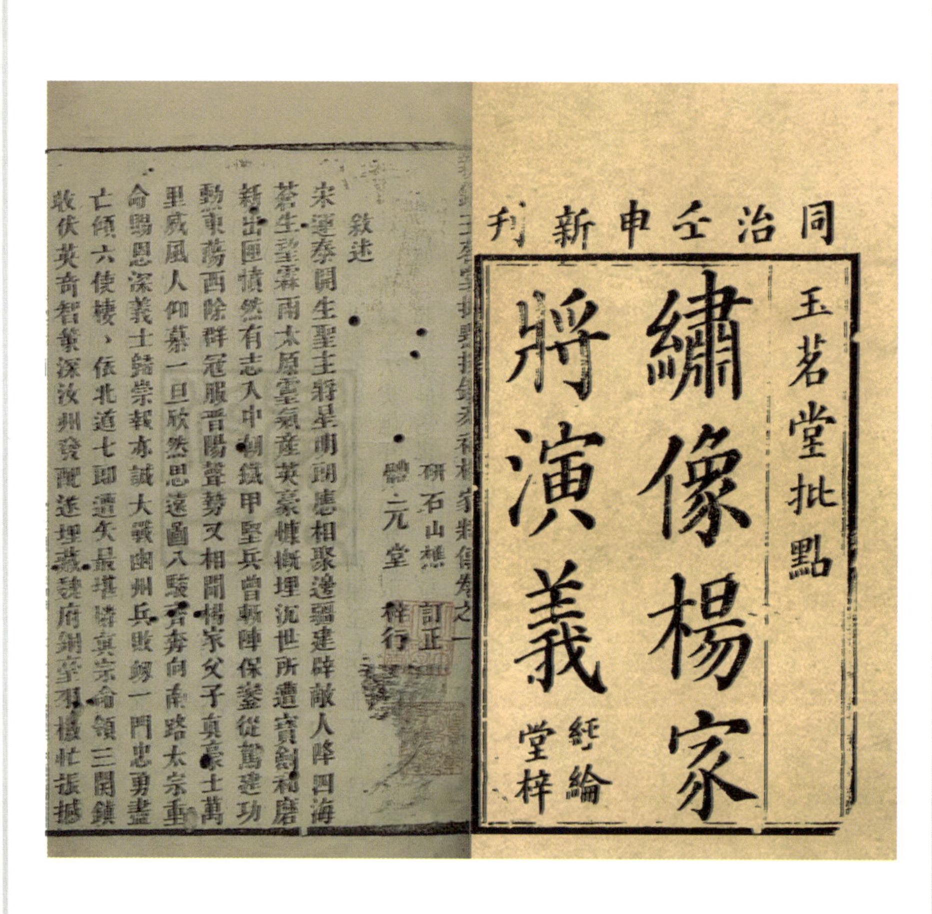

同治壬申新刊

玉茗堂批點

繡像楊家將演義

經綸堂梓

新鐫玉茗堂批點參補楊家將傳卷之一

研石山樵 訂正

體元堂 梓行

敘述

宋運泰開生聖主將星輒踴應相聚邊疆建辟敵人降四海
蒼生登霖雨太原靈氣產英豪雄慨埋沉世所遺寶劍和磨
鍔出匣憤然有志入中朝鐵甲堅兵曾斬陣保鑾從駕建功
勳東蕩西除群寇服晉陽聲勢又相聞楊家父子真豪士萬
里威風人仰慕一旦欣然思遠圖入駿齊奔向南路太宗重
命賜恩深義士歸崇報亦誠大戰幽州兵敗殁一門忠勇盡
亡傾六使棲、依北道七郎遭矢最堪憐真宗命領三關鎮
敢伏英奇智量深汝州發配遂埋藏魏府銅臺羣樓壯振撼

新鐫玉茗堂批點參補楊家將傳 十卷 一百回 研石山樵 訂正

清同治十一年（1872）經綸堂刻本 北京大學圖書館藏

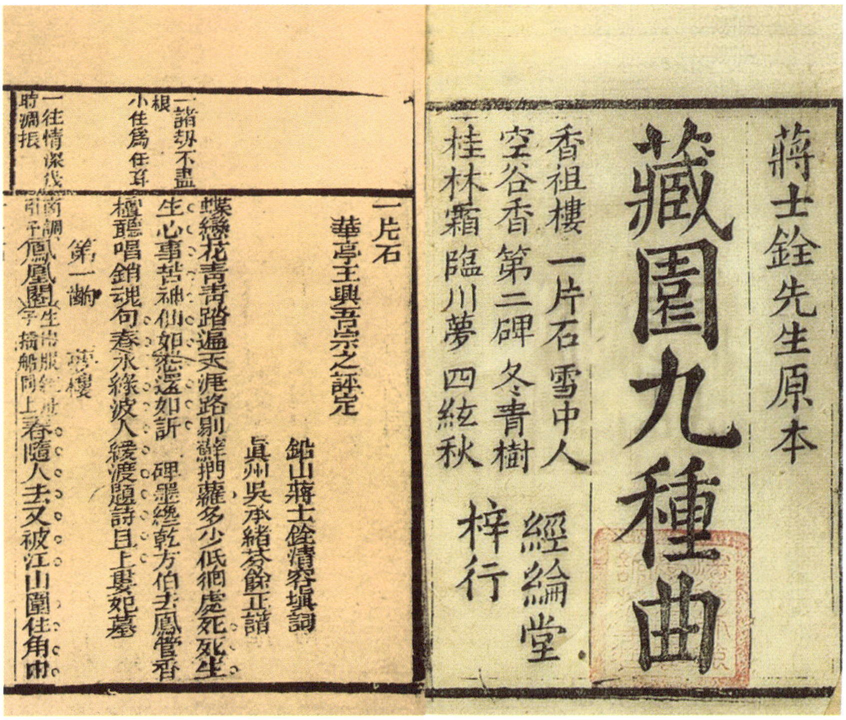

藏園九種曲 十三卷 （清）鉛山 蔣士銓 撰

乾隆三十九年（1774）經綸堂刻本 遼寧大學圖書館藏

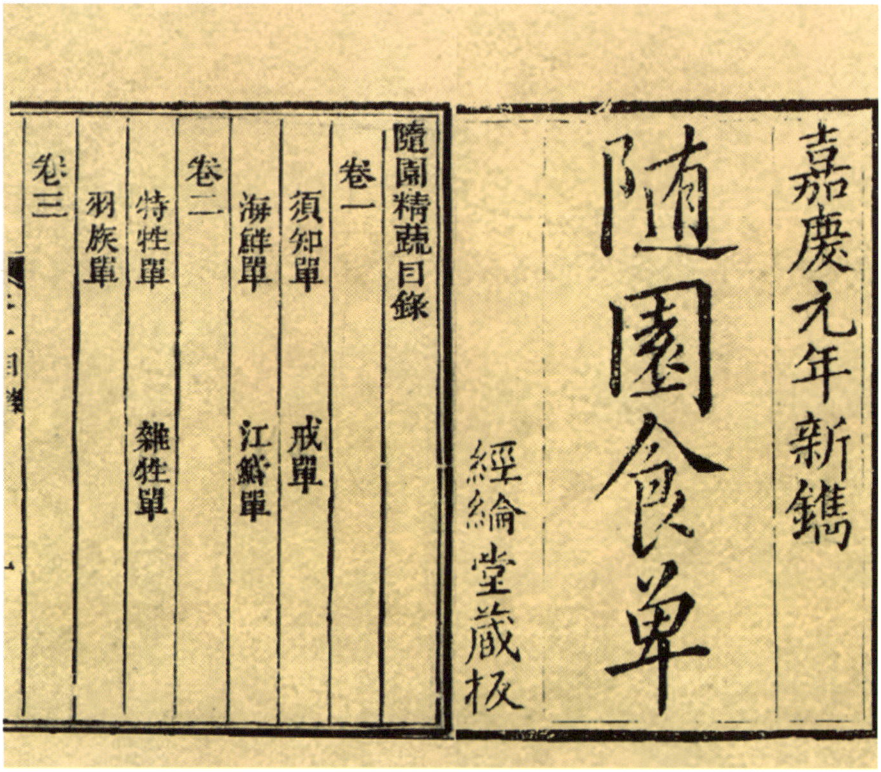

嘉慶元年新鐫

隨園食單

經綸堂藏板

隨園精蔬目錄

卷一

須知單　戒單

海鮮單　江鮮單

卷二

特牲單　雜牲單

羽族單

卷三

隨園食單 四卷 （清）袁枚 撰

嘉慶元年（1796）經綸堂刻本 北京大學圖書館藏

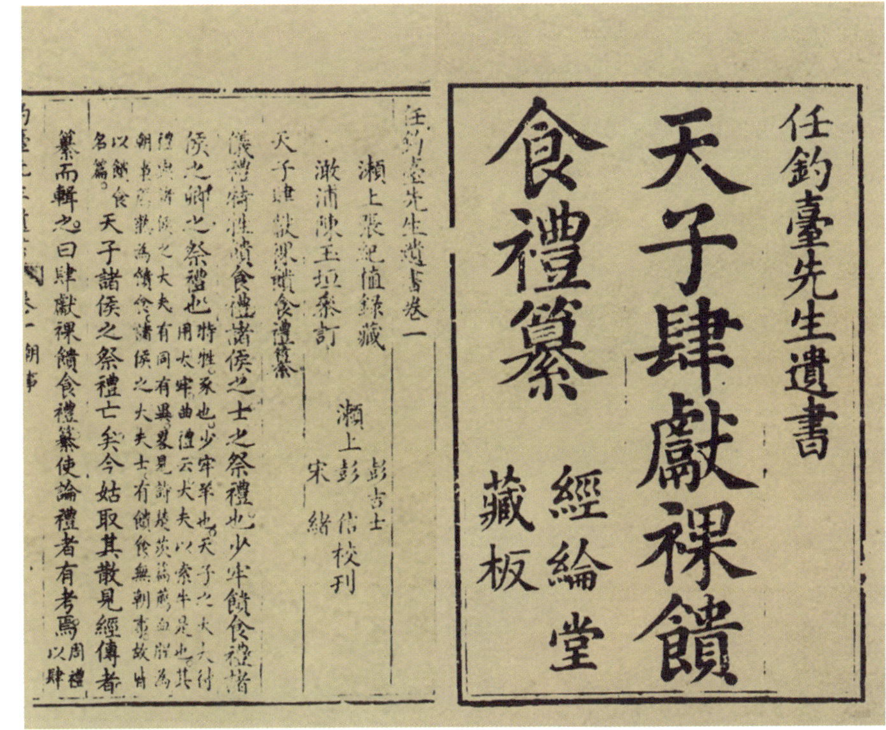

任釣臺先生遺書

天子肆獻祼饋食禮纂

經綸堂

藏板

任釣臺先生遺書卷一

瀨上張紀值錄藏

澂浦陳玉垣參訂

瀨上彭吉士 彭信 宋緒 校刊

天子肆獻祼饋食禮纂

儀禮特牲饋食禮諸侯之士之祭禮也少牢饋食禮諸侯之卿之祭禮也……以饋食名篇。天子諸侯之祭禮亡矣今姑取其散見經傳者纂而輯之曰肆獻祼饋食禮纂使論禮者有考焉

天子肆獻祼饋食禮纂 四卷 （清）任啟運 撰

嘉慶十五年（1810）經綸堂刻本 四川大學圖書館藏

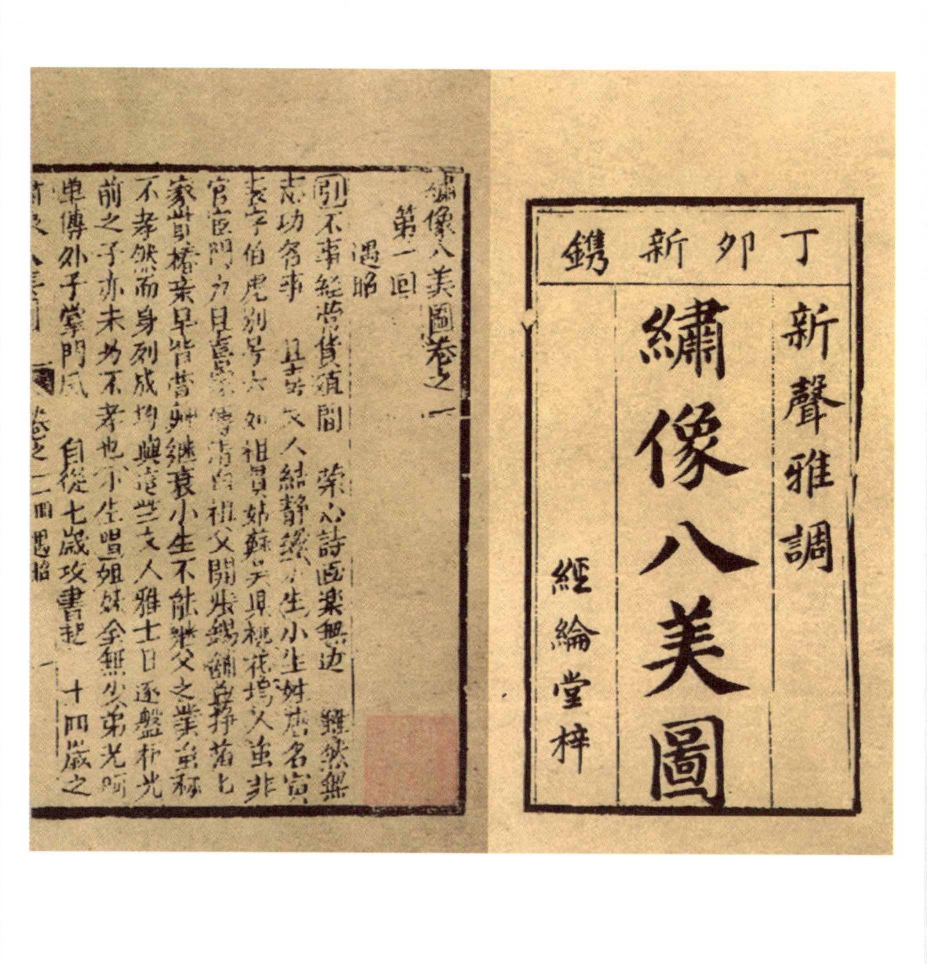

繡像八美圖 四卷 （清）佚名 撰

清中晚期經綸堂刻本 北京大學圖書館藏

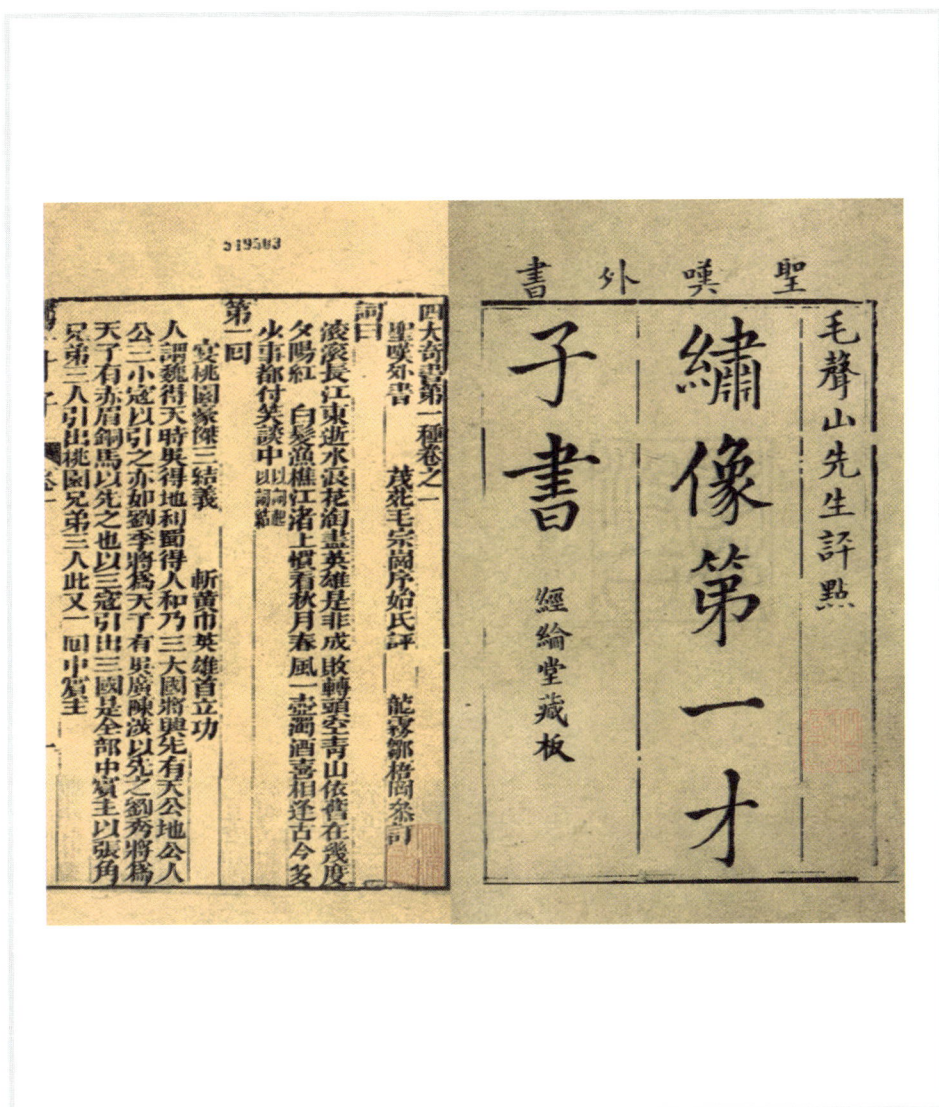

繡像第一才子書（三國演義）五十卷 一百二十回 （明）羅貫中 撰

清中期經綸堂刻本 北京大學圖書館藏

經國堂

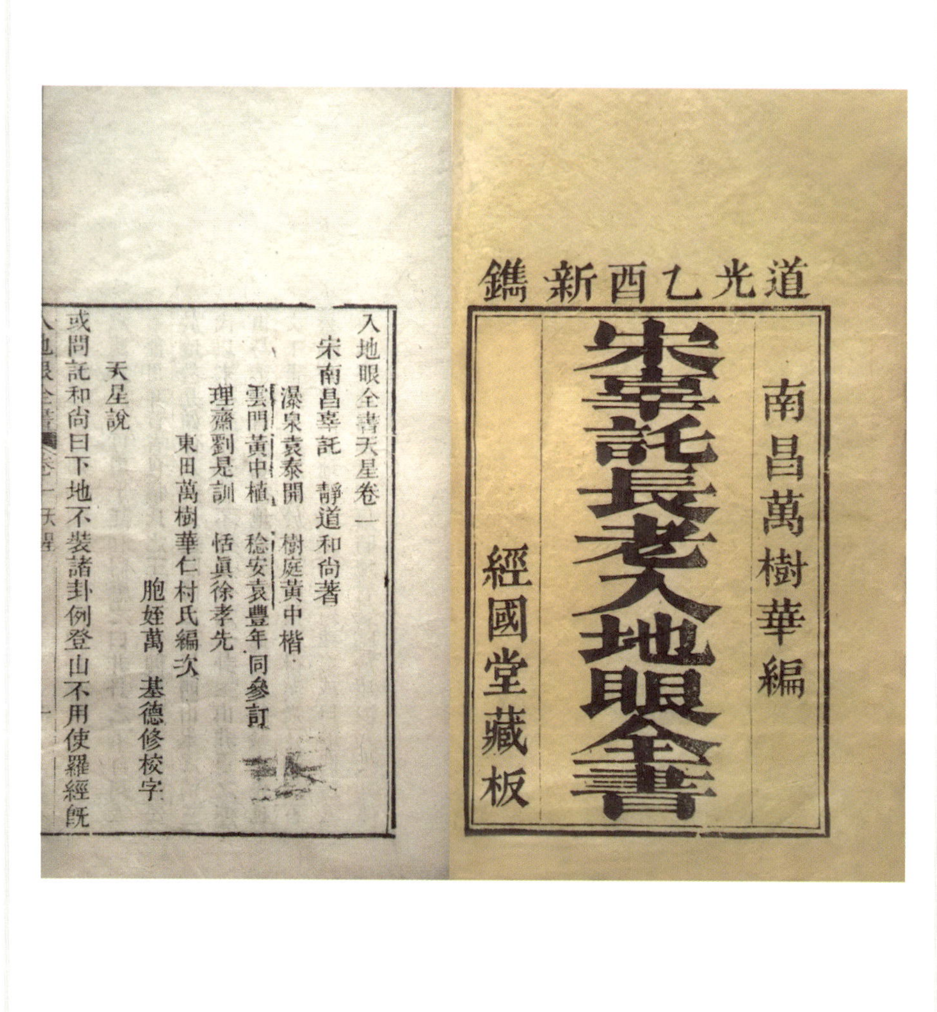

道光乙酉新鐫

宋辜託長老入地眼全書

南昌萬樹華編

經國堂藏板

入地眼全書天星卷一

宋南昌辜託　靜道和尚著

瀑泉袁泰開　樹庭黃中楷

雲門黃中植　稔安袁豐年　同參訂

理齋劉見訓　恬眞徐孝先

東田萬樹華仁村氏編次

胞姪萬　基德修校字

天星說

或問託和尚曰下地不裝諸卦例登山不用使羅經旣

宋辜託長老入地眼全書 （宋）南昌 道靜和尚 撰 （清）南昌 萬樹華 編

道光五年（1825）經國堂刻本

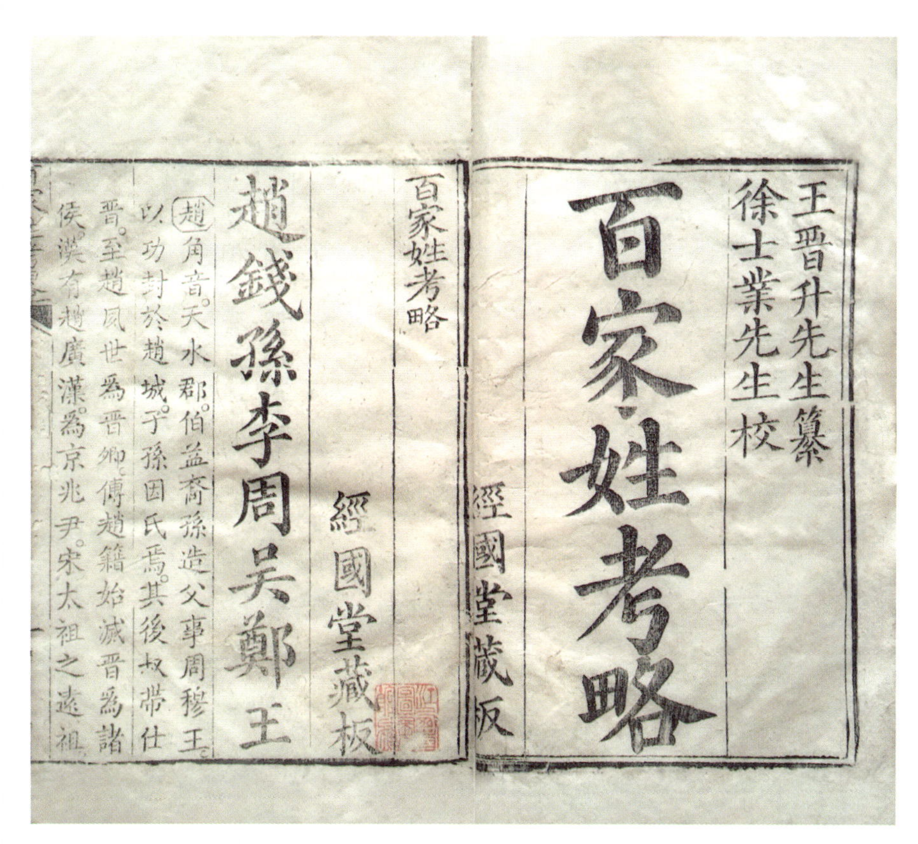
王晉升先生纂
徐士業先生校

百家姓考略

經國堂藏板

百家姓考略

經國堂藏板

趙錢孫李周吳鄭王

趙角音天水郡伯益裔孫造父事周穆王以功封於趙城子孫因氏焉其後叔帶仕晉至趙夙世爲晉卿傳趙籍始滅晉爲諸侯漢有趙廣漢爲京兆尹宋太祖之遠祖

百家姓考略 不分卷 （清）王晉升 編

清末經國堂刻本 江西省圖書館藏

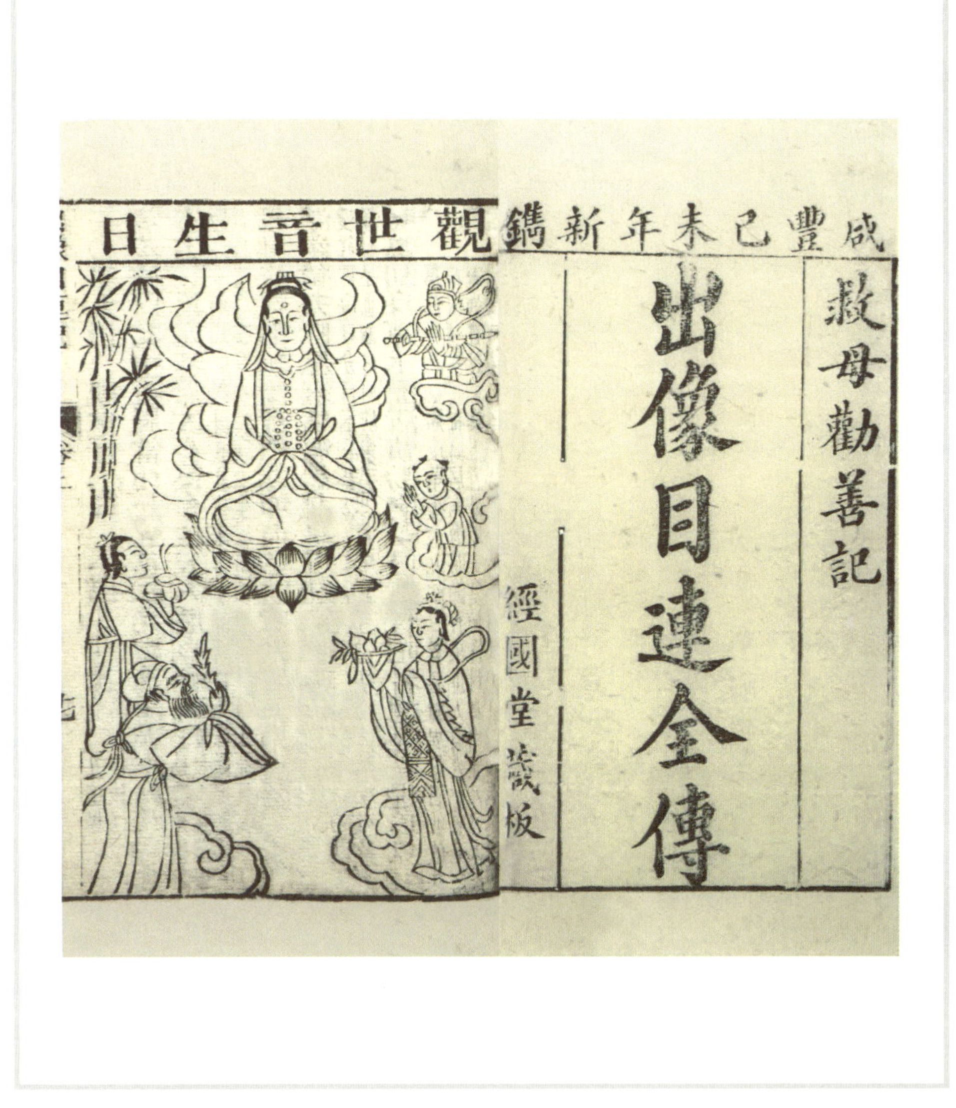

出像目連全傳 不分卷

咸豐九年（1859）經國堂刻本 首都圖書館藏

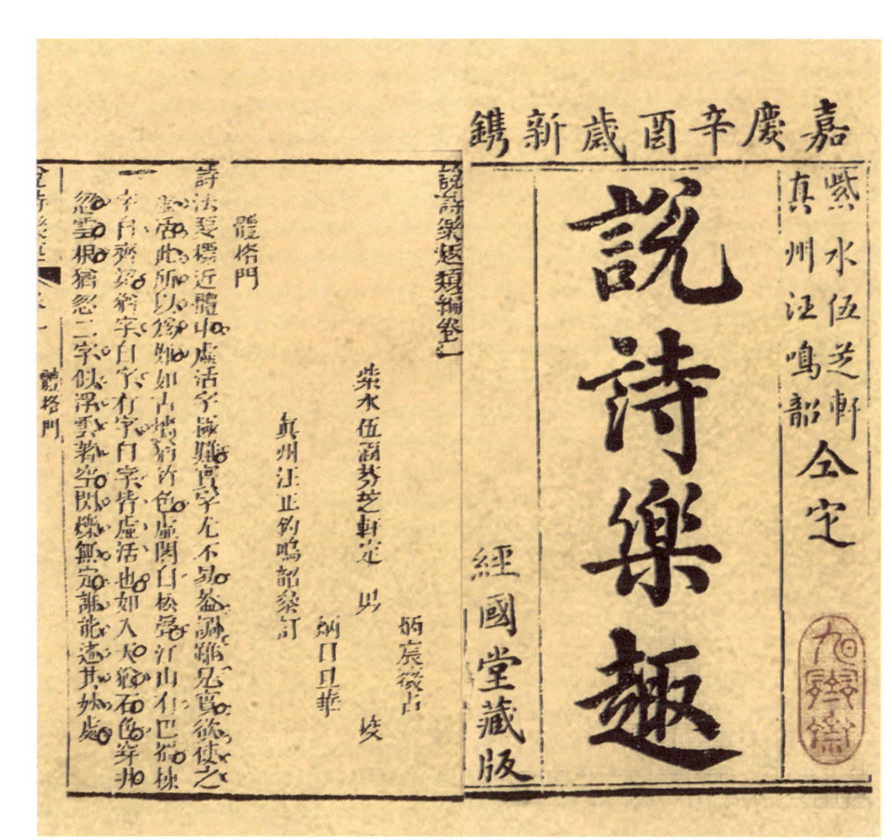

嘉慶辛酉歲新鐫

紫水伍芝軒全定

真州汪鳴韶

說詩樂趣

經國堂藏版

說詩樂趣類編卷之一

紫水伍涵芬芝軒定　男　炳辰薇占　炳日旦華　校

真州汪正鈞鳴韶參訂

體格門

說詩樂趣 二十卷（清）伍涵芬 撰

嘉慶六年（1801）經國堂刻本 遼寧大學圖書館藏

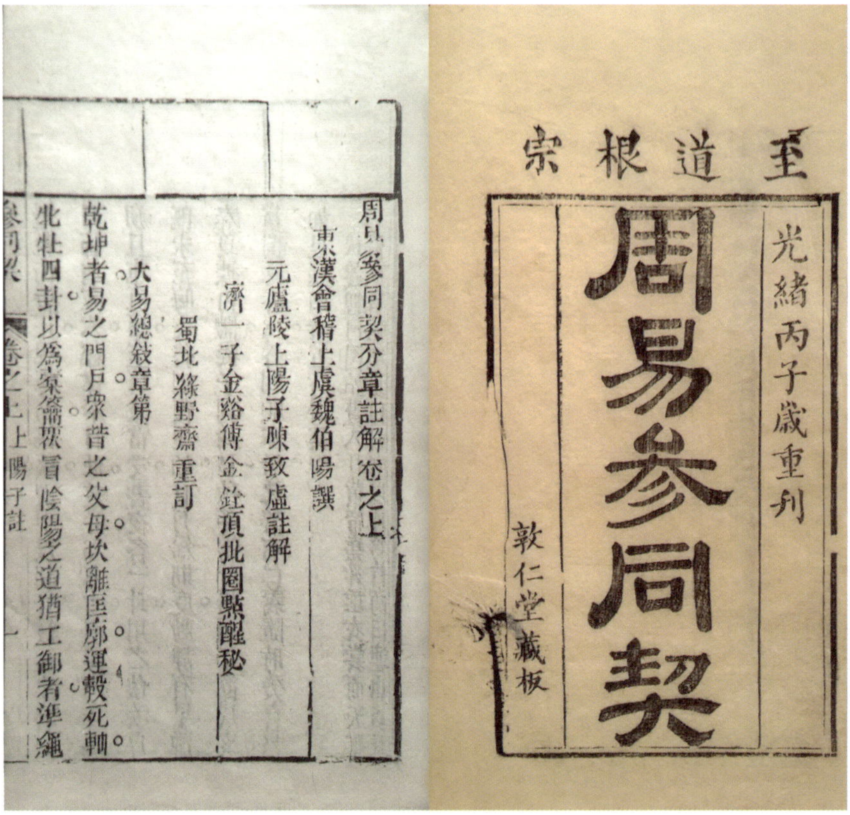

周易參同契 （元）吉安 陳致虛 註 （清）金谿 傅金銓 批

光緒二年（1876）敦仁堂刻本 江西省圖書館藏

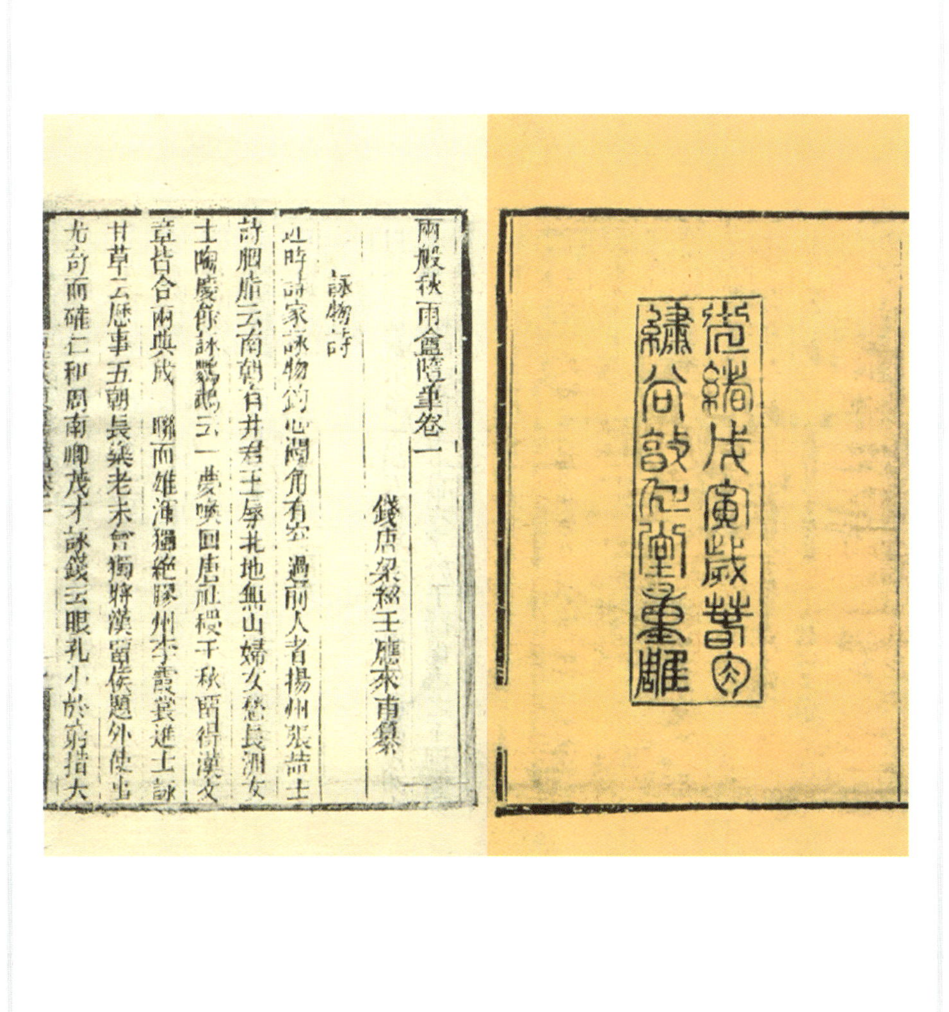

光緒戊寅歲春月
繡谷敦仁堂重雕

兩般秋雨盦隨筆卷一
錢唐梁紹壬應來甫纂
詠物詩
近時詩家詠物鈎心鬭角有突過前人者揚州張喆士
詩胭脂云南朝有井君王辱北地無山婦女愁長洲文
士陶慶餘詠鸚鵡云一夢喚回唐社稷千秋留得漢文
章皆合兩典成聯而雄渾獨絕滕州李霞裳進士詠
甘草云歷事五朝長樂老未曾獨將漢留侯題外使出
尤奇而確仁和周南卿茂才詠錢云眼孔小於窮措大

兩般秋雨盦隨筆 八卷 （清）梁紹壬 撰

光緒四年（1878）繡谷敦仁堂刻本

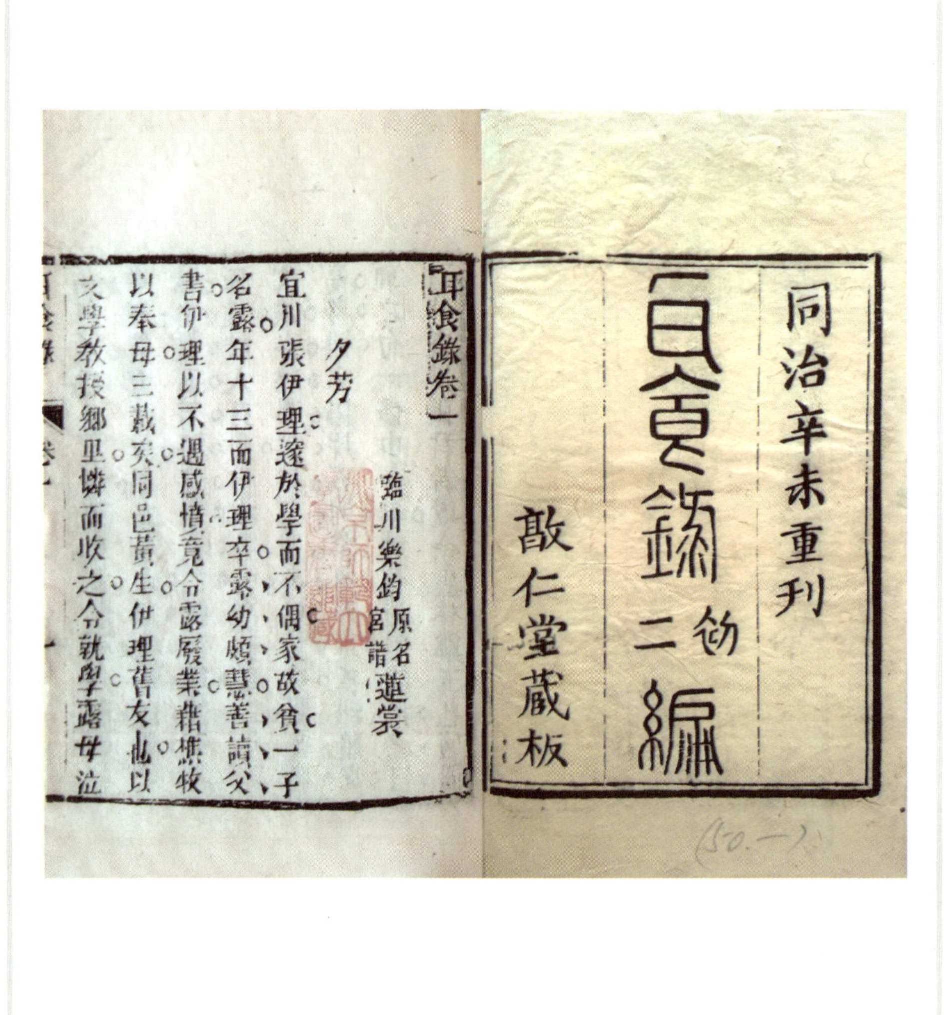

耳食錄卷一

臨川樂鈞原名宮譜蓮裳

夕芳

宜川張伊理邃於學而不偶家故貧一子名露年十三而伊理卒露幼頗慧善讀父書伊理以不遇感憤竟令露廢業藉樵牧以奉母三載矣同邑黃生伊理舊友也以文學教授鄉里憐而收之令就學露母泣

同治辛未重刊

耳食錄 二編

敦仁堂藏板

耳食錄 初編 二十卷 二編 八卷 （清）臨川 樂鈞 撰

同治十年（1871）敦仁堂刻本 北京師範大學圖書館藏

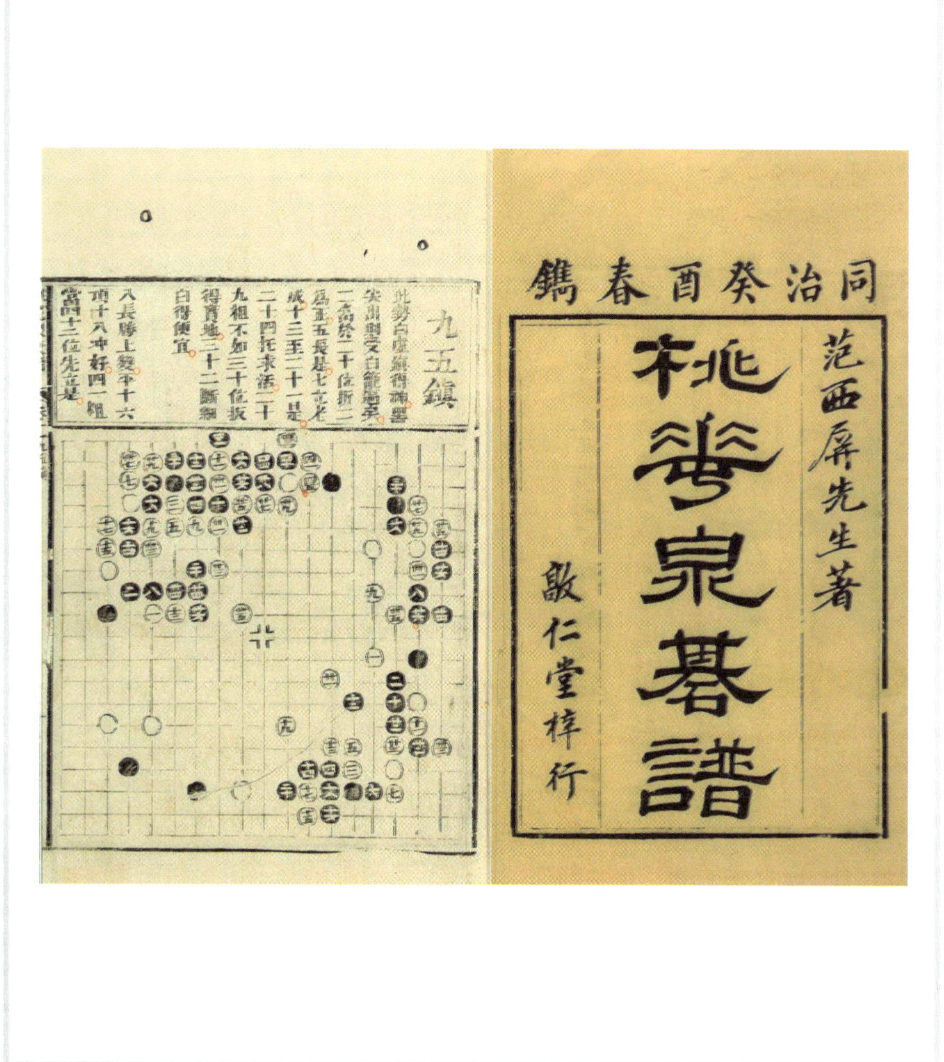
九五鎮

同治癸酉春鐫

范西屏先生著

桃花泉碁譜

敦仁堂梓行

桃花泉碁譜 二卷 （清）海寧 范世勳 撰

同治十二年（1873）敦仁堂刻本

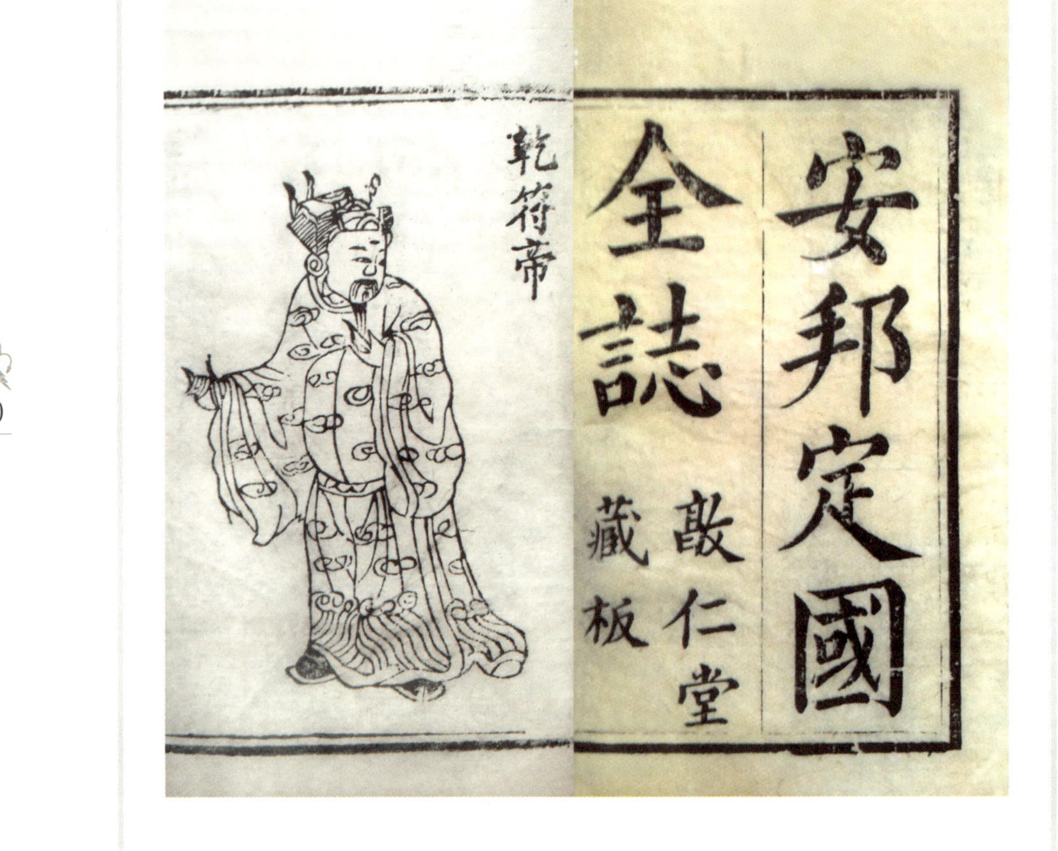

安邦定國全志 四十卷 （清）佚名 撰

同治十年（1871）敦仁堂刻本 南京師範大學圖書館藏

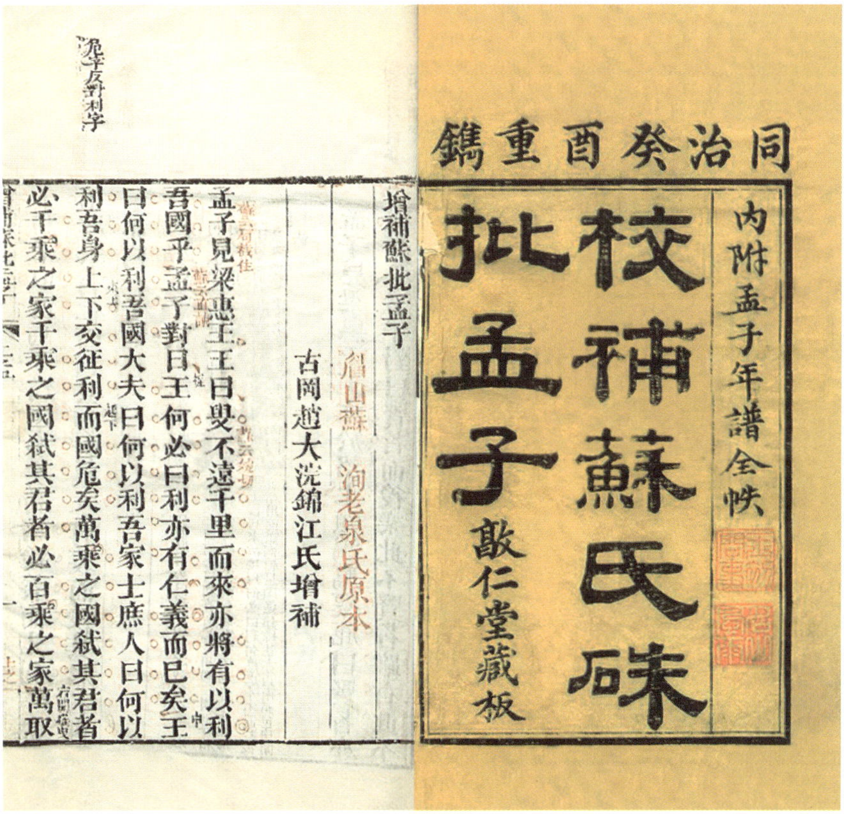

校補蘇氏硃批孟子 二卷 （宋）眉州 蘇洵 批註

同治十二年（1873）敦仁堂朱墨套印本　遼寧大學圖書館藏

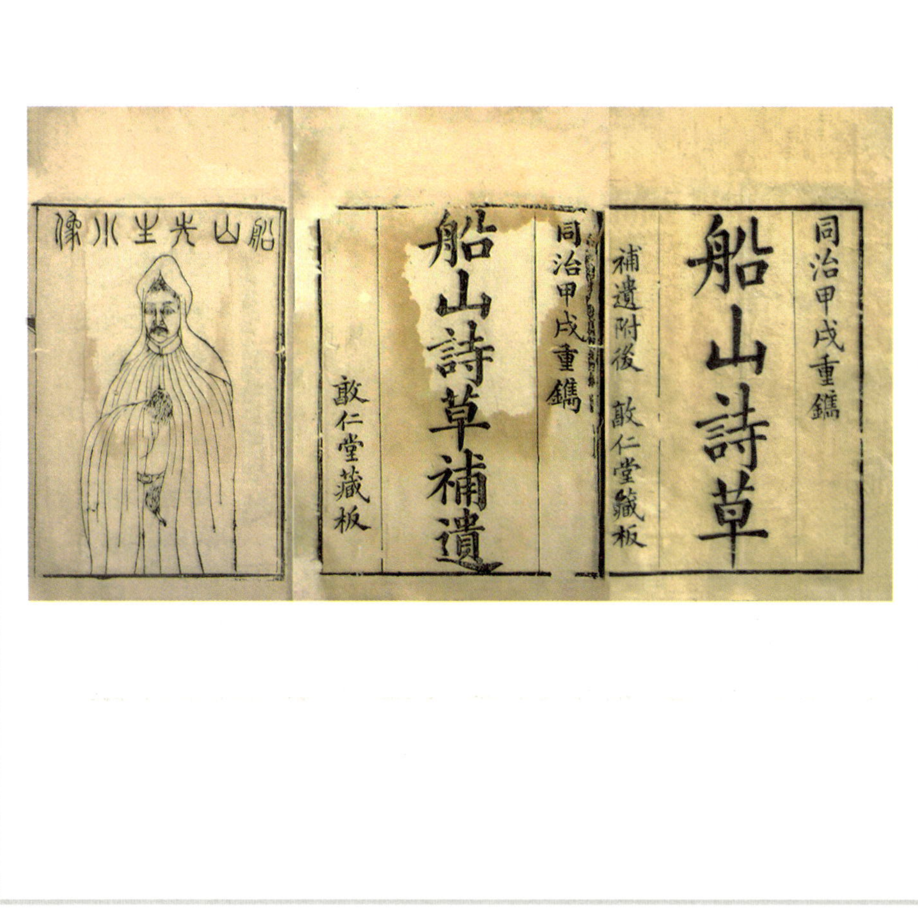

同治甲戌重鐫
船山詩草
補遺附後
敦仁堂藏板

同治甲戌重鐫
船山詩草補遺
敦仁堂藏板

船山先生小像

船山詩草 二十卷 船山詩草補遺 六卷 （清）遂寧 張問陶 撰

同治十三年（1874）敦仁堂刻本 遼寧大學圖書館藏

晉郭景純先生撰

繪圖山海經廣注

宏道堂藏版

山海經序

晉記室參軍郭璞撰

世之覽山海經者，皆以其閎誕迂誇，多奇怪俶儻之言，莫不疑焉。嘗試論之曰：莊生有云：人之所知，莫若其所不知。於吾山海經見之矣。夫以宇宙之寥廓，羣生之紛紜，陰陽之煦蒸，萬殊之區分，精氣渾淆，自相濆薄，遊魂靈怪，觸像而構，流形於山川，麗狀於木石者，惡可勝言乎？然則總其所以乖，鼓之於一響；成其所以變，混之於一象。世之所謂異，未知其所以異；世

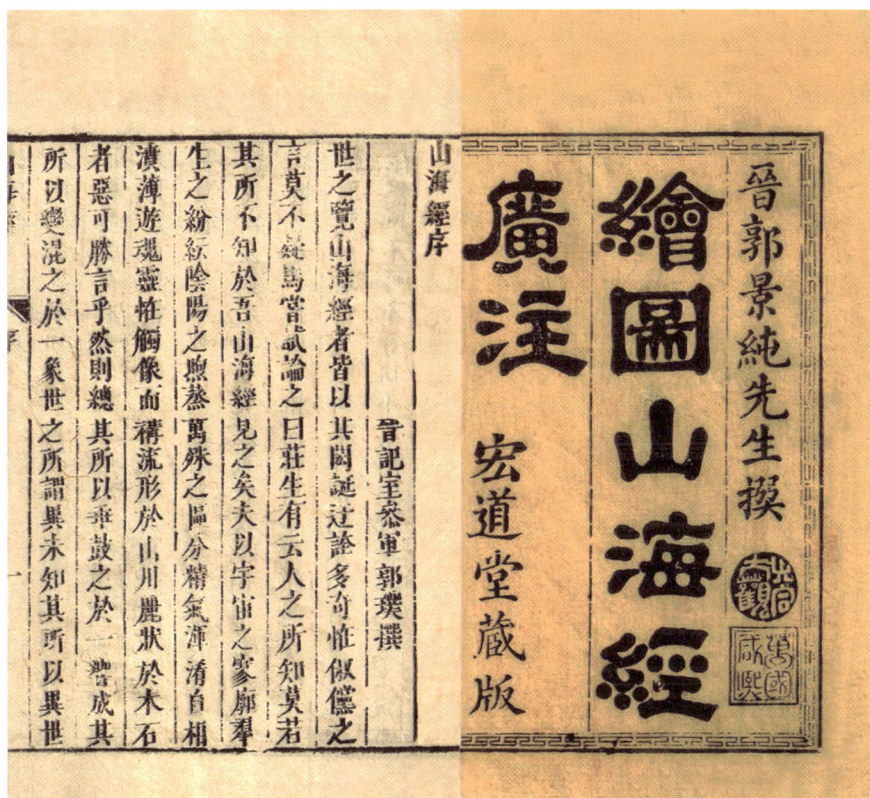

繪圖山海經廣注　（晉）郭璞 撰

清末宏道堂刻本

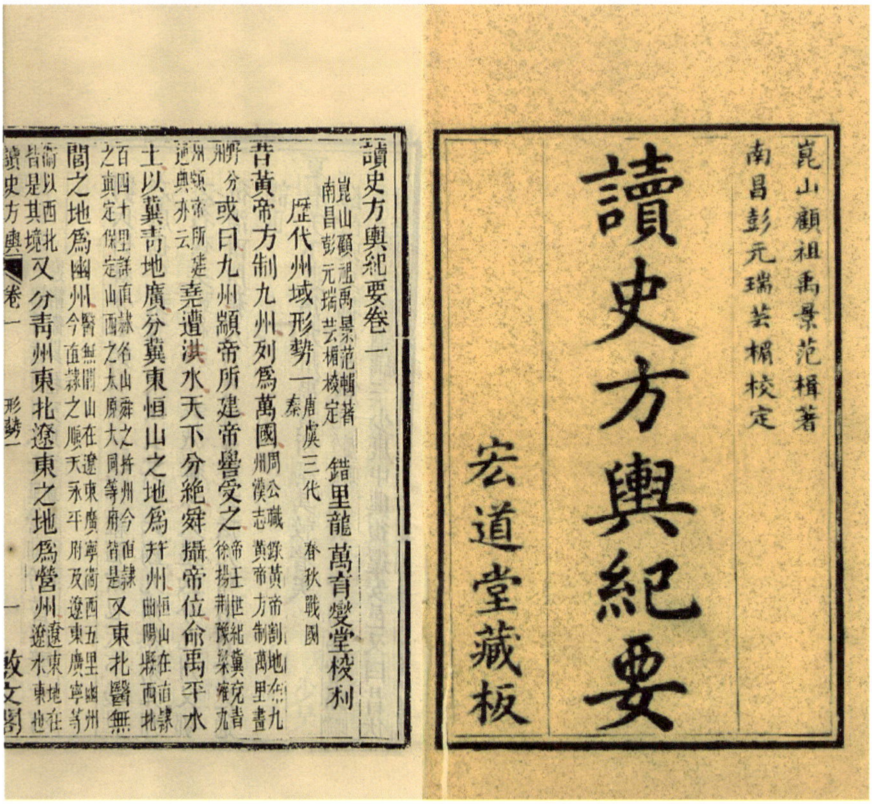

崑山顧祖禹景范輯著
南昌彭元瑞芸楣校定
讀史方輿紀要
宏道堂藏板

讀史方輿紀要卷一
崑山顧祖禹景范輯著 南昌彭元瑞芸楣校定 錯里龍萬育燮堂校刊
歷代州域形勢一 唐虞三代 春秋戰國 秦
昔黃帝方制九州列爲萬國周公職錄黃帝割地布九州漢志黃帝方制萬里畫野分州或曰九州顓帝所建帝嚳受之帝王世紀冀兗青徐揚荊豫梁雍九州顓帝所建通典亦云堯遭洪水天下分絕舜攝帝位命禹平水土以冀青地廣分冀東恒山之地爲幷州恒山在直隸曲陽縣西北百四十里爲名山舜之幷州今直隸之真定保定山西之太原大同等府皆是又東北醫無閭之地爲幽州醫無閭山在遼東廣寧衞西五里幽州今直隸之順天永平府及遼東廣寧等衞以西北皆是其境又分青州東北遼東之地爲營州遼東地在遼水東也
讀史方輿 卷一 形勢一 一 敷文閣

讀史方輿紀要 一百三十卷 附錄四卷 （清）昆山 顧祖禹 撰 南昌 彭元瑞 校

清末宏道堂刻本 中國人民大學圖書館藏

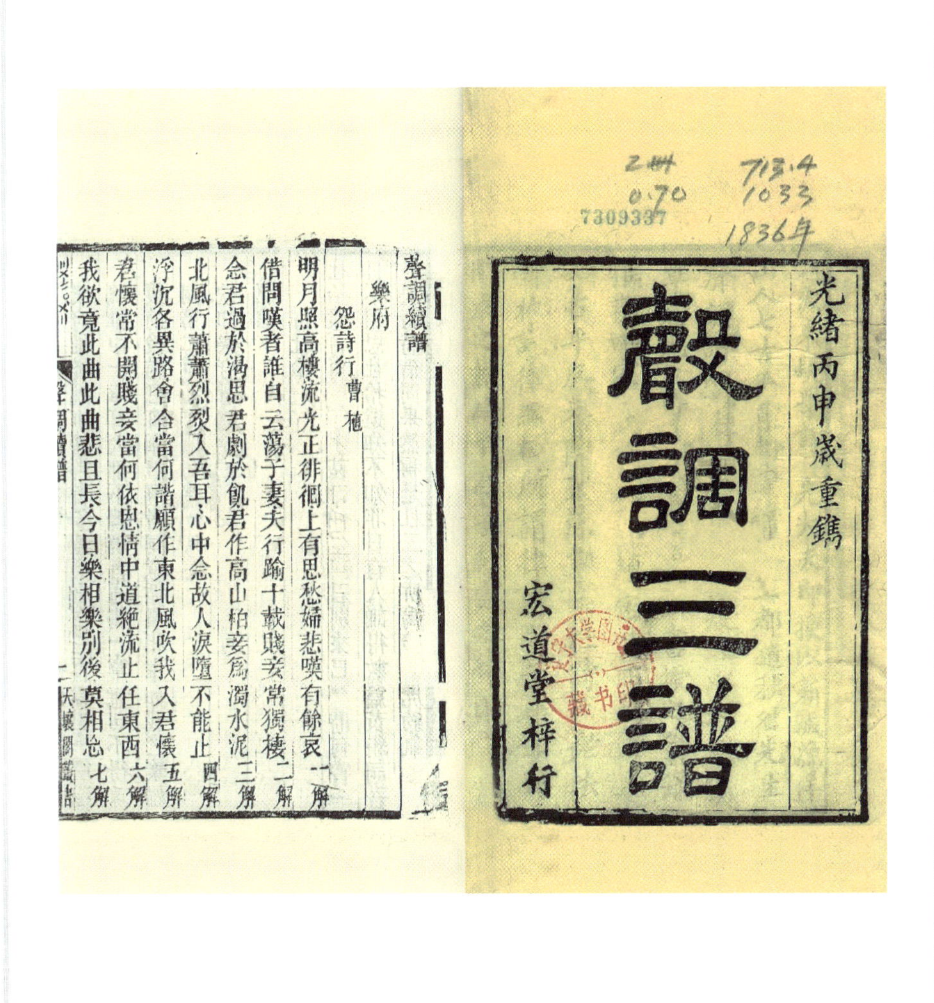
光緒丙申歲重鐫

聲調三譜

宏道堂梓行

聲調續譜

樂府

怨詩行 曹植

明月照高樓流光正徘徊上有愁思婦悲嘆有餘哀 一解
借問嘆者誰自云蕩子妻夫行踰十載賤妾常獨棲 二解
念君過於渴思君劇於飢君作高山柏妾為濁水泥 三解
北風行蕭蕭烈烈入吾耳心中念故人淚墮不能止 四解
浮沉各異路會合當何諧願作東北風吹我入君懷 五解
君懷常不開賤妾當何依恩情中道絕流止任東西 六解
我欲竟此曲此曲悲且長今日樂相樂別後莫相忘 七解

聲調續譜 二 天壤閣叢書

聲調三譜 四卷 （清）王祖源 輯

光緒二十二年（1896）宏道堂刻本

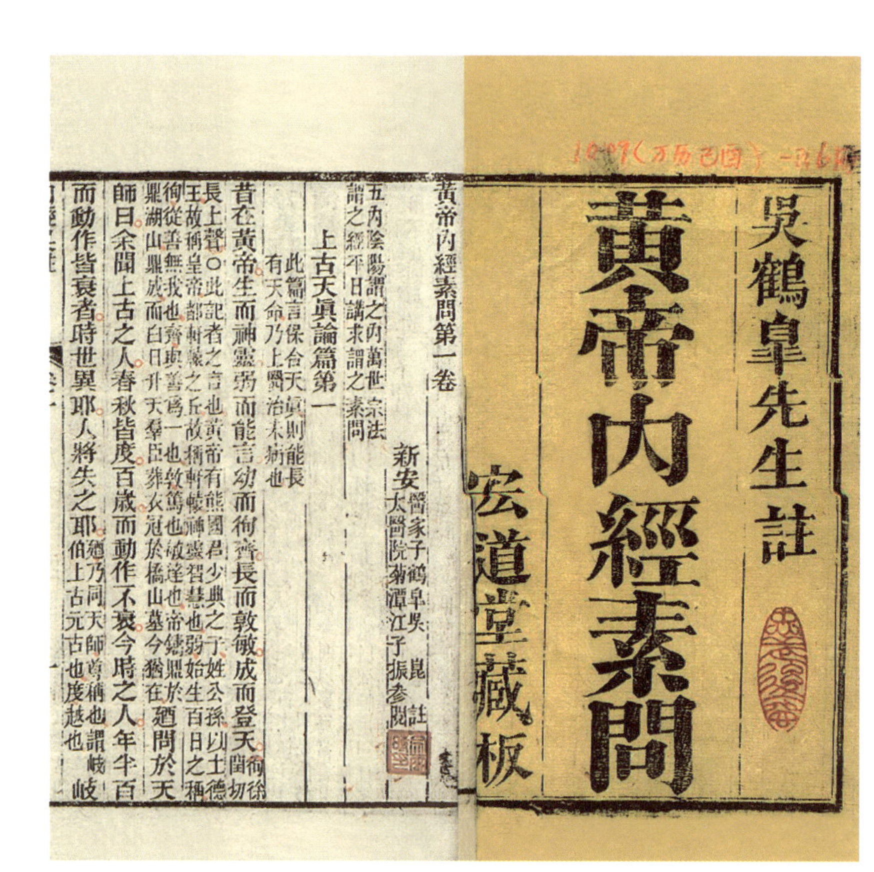

黄帝内經素問 二十四卷 （明）吴崐 註

清末宏道堂刻本 遼寧大學圖書館藏

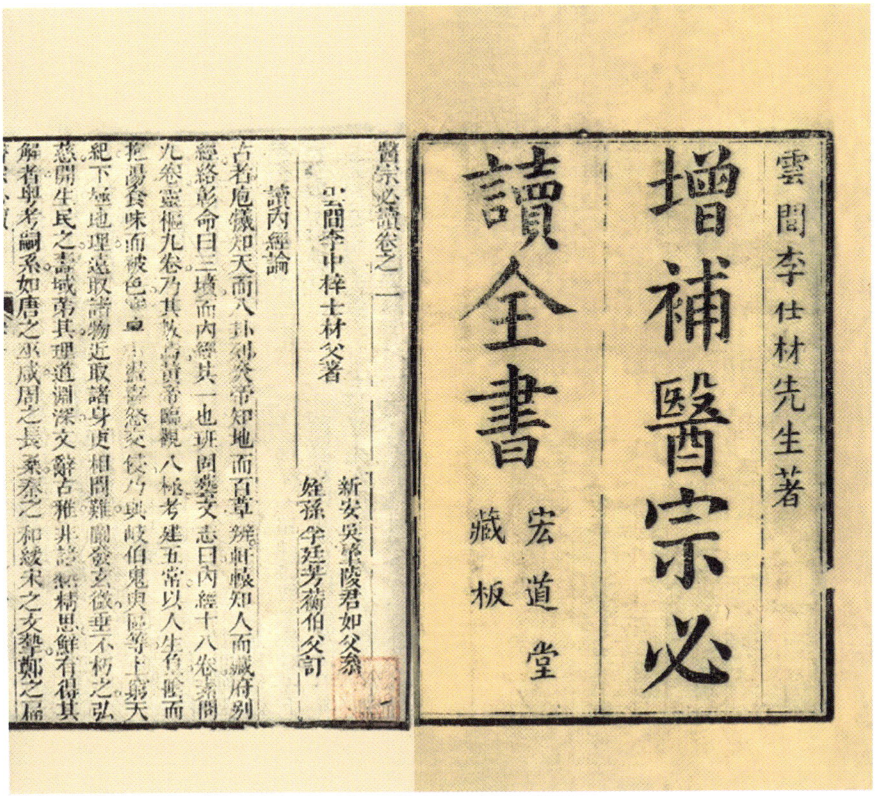

雲間李士材先生著

增補醫宗必讀全書

宏道堂藏板

增補醫宗必讀全書 十卷 （清）上海 李中梓 撰

清末宏道堂刻本 北京大學圖書館藏

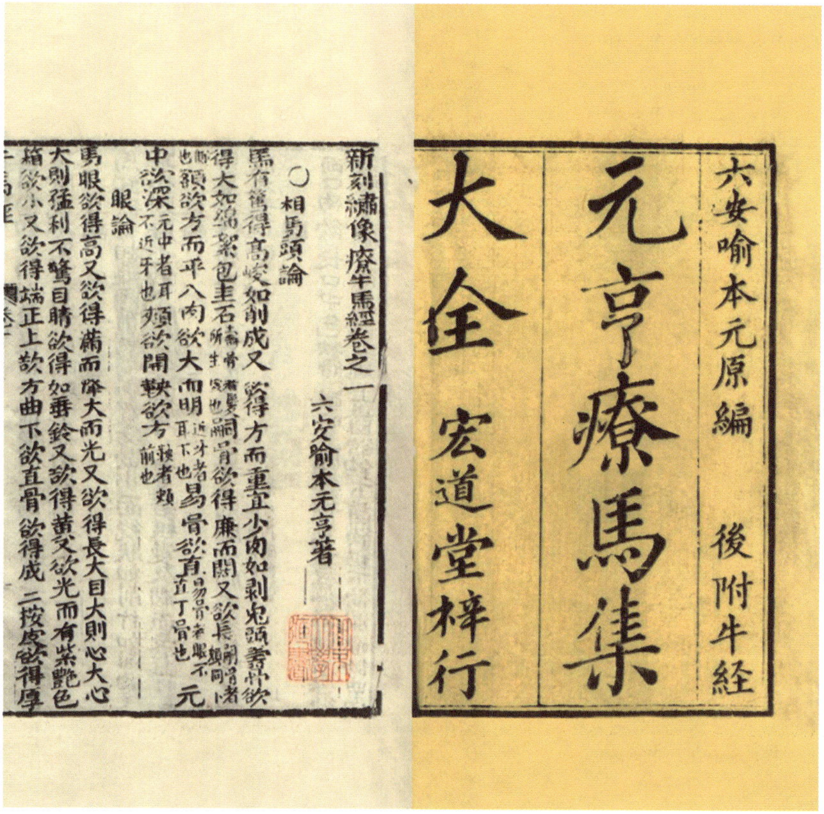

六安喻本元原編　後附牛経
元亨療馬集大全
宏道堂梓行

新刻繡像療牛馬經卷之一
六安喻本元亨著
○相馬頭論
馬首欲得高峻如削成又欲得方而重宜少肉如剝兔頭者骨欲得大如絹紮包圭石所謂皮薄骨突也顱骨欲得廉而闊又欲長顱骨者同額也額欲方而平八肉欲大而明近耳者耳下也易骨欲直易骨者額不直丁骨也元中欲深元中者耳不近牙也頰欲開鞅欲方頰者前也
眼論
馬眼欲得高又欲得滿而澤大而光又欲得長大目大則心大心大則猛利不驚目睛欲得如垂鈴又欲得黃又欲光而有紫艷色痛欲小又欲得端正上欲方曲下欲直骨欲得成二按皮欲得厚

元亨療馬集大全 六卷 （明）六安 喻本元 喻本亨 撰

清末宏道堂刻本 北京大學圖書館藏

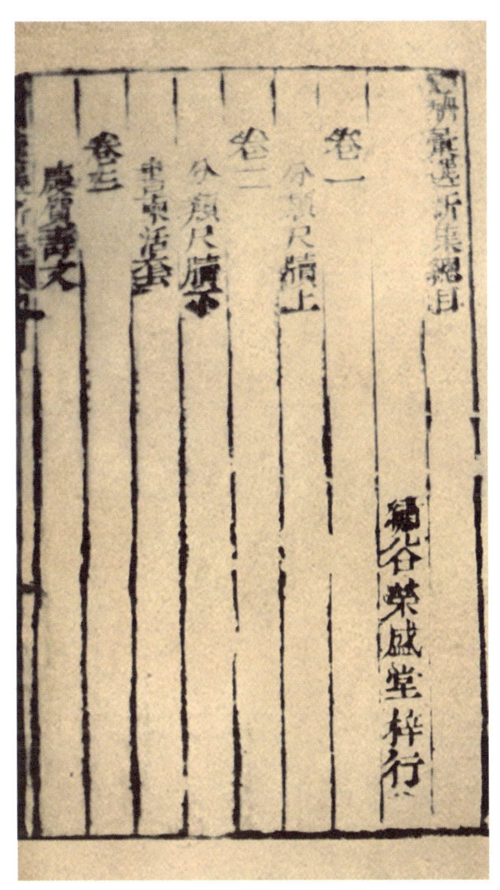

酬彙選新集總目

卷一　分類尺牘上

卷二　分類尺牘下

雜活套

卷三　慶賀壽文

繡谷榮盛堂梓行

應酬匯選新集（清）佚名 撰

清中晚期繡谷榮盛堂刻本 圖片來自網絡

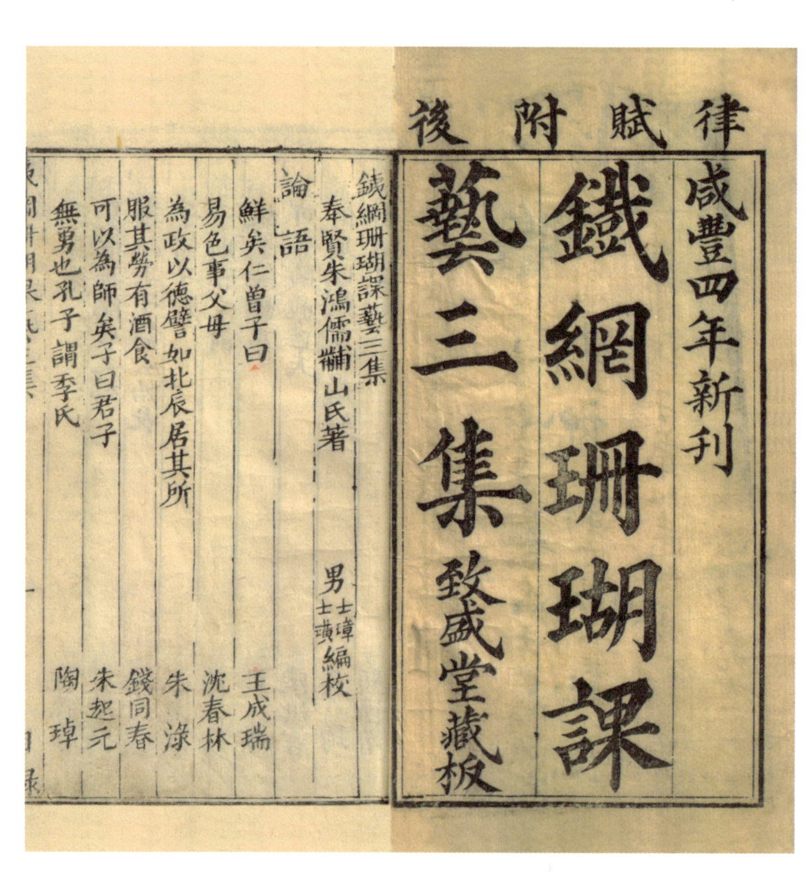

律賦附後

咸豐四年新刊

鐵網珊瑚課藝三集

致盛堂藏板

鐵網珊瑚課藝三集

奉賢朱鴻儒黼山氏著　男士璋 士璜編校

論語

鮮矣仁曾子曰　王成瑞

易色事父母　沈春林

為政以德譬如北辰居其所　朱滌

服其勞有酒食　錢同春

可以為師矣子曰君子　朱起元

無勇也孔子謂季氏　陶琸

鐵網珊瑚課藝三集 不分卷 （清）奉賢 朱鴻儒 輯

咸豐四年（1854）致盛堂刻本 劍川雕龍蟲館藏

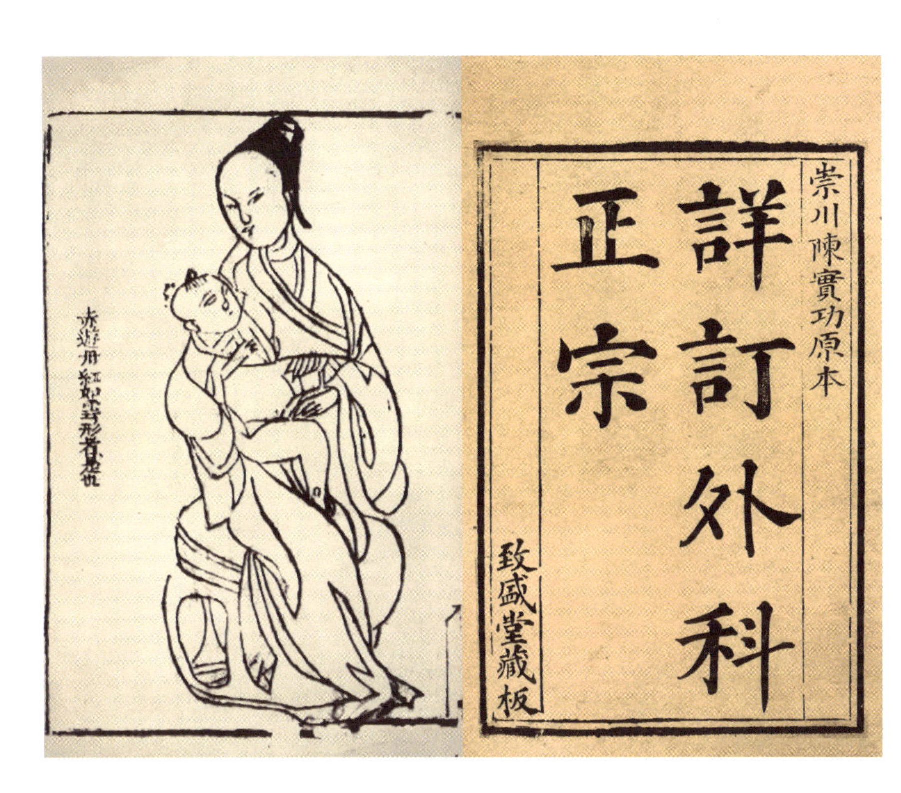

詳訂外科正宗 十二卷 （明）南通 陳實功 撰

乾隆五十年（1785）致盛堂刻本

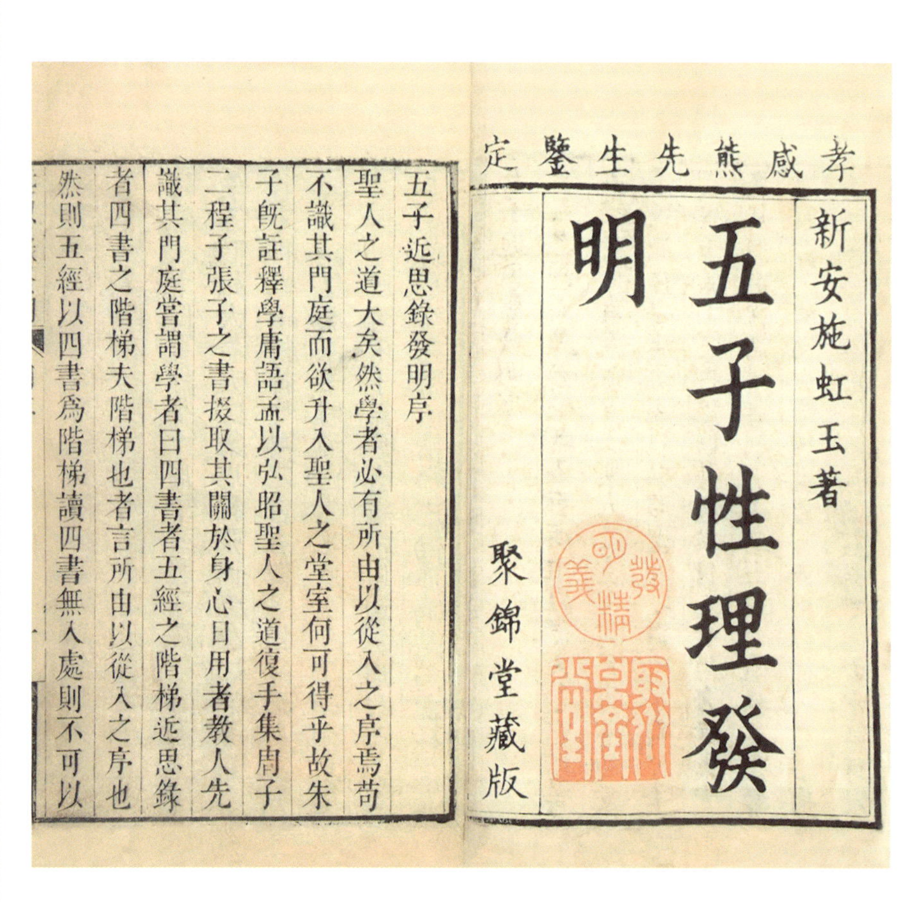

孝感熊先生鑒定

新安施虹玉著

五子性理發明

聚錦堂藏版

五子近思錄發明序

聖人之道大矣然學者必有所由以從入之序焉苟不識其門庭而欲升入聖人之堂室何可得乎故朱子旣詮釋學庸語孟以弘昭聖人之道復手集周子二程子張子之書掇取其關於身心日用者教人先識其門庭嘗謂學者曰四書者五經之階梯近思錄者四書之階梯夫階梯也者言所由以從入之序也然則五經以四書爲階梯讀四書無入處則不可以

五子性理發明 （清）徽州 施虹玉 撰

清初聚錦堂刻本

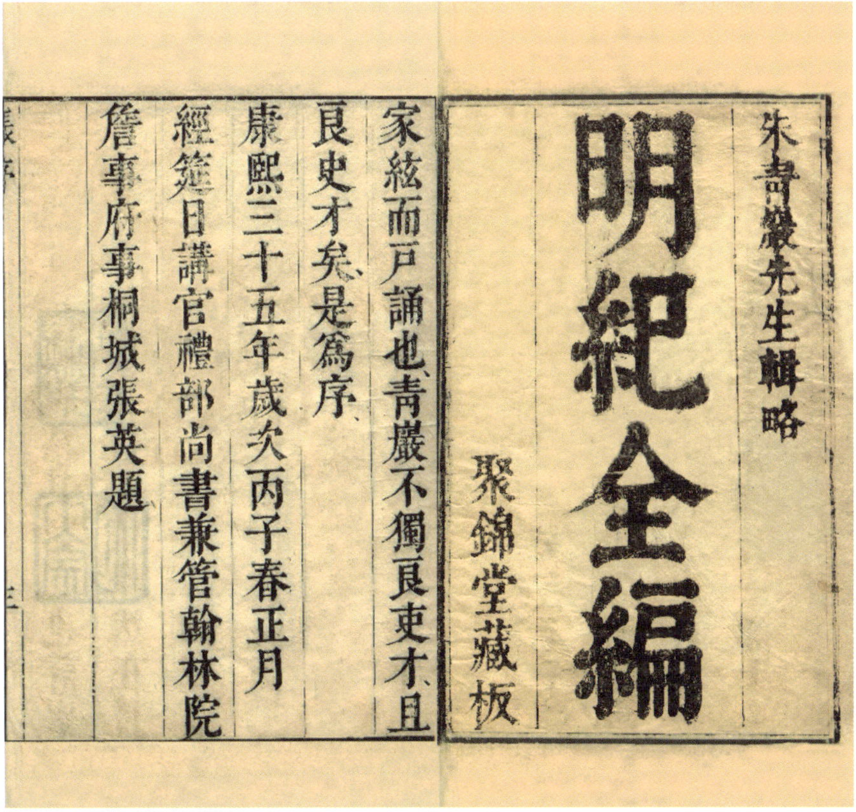

朱青巖先生輯略

明紀全編

聚錦堂藏板

家絃而戶誦也、青巖不獨良吏才、且良史才矣、是爲序、

康熙三十五年歲次丙子春正月

經筵日講官禮部尚書兼管翰林院

詹事府事桐城張英題

明紀全編 十六卷 （清）朱璘 輯

康熙三十五年（1696）聚錦堂刻本 遼寧大學圖書館藏

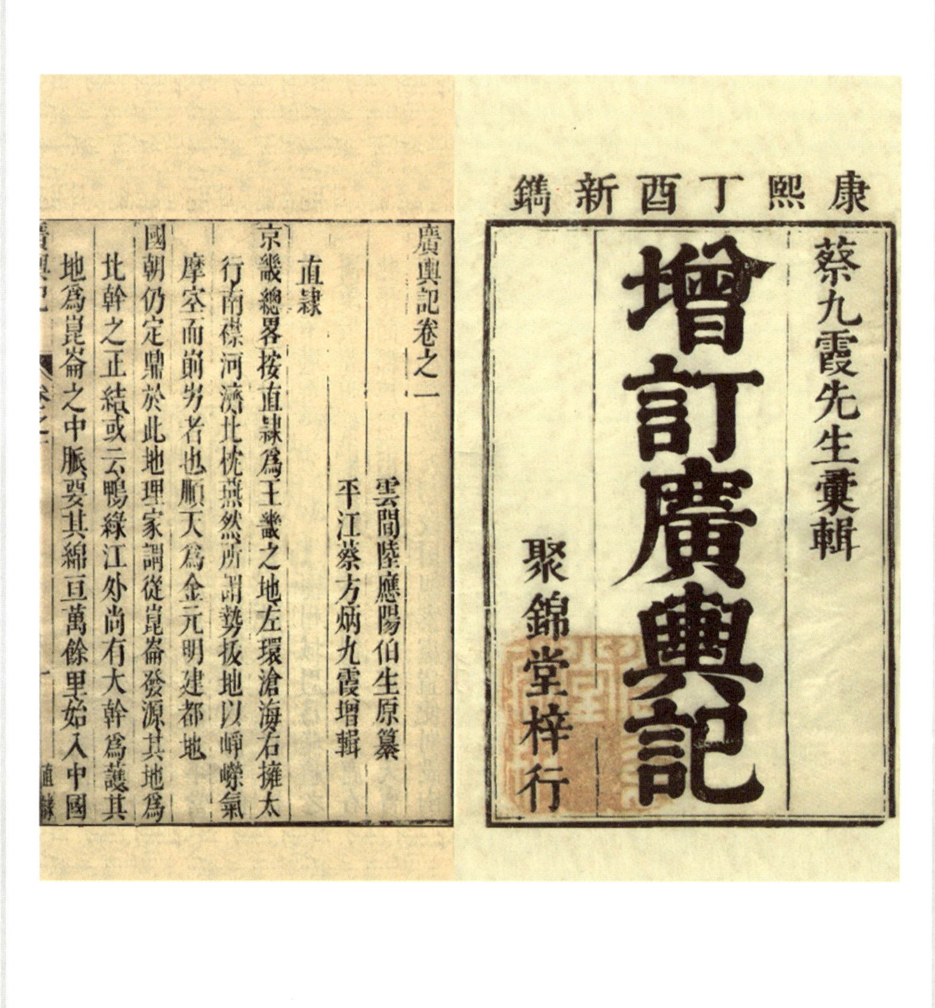

康熙丁酉新鐫

蔡九霞先生彙輯

增訂廣輿記

聚錦堂梓行

廣輿記卷之一

雲間陸應陽伯生原纂

平江蔡方炳九霞增輯

直隸

京畿總畧按直隸爲王畿之地左環滄海右擁太行南襟河濟北枕燕然所謂勢拔地以崢嶸氣摩空而崱屴者也順天爲金元明建都地

國朝仍定鼎於此地理家謂從崑崙發源其地爲北幹之正結或云鴨綠江外尚有大幹爲護其地爲崑崙之中脈要其綿亘萬餘里始入中國

增訂廣輿記 二十四卷 （明）上海 陸應陽 撰 （清）平江 蔡方炳 補輯

康熙五十六年（1717）聚錦堂刻本 北京大學圖書館藏

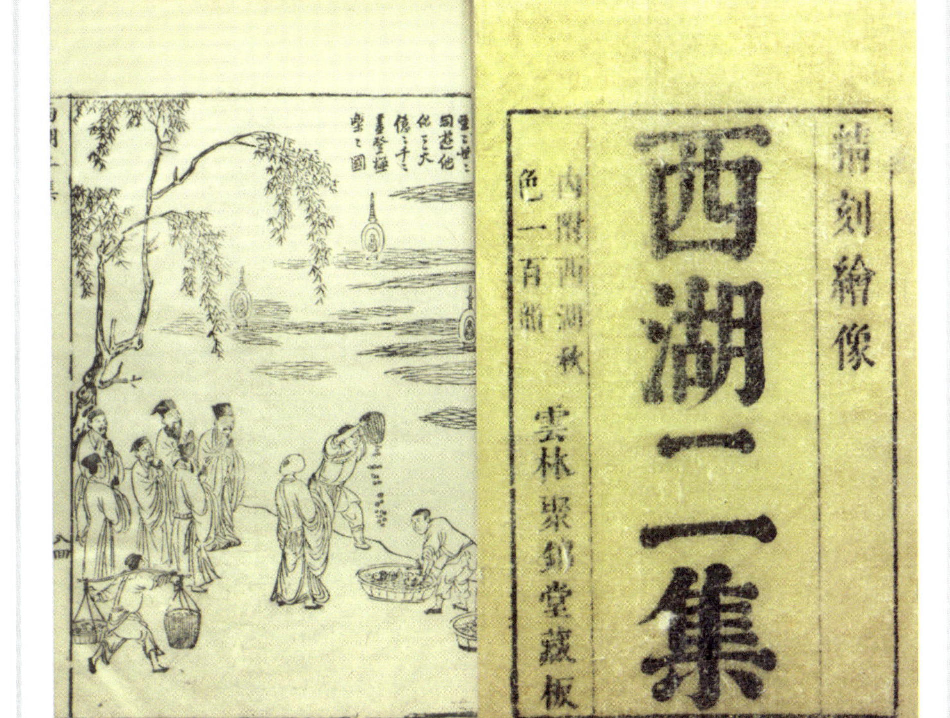

西湖二集 三十四卷 （明）周楫 撰

清早期雲林聚錦堂刻本 首都圖書館藏

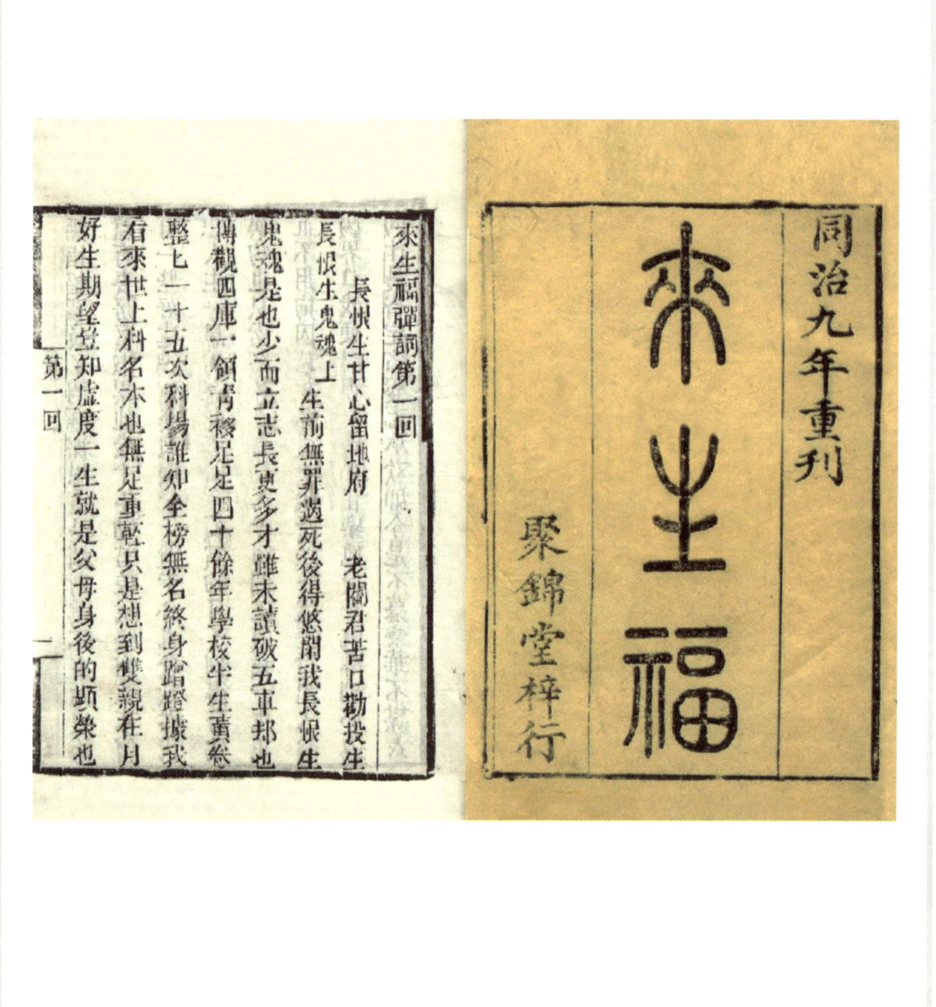

同治九年重刊
來生福
聚錦堂梓行

來生福彈詞第一回
長恨生甘心留地府　老閻君苦口勸投生
長恨生鬼魂上　生前無罪過死後得悠閒我長恨生鬼魂是也少而立志長更多才雖未讀破五車邦也傳觀四庫一領青衿足足四十餘年學校半生黃卷整七一十五次科場誰知全榜無名終身蹭蹬據我看來世上科名本也無足重輕只是想到雙親在日好生期望豈知虛度一生就是父母身後的顯榮也

第一回　一

來生福 三十六回 （明）張介賓 撰

同治九年（1870）聚錦堂刻本 北京師範大學圖書館藏

鏡湖逸叟著

孝義雪月梅傳

内附平鍋番　聚錦堂梓

雪月梅傳奇卷之一

鏡湖逸叟陳　朗曉山編輯

介山居士董孟汾月巖評釋

穎上散人邵松年鶴巢校定

詩曰　紛紛明季亂離過正見天心洽太和盛世雍熙崇禮樂萬方平謐戢干戈婦勤紡績桑麻遍男習詩書孝友多野老清閒無個事拈毫編出太平歌

詞曰　世事渾如棋局此中黑白務爭只須一着錯經營便覺滿盤輸盡○禍福惟人自召禍淫福善分明勸君切莫使欺心暗有鬼神昭証

第一回

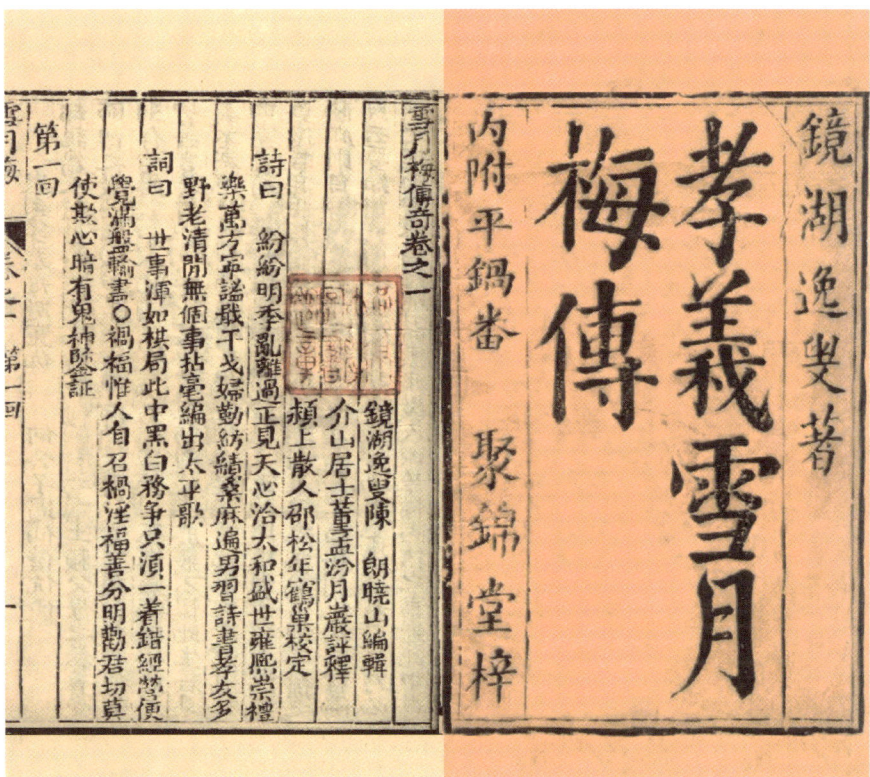

孝義雪月梅傳 十卷 五十回 （清）陳朗 撰

清末聚錦堂刻本 北京大學圖書館藏

乾隆癸酉重刻

許貫日先生註釋

增補白眉故事

聚錦堂梓行

新鐫註釋故事白眉卷之一

貫日 許以忠纂集

古延 燃藜閣重鋟

○君道部

○上皇類

太上皇 天子之父曰太上皇 漢高祖 名邦字曰季以布衣得天下國號漢 曰父有天下傳歸于子子有天下尊歸于父此人道之極也朕平暴亂 天子自稱曰朕 古者上下共稱至秦始皇始為天子自稱漢因之 立諸侯偃兵息民天下大安此皆太公之教訓也 太公高祖父也 諸王通侯 列侯 已尊朕為皇帝

增補白眉故事 十卷 （明）許以忠 撰

乾隆十八年（1753）聚錦堂刻本 山東大學圖書館藏

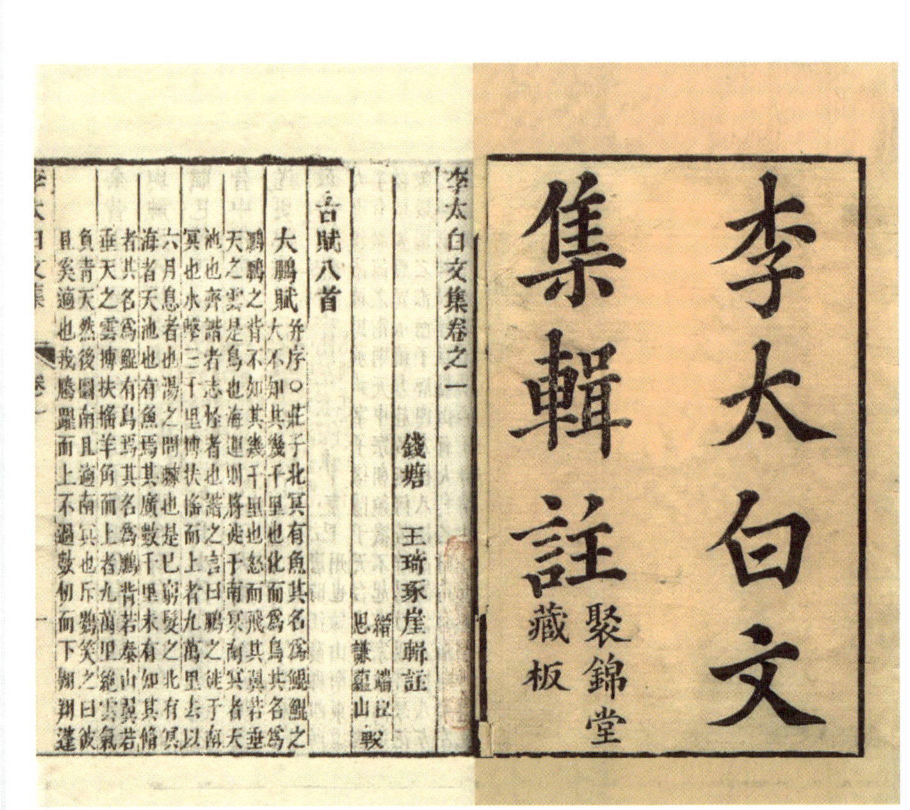
李太白文集輯註

聚錦堂藏板

李太白文集卷之一

錢塘　王琦琢崖輯註

緒端校　思謙蘊山較

古賦八首

大鵬賦并序○莊子北冥有魚其名爲鯤鯤之大不知其幾千里也化而爲鳥其名爲鵬鵬之背不知其幾千里也怒而飛其翼若垂天之雲是鳥也海運則將徙于南冥南冥者天池也齊諧者志怪者也諧之言曰鵬之徙于南冥也水擊三千里摶扶搖而上者九萬里去以六月息者也湯之問棘也是已窮髮之北有冥海者天池也有魚焉其廣數千里未有知其脩者其名爲鯤有鳥焉其名爲鵬背若泰山翼若垂天之雲摶扶搖羊角而上者九萬里絶雲氣負青天然後圖南且適南冥也斥鴳笑之曰彼且奚適也我騰躍而上不過數仞而下翱翔蓬

李太白文集　卷一　一

李太白文集輯註 三十卷 （清）杭州 王琦 註

乾隆二十四年（1759）聚錦堂刻本 河南大學圖書館藏

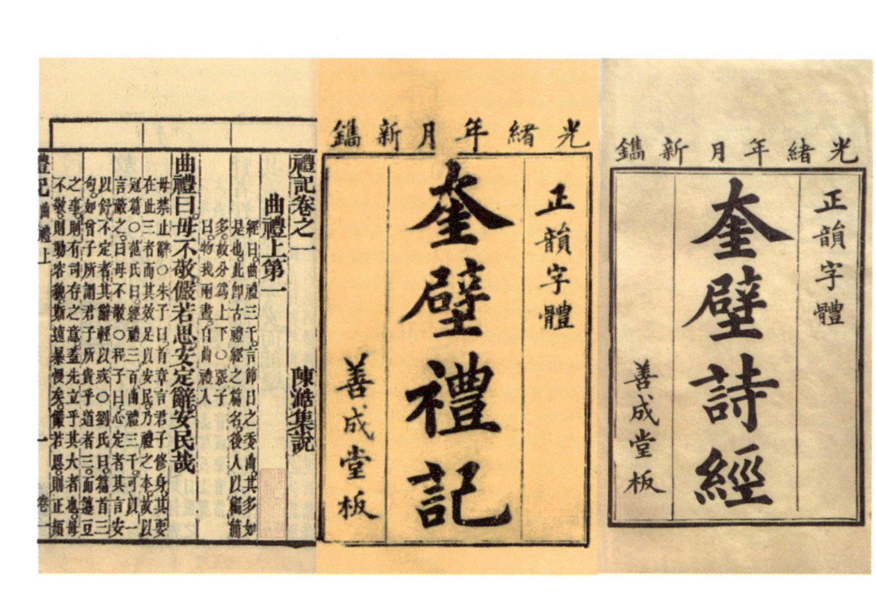
光緒年月新鐫
正韻字體
奎壁詩經
善成堂板

光緒年月新鐫
正韻字體
奎壁禮記
善成堂板

禮記卷之一 陳澔集說
曲禮上第一
曲禮曰毋不敬儼若思安定辭安民哉

奎壁詩經 八卷 奎壁禮記 十卷 （元）都昌 陳澔等 撰

光緒年間善成堂刻本

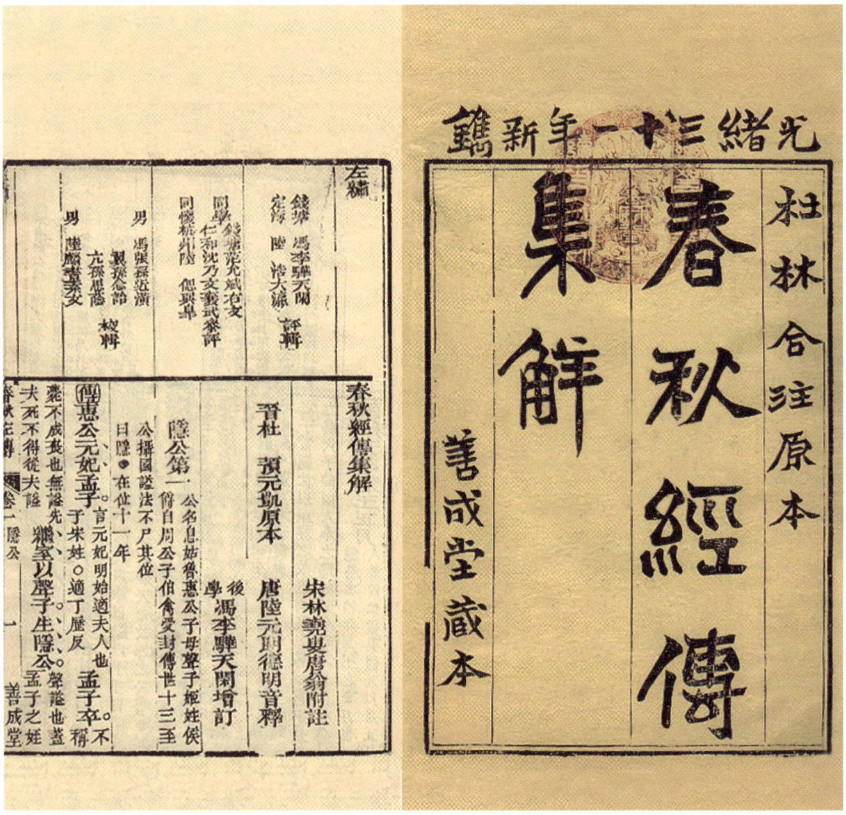

春秋經傳集解 三十卷 （晉）杜預 （宋）林堯叟 註

光緒三十一年（1905）善成堂刻本

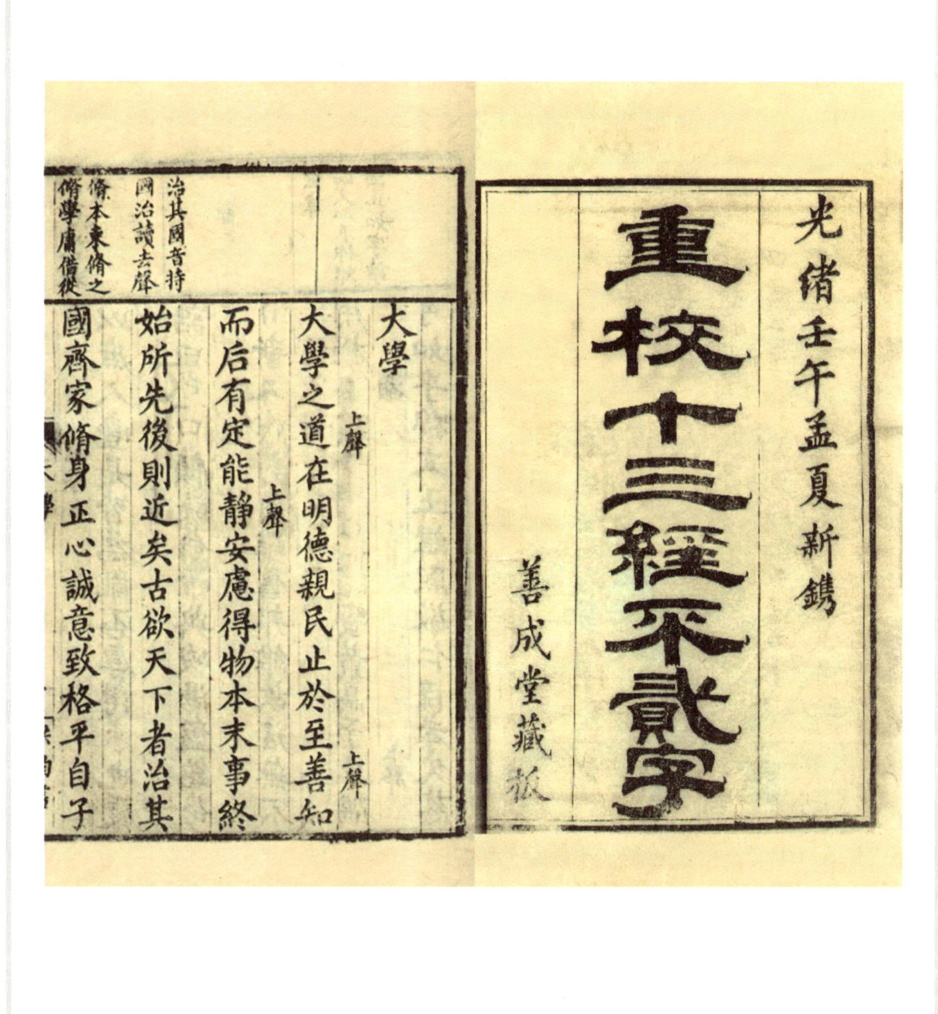

光緒壬午孟夏新鐫

重校十三經不貳字

善成堂藏板

大學

大學之道在明德親民止於至善知

而后有定能靜安慮得物本末事終

始所先後則近矣古欲天下者治其

國齊家脩身正心誠意致格平自子

重校十三經不二字 不分卷 （清）佚名 撰

光緒八年（1882）善成堂刻本

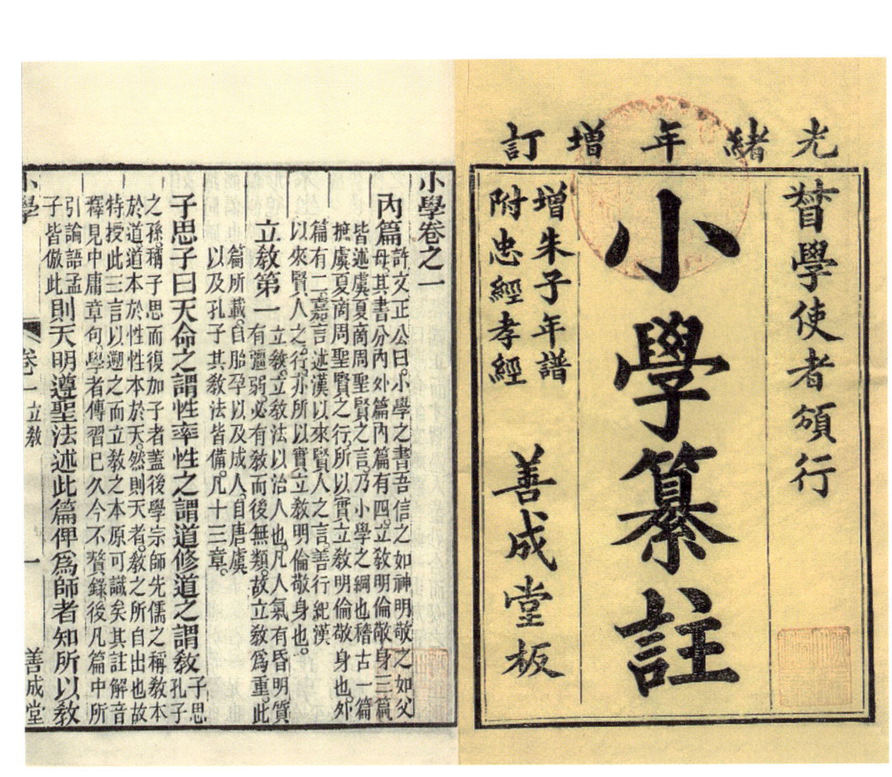

光緒年增訂

督學使者頒行

小學纂註

增朱子年譜
附忠經孝經

善成堂板

小學卷之一

內篇許文正公曰小學之書吾信之如神明敬之如父母其書分內外篇內篇有四立教明倫敬身三篇皆述虞夏商周聖賢之言乃小學之綱也稽古一篇摭虞夏商周聖賢之行所以實立教明倫敬身也外篇有二嘉言述漢以來賢人之言善行紀漢以來賢人之行亦所以實立教明倫敬身也。

立教第一立教立教法以治人也凡人氣有昏明質有彊弱必有教而後無類故立教爲重此篇所載自胎孕以及成人自唐虞以及孔子其教法皆備凡十三章。

子思子曰天命之謂性率性之謂道修道之謂教子思孔子之孫稱子思而復加子者蓋後學宗師先儒之稱教本於道道本於性性本於天然則天者教之所自出也故特援此三言以遡之而立教之本原可識矣其註解音釋見中庸章句學者傳習已久今不贅錄後凡篇中所引論語孟子皆倣此則天明遵聖法述此篇俾爲師者知所以教

小學　卷一　立教　一　善成堂

小學纂註 六卷 （宋）朱熹 纂 （清）高愈 註

光緒年間善成堂刻本

光緒戊戌年刊

張溥先生撰
孫執升評點

歷代史論

善成堂義記板

歷代史論原序

治亂繫乎事興喪繫乎人夫古今綿邈時異勢殊其間有治有亂有興有喪事不必同符人不必一軌於此而欲通其條貫悉其端委則必稽之乎載籍然載籍極博明於前者慮有遺於後得於此者或致失於彼自非嫻雅之識宏碩之才恐未易殫究而靡遺也且是有識與有才者恆千百年而一人有啓其塗而弗闕其奧則蘊義不宣有陳其槩而弗析其微則大美不著垣墉而勤以塈茨樸斲而施之丹雘殆戛戛

歷代史論　原序　一

歷代史論 十二卷 （明）太倉 張溥 撰

光緒二十四年（1898）善成堂刻本 首都圖書館藏

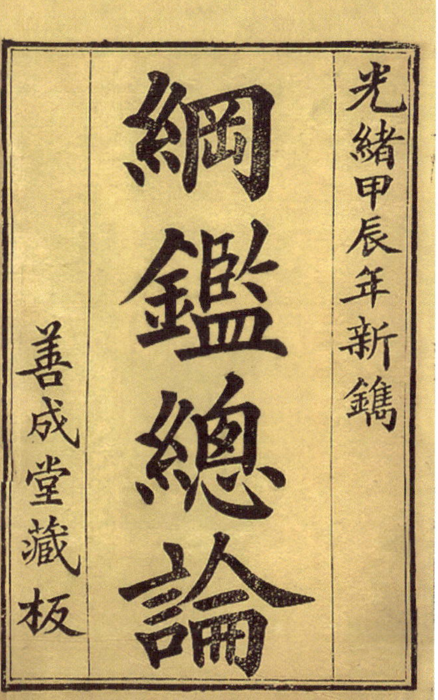

光緒甲辰年新鐫
綱鑑總論
善成堂藏板

綱鑑總論 二卷 （清）陳受頤 撰

光緒三十年（1904）善成堂刻本

同治二年新鐫

明解學士撰

古今列女傳

善成堂梓行

七出無子惡疾兩條似過甚但古世祿之家重嫡立子必以正室所生禮稱大夫庶子不祭所以重大宗而

典故列女傳卷之一上

總要

○女子之學一曰婦德二曰婦言三曰婦容四曰婦功

○孔子曰婦人伏於人也是故無專制之義有三從之道在家從父適人從夫夫死從子無所敢自遂也節婦有七去不順父母去無子去淫去妬去有惡疾去多言去竊盜去

卷一上

古今列女傳 四卷 （明）吉水 解縉 撰

同治二年（1863）善成堂刻本 北京大學圖書館藏

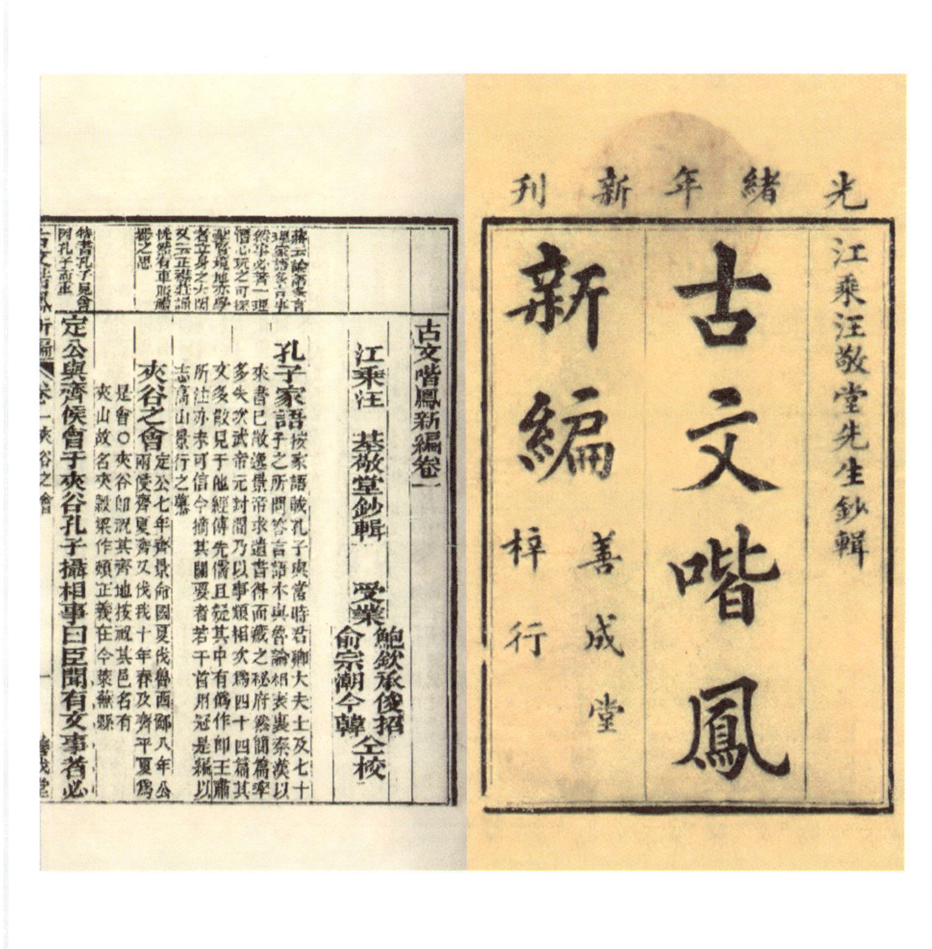

光緒年新刊

江秉汪敬堂先生鈔輯

古文喈鳳新編

善成堂梓行

古文喈鳳新編卷一

江秉汪　基敬堂鈔輯　受業　鮑欽承俊招　俞宗潮今韓　仝校

孔子家語 按家語載孔子與當時君卿大夫士及七十子之所問答言語本與魯論相表裏秦焚以來書已散逸景帝求遺書得而藏之秘府簡爲率多失次武帝元封間乃以事類相次爲四十四篇其文多散見于他經傳先儒且疑其中有僞作即王肅所注亦未可信今摘其關要者若干首用冠是編以志高山景行之慕

夾谷之會 定公七年齊景命國夏伐魯西鄙八年公兩侵齊夏齊又伐我十年春及齊平夏爲是會○夾谷即祝其齊地按祝其邑名有夾山故名夾穀梁作頰正義在今萊蕪縣

定公與齊侯會于夾谷孔子攝相事曰臣聞有文事者必

古文喈鳳新編卷一　夾谷之會　一　善成堂

古文喈鳳新編 八卷 （清）江基 輯

光緒元年（1875）善成堂刻本 首都圖書館藏

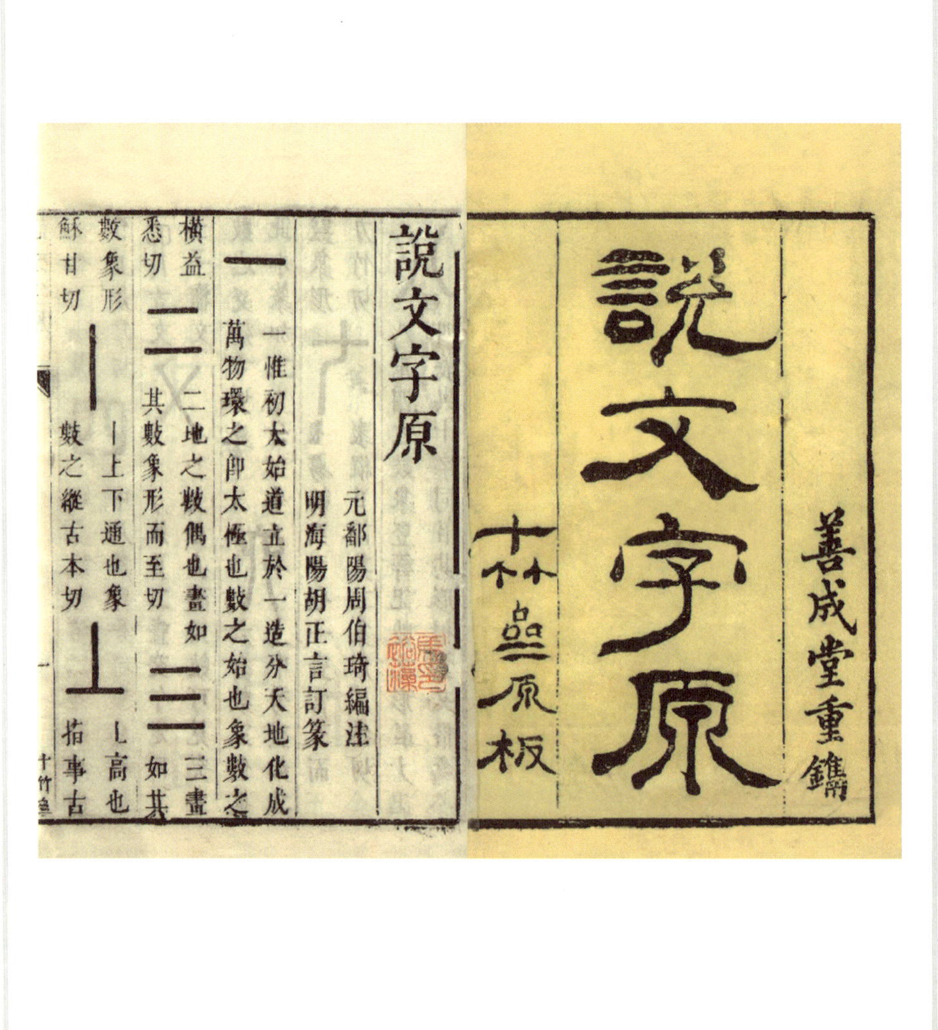
說文字原

十竹齋原板

善成堂重鐫

說文字原

元鄱陽周伯琦編注

明海陽胡正言訂篆

一 一惟初太始道立於一造分天地化成萬物𤨏之即太極也數之始也象數之橫畫

二 二地之數偶也畫如其數象形而至切

三 三畫如其數象形

丨 丨上下通也象數之縱古本切

丄 ⺃高也指事古

說文字原 一卷 （元）鄱陽 周伯琦 編

清末善成堂據十竹齋原版翻刻本

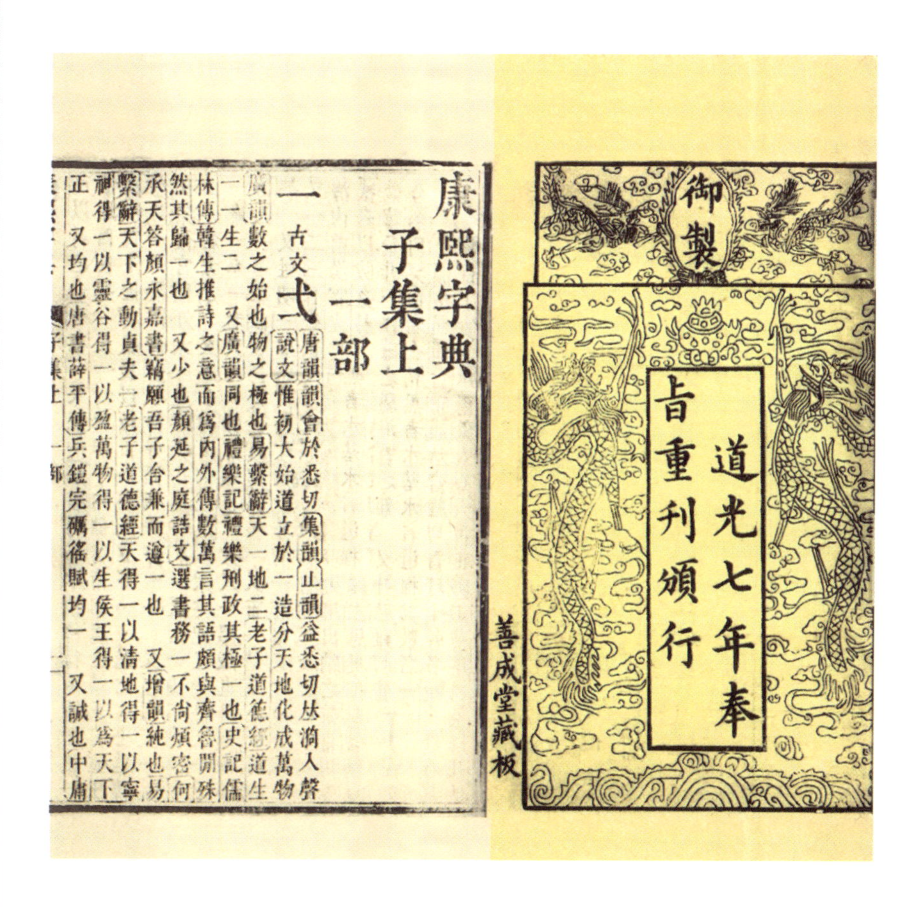
御製

道光七年奉
旨重刊頒行

善成堂藏板

康熙字典

子集上

一部

一 古文弌 唐韻韻會於悉切集韻正韻益悉切𠀤漪入聲 說文惟初大始道立於一造分天地化成萬物 廣韻數之始也物之極也易繫辭天一地二老子道德經道生一一生二 又廣韻同也禮樂記禮樂刑政其極一也史記儒林傳韓生推詩之意而爲內外傳數萬言其語頗與齊魯閒殊然其歸一也 又少也顏延之庭誥文選書務一不尚煩密何承天荅顏永嘉書竊願吾子舍兼而遵一也 又增韻純也易繫辭天下之動貞夫一老子道德經天得一以清地得一以寧神得一以靈谷得一以盈萬物得一以生侯王得一以爲天下正 又均也唐書薛平傳兵鎧完礪徭賦均一 又誠也中庸

康熙字典 十二卷 （清）陳廷敬 張廷玉 等奉敕 撰

道光七年（1827）善成堂刻本

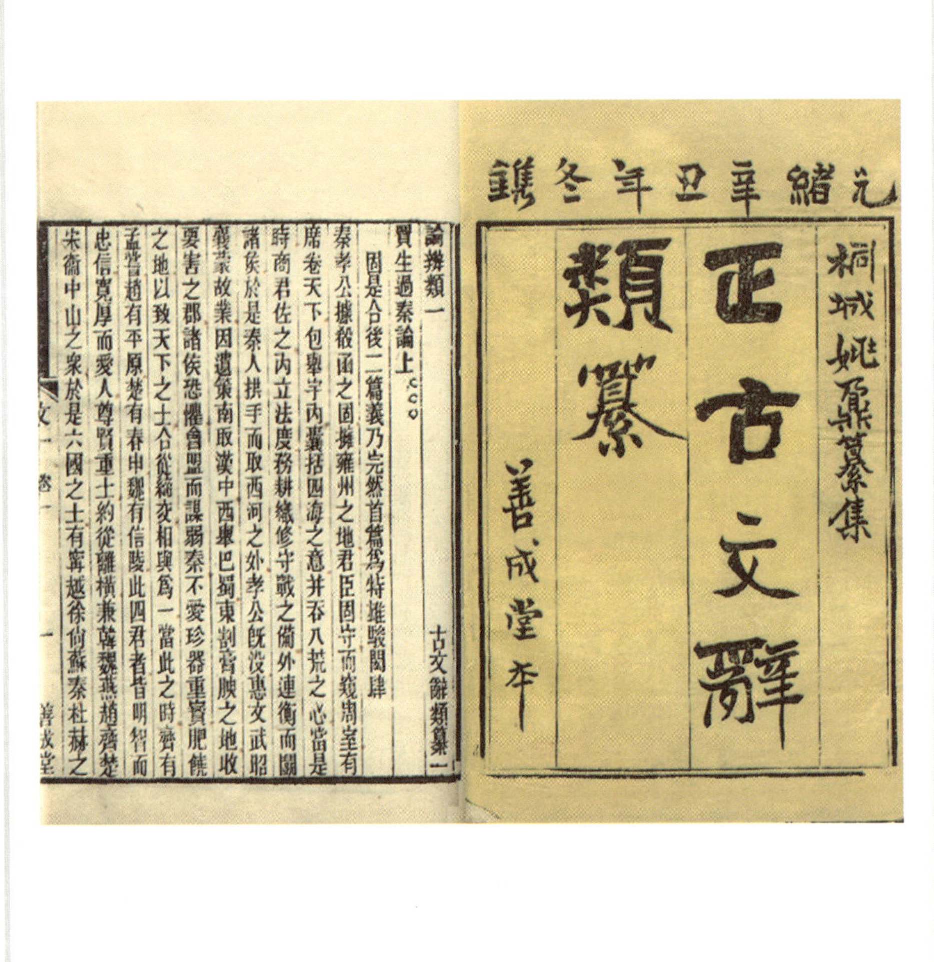

光緒辛丑年冬鐫

桐城姚鼐纂集

正古文辭

類纂

善成堂夲

古文辭類纂一

論辨類一

賈生過秦論上 ○○○

固是合後二篇義乃完然首篇爲特雄駿閎肆

秦孝公據殽函之固擁雍州之地君臣固守而窺周室有席卷天下包舉宇內囊括四海之意并吞八荒之心當是時商君佐之內立法度務耕織修守戰之備外連衡而鬬諸侯於是秦人拱手而取西河之外孝公既沒惠文武昭襄蒙故業因遺策南取漢中西舉巴蜀東割膏腴之地收要害之郡諸侯恐懼會盟而謀弱秦不愛珍器重寶肥饒之地以致天下之士合從締交相與爲一當此之時齊有孟嘗趙有平原楚有春申魏有信陵此四君者皆明智而忠信寬厚而愛人尊賢重士約從離橫兼韓魏燕趙齊楚宋衞中山之衆於是六國之士有甯越徐尚蘇秦杜赫之

文一 卷一 一 善成堂

正古文辭類纂 七十五卷 （清）桐城 姚鼐 輯

光緒二十七年（1901）善成堂刻本

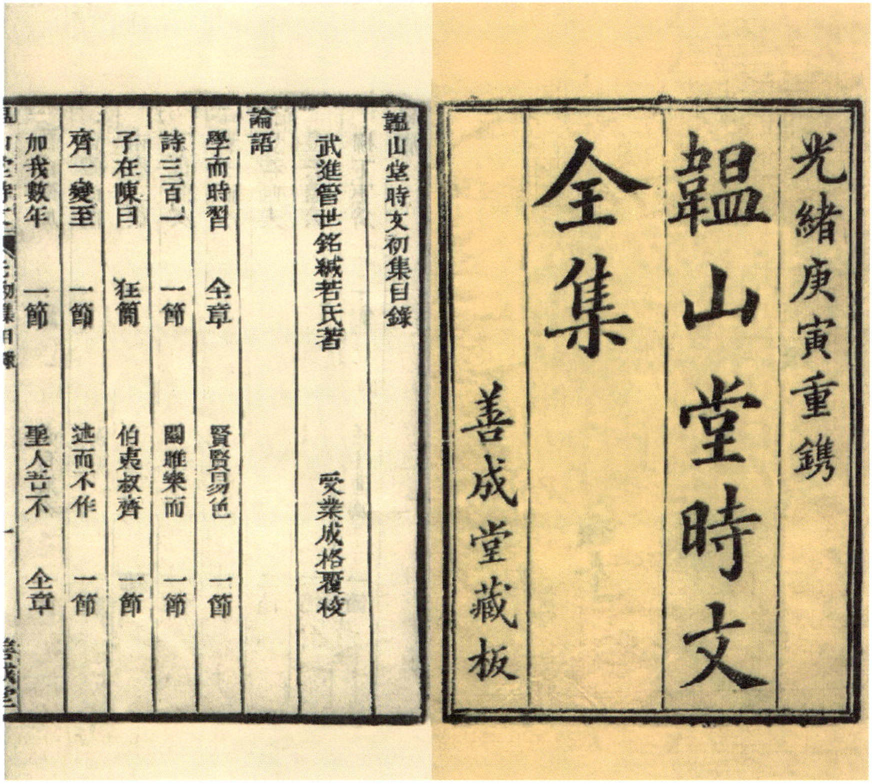

光緒庚寅重鐫

韞山堂時文全集

善成堂藏板

韞山堂時文初集目錄

武進管世銘緘若氏著　受業成格覆校

論語

韞山堂時文全集 三集 四卷 （清）武進 管世銘 撰

光緒十六年（1890）善成堂刻本

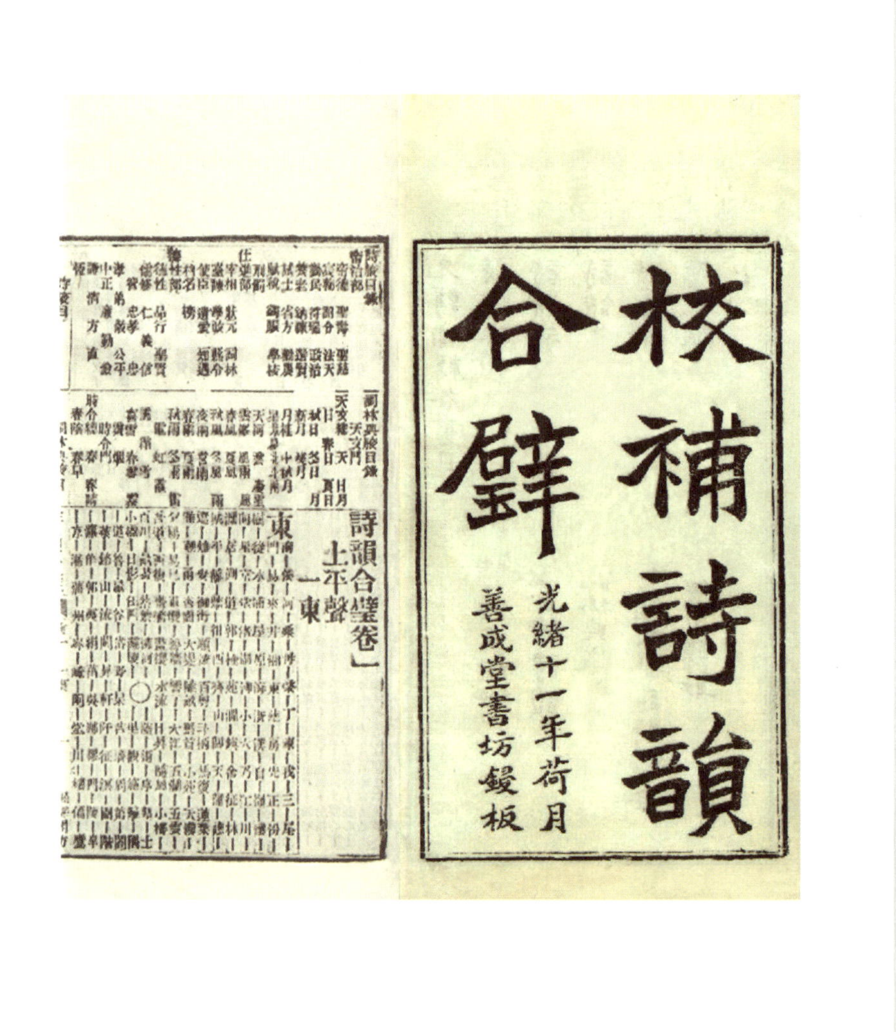
校補詩韻合璧

光緒十一年荷月

善成堂書坊鋟板

詩韻合璧卷一

上平聲

一東

校補詩韻合璧 六卷 （清）湯文璐 輯

光緒十一年（1885）善成堂刻本

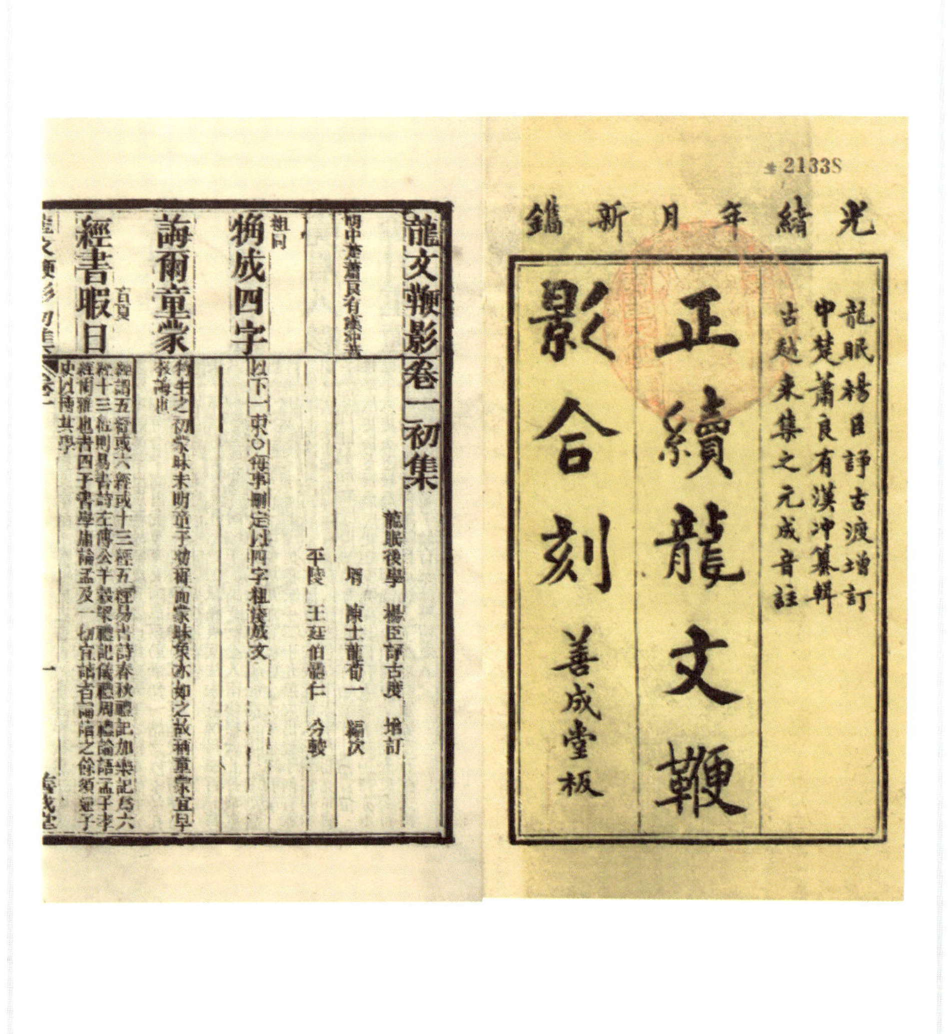

正續龍文鞭影合刻 二卷 （明）漢陽 蕭良有 撰

光緒年間善成堂刻本

沖虛伍真人著

天僊正理

善成堂藏板

重刻天仙正理序

余慕玄學歷久而不得其旨圭者蓋爲嬰姹龍虎之法象火藥男女之譬言兼遇黃冠者指爐火爲服食貪彼家作眞鉛或執於有爲或偏於枯寂茫然多岐罔有適從以致眩目惑心有年矣繼因虔誠感格得獲天仙正理潛心細閱其盡性至命之學先天後天之分何者爲藥何者名火講解

天仙正理 二卷 （明）南昌 伍守陽 撰

清末善成堂刻本 江西省圖書館藏

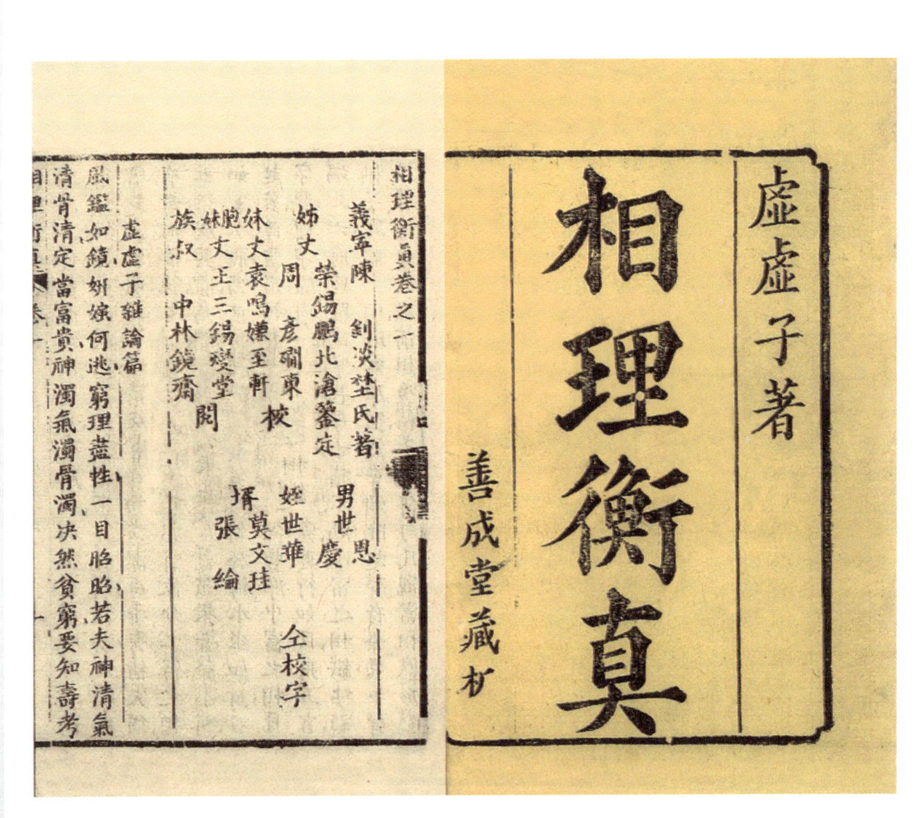

虛虛子著

相理衡真

善成堂藏板

相理衡真卷之一

義寧陳　釗淡埜氏著　　男世恩

　　榮錫鵬北滄鑒定　　　　慶

姊丈　周　彥彌東　　　姪世華

妹丈袁鳴嫌至軒　校　　壻莫文珪　仝校字

胞妹丈王三錫燮堂　　　　張　綸

族叔　中林鏡齋　閱

虛虛子雜論篇

風鑑如鏡，妍媸何逃，窮理盡性，一目昭昭。若夫神清氣清骨清，定當富貴；神濁氣濁骨濁，決然貧窮。要知壽考

相理衡真　十卷　（清）修水　陳釗　撰

清末善成堂刻本

尹真人秘授

性命圭旨

善成堂珍藏

大道説

庖羲上聖畫八卦以示人使萬世之下知行養生之道廣成子謂黄帝曰至陰肅肅至陽赫赫赫赫發乎地肅肅出乎天我爲汝遂於大明之上矣至彼至陽之原也爲汝入於窅冥之門矣至彼至陰之原也軒轅再拜曰廣成子之謂天矣周公繇易曰君子終日乾乾孔子翼曰終日乾乾反復道也夫道也者位天地育萬物曰道揭日月生五行曰道多於恒河沙數曰道孤則獨無一侶曰道直入鴻濛而還歸溟涬曰道善集造化而頓超聖凡曰道目下機境未兆而突

性命圭旨　元　一

性命圭旨 不分卷 （明）尹真人 撰

清末善成堂刻本 北京大學圖書館藏

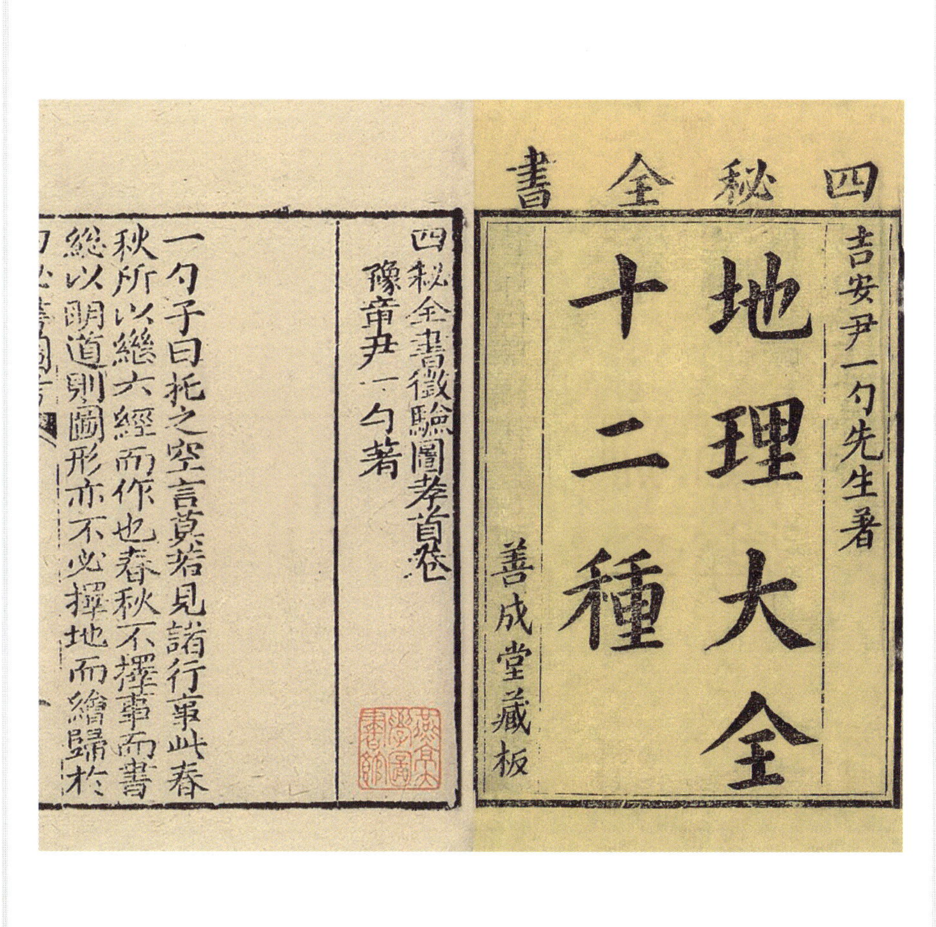

四秘全書

吉安尹一勺先生著

地理大全

十二種

善成堂藏板

四秘全書徵驗圖考首卷

豫章尹一勺著

一勺子曰托之空言莫若見諸行事此春秋所以繼六經而作也春秋不擇事而書總以明道別圖形亦不必擇地而繪歸於

地理大全十二種 （清）吉安 尹有本 輯

清末善成堂刻本 北京大學圖書館藏

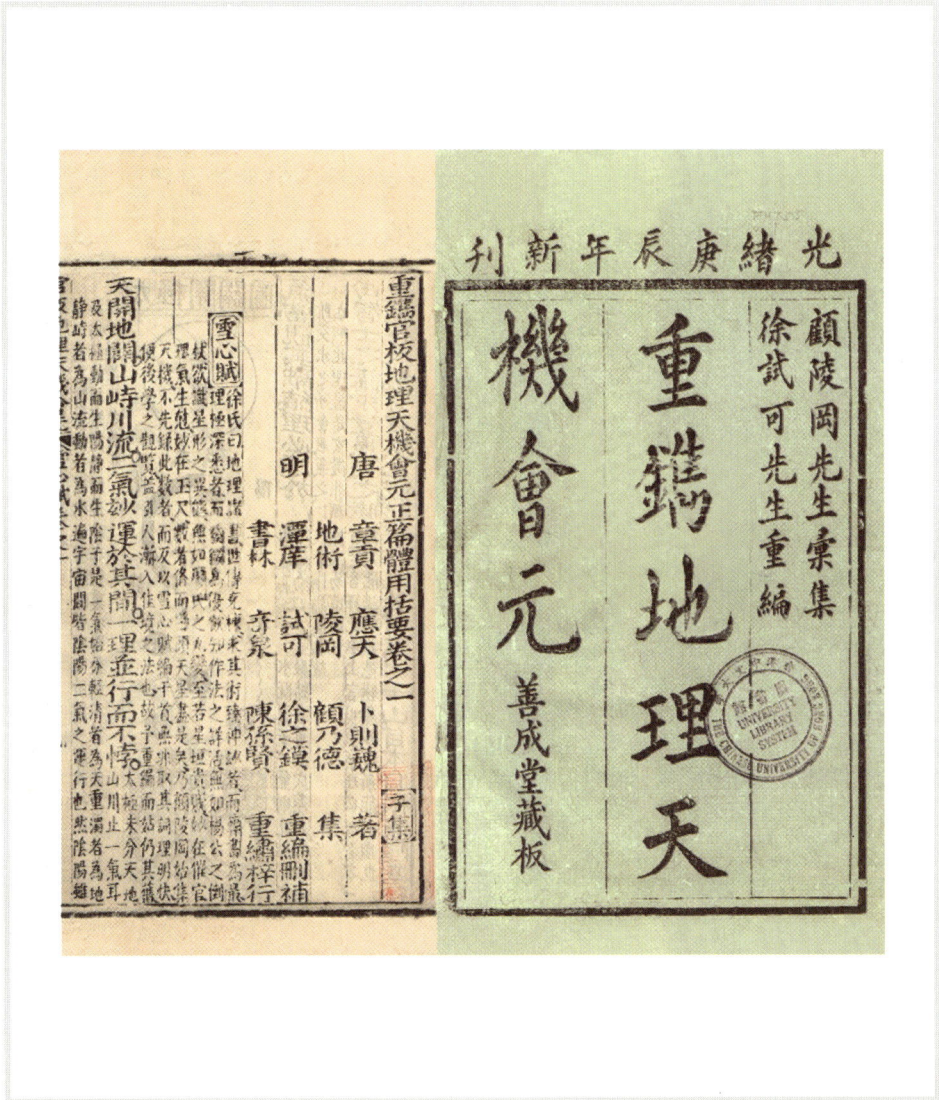

重鐫地理天機會元 三十五卷 （唐）贛州 卜則魏 撰

光緒六年（1880）善成堂刻本 香港中文大學圖書館藏

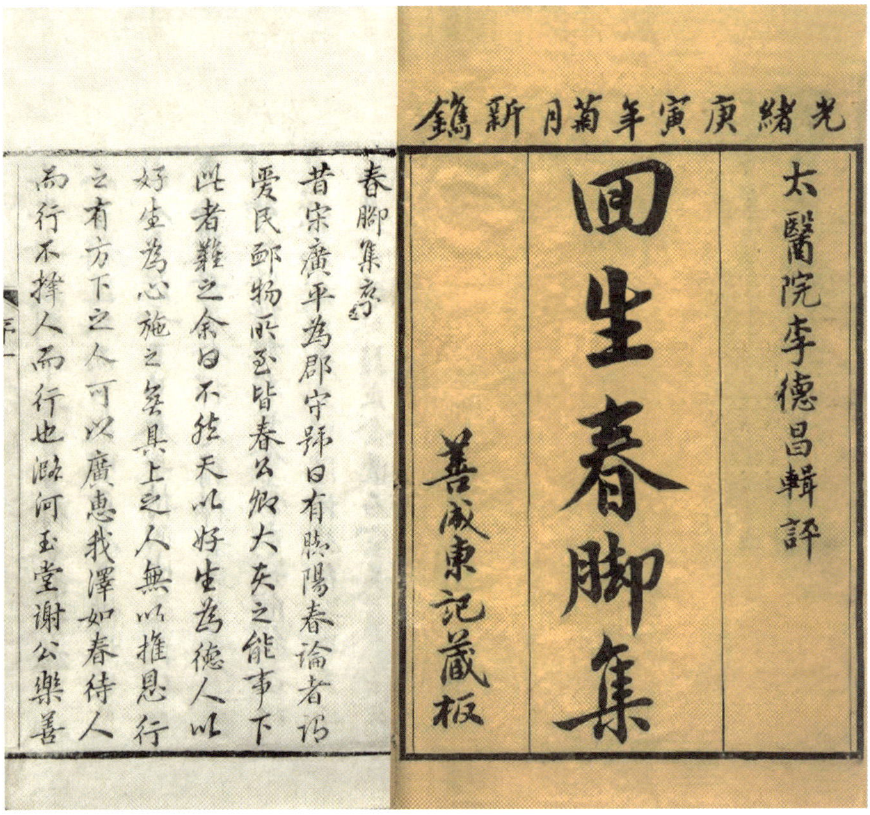

回生春脚集 四卷 （清）孟文瑞 輯

光緒十六年（1890）善成堂東記刻本 首都圖書館藏

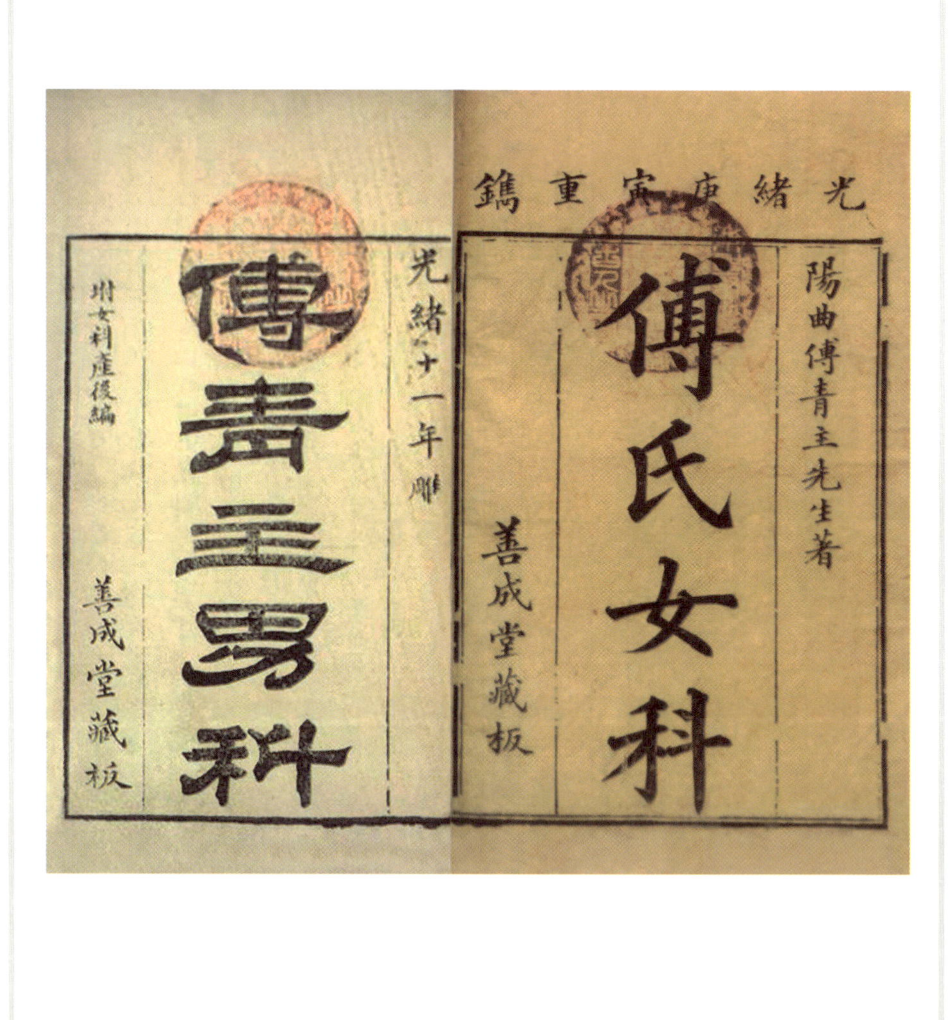

傅氏女科 二卷 / 傅青主男科 二卷 （清）陽曲 傅山 撰

光緒十六年（1890）/ 光緒十一年（1885）善成堂刻本

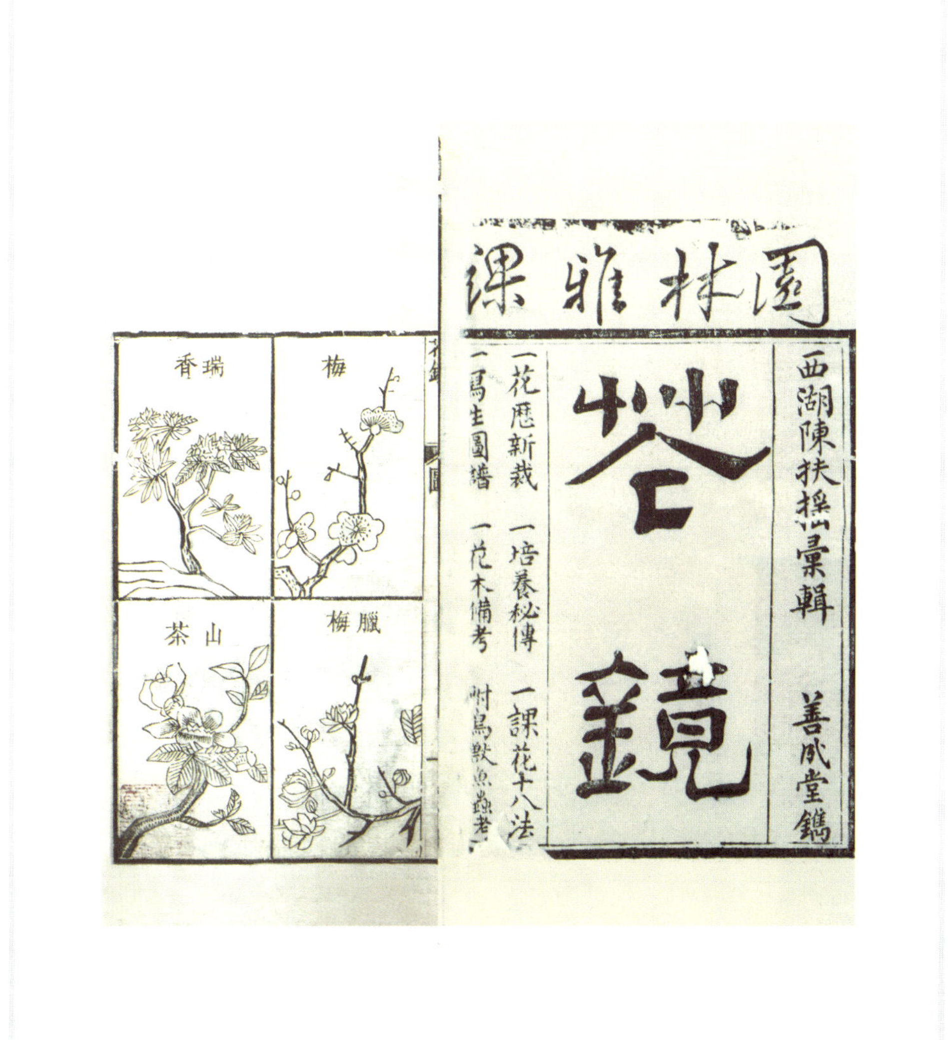
園林雅課
西湖陳扶搖彙輯
花鏡
善成堂鐫
一花歷新裁 一培養秘傳 一課花十八法
一寫生圖譜 一花木備考 附鳥獸魚蟲考

花鏡 六卷（清）杭州 陳扶搖 輯

清末善成堂刻本 首都圖書館藏

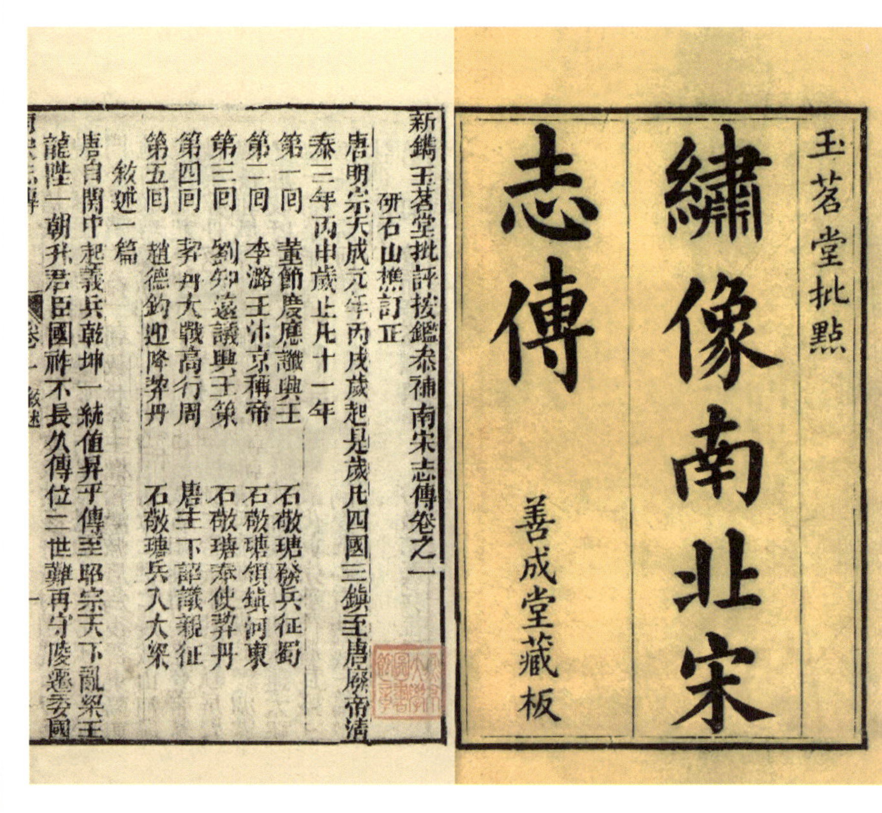

玉茗堂批點

繡像南北宋志傳

善成堂藏板

新鐫玉茗堂批評按鑑參補南宋志傳卷之一

研石山樵訂正

唐明宗天成元年丙戌歲起是歲凡四國三鎮至唐廢帝清泰三年丙申歲止凡十一年

第一回　董節度應讖興王　石敬瑭發兵征蜀

第二回　李潞王汴京稱帝　石敬瑭領鎮河東

第三回　劉知遠議興王業　石敬瑭奉使契丹

第四回　契丹大戰高行周　唐主下詔議親征

第五回　趙德鈞迎降契丹　石敬瑭兵入大梁

敘述一篇

唐自關中起義兵乾坤一統值昇平傳至昭宗天下亂梁王

龍陛一朝升君臣國祚不長久傳位二世難再守慶遷委國

繡像南北宋志傳 二十卷 一百回 （明）臨川 湯顯祖 批點

清末善成堂刻本 北京大學圖書館藏

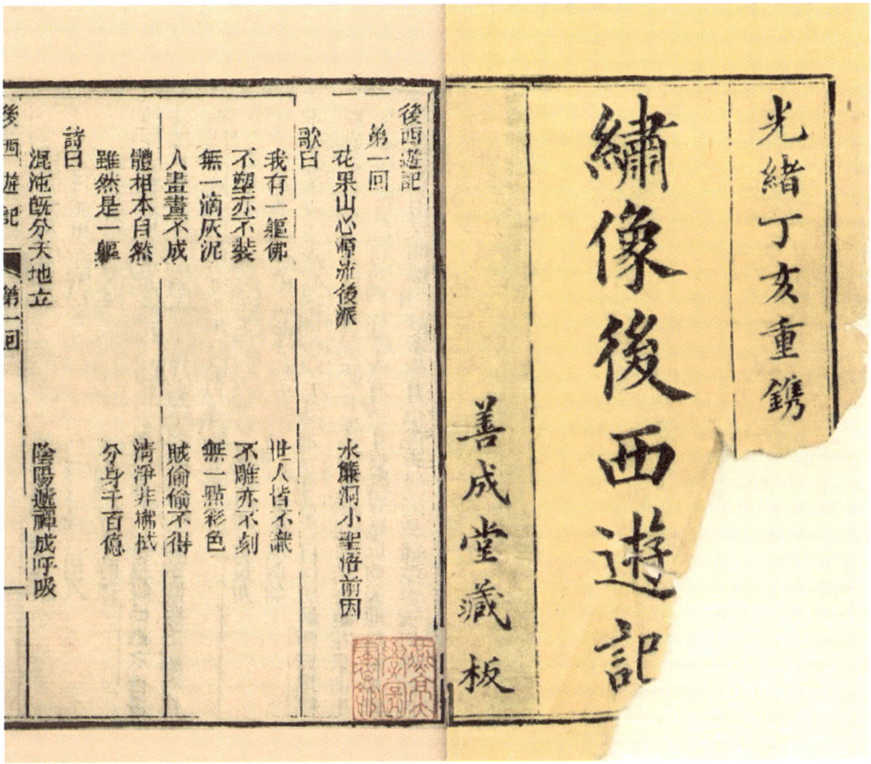

繡像後西遊記 四十回 （清）佚名 撰

光緒十三年（1887）善成堂刻本 北京大學圖書館藏

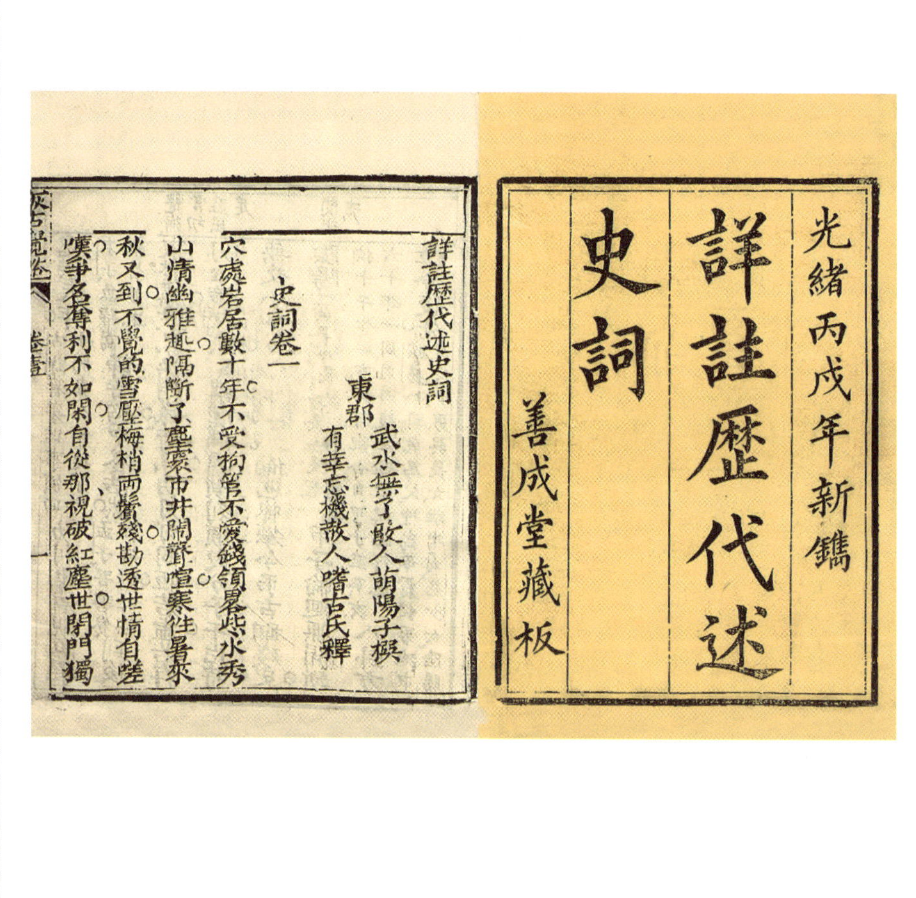

光緒丙戌年新鐫

詳註歷代述史詞

善成堂藏板

詳註歷代述史詞

東郡 武水無了敗人萌陽子撰

有華志機散人嗜古氏釋

史詞卷一

穴處岩居數十年不受拘管不愛錢領畧些水秀
山清幽雅趣隔斷了塵囂市井鬧聲喧寒往暑來
秋又到不覺的雪壓梅梢兩鬢殘勘透世情自嗟
嘆爭名奪利不如閑自從那視破紅塵世閉門獨

詳註歷代述史詞 四卷 （清）萌陽子 撰

光緒十二年（1886）善成堂刻本

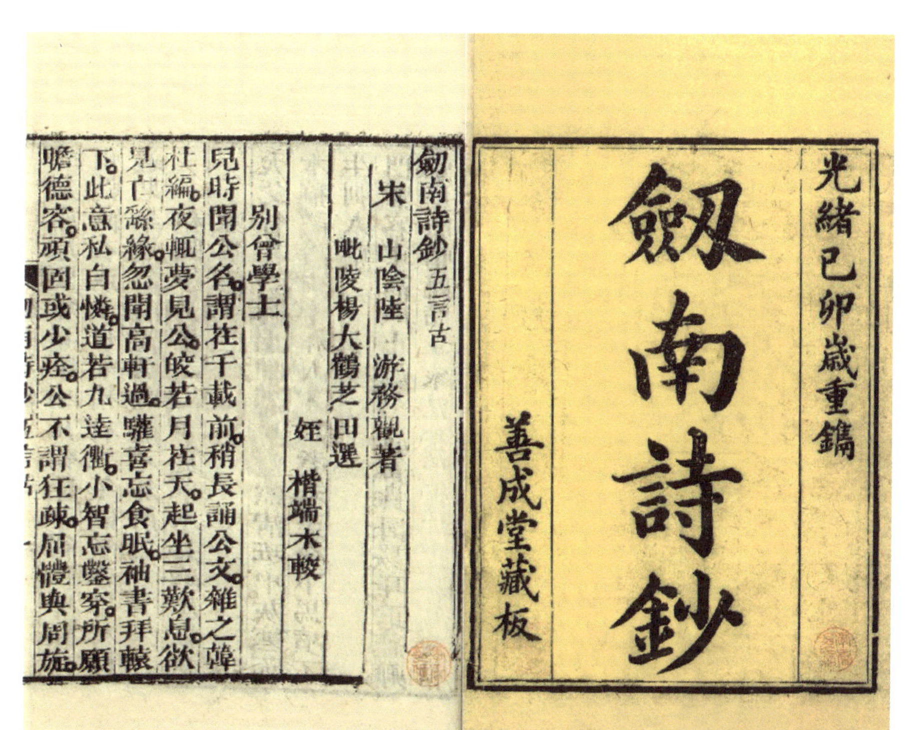

光緒己卯歲重鐫

劒南詩鈔

善成堂藏板

劒南詩鈔 五言古

宋 山陰陸 游務觀著

毗陵楊大鶴芝田選

姪 楷端木較

別曾學士

兒時聞公名。謂在千載前。稍長誦公文。雜之韓杜編。夜輒夢見公。皎若月在天。起坐三歎息。欲見亡繇緣。忽聞高軒過。驩喜忘食眠。袖書拜轅下。此意私自憐。道若九達衢。小智忘鑿穿。所願瞻德容。頑固或少痊。公不謂狂疏。屈體與周旋。

劍南詩鈔 不分卷 （宋）紹興 陸游 撰 （清）楊大鶴 選

光緒五年（1879）善成堂刻本 北京大學圖書館藏

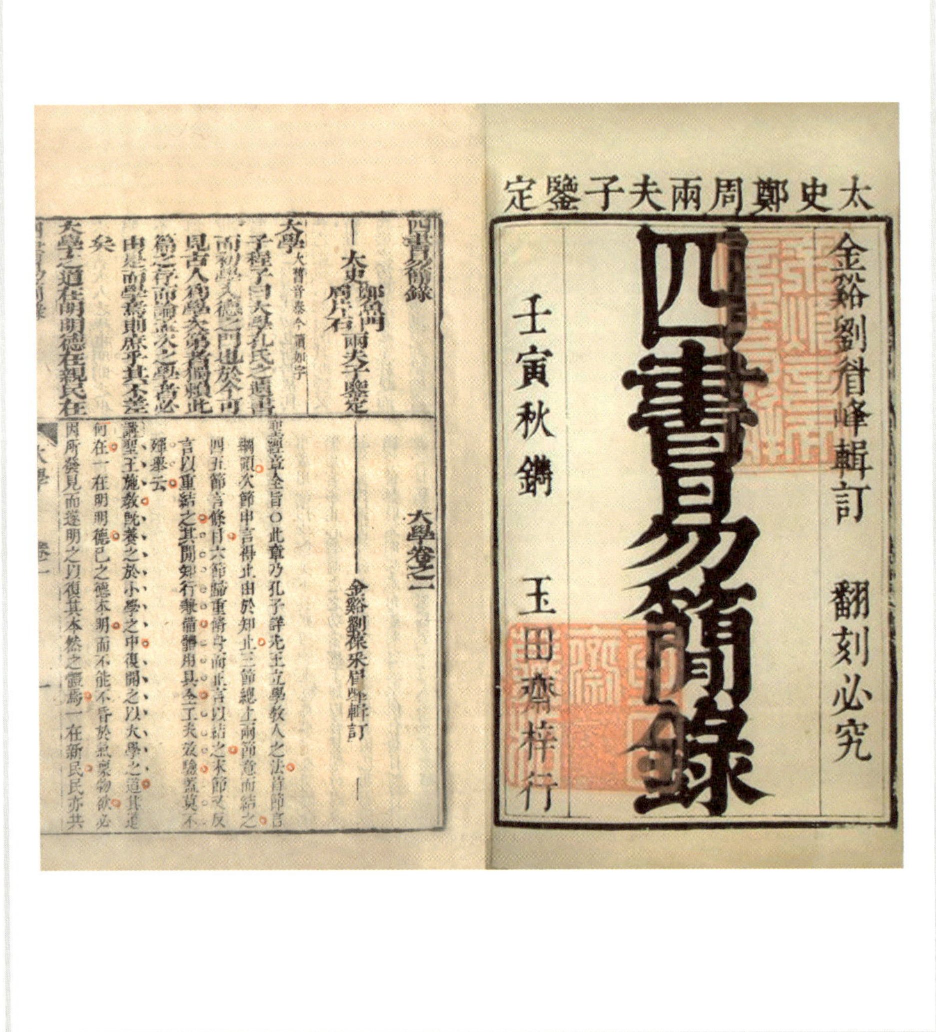

太史鄭周兩夫子鑒定

金谿劉眉峰輯訂　翻刻必究

四書易簡錄

壬寅秋鐫　玉田齋梓行

四書易簡錄 十六册 （清）金谿 劉葆采 輯

雍正元年（1723）玉田齋刻本 劍川雕龍蟲館藏

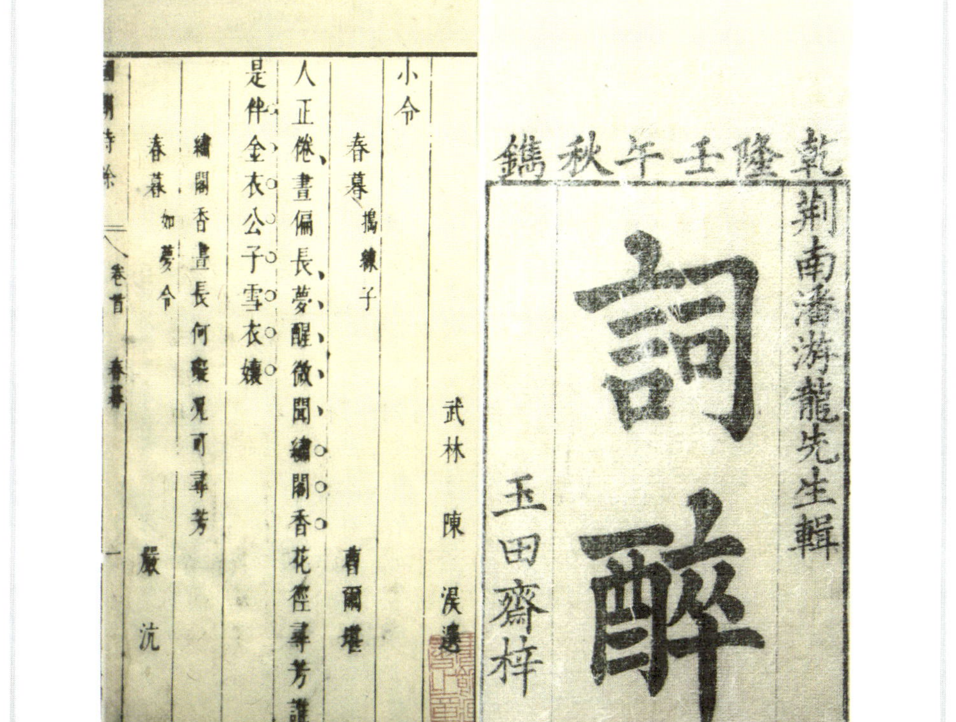

乾隆壬午秋鐫

荆南潘游龍先生輯

詞醉

玉田齋梓

武林　陳淏選

小令

春暮　搗練子　曹爾堪

人正倦、晝偏長、夢醒微聞繡閣香。花徑尋芳誰是伴、金衣公子雪衣孃。

繡閣香　晝長何處覓可尋芳

春暮　如夢令　嚴流

國朝詩餘　卷首　春暮　一

詞醉（精選國朝詩餘）一卷（清）松滋 潘游龍 輯 杭州 陳淏 選

乾隆二十七年（1762）玉田齋刻本 首都圖書館藏

隆二十二年新鐫
西蜀王古愚先生集
西泠陳簡侯先生選
詩學切玉活法大成
詩料悉備
玉田齋梓行

懸山閣纂輯詩林切玉卷之一
西蜀王光裕古愚集　男德裕子厚校
西泠陳枚簡侯選
錢唐朱之標农起　休邑朱從儀慎威參
湖上張國泰履安訂
天　天文門
玉儀　張弓　覆盆
銅渾　垂象　圓蓋
得一　一氣　有象

詩學切玉活法大成 （清）王吉愚 輯 陳簡侯 選

乾隆二十二年（1757）玉田齋刻本

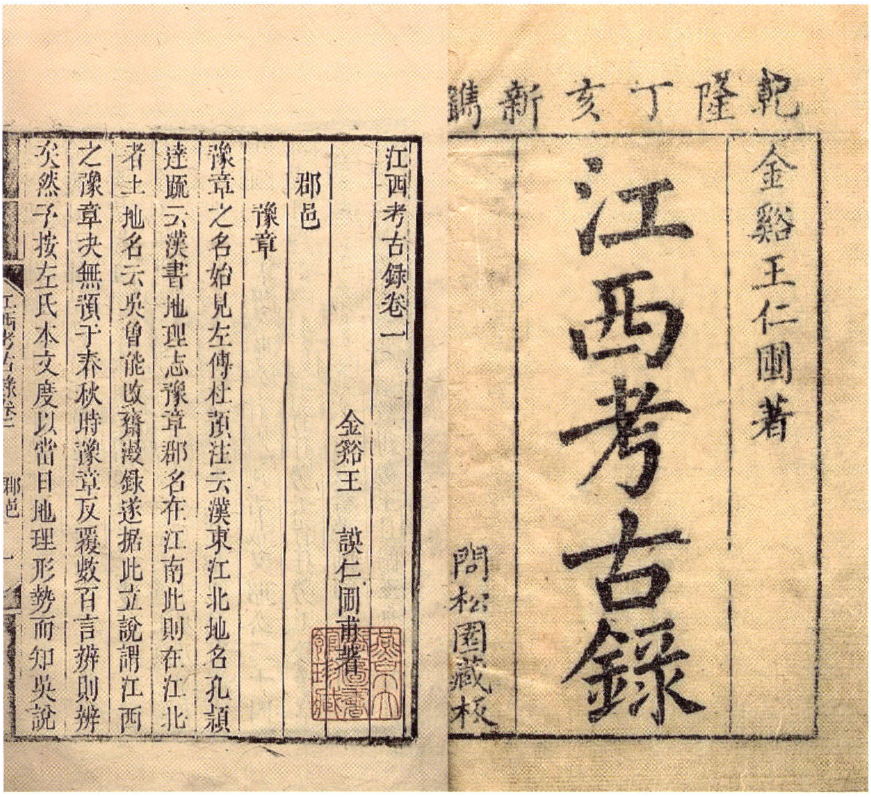

乾隆丁亥新鐫

金谿王仁圃著

江西考古録

問松園藏板

江西考古録卷一

金谿王　謨仁圃甫著

郡邑

豫章

豫章之名始見左傳杜預注云漢東江北地名孔穎達疏云漢書地理志豫章郡名在江南此則在江北者土地名云吳曾能改齋漫録遂据此立說謂江西之豫章决無預于春秋時豫章反覆數百言辨則辨矣然予按左氏本文度以當日地理形勢而知吳說

江西考古録 十卷 （清）金谿 王謨 撰

乾隆三十二年（1767）問松園刻本 北京大學圖書館藏

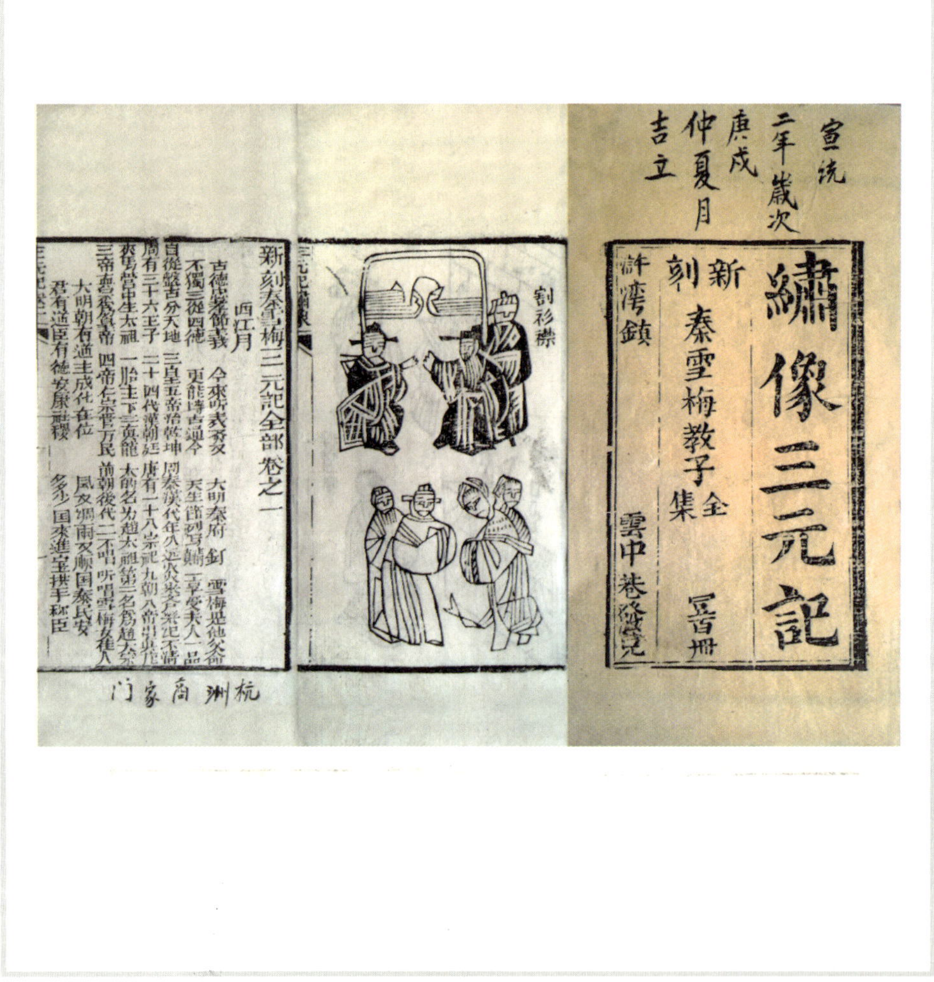

繡像三元記 二卷

清末滸灣鎮雲中巷發兌 金谿王冰泉藏

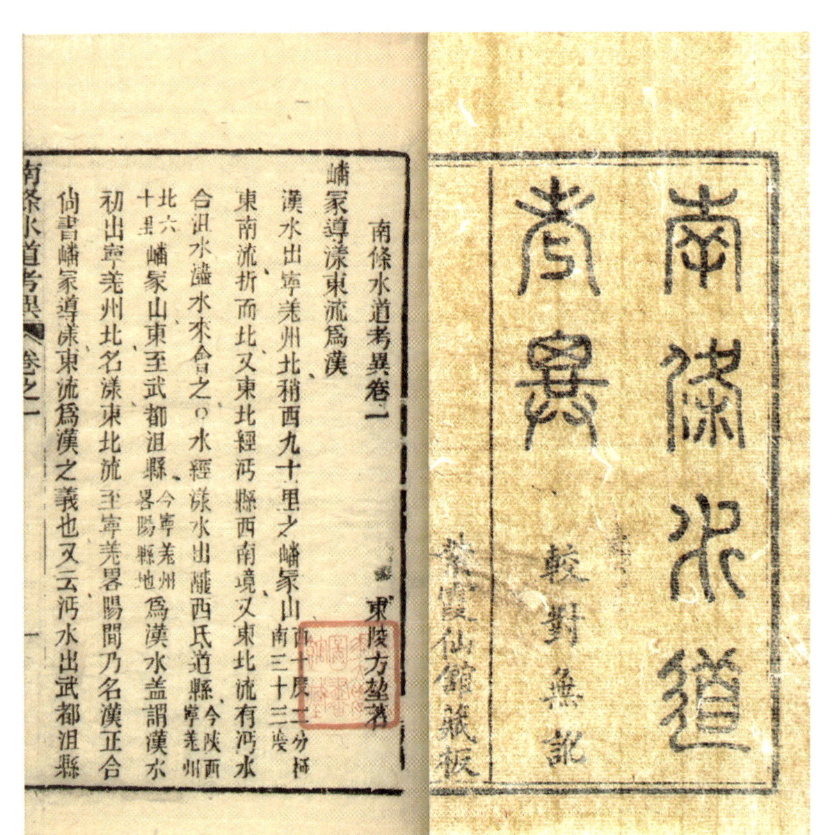

南條水道考異

較對無訛

紫霞仙館藏板

南條水道考異卷一　東陵方堃著

嶓冢導漾東流爲漢

漢水出寧羌州北稍西九十里之嶓冢山（西十度二分極南三十三度）東南流折而北又東北經沔縣西南境又東北流有沔水合沮水瀘水來會之○水經漾水出隴西氐道縣（今陝西寧羌州北六十里）嶓冢山東至武都沮縣（今寧羌州略陽縣地）爲漢水蓋謂漢水初出寧羌州北名漾東北流至寧羌略陽間乃名漢正合尚書嶓冢導漾東流爲漢之義也又云沔水出武都沮縣

南條水道考異　卷之一　一

禹貢水道考異　十卷（南條五卷 北條五卷）（清）東陵 方堃 撰

清道光三年（1823）珊城紫霞仙館木活字本 清華大學圖書館藏

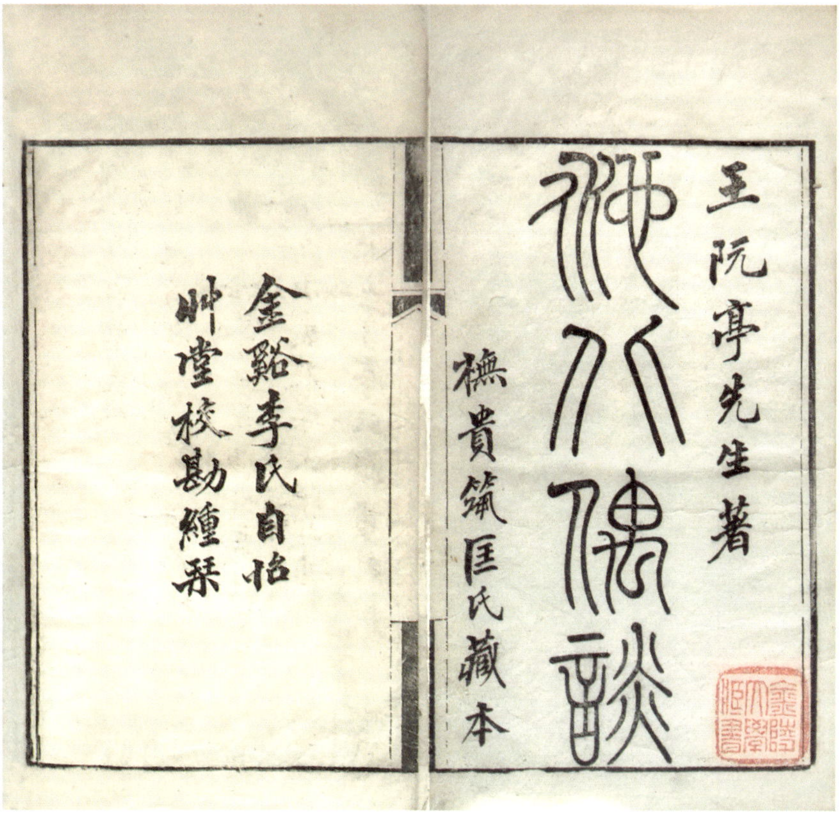

王阮亭先生著

池北偶談

橅貴[illegible]匡氏藏本

金谿李氏自怡艸堂校勘繕梓

池北偶談 二十六卷 （清）桓台 王士禎 撰

清乾隆年間金谿李氏自怡草堂刻本 南京大學圖書館藏

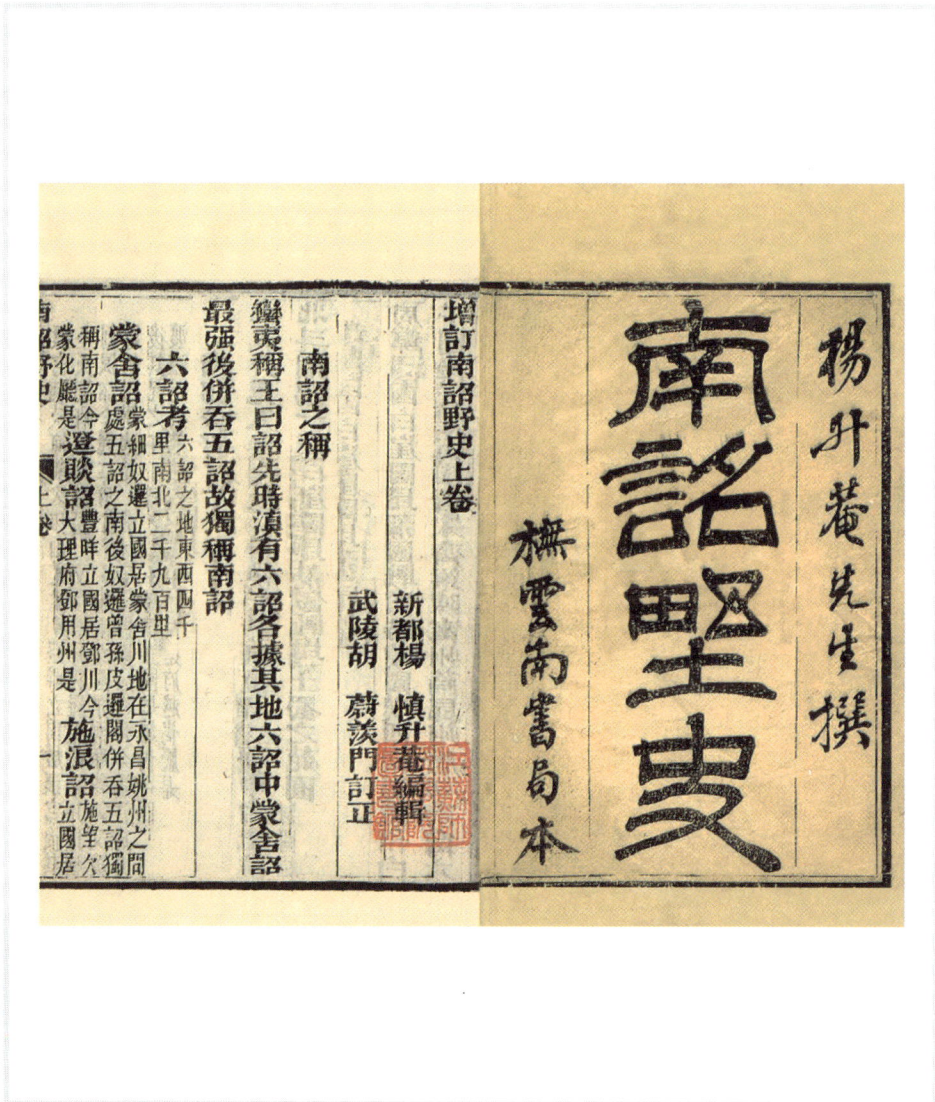

楊升菴先生撰

南詔野史

橅雲南書局本

增訂南詔野史上卷

新都楊　慎升菴編輯

武陵胡　蔚羨門訂正

南詔之稱

蠻夷稱王曰詔先時滇有六詔各據其地六詔中蒙舍詔最强後併吞五詔故獨稱南詔

六詔者六詔之地東西四千里南北二千九百里

蒙舍詔蒙細奴邏立國居蒙舍川地在永昌姚州之間處五詔之南後奴邏曾孫皮邏閣併吞五詔獨稱南詔今蒙化廳是

邆賧詔豐咩立國居鄧川今大理府鄧川州是

施浪詔施望欠立國居

南詔野史　卷上　一

南詔野史　二卷　（明）新都 楊慎 撰

清中晚期金谿李氏自怡草堂刻本　江蘇師範大學圖書館藏

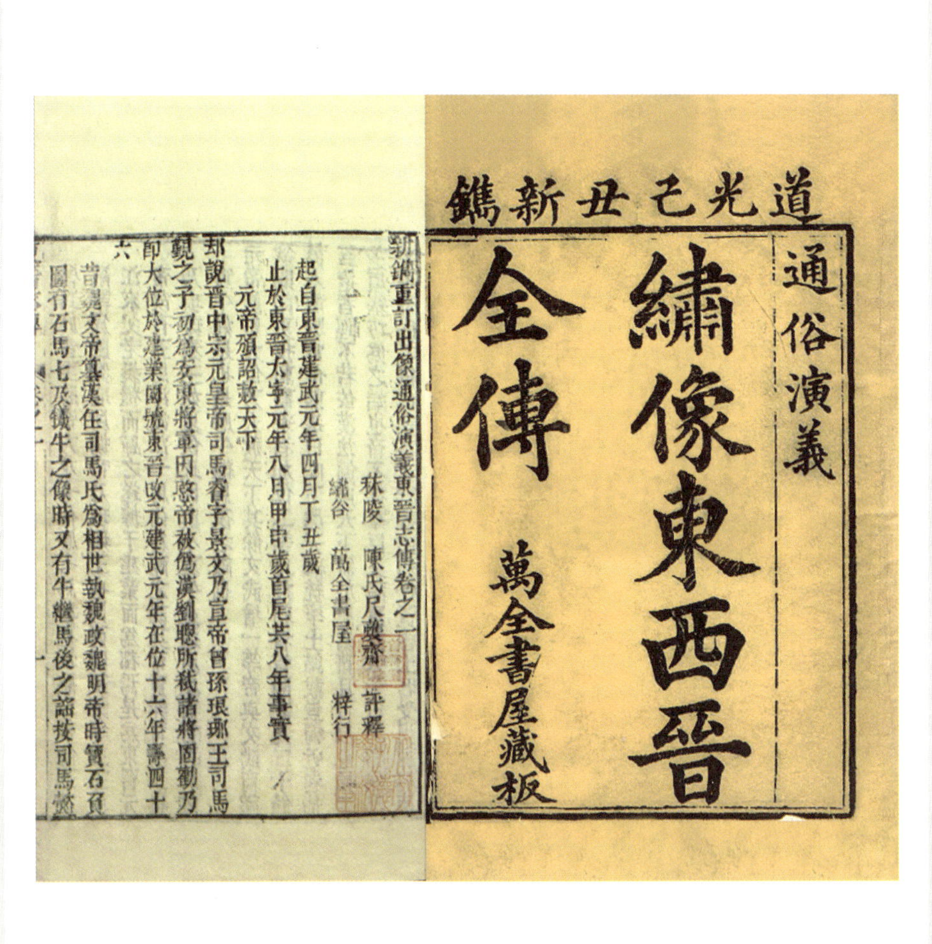

道光己丑新鐫

通俗演義

繡像東西晉全傳

萬全書屋藏板

新鐫重訂出像通俗演義東晉志傳卷之一

秣陵　陳氏尺蠖齋　評釋

繡谷　萬全書屋　梓行

起自東晉建武元年四月丁丑歲

止於東晉太寧元年八月甲申歲首尾共八年事實

元帝頒詔赦天下

瑯琊晉中宗元皇帝司馬睿字景文乃宣帝曾孫瑯琊王司馬覲之子初爲安東將軍因愍帝被擄漢劉聰所弒諸將固勸乃即大位於建業國號東晉改元建武元年在位十六年壽四十六

昔魏文帝篡漢任司馬氏爲相世執魏政魏明帝時寶石負圖有石馬七及鐵牛之像時又有牛繼馬後之讖按司馬懿

繡像東西晉全傳 八卷 （明）楊爾曾 撰 （明）陳氏尺蠖齋 評釋

道光九年（1829）繡谷萬全書屋刻本 首都圖書館藏

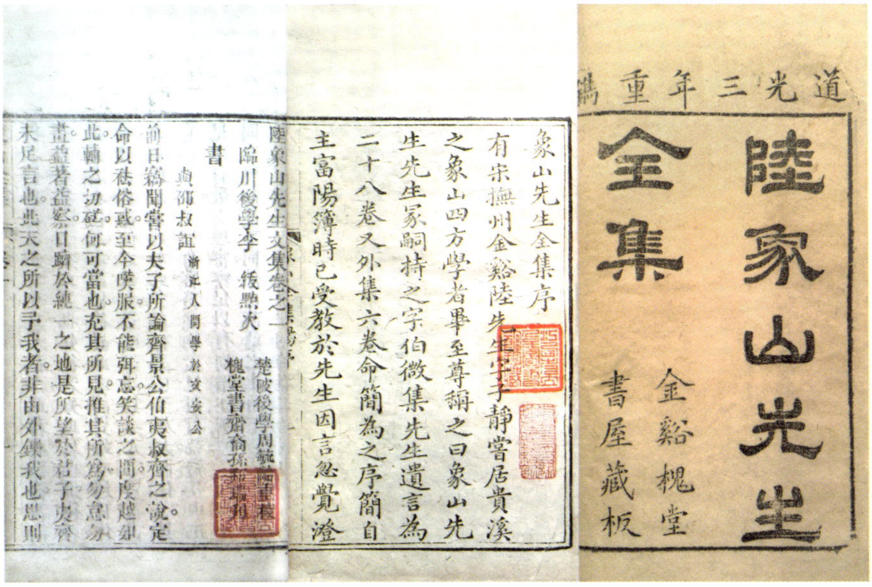

道光三年重鐫

陸象山先生全集

金谿槐堂書屋藏板

陸象山先生全集 三十六卷 （宋）金谿 陸九淵 撰

清道光三年（1823）金谿槐堂書屋重刻本 江西省圖書館藏

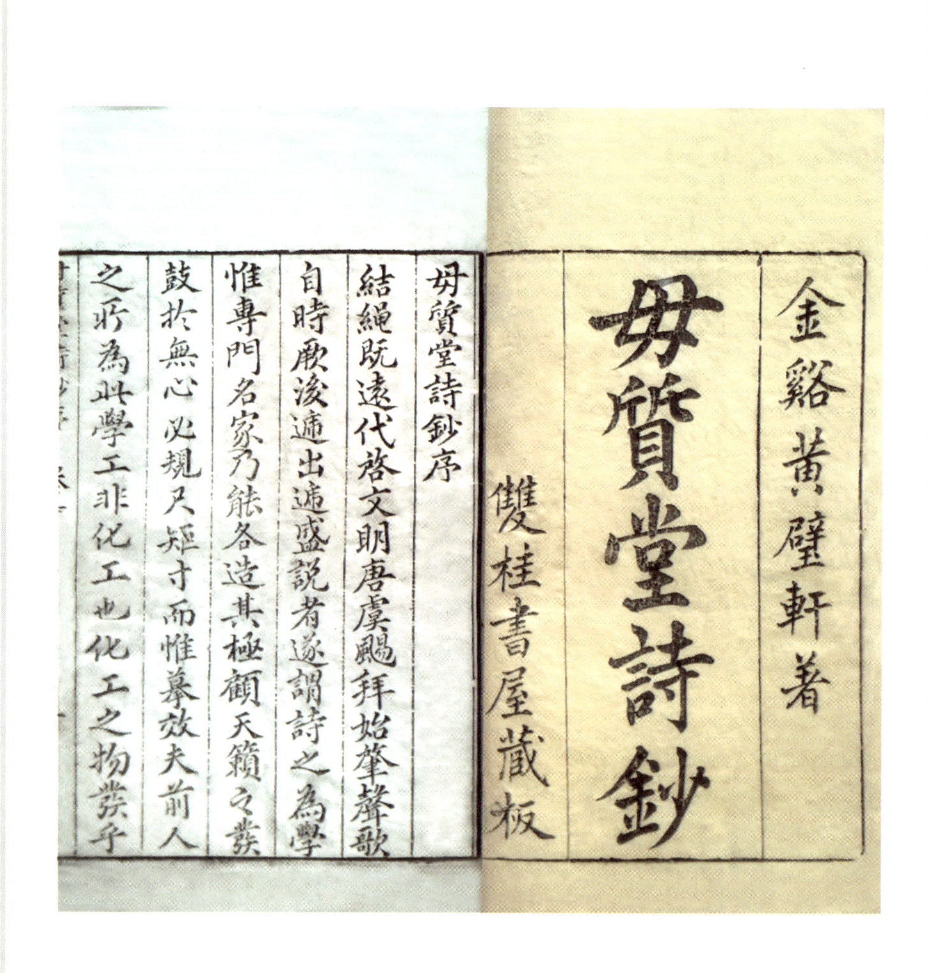

金谿黃璧軒著
毋質堂詩鈔
雙桂書屋藏板

毋質堂詩鈔序
結繩既遠代啓文明唐虞賡拜始肇聲歌
自時厥後迭出遞盛說者遂謂詩之為學
惟專門名家乃能各造其極顧天籟之發
鼓於無心必規尺矩寸而惟摹效夫前人
之府為此學工非化工也化工之物發乎

毋質堂詩鈔 十卷 （清）金谿 黃師圖 撰

清乾隆二十一年（1756）雙桂書屋寫刻本 江西省圖書館藏

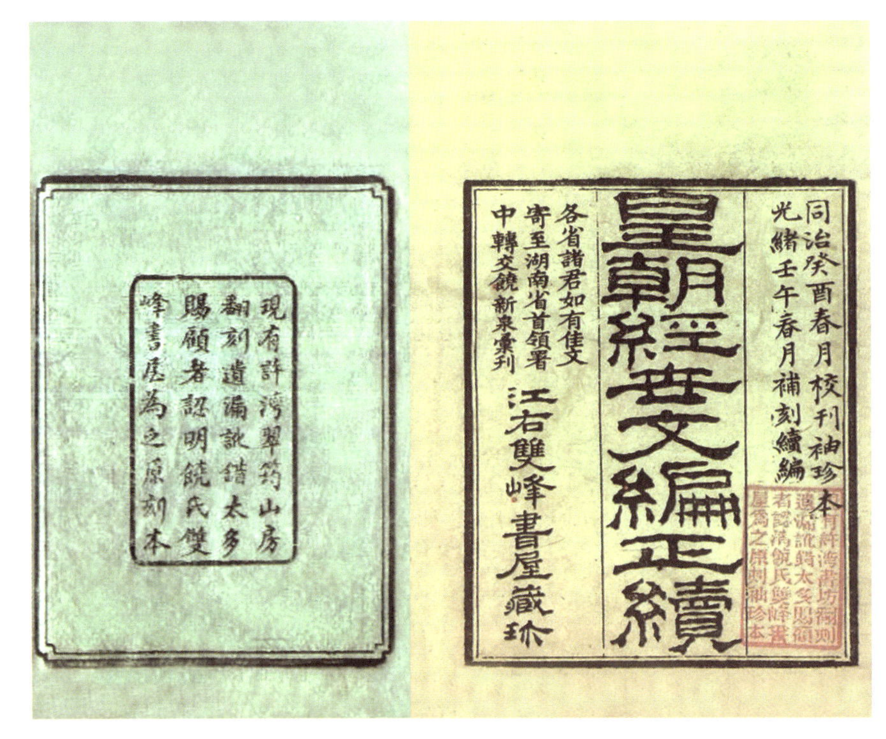
現有許灣翠筠山房翻刻遺漏訛錯太多賜顧者認明饒氏雙峰書屋爲之原刻本

同治癸酉春月校刊袖珍本

光緒壬午春月補刻續編

皇朝經世文編正續

各省諸君如有佳文寄至湖南省首領署中轉交饒新泉彙刊

江右雙峰書屋藏板

現有許灣書坊翻刻遺漏訛錯太多賜顧者認明饒氏雙峰書屋爲之原刻袖珍本

皇朝經世文編正續 二百四十卷 （清）长沙 賀長齡 輯

清同治十二年至光緒八年（1873 — 1882）饒玉成雙峰書屋刻本

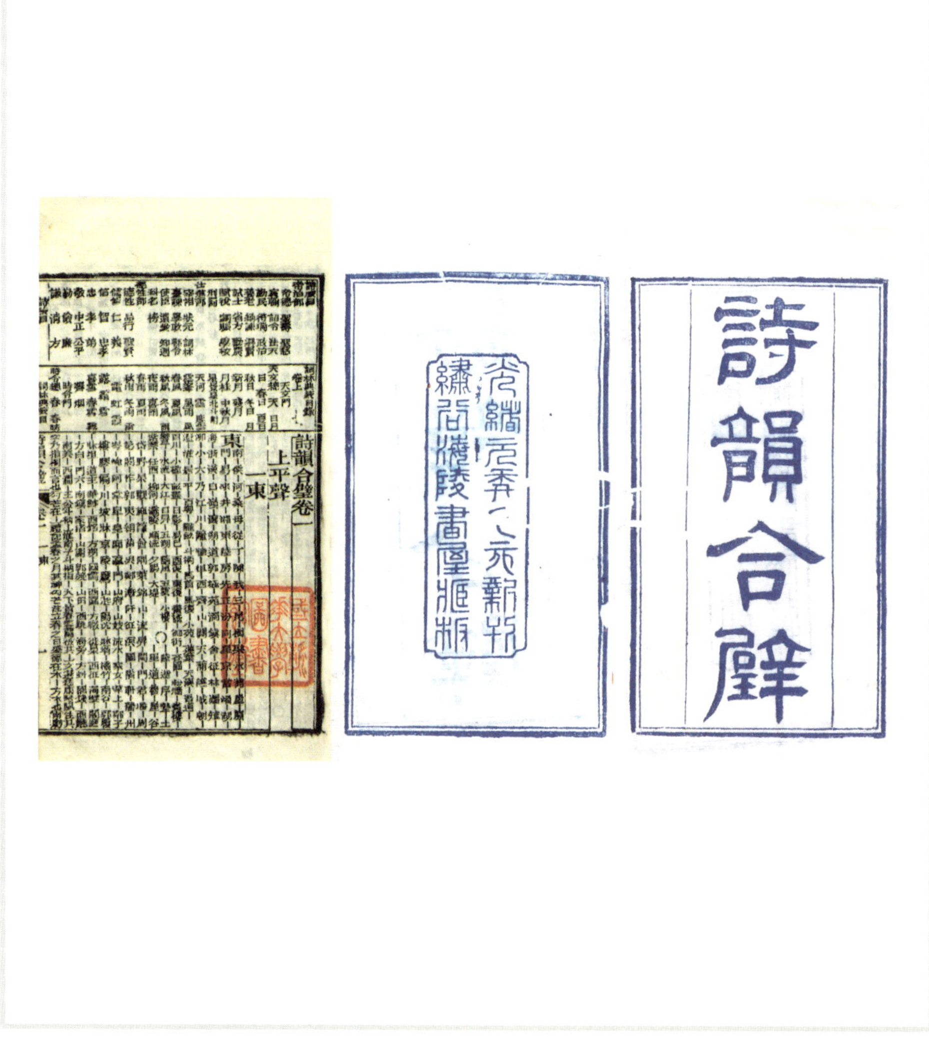

詩韻合璧 五卷 （清）湯文潞 編

光緒元年（1875）繡谷海陵書屋刻本 清華大學圖書館藏

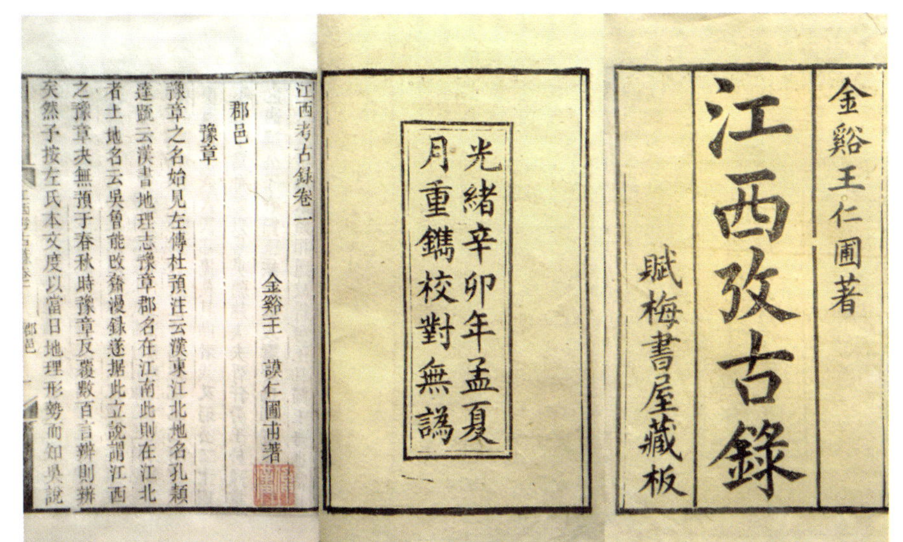

江西攷古錄

金谿王仁圃著

賦梅書屋藏板

光緒辛卯年孟夏月重鐫校對無譌

江西考古錄卷一　　金谿王　謨仁圃甫著

郡邑

豫章

豫章之名始見左傳杜預注云漢東江北地名孔穎達疏云漢書地理志豫章郡名在江南此則在江北者土地名云吳曾能改齋漫録遂据此立說謂江西之豫章夫無預于春秋時豫章亙數百言辨則辨矣然予按左氏本文度以當日地理形勢而知吳說

江西考古錄 十卷 （清）金谿 王謨 撰

清光緒十七年（1891）賦梅書屋重印本 江西省圖書館藏

尺牘寶箋

李贊廷先生纂輯

如面談新集

鋤經書屋藏板

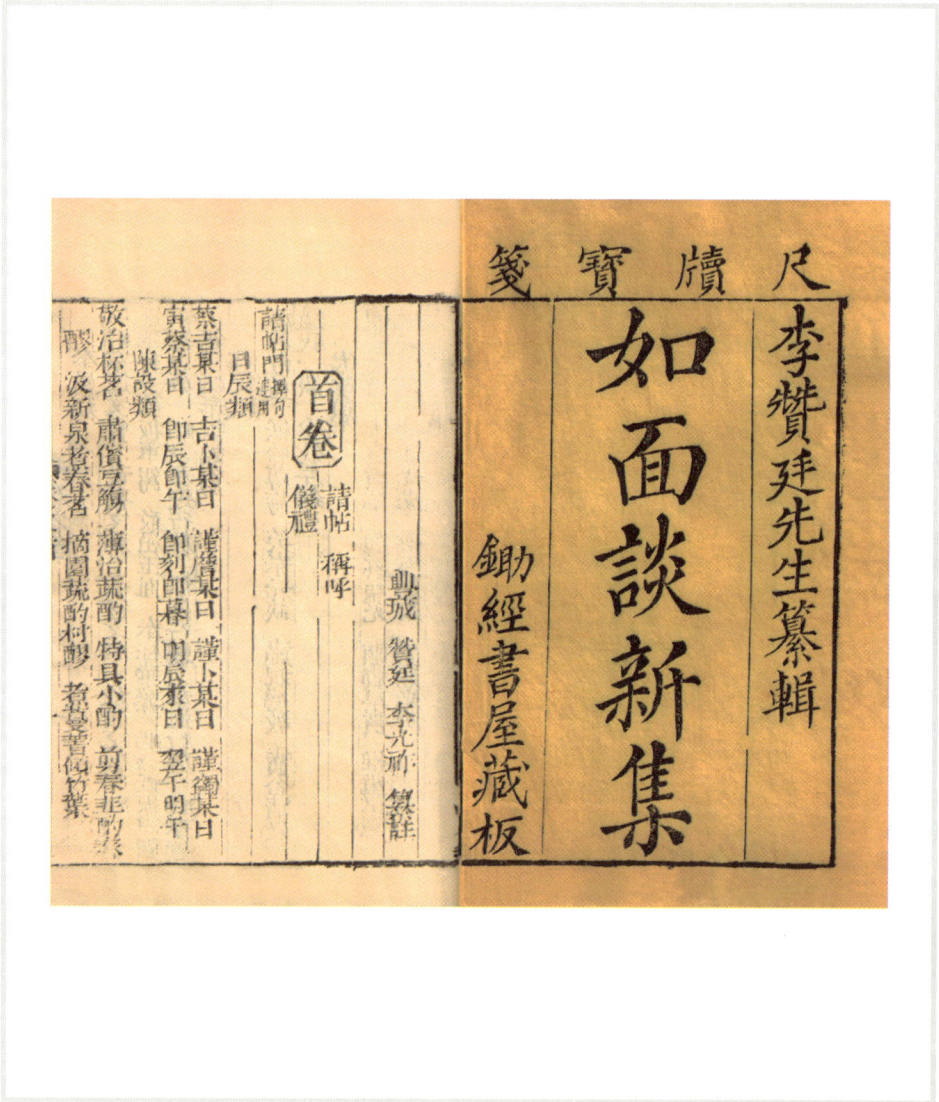

如面談新集 十卷 （明）豐城 李光祚 撰

清中期鋤經書屋刻本 劍川雕龍蟲館藏

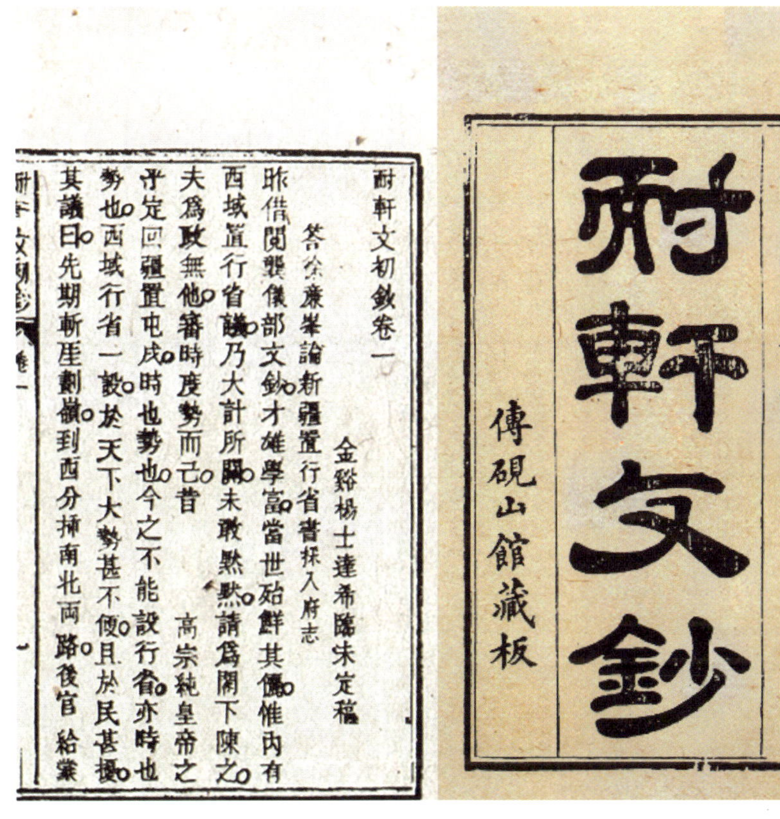
光緒五年重鋟

耐軒文鈔

傳硯山館藏板

耐軒文初鈔卷一

金谿楊士達希臨未定稿

答余廉峯論新疆置行省書採入府志

昨借閱龔儀部文鈔才雄學富當世殆鮮其儔惟內有西域置行省議乃大計所關未敢默默請爲閣下陳之夫爲政無他審時度勢而已昔 高宗純皇帝之平定回疆置屯戍時也勢也今之不能設行省亦時也勢也西域行省一設於天下大勢甚不便且於民甚擾其議曰先期斬厓劃嶺到西分撫南北兩路俟官給棠

耐軒文鈔 四卷 （清）金谿 楊士達 撰

光緒五年（1879）傳硯山館活字本 清華大學圖書館藏

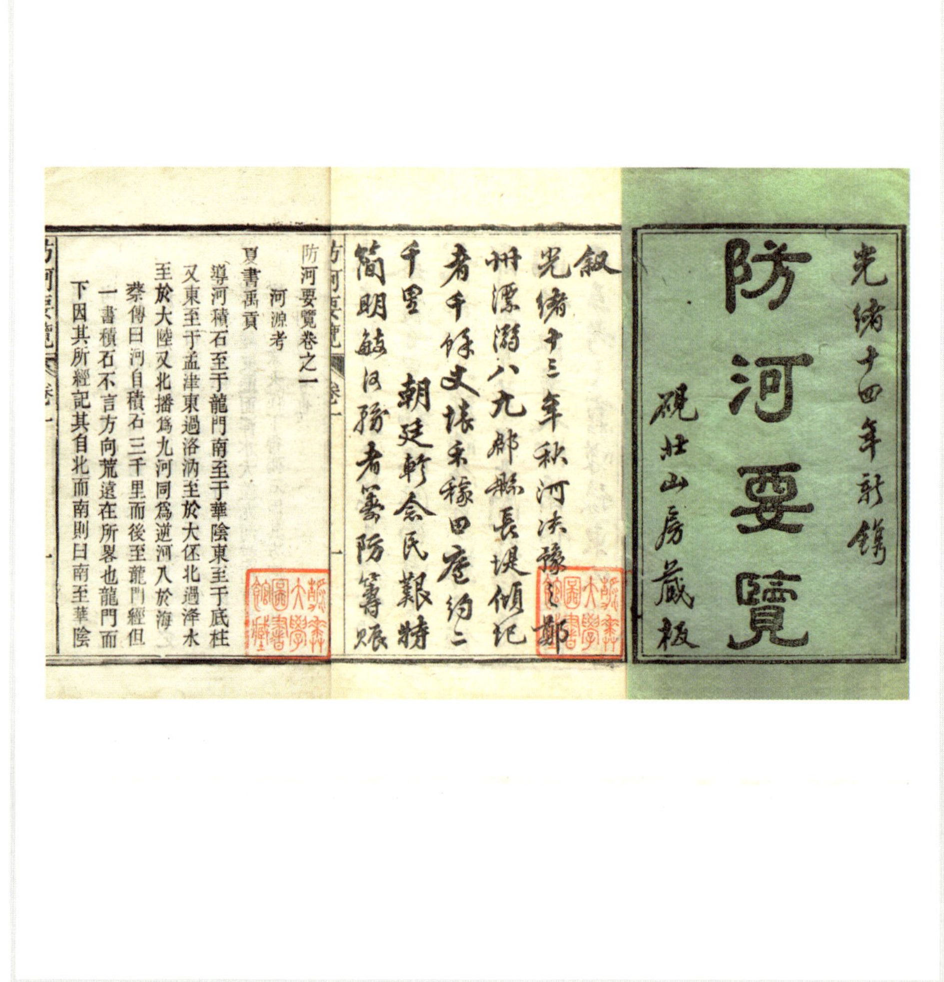
光緒十四年新鐫

防河要覽

硯壯山房藏板

敘

光緒十三年秋河決豫之鄭州漂溺八九郡縣長堤傾圮者千餘丈淹禾稼田廬約二千里 朝廷軫念民艱特簡明鍊以防者籌防籌賑

防河要覽　卷一　一

防河要覽卷之一

河源考

夏書禹貢

導河積石至于龍門南至于華陰東至于底柱又東至于孟津東過洛汭至於大伾北過洚水至於大陸又北播爲九河同爲逆河入於海

蔡傳曰河自積石三千里而後至龍門經但一書積石不言方向荒遠在所畧也龍門而下因其所經記其自北而南則曰南至華陰

防河要覽 四卷 （清）金谿 硯北主人 輯

清光緒十四年（1888）瑚城硯北山房木活字本 清華大學圖書館藏

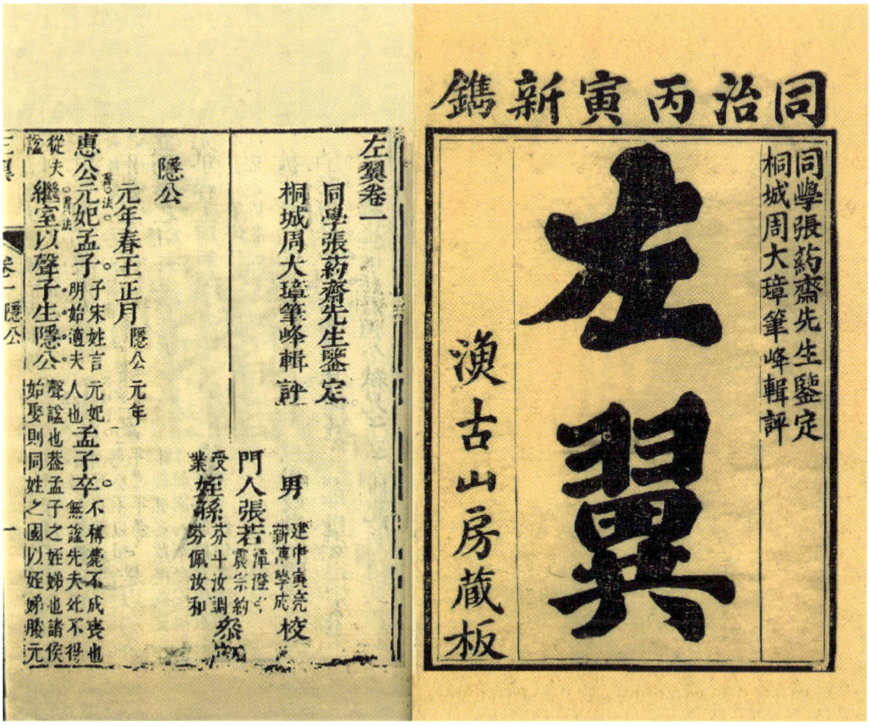

左翼 三十八卷 （清）桐城 周大璋 輯評

同治五年（1866）漁古山房刻本 北京大學圖書館藏

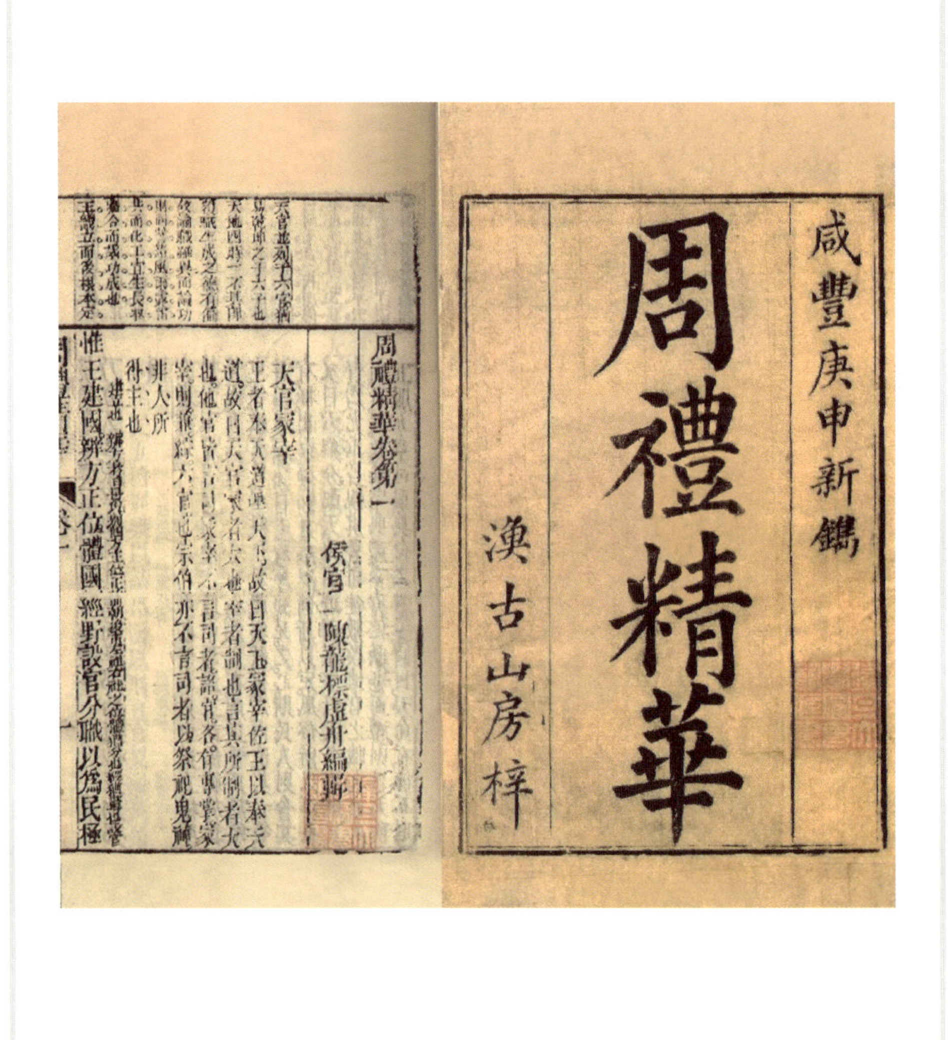

周禮精華 六卷 （清）陳龍標 輯

咸豐十年（1860）漁古山房刻本 復旦大學圖書館藏

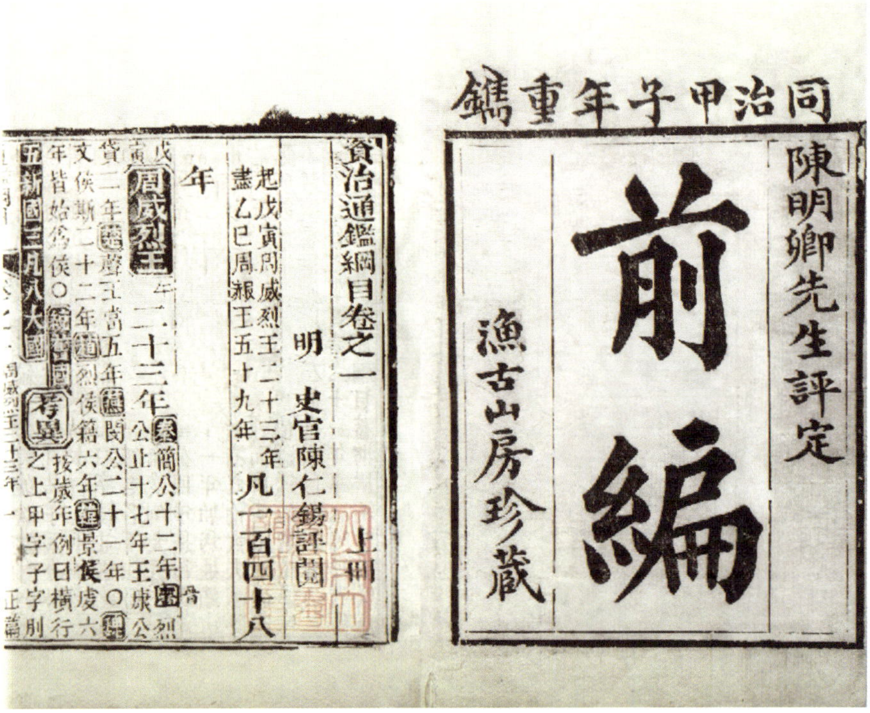

資治通鑒綱目前編 二十五卷 正編五十九卷 續編二十七卷 （明）陳仁錫 評定

同治三年（1864）漁古山房刻本 北京大學圖書館藏

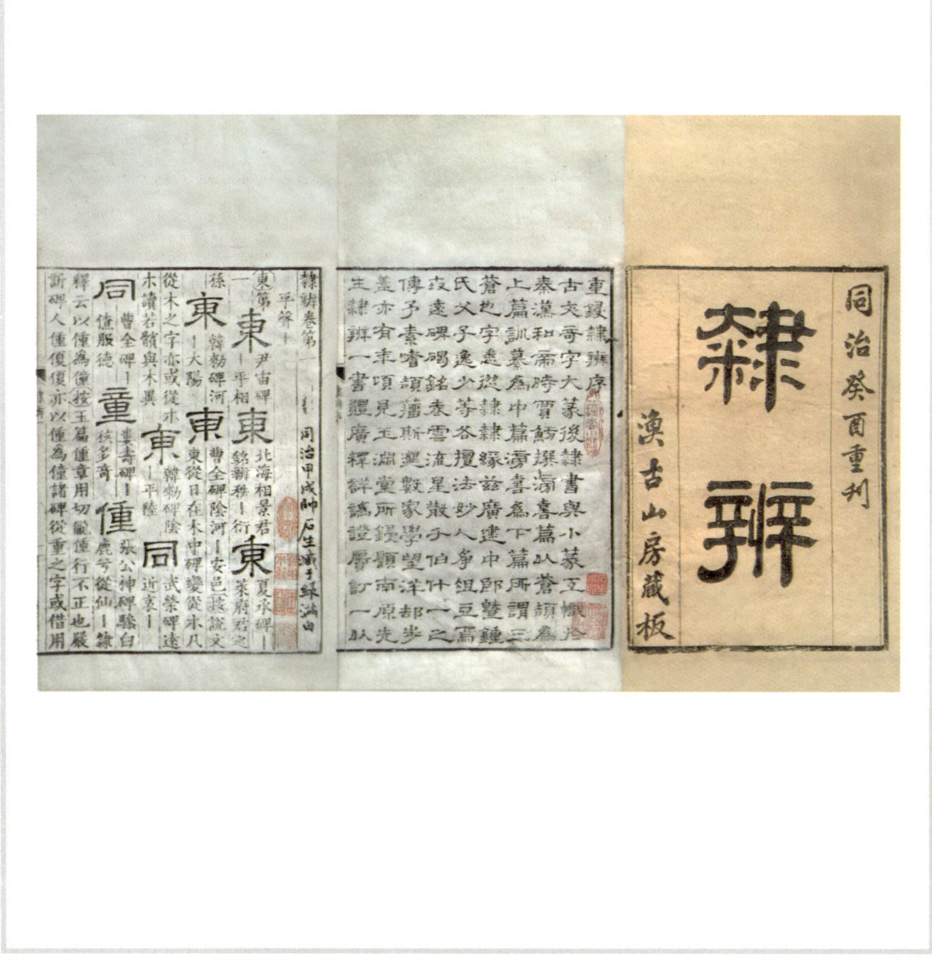
同治癸酉重刊
隸辨
漁古山房藏板

隸辨 八卷 （清）苏州 顧靄吉 輯 奉新 帥之宪藏

清同治十二年（1873）漁古山房刻本 江西省圖書館藏

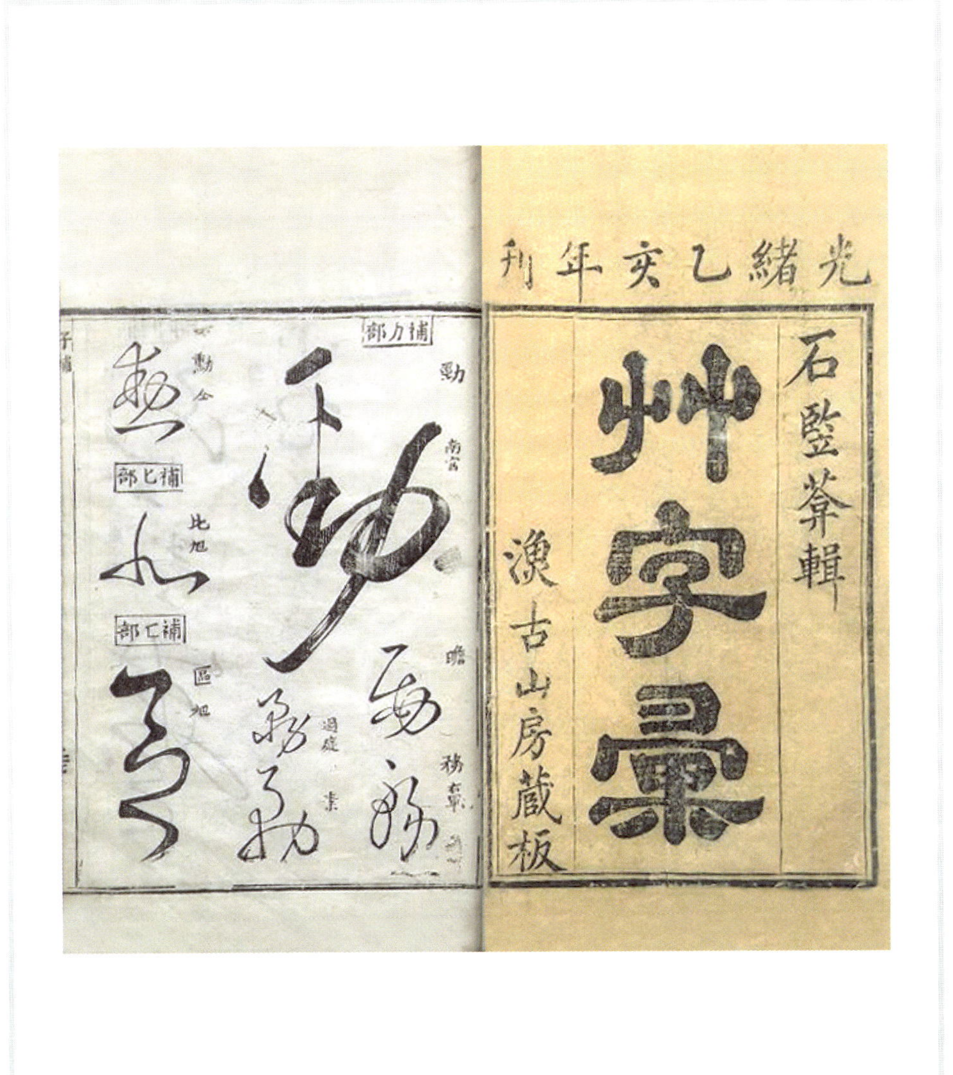

草字彙 十二卷 （清）诸暨 石梁 輯

清光緒元年（1875）漁古山房刻本 中國人民大學圖書館藏

李氏家塾課本
小題正鵠二集
珊城漁古山房梓

李氏家塾課本
小題正鵠三集
珊城漁古山房梓

小題正鵠 初集 二集 三集 八册 （清）平江 李元度 輯

清末珊城漁古山房刻本

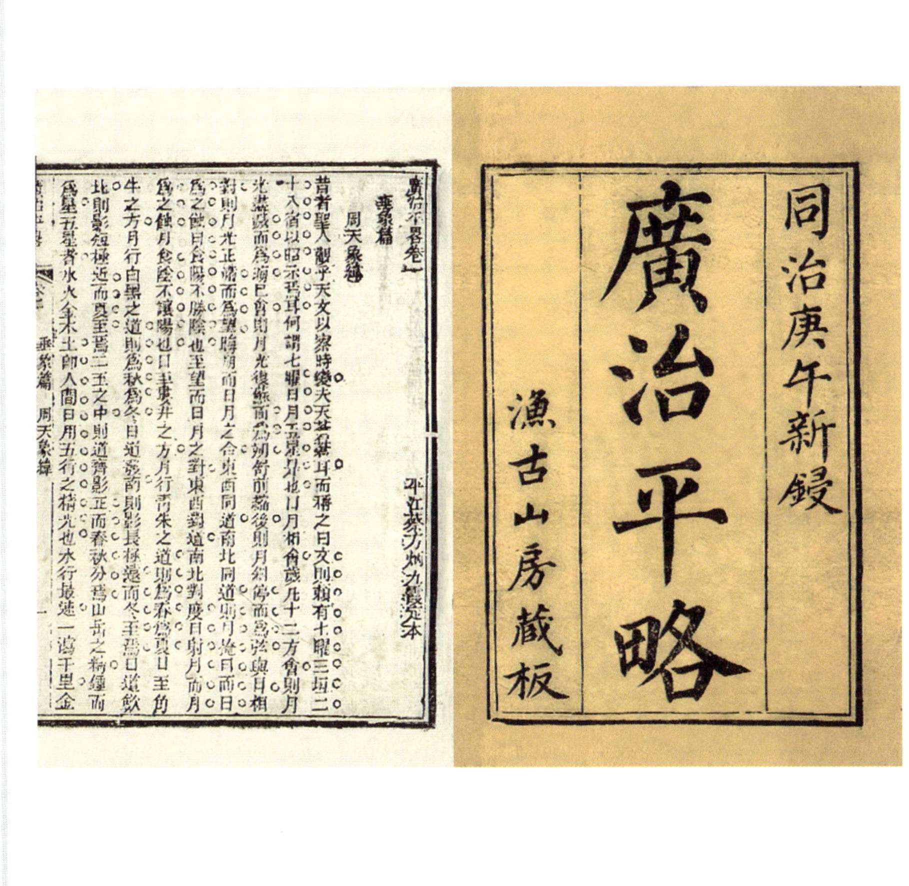
同治庚午新鐫
廣治平略
漁古山房藏板

廣治平略 正集三十六卷 補編八卷 （清）蔡方炳 撰

同治九年（1870）漁古山房刻本 北京大學圖書館藏

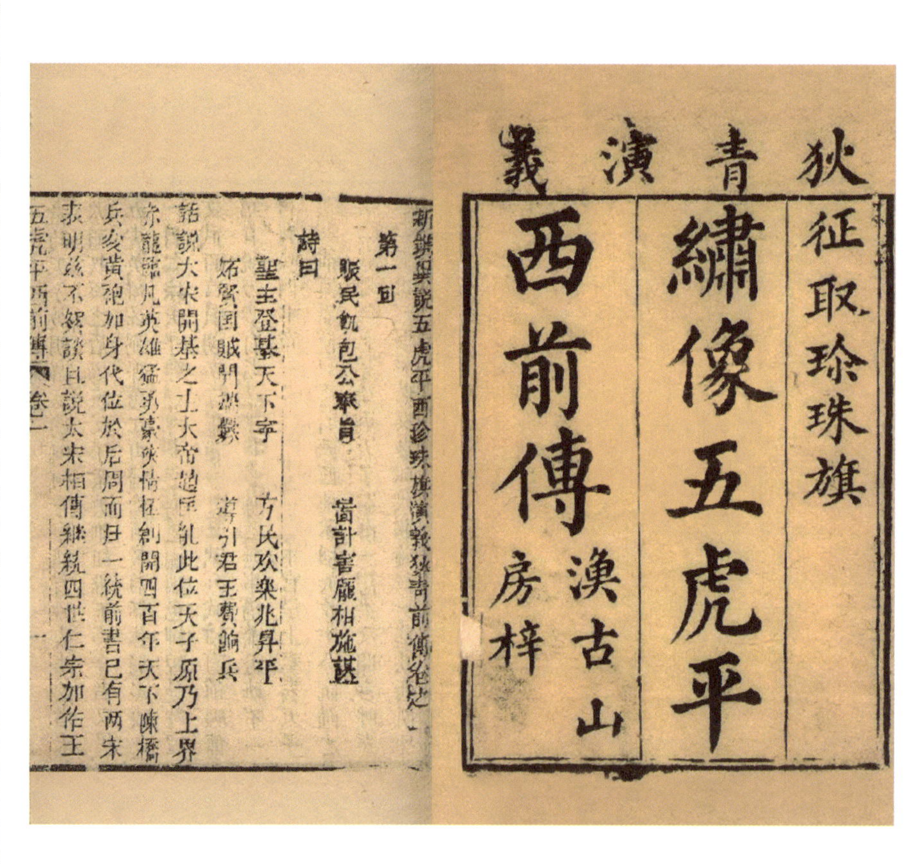
狄青演義

征取珍珠旗

繡像五虎平西前傳

漁古山房梓

新鐫異說五虎平西珍珠旗演義狄青前傳卷之一

第一回　賑民飢包公舉旨　畫計害龐相施謀

詩曰

聖主登基天下寧　万民歡樂兆昇平

奸賢國賊明欺弊　遵引君王費餉兵

話說大宋開基之主太帝趙匡胤此位天子原乃上界赤龍臨凡英雄猛勇豪俠擒拿劍開四百年天下陳橋兵變黄袍加身代位於后周而且一統前書已有兩宋表明茲不贅談且說太宋相傳繼統四世仁宗加作王

五虎平西前傳　卷一　一

繡像五虎平西前傳 八卷 三十五回 （清）佚名 撰

清末漁古山房刻本 南開大學圖書館藏

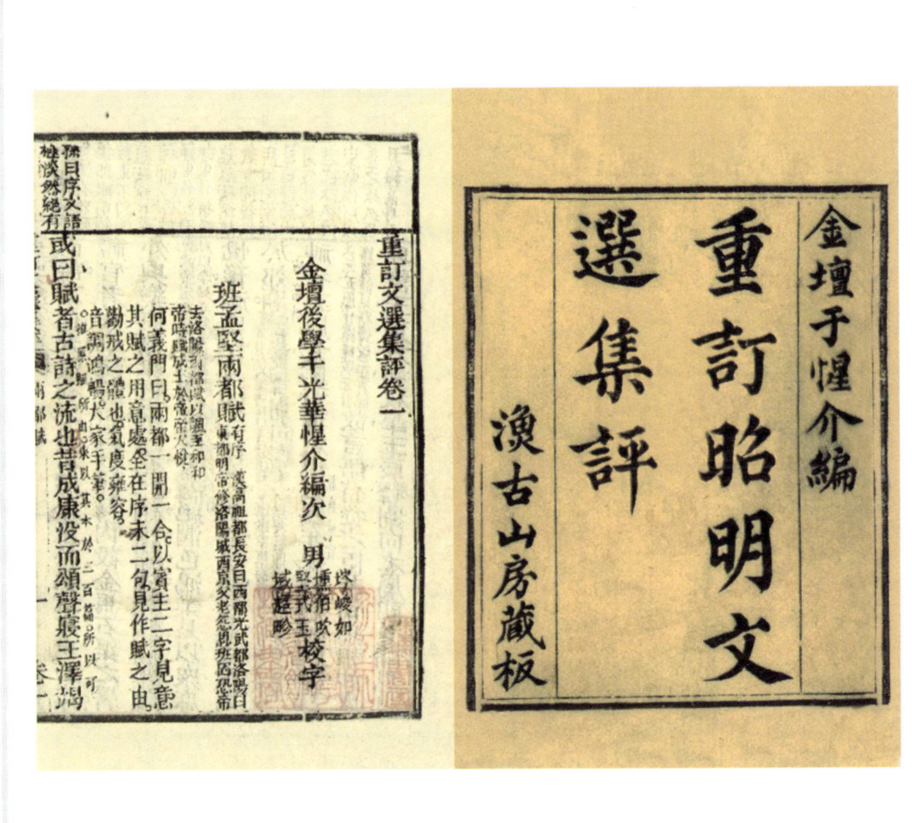

金壇于惺介編

重訂昭明文選集評

漁古山房藏板

重訂文選集評卷一

金壇後學于光華惺介編次　男　校字

班孟堅兩都賦有序

何義門曰兩都一開一合以賓主二字見意其賦之用意處全在序末二句見作賦之由勸戒之體也氣度雍容音調鴻暢大家手筆

或曰賦者古詩之流也昔成康沒而頌聲寢王澤竭

重訂昭明文選集評　（清）金壇 于光華 編

清中晚期漁古山房刻本　浙江師範大學圖書館藏

興國石暉甲嵩生箋註
詳註七家詩
漁古山房藏板

澹香齋試律詩註卷一
大興王廷紹楷堂著
峩眉張熙宇玉田評選
湖北興國石暉甲嵩生箋註

獵火一山紅
庾信上益州上柱國趙王詩二首其二寂寞歲陰窮蒼茫雲貌同鶴毛飄乱雪車轂轉飛蓬雁歸知向煖鳥巢解背風寒沙兩岸白獵火一山紅顧想懸鶉弊皆嗟陋巷空。
五字臨題之脈
野闊圍全暗俄驚一派紅山光騰殺氣獵火散天風

詳註七家詩 七卷 （清）大興 王庭紹 陽湖 劉嗣綰 周至 路德 葉河 那清安 江安 楊庚 墊江 李惺 蘄水 陳沆 撰 興國 石暉 註

同治十二年（1873）漁古山房刻本 劍川雕龍蟲館藏

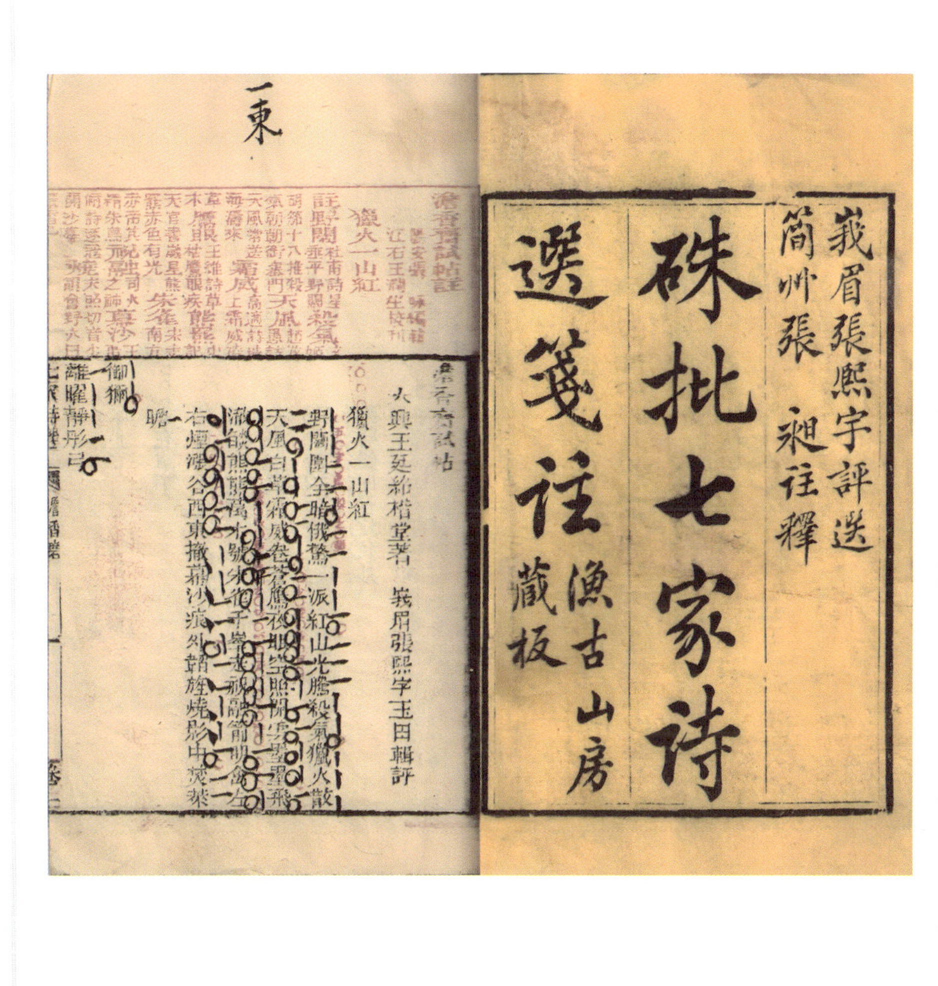

硃批七家詩選箋註 七卷 （清）大興 王庭紹等 撰 峨眉 張熙宇 選 簡陽 張昶 註

清末漁古山房朱墨套印本 劍川雕龍蟲館藏

翠筠山房

歲次庚辰夏鐫

較對無訛

增廣試律大觀

內附詩韻便同 詩賦類腋

翠筠山房梓

詩韻音訓辨同

上平聲

一東 古通冬 轉江

二冬 古通東

三江 古通陽

四支 古通微齊灰 轉江

五微 古通支

六魚 古通虞

七虞 古通魚

八齊 古通支

天文部

天地總類

盧牟六合 淮南子要畧篇原道者盧牟六合混沌萬物高誘注盧牟猶規模也 曾煥

淮南原道訓序論見終篇上下皆蟠際春秋自運旋範圍無過易溥博本如天化祇根元一功真滿大千鼓之猶槖籥察也象罔爲內蘊渾渾雨旁流浩浩然轉丸臻樂境翔軫有虛詮○○聖德符鴻造勳華六合宜

天地萬物郭 楊子法言問神篇人哉天地之爲萬物郭五經之爲衆說郛吳祕注不能山其城 李佩蘅

孰敝乾坤秘名言試問楊八方恢廓落萬物入包荒勢自高卑展形從闔闢張羣生歸槖籥一氣固金湯風雨陰陽會山林藪澤藏居中咸覆載無外統關防虛廓真機運盧牟大化彰○○聖功昭位育○○立極正當陽

試律大觀 卷一 天地總類

增廣試律大觀 三十二卷 （清）佚名 撰

光緒六年（1880）翠筠山房刻本 北京大學圖書館藏

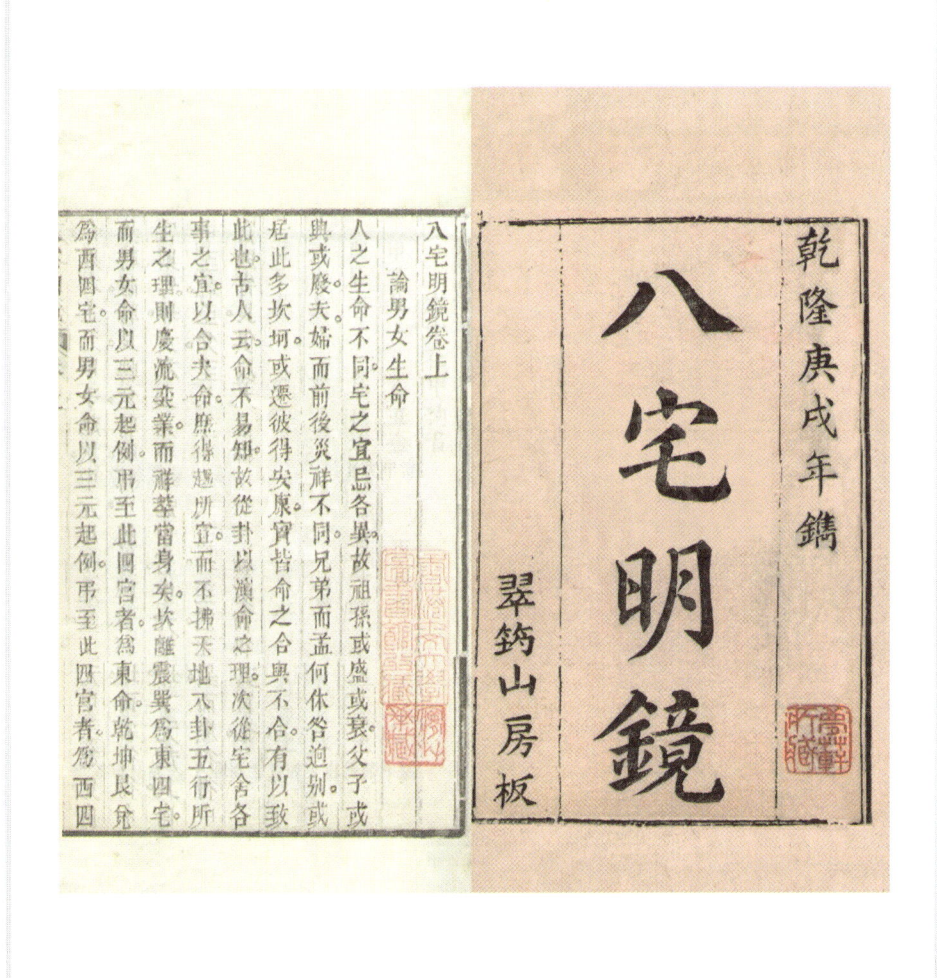

八宅明鏡卷上

論男女生命

人之生命不同。宅之宜忌各異。故祖孫或盛或衰。父子或興或廢。夫婦而前後災祥不同。兄弟而盖何休咎迥別。或居此多坎坷。或遷彼得安康。實皆命之合與不合。有以致此也。古人云。命不易知。故從卦以演命之理。次從宅舍各事之宜。以合夫命。庶得趨所宜。而不拂天地八卦五行所生之理。則慶流奕業。而祥萃當身矣。坎離震巽爲東四宅。而男女命以三元起例。弔至此四宮者。爲東命。乾坤艮兌爲西四宅。而男女命以三元起例。弔至此四宮者。爲西四

八宅明鏡 二卷 （唐）楊筠松 撰

乾隆五十五年（1790）翠筠山房刻本 香港中文大學圖書館藏

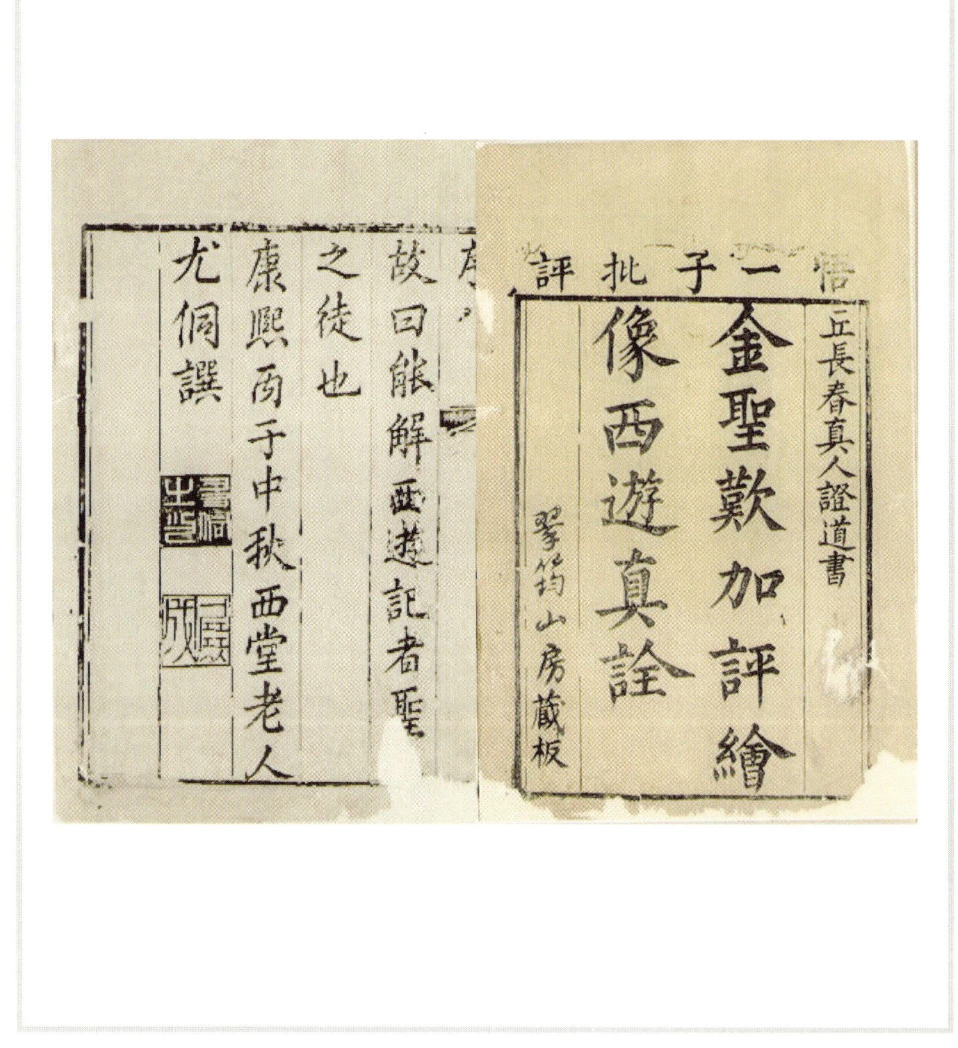

悟一子批評

丘長春真人證道書

金聖歎加評繪像西遊真詮

翠筠山房藏板

故曰能解西遊記者聖

之徒也

康熙丙子中秋西堂老人

尤侗譔

金聖歎加評繪像西遊真詮 一百回 （清）陳士斌 铨解

清康熙三十五年（1696）翠筠山房刻本 清華大學圖書館藏

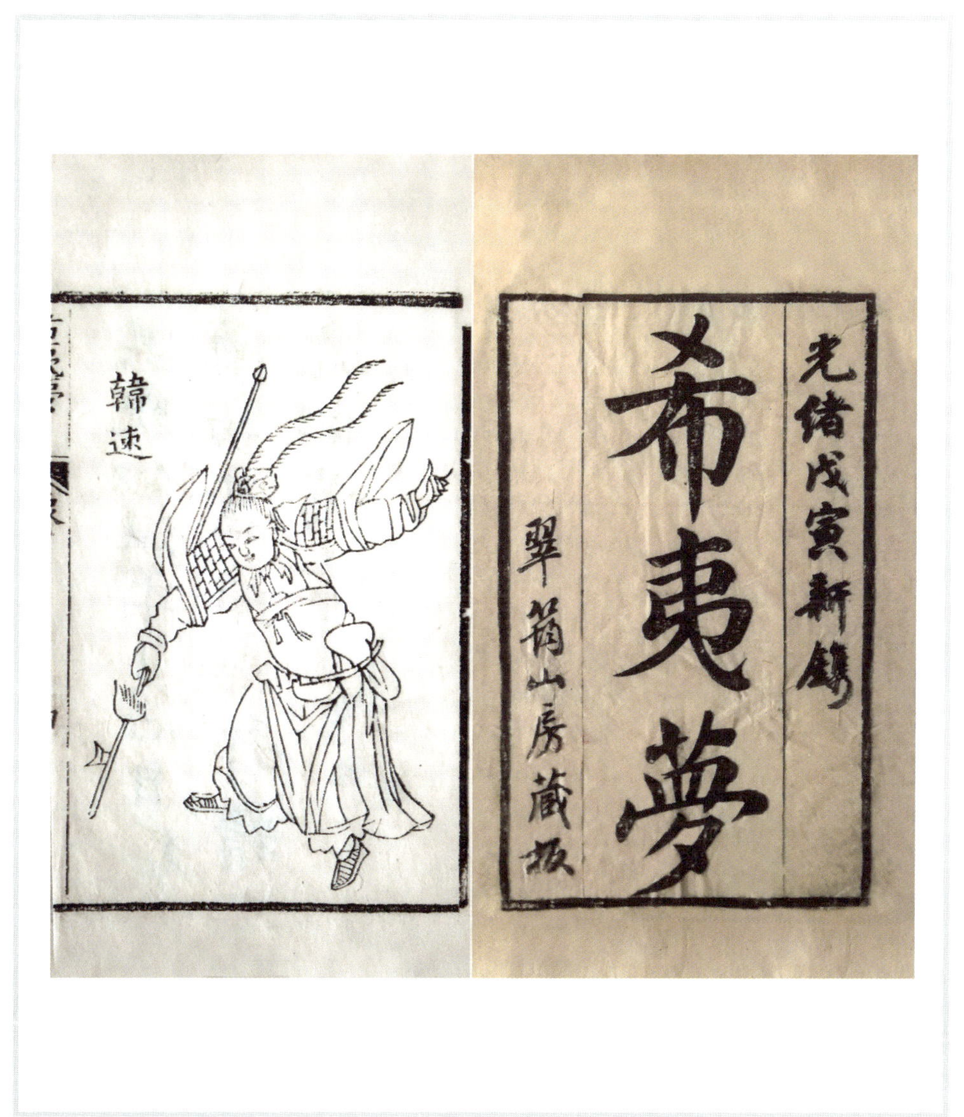

希夷夢 四十卷 （清）汪寄 撰

光緒四年（1878）翠筠山房刻本 北京師範大學圖書館藏

秋青演義

征取珍珠旗

五虎平西南

全傳

翠筠山房梓

五虎平西南全傳 八卷 三十五回 （清）佚名 撰

翠筠山房刻本 北京大學圖書館藏

光緒壬午年刊

息影偶錄

翠筠山房梓

息影偶錄卷一

格言

仁和張埏皇甫輯

淮南子云非淡泊無以明志非寧靜無以致遠非寬大無以兼覆非慈厚無以懷衆非平正無以制斷

劉向云以愛妻子之心事親則無往不孝以保富貴之心事君則無往不忠以責人之心責己則寡過以恕己之心恕人則全交

崔子玉座右銘曰無道人之短無說己之長施人愼勿

息影偶錄　卷一　格言　一

息影偶錄 八卷 （清）杭州 張埏 撰

光緒八年（1882）翠筠山房刻本 北京師範大學圖書館藏

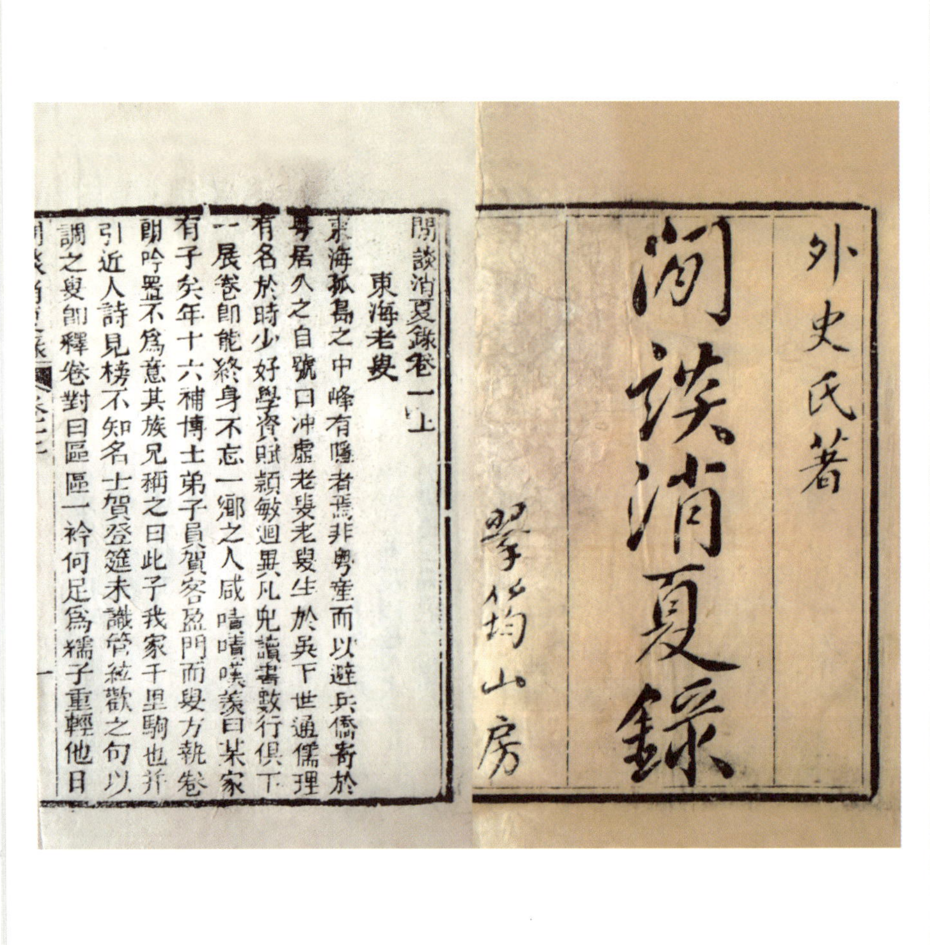

外史氏著

閒談消夏錄

翠筠山房

閒談消夏錄卷一

東海老叟

東海孤島之中峰有隱者焉非粵產而以避兵僑寄於粵居久之自號曰冲虚老叟老叟生於吳下世通儒理有名於時少好學資賦穎敏迥異凡兒讀書數行俱下一展卷卽能終身不忘一鄉之人咸嘖嘖嘆羨曰某家有子矣年十六補博士弟子員賀客盈門而叟方執卷朗吟置不爲意其族兄稱之曰此子我家千里駒也并引近人詩見榜不知名士賀登筵未識管絃歡之句以調之叟卽釋卷對曰區區一衿何足爲孺子重輕他日

閒談消夏錄 十二卷 （清）吳興 朱翊清 撰

同治十三年（1874）翠筠山房刻本 北京師範大學圖書館藏

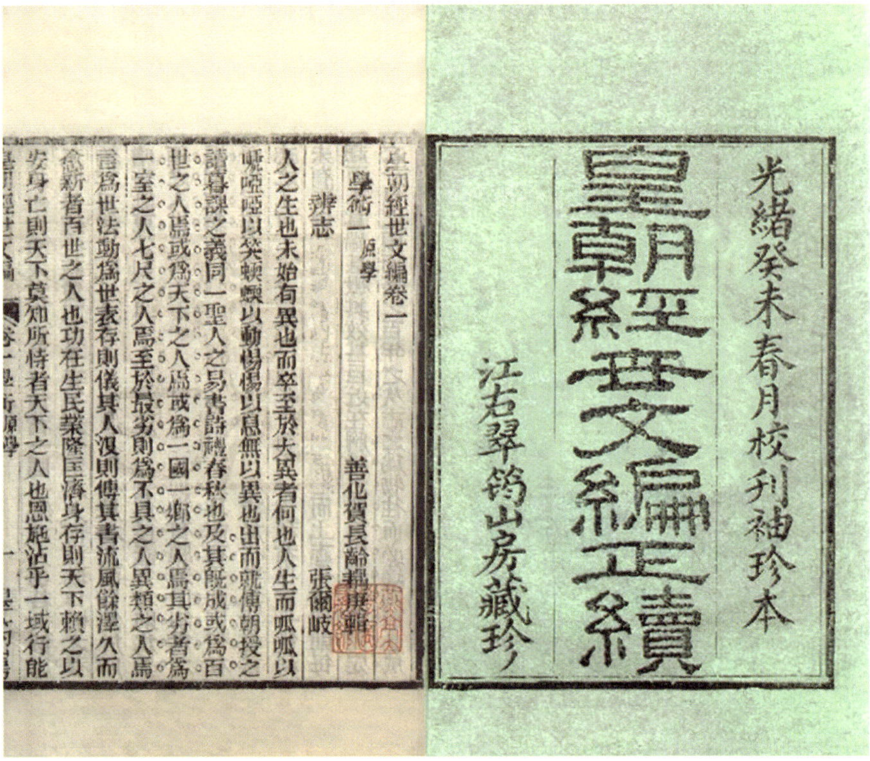

光緒癸未春月校刊袖珍本

皇朝經世文編正續

江右翠筠山房藏珍

皇朝經世文編正續 一百二十卷 （清）長沙 賀長齡 撰

光緒九年（1883）江右翠筠山房翻刻雙峰書屋本 北京大學圖書館藏

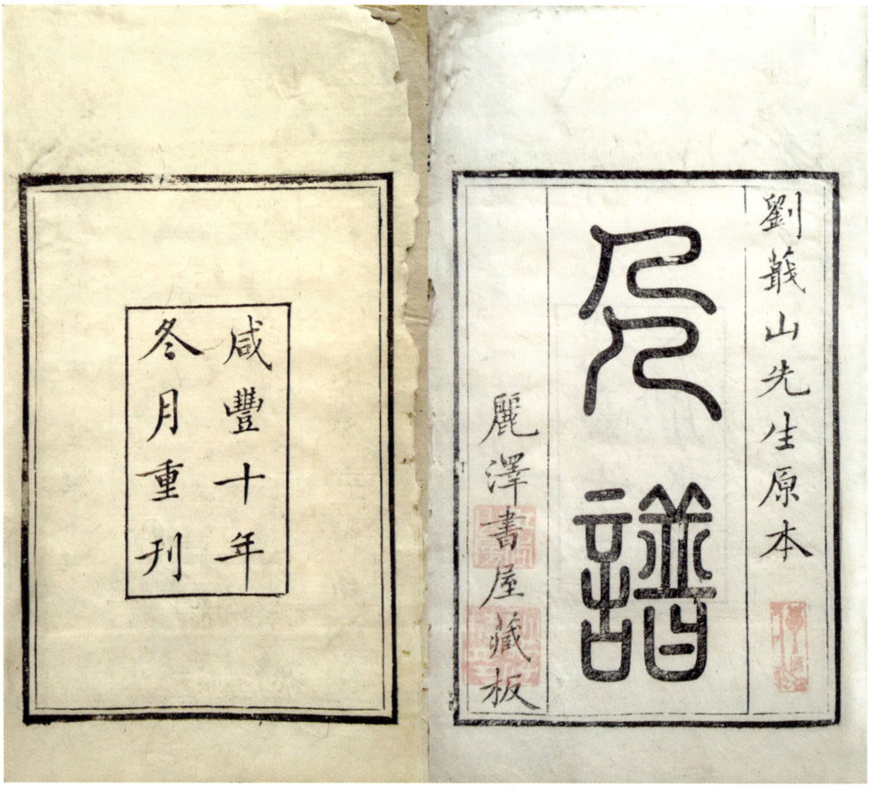

劉蕺山先生原本

人譜

麗澤書屋藏板

咸豐十年冬月重刊

人譜 一卷 人譜類記 二卷 （明）紹興 劉宗周 撰

清咸豐十年（1860）麗澤書屋刻本 江西省圖書館藏

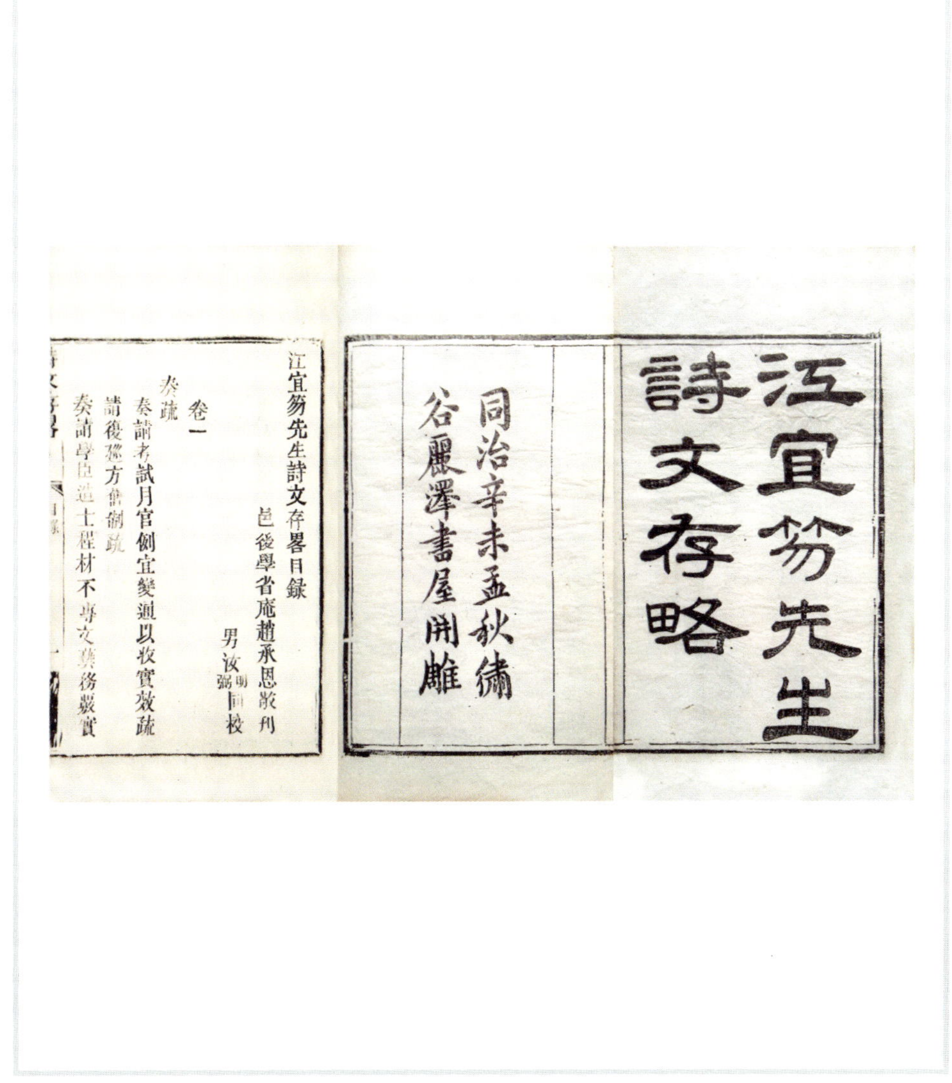

江宜笏先生詩文存略

同治辛未孟秋鐫

谷麗澤書屋開雕

江宜笏先生詩文存畧目錄

邑後學省庵趙承恩敬刊

男 汝明 汝弼 同校

卷一

奏疏

奏請考試月官例宜變通以收實效疏

請復遴方伯制疏

奏請學臣造士程材不專文藝務覈實

江宜笏先生詩文存略 六卷 （清）金谿 江球 撰

清同治十年（1871）麗澤書屋木活字本 江西省圖書館藏

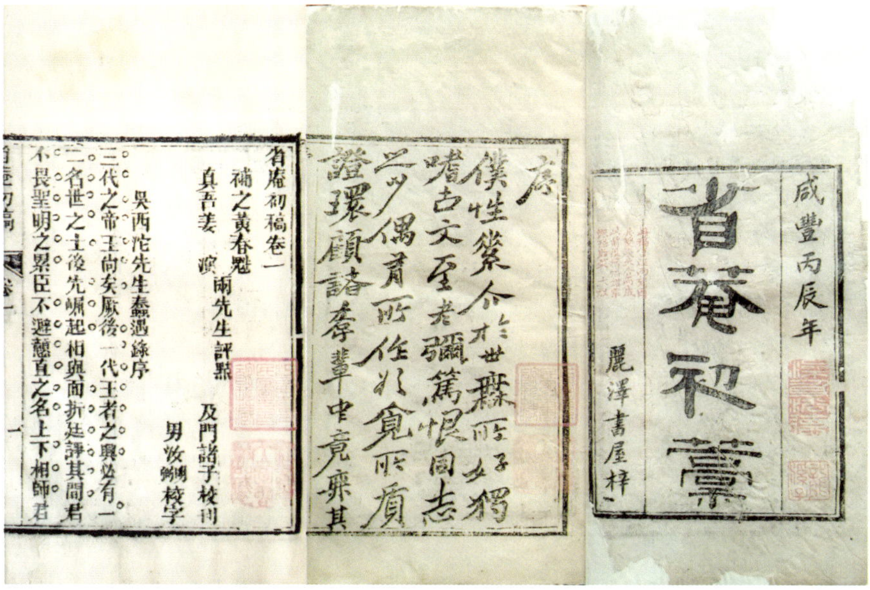

省庵初稿 四卷 （清）金谿 趙承恩 撰

清咸豐六年（1856）麗澤書屋刻本 江西省圖書館藏

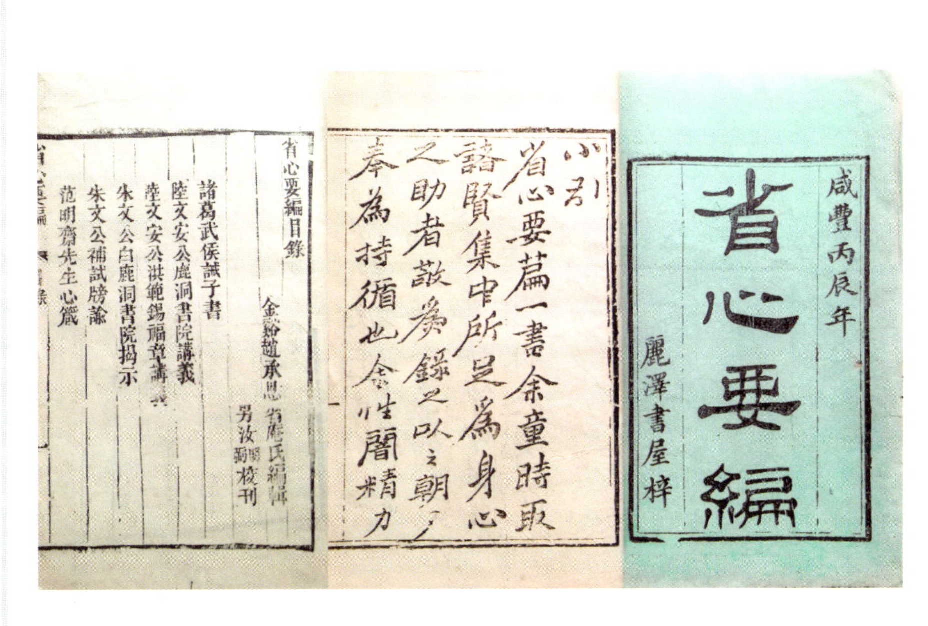

咸豐丙辰年
省心要編
麗澤書屋梓

小引
省心要篇一書余童時取
諸賢集中所足爲身心
之助者敬爲錄之以朝夕
奉爲持循也余性闇精力

省心要編目錄
金谿趙承恩省庵氏編輯
男汝弼校刊
諸葛武侯誡子書
陸文安公鹿洞書院講義
陸文安公洪範錫福章講義
朱文公白鹿洞書院揭示
朱文公補試榜諭
范明齋先生心箴

省心要编 一卷 （清）金谿 趙承恩 撰

清咸豐六年（1856）麗澤書屋刻本 江西省圖書館藏

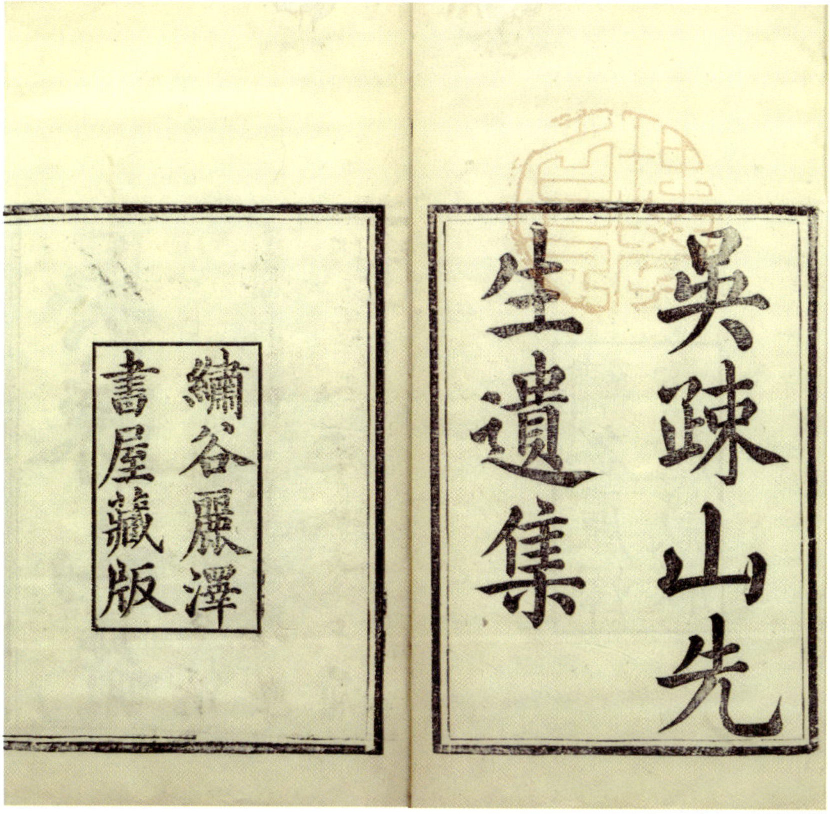

吳踈山先生遺集 十卷 （明）金谿 吳悌 撰

清同治十年（1871）麗澤書屋刻本 北京大學圖書館藏

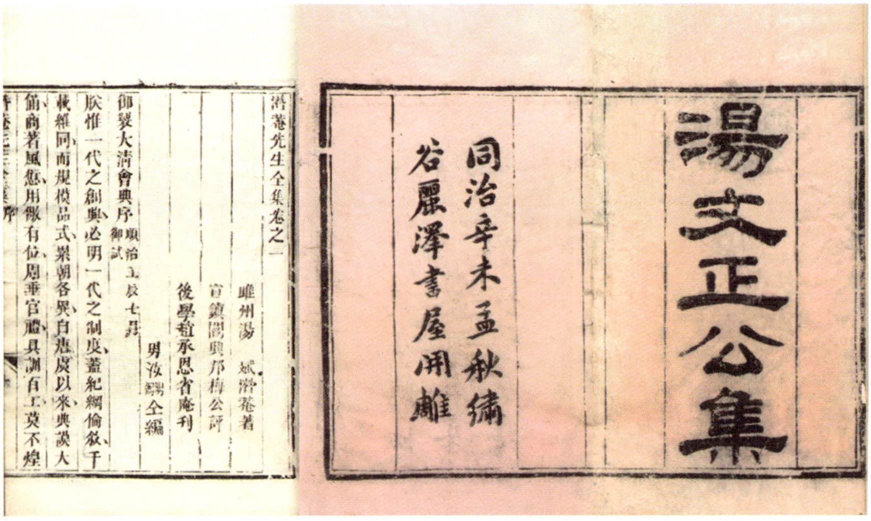

湯文正公集 五卷 （清）睢縣 湯斌 撰

同治十年（1871）麗澤書屋刻本 中山大學圖書館藏

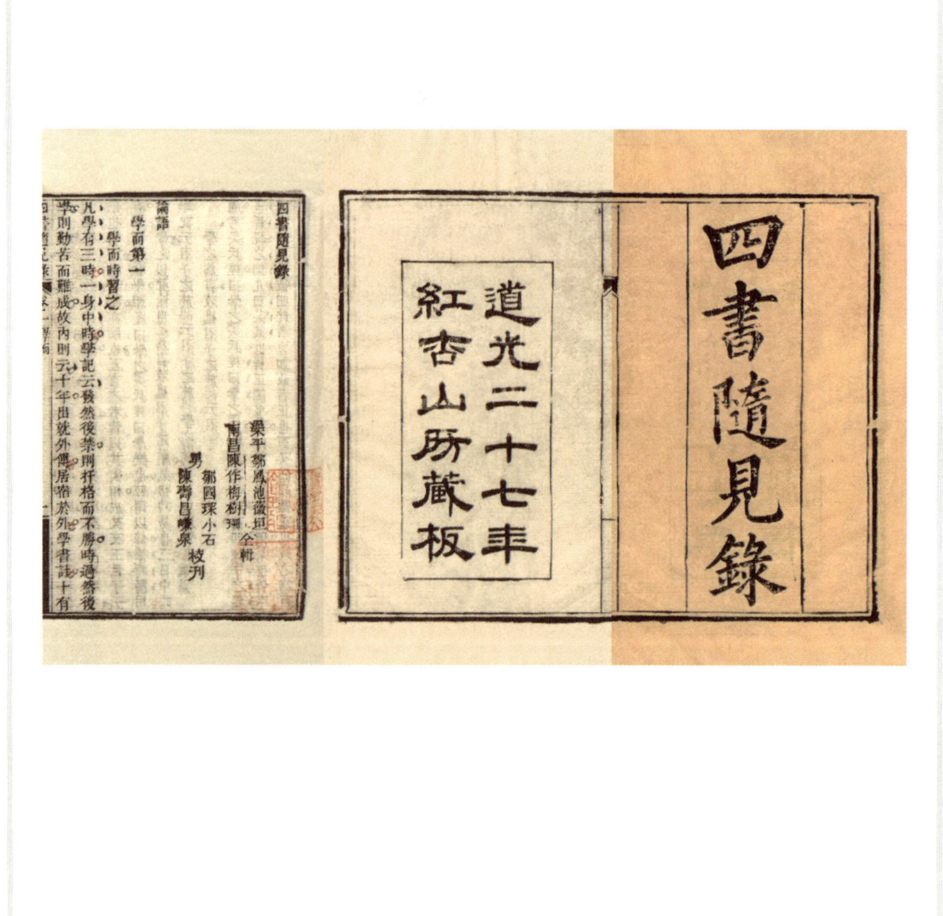

四書隨見錄 三十八卷 卷首六卷 （清）樂平 鄒鳳池 南昌 陳作梅 撰

道光二十七年（1847）紅杏山房刻本 香港中文大學圖書館藏

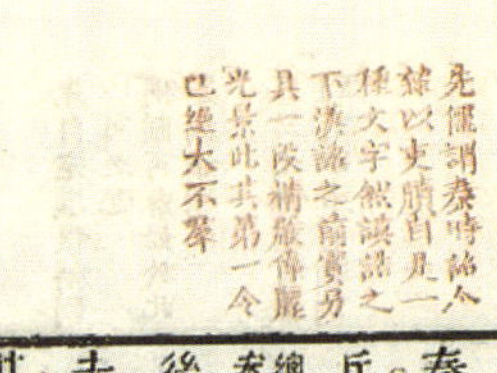

秦始皇本紀

秦初并天下令丞相御史曰寡人以眇眇之身興兵誅暴亂賴宗廟之靈六王咸服其辜天下大定今名號不更無以稱成功傳後世其議帝號丞相綰御史大夫劫廷尉斯等皆曰昔者五帝地方千里其外侯服夷服諸侯或朝或否天子不能制今陛下興義兵誅殘賊平定天下海內為郡縣法令由一統自上古以來未嘗有五帝所不及

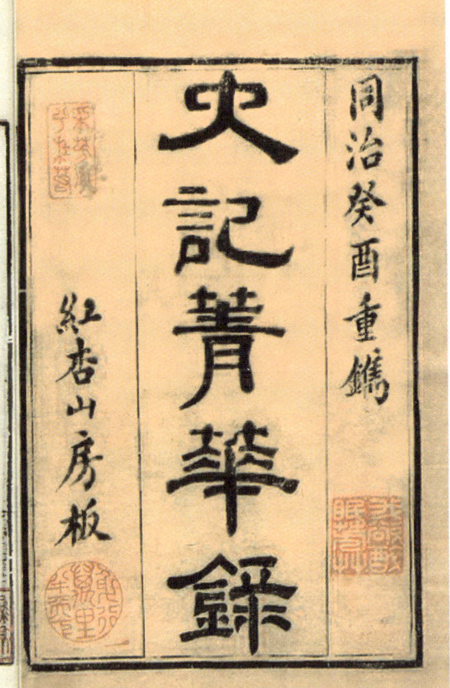

同治癸酉重鐫

史記菁華錄

紅杏山房板

史記菁華錄 六卷 （清）姚祖恩 撰

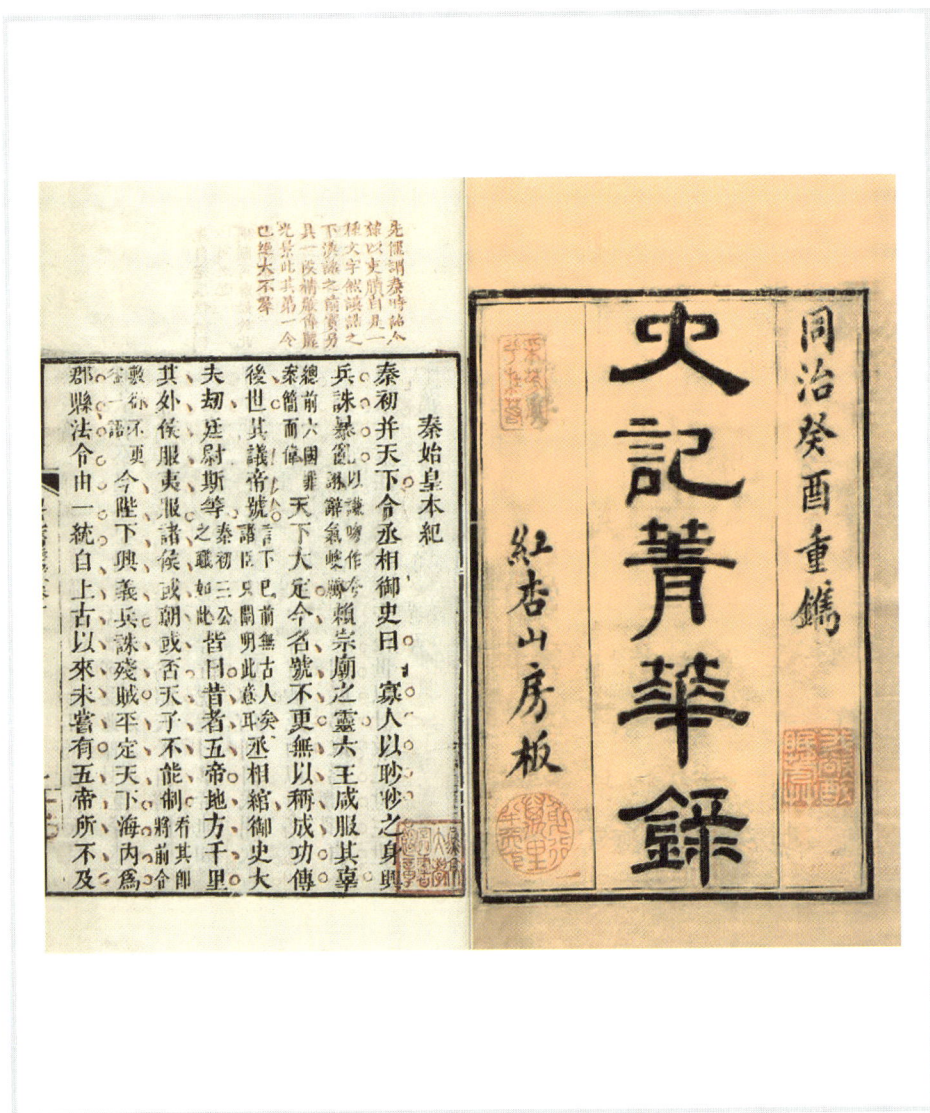

同治十二年（1873）紅杏山房朱墨套印本 北京大學圖書館藏

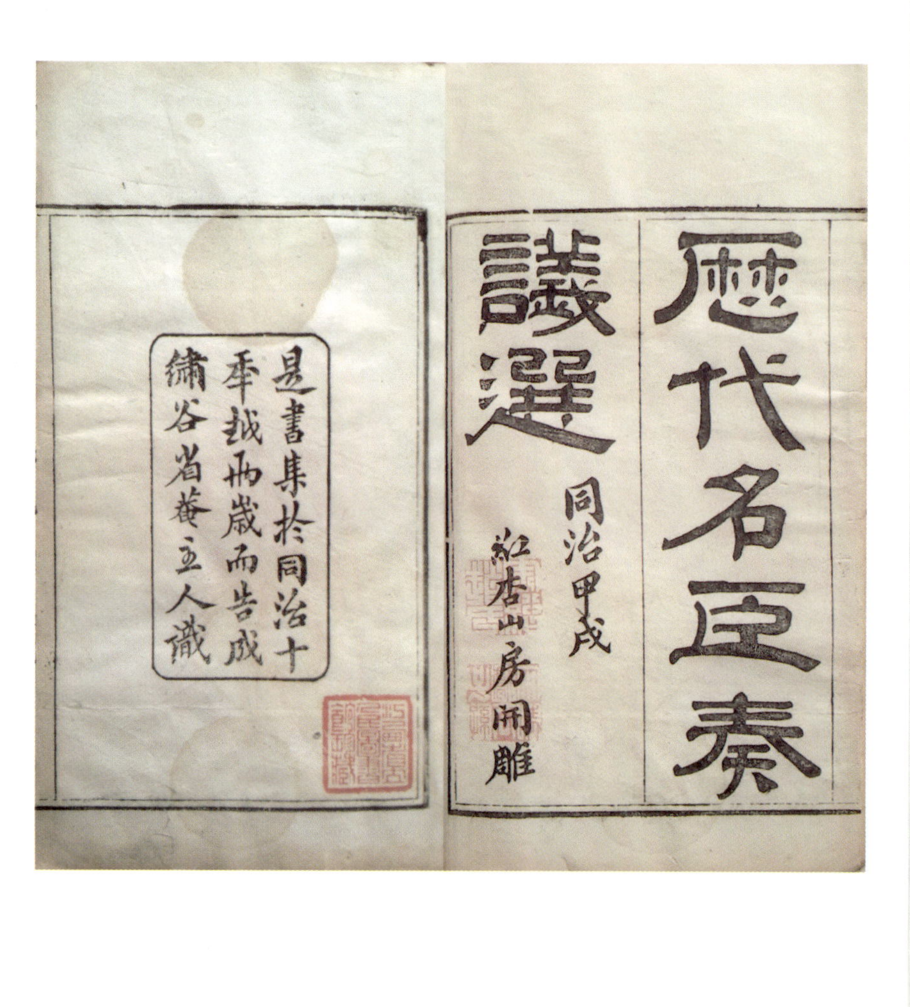

歷代名臣奏議選

同治甲戌

紅杏山房開雕

是書集於同治十年越兩歲而告成

繡谷省菴主人識

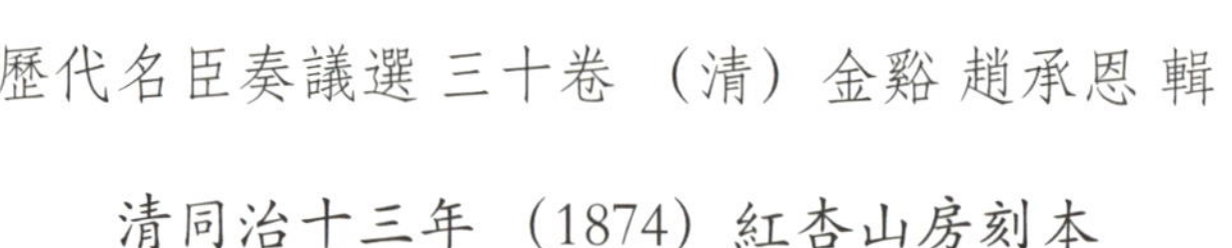

歷代名臣奏議選 三十卷 （清）金谿 趙承恩 輯

清同治十三年（1874）紅杏山房刻本

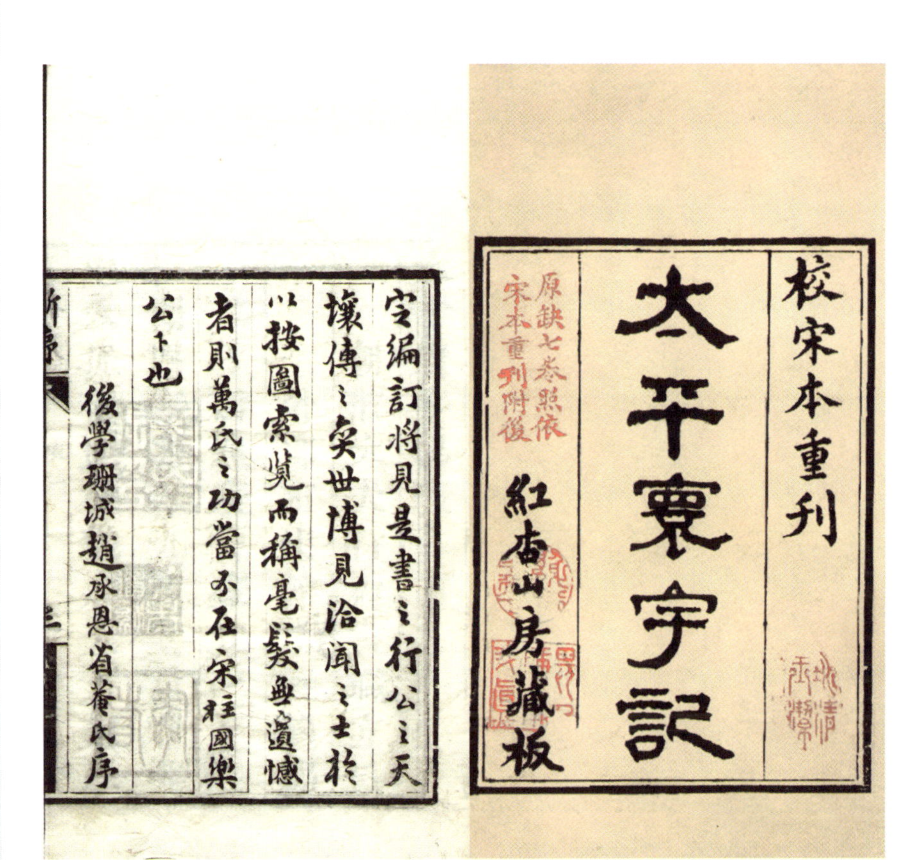

校宋本重刊

太平寰宇記

原缺七卷照依宋本重刊附後

紅杏山房藏板

字編訂將見是書之行公之天壤傳之奕世博見洽聞之士於以按圖索覽而稱毫髮無遺憾者則萬氏之功當不在宋柱國樂公下也

後學珊城趙承恩省菴氏序

太平寰宇記 兩百卷 （宋）宜黃 樂史 撰

清光緒年間紅杏山房刻本 北京大學圖書館藏

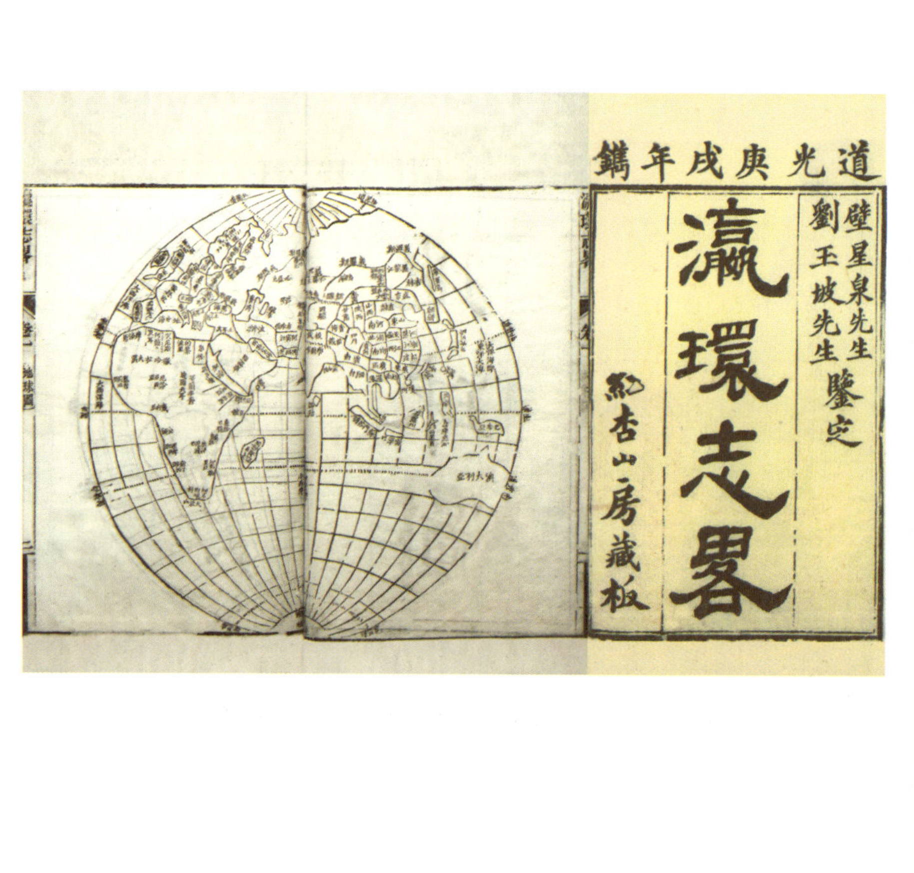

瀛環志略 十卷 （清）徐繼畬 撰

道光三十年（1850）紅杏山房刻本 首都圖書館藏

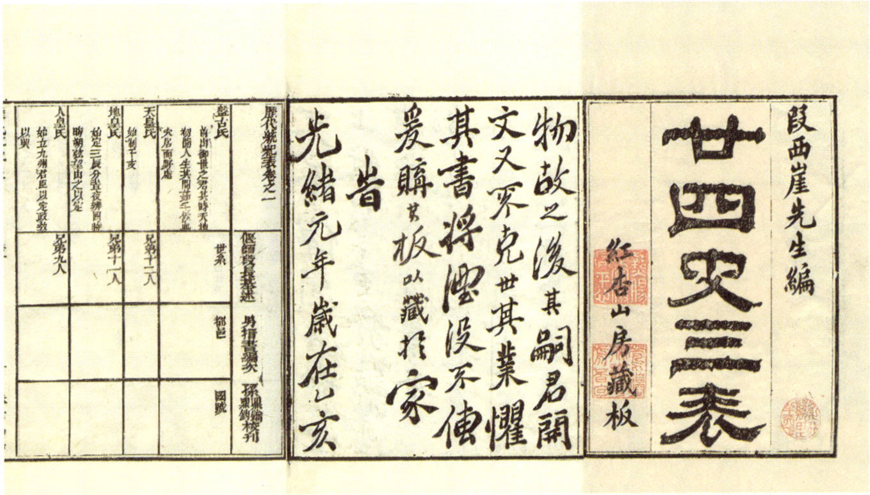

廿四史三表 十九卷 （清）段長基 輯

光緒元年（1875）紅杏山房刻本 北京大學圖書館藏

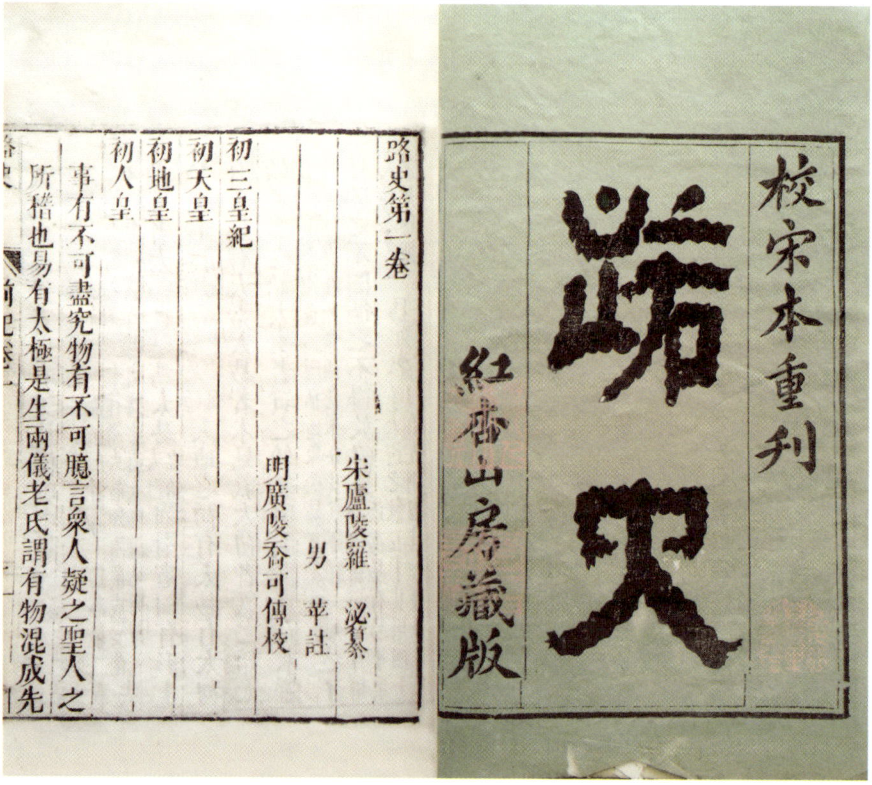
校宋本重刊
路史
紅杏山房藏版

路史第一卷
宋廬陵羅　泌著
男　苹註
明廣陵喬可傳校
初三皇紀
初天皇
初地皇
初人皇
事有不可盡究物有不可臆言衆人疑之聖人之
所揩也易有太極是生兩儀老氏謂有物混成先
路史　前紀卷一

路史 前紀 九卷 後紀 十四卷 餘論 十卷 發揮 六卷 國名紀 十四卷

（宋）吉安 羅泌 撰 羅蘋 註

清光緒二年（1876）紅杏山房重印本 江西省圖書館藏

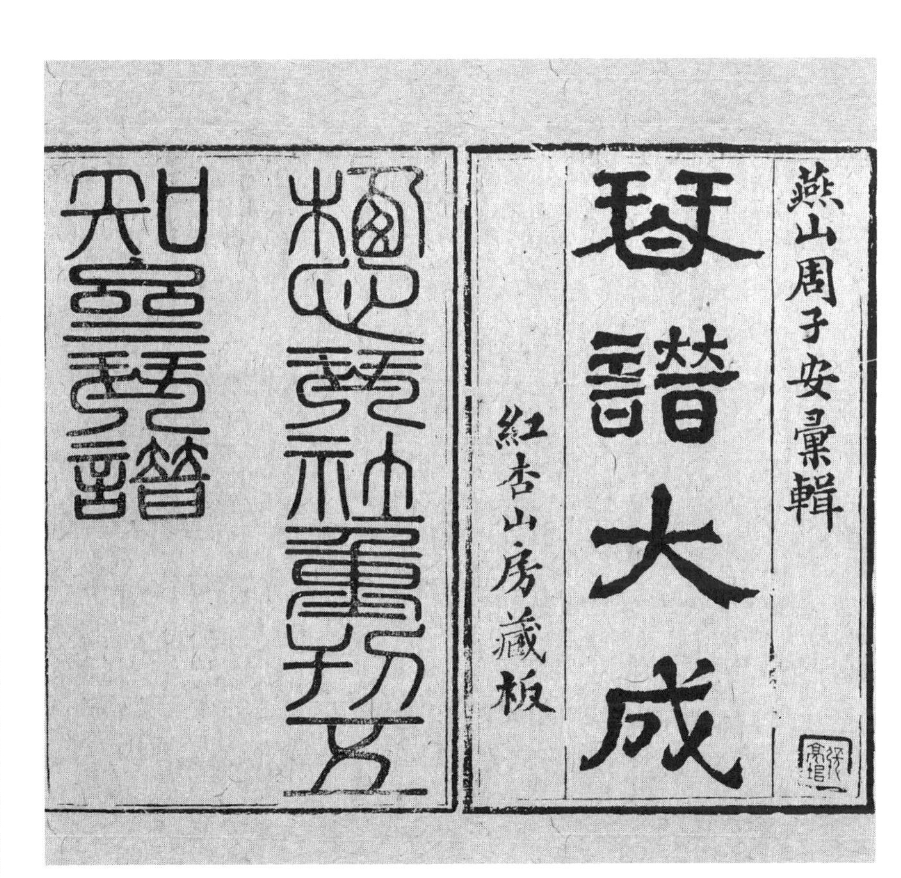

琴譜大成（棲心琴社重刊五知齋琴譜）八卷 （清）燕山 周子安 輯

清光緒年間紅杏山房翻刻本 劍川雕龍蟲館藏

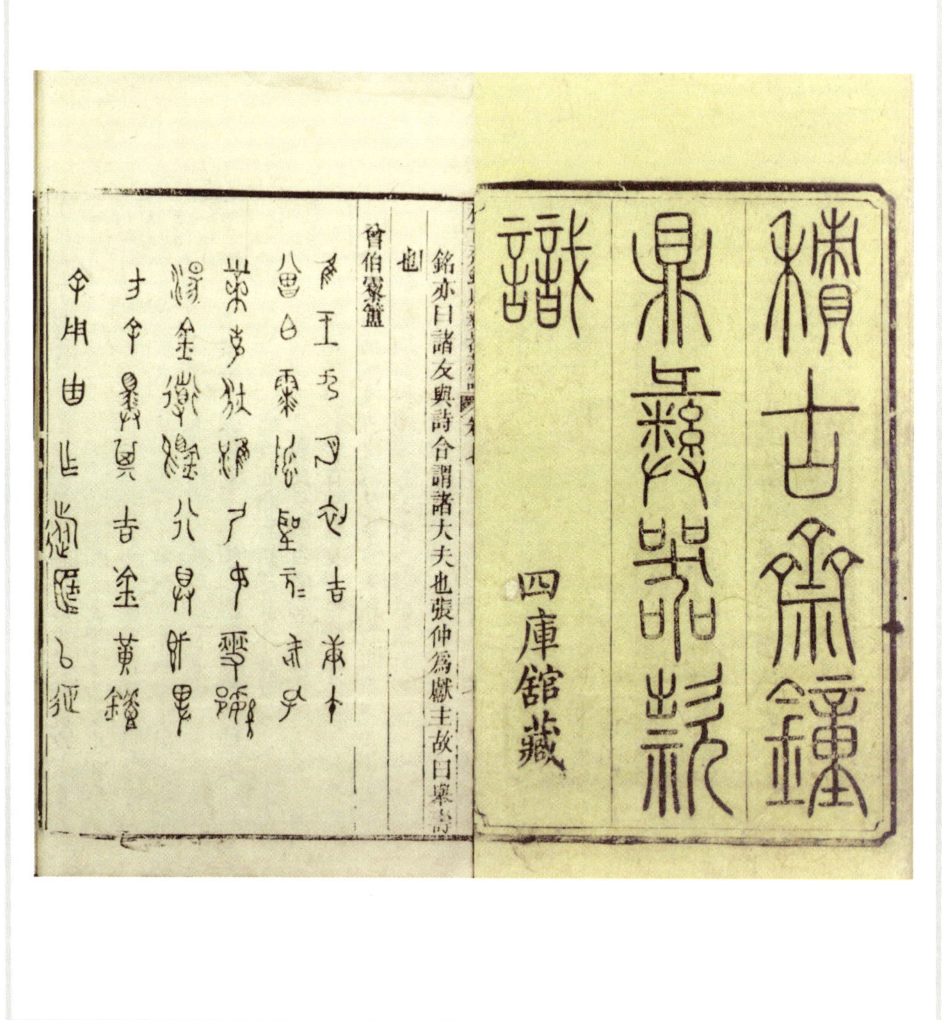

積古齋鐘鼎彝器款識 十卷 （清）仪征 阮元 撰

清光緒七年（1881）紅杏山房刻本 首都圖書館藏

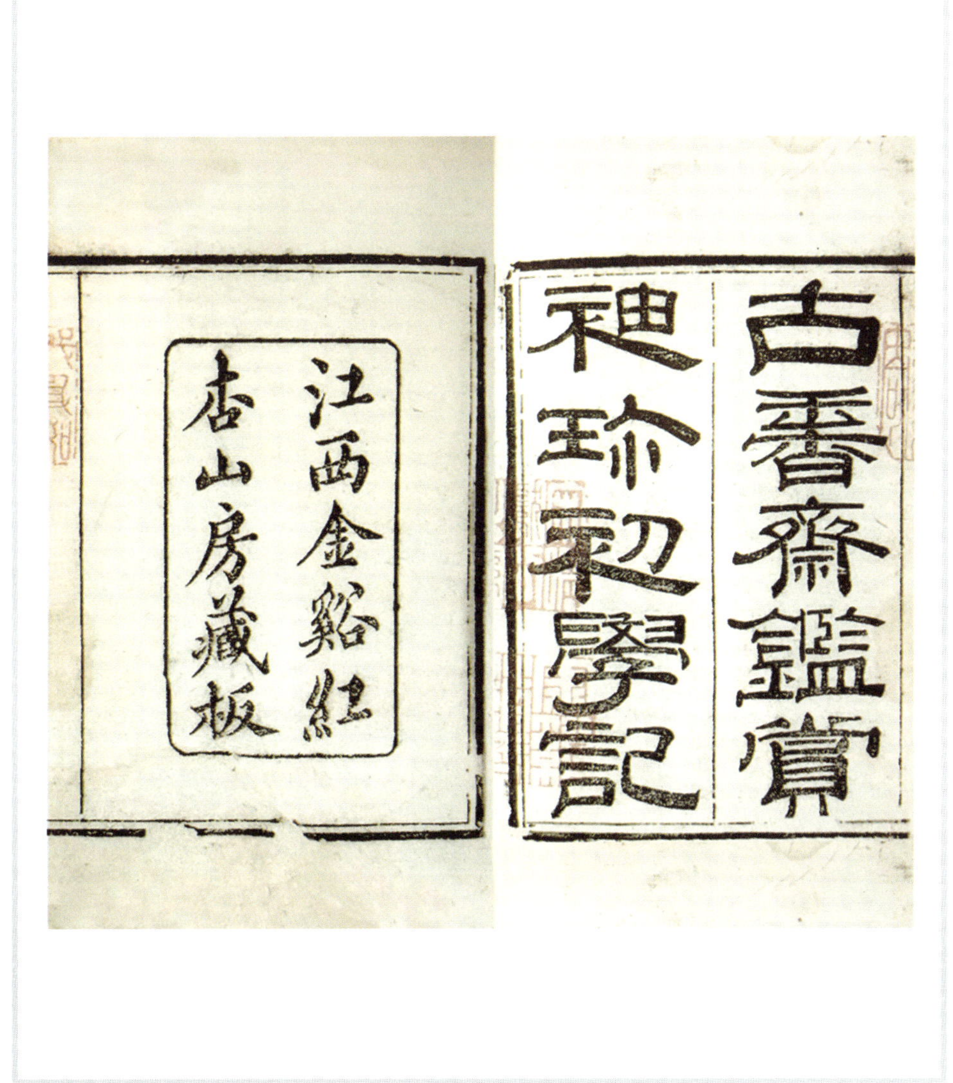
古香齋鑑賞
袖珍初學記
江西金谿紅
杏山房藏板

古香齋鑒賞袖珍初學記 三十卷 （唐）徐堅 撰

清光緒年間趙氏紅杏山房據舊版重刷

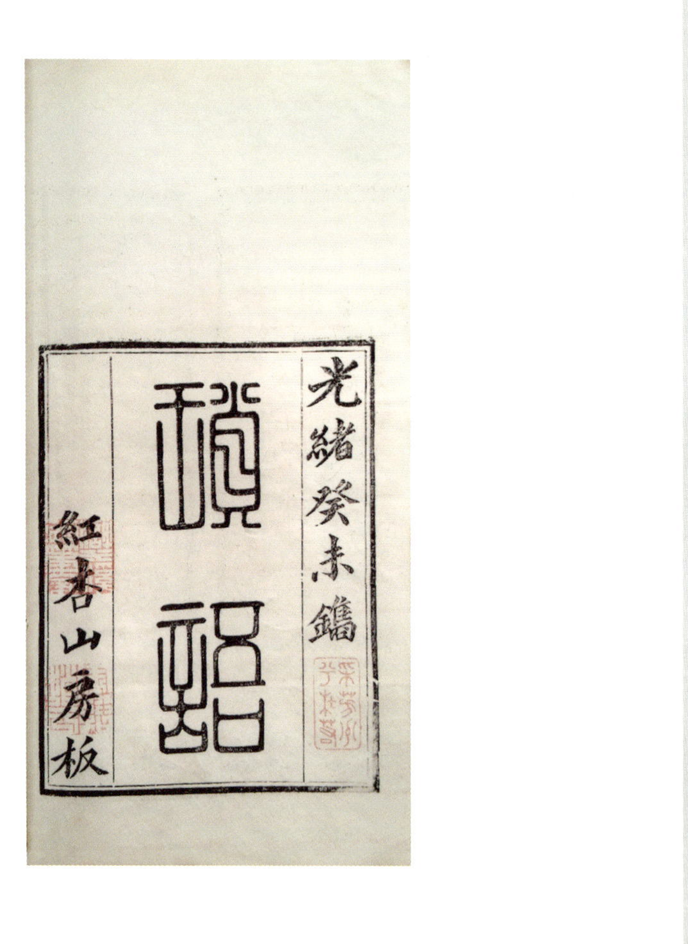

光緒癸未鐫

瑣語

紅杏山房板

瑣語 不分卷 （清）金谿 趙承恩 撰

清光緒九年（1883）紅杏山房刻本 江西省圖書館藏

異人傳授
眼科秘旨
紅杏山房板

眼科秘旨

紅杏山房梓

○明目論

人之兩目猶天之日月視萬物察毫末何處不至日月有一時之晦昧風雲雷雨之所致也眼有一時之失明者六慾七情之所害也葢目乃五臟之精華爲一身之主宰故五臟分爲五輪八卦分爲八廓五輪者配五行金木火土也肝屬木名風輪在眼爲烏睛肺屬金名氣輪在眼爲白睛脾屬土名肉輪在眼爲上下胞心屬火

眼科秘旨 不分卷

光緒三十年（1904）紅杏山房刻本 劍川雕龍蟲館藏

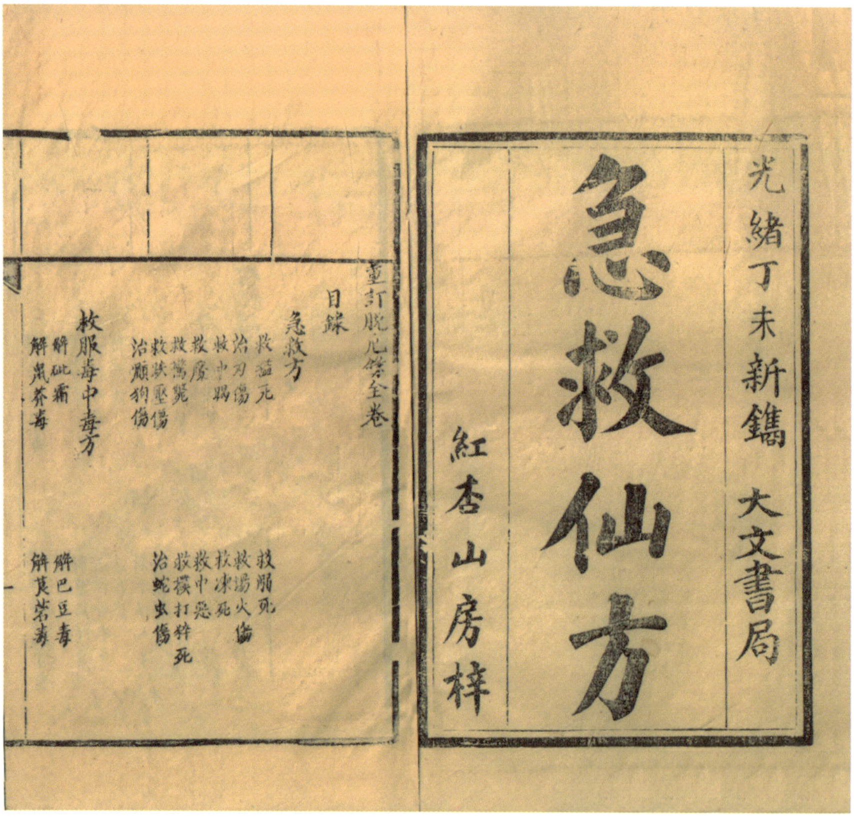

光緒丁未新鐫 大文書局

急救仙方

紅杏山房梓

重訂脫凡錄全卷

目錄

急救方

救縊死　救溺死

治刀傷　救湯火傷

救中暍　救凍死

救魘　救中惡

救驚魘　救撲打跌死

救跌壓傷

治癲狗傷　治蛇虫傷

救服毒中毒方

解砒霜　解巴豆毒

解鼠莽毒　解莨菪毒

急救仙方 不分卷 （清）佚名 撰

光緒三十三年（1907）紅杏山房據大文書局版刻本 劍川雕龍蟲館藏

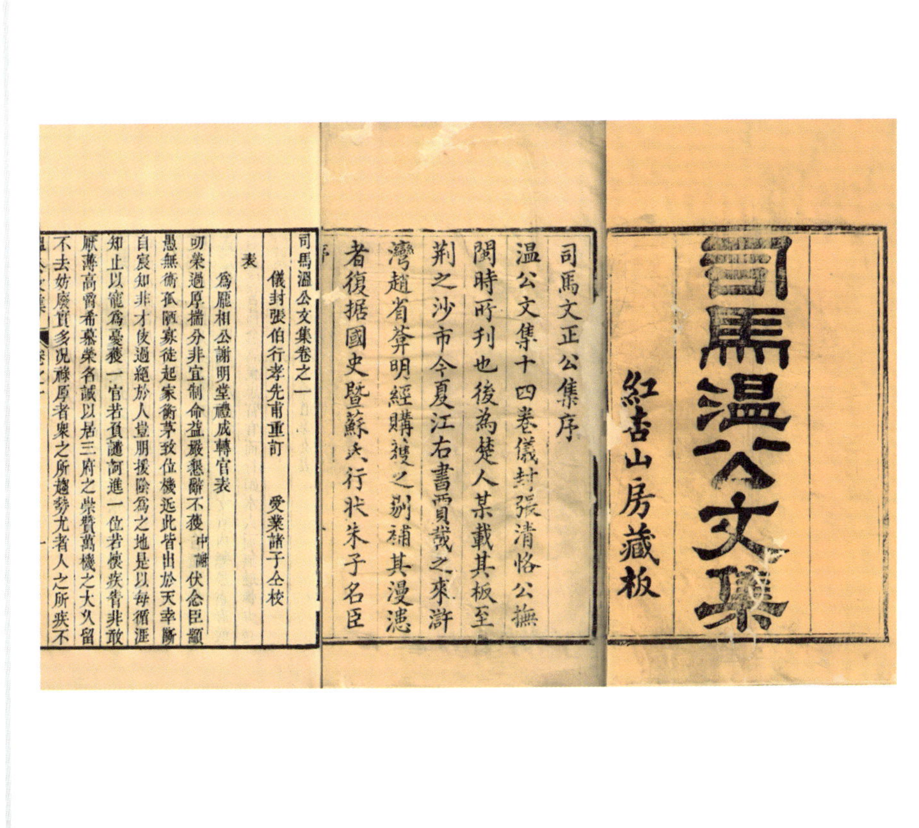

司馬温公文集

紅杏山房藏板

司馬文正公集序

温公文集十四卷儀封張清恪公撫閩時所刊也後爲楚人某載其板至荆之沙市今夏江右書賈載之來滸灣趙省莽明經購獲之剟補其漫漶者復据國史暨蘇氏行狀朱子名臣

司馬温公文集卷之一

儀封張伯行孝先甫重訂　受業諸子仝校

表

爲龐相公謝明堂禮成轉官表

叨榮過厚揣分非宜制命益嚴懇辭不獲中謝伏念臣顓愚無術孤陋寡徒起家銜茅致位機近此皆出於天幸斯自宸知非才使過絕於人豈朋援險爲之地是以每循涯知止以寵爲憂獲一官若負譴訶進一位若懷疾瘠非敢厭薄高爵希慕榮名誠以居三府之崇贊萬機之大久留不去妨廢賢多況祿厚者衆之所趨勢尤者人之所疾不

司馬温公文集 十四卷 首一卷 （宋）夏縣 司馬光 撰

紅杏山房重印本 劍川雕龍蟲館藏

同治癸酉新鐫

壯悔堂集

紅杏山房藏版

壯悔堂文集卷一

睢陽侯方域朝宗著

同里 賈開宗靜子 徐鄰唐爾黃 評點

徐作肅恭士 宋犖牧仲

元孫必昌 五世孫 [illegible] 較訂

序

送徐吳二子序

侯子既放涉江返棹棲平高陽之舊廬日召酒徒飲

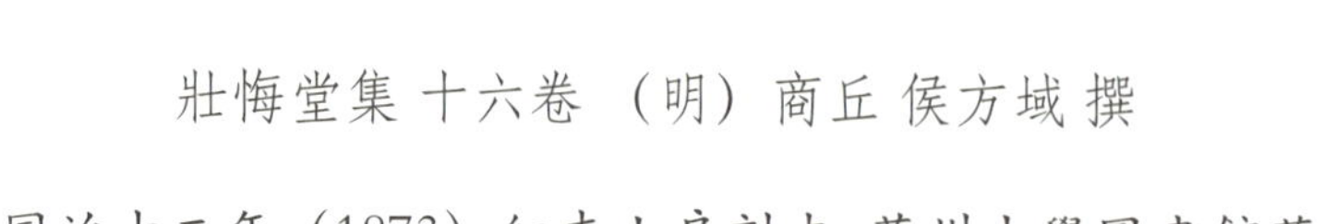

壯悔堂集 十六卷 （明）商丘 侯方域 撰

同治十二年（1873）紅杏山房刻本 蘇州大學圖書館藏

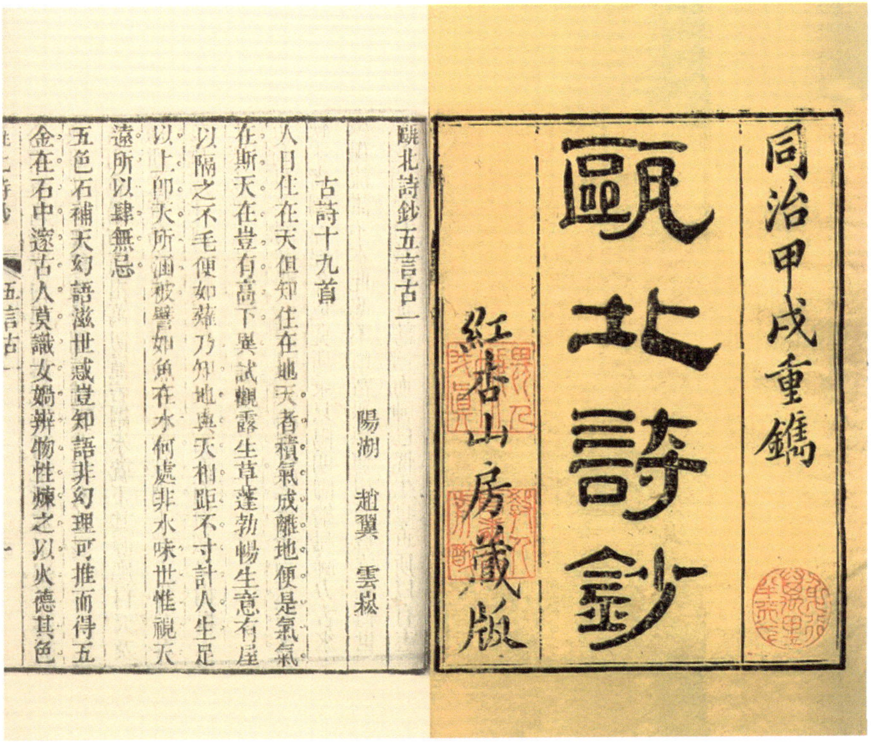

甌北詩鈔 十九卷 （清）陽湖 趙翼 撰

同治十三年（1874）紅杏山房刻本

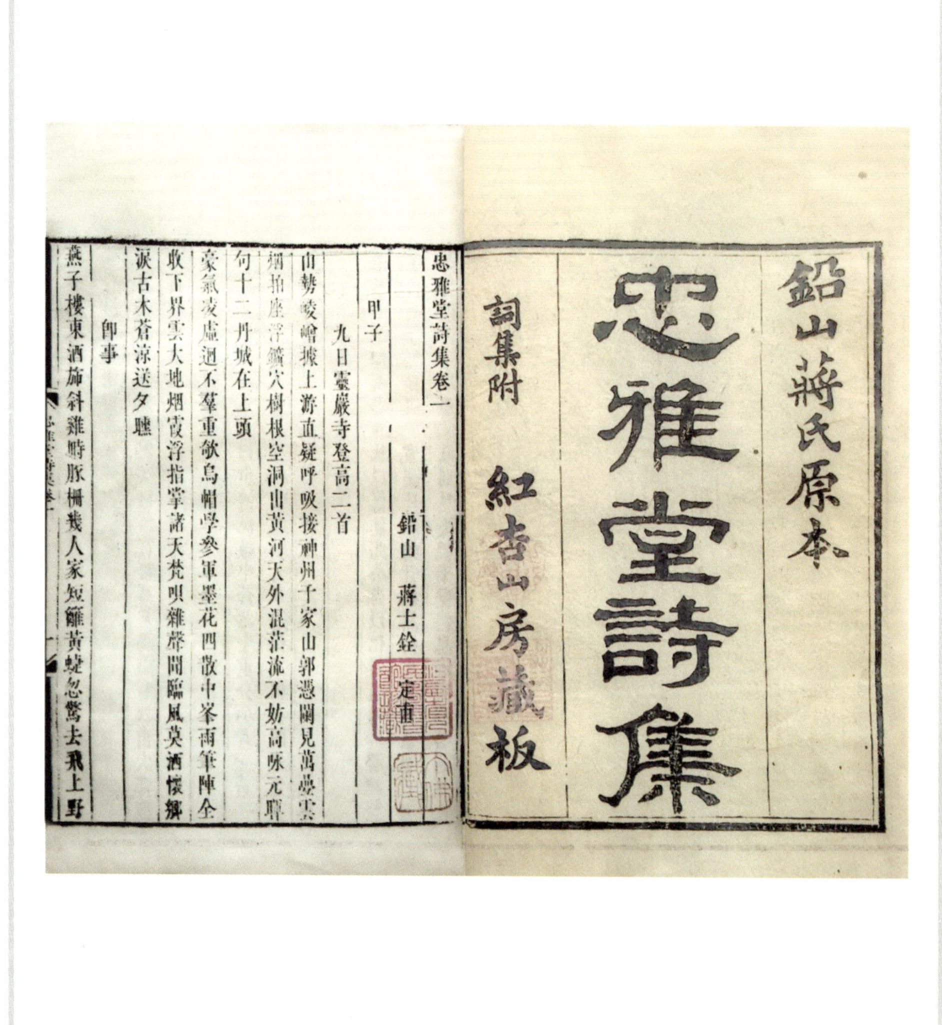
鉛山蔣氏原本

忠雅堂詩集

詞集附

紅杏山房藏板

忠雅堂詩集卷一

鉛山 蔣士銓 定甫

甲子

九日雲巖寺登高二首

山勢崚嶒據上游直疑呼吸接神州千家山郭憑闌見萬壑雲烟拍座浮鑪穴樹根空洞曲黃河天外混茫流不妨高咏元暉句十二丹城在上頭

豪氣凌虛迥不羣重欹烏帽學參軍墨花四散中峯雨筆陣全收下界雲大地烟霞浮指掌諸天梵唄雜聲聞臨風莫灑懷鄉淚古木蒼涼送夕曛

即事

燕子樓東酒旆斜雞豚柵棧人家短籬黃犢忽驚去飛上野

忠雅堂詩集 二十七卷 補遺二卷 詞集二卷 （清）鉛山 蔣士銓 撰

清光緒年間紅杏山房刻本 江西省圖書館藏

校宋本重刊
太平寰宇記
舊學山房藏板

太平寰宇記卷之一
宋兵部侍郎崇仁樂史撰　裔孫之蔗宜仲　懋賓律陽校刊
河南道一　東京上
開封府
開封府今理開封浚儀二縣禹貢爲兗豫二州之域星分房宿在春秋時爲鄭地戰國時爲魏都史記云魏惠王自安邑徙都大梁即今西面浚儀縣故城是也後秦始皇二十二年攻魏因引河水灌城而拔之即

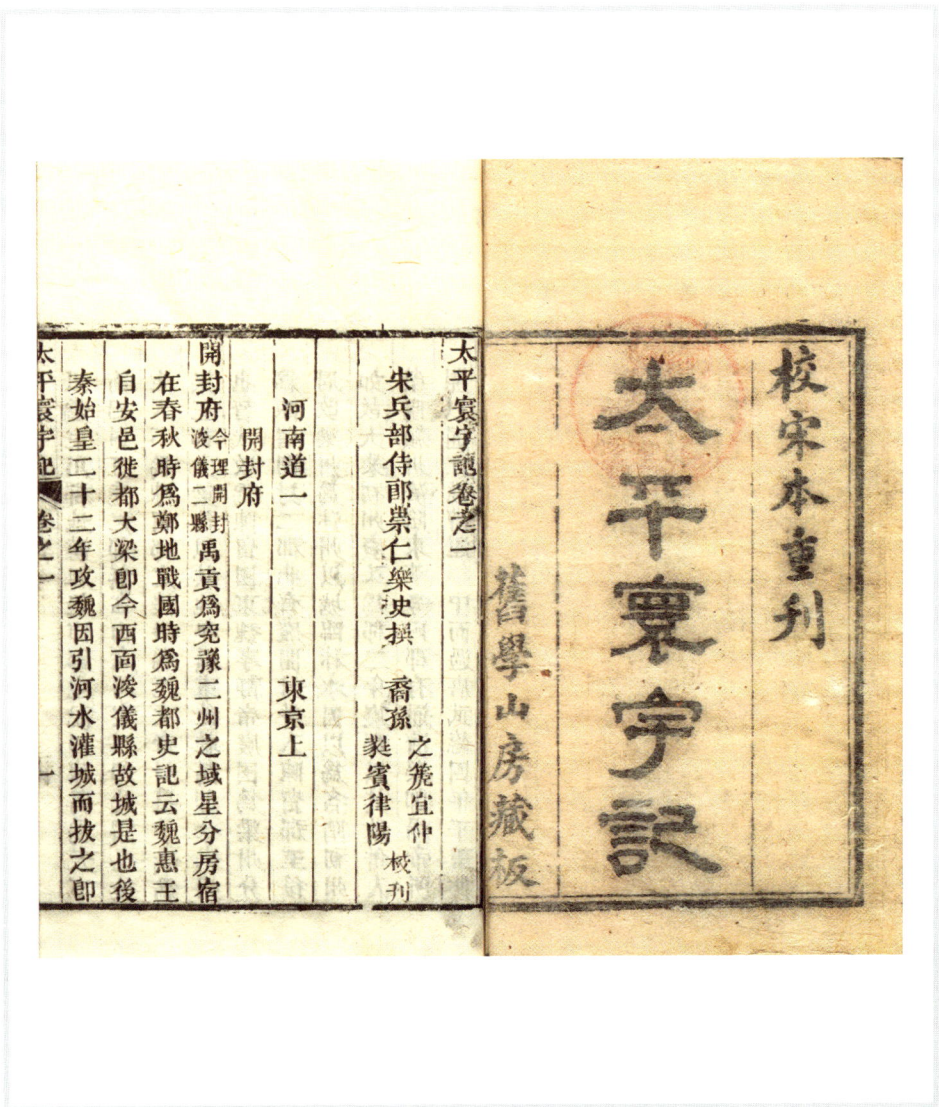

太平寰宇記 兩百卷 （宋）宜黃 樂史 撰

清光緒年間舊學山房翻印紅杏山房刻本 清華大學圖書館藏

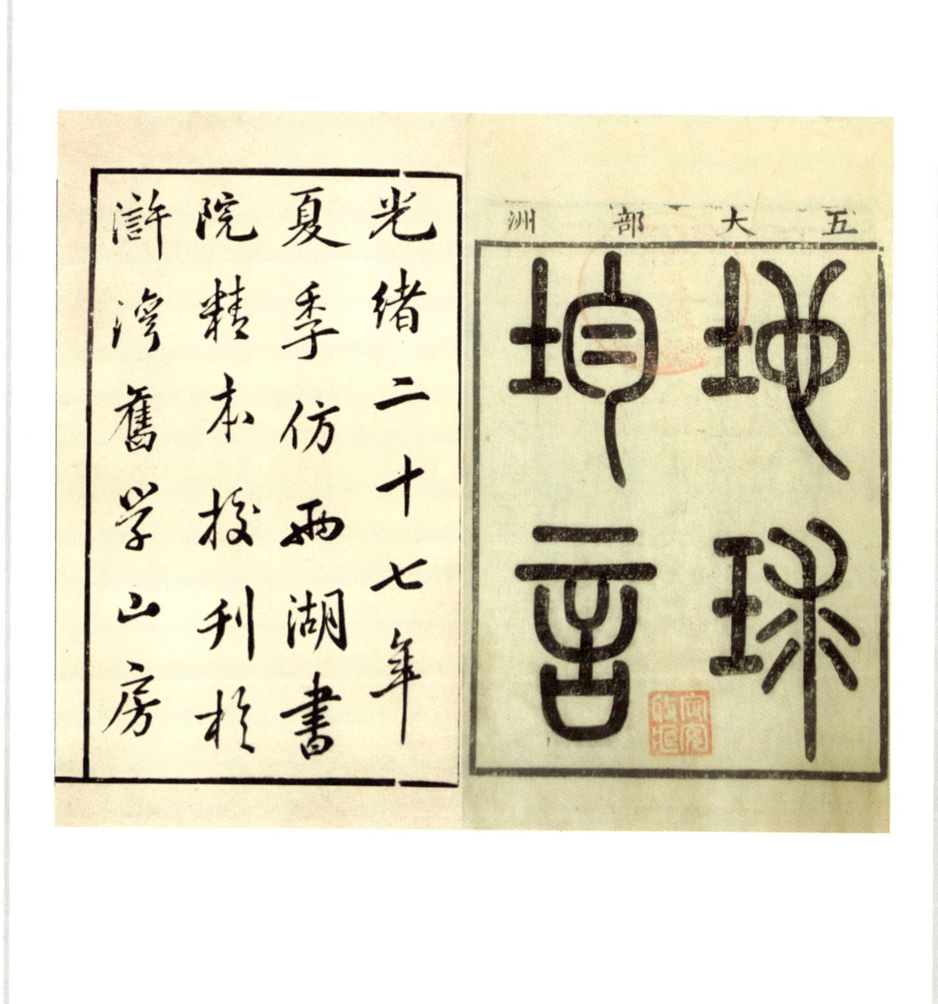

五大部洲

地球韻言

光緒二十七年夏季仿兩湖書院精本校刊於許灣舊学山房

地球韻言 四卷 （清）張士瀛 撰

光緒二十七年（1901）舊學山房據兩湖書院刻本翻刻 金谿吴定安藏

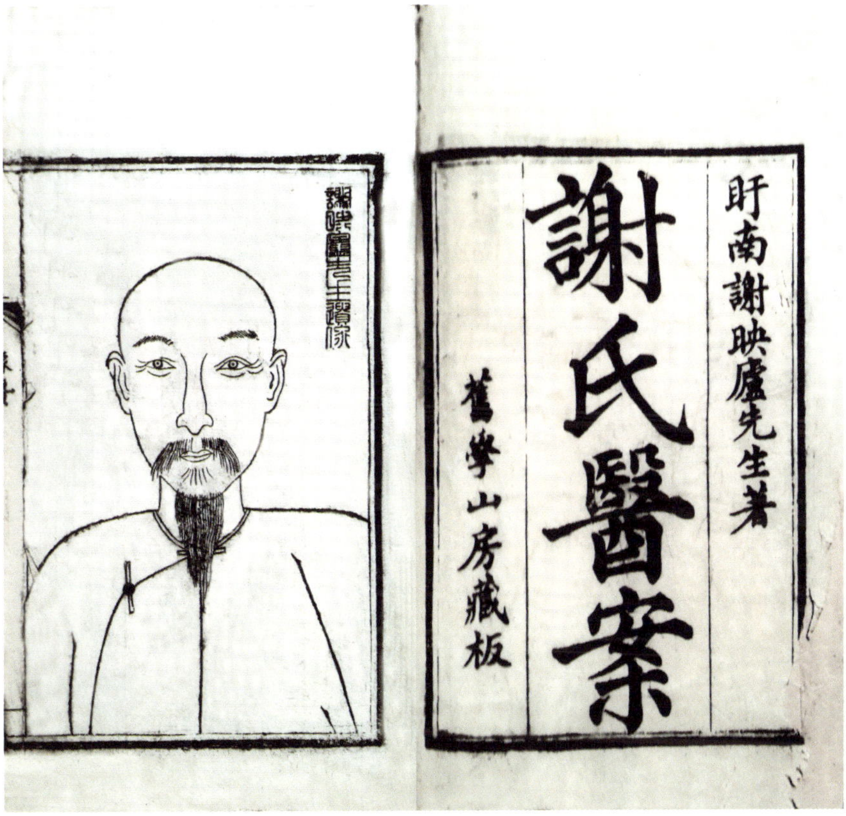

盱南謝映廬先生著

謝氏醫案

舊學山房藏板

謝映廬先生遺像

謝氏醫案（得心集醫案）六卷 （清）南城 謝星焕 撰

清光緒年間舊學山房據咸豐十一年（1861） 滸灣延壽堂版重印本 金谿吳凱春藏

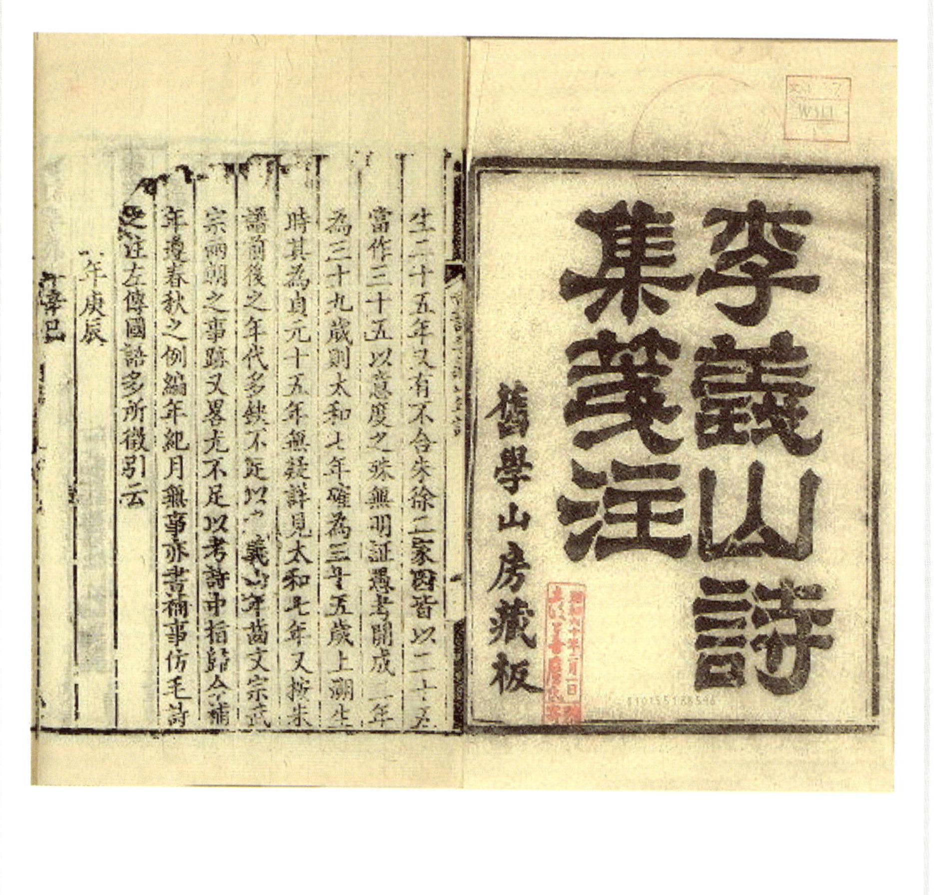
李義山詩集箋注

舊學山房藏板

生二十五年又有不合朱徐二家因皆以二十五當作三十五以意度之殊無明証馮書開成二年為三十九歲則太和七年確為三十五歲上溯生時其為貞元十五年無疑詩見太和七年又按朱譜前後之年代多缺不足以〻義山本舊文宗武宗兩朝之事蹟又畧尤不足以考詩中指歸今補年遵春秋之例編年紀月繫事亦書補事仿毛詩之注左傳國語多所徵引云

年庚辰

辛巳

李義山詩集箋注 三卷 集外詩箋注 一卷 詩話 一卷 年譜 一卷

（唐）李義山 撰 （清）朱鶴齡 箋註

清光緒年間舊學山房據舊版重印本 日本早稻田大学藏

壯悔堂集 十六卷 （明）商丘 侯方域 撰

光緒四年（1878）舊學山房據紅杏山房重刷 北京大學圖書館藏

光緒戊戌新刊

謝文貞公文集

板藏舊學山房

謝文貞公文集卷之二

南城宗後學甘盤幼盟編輯

同邑後學艾延年子諭

裔孫 希祖肖蘭 仝校

誌銘類

通奉大夫南京太僕寺卿郭公暨配飭王二夫人

次配徐氏合葬墓誌銘

公諱顯忠字步武號同虛先世祖祐之先生任開封別駕遂家太康再傳曾起自明經同傳顯國平兩廣晉秩御史臺曾祖孝廉浩爲苑馬監正弟濟嘗以行人撫交

謝文貞公文集 四卷 （明）東鄉 謝德溥 撰

光緒二十四年（1898） 舊學山房刻本 江西省圖書館藏

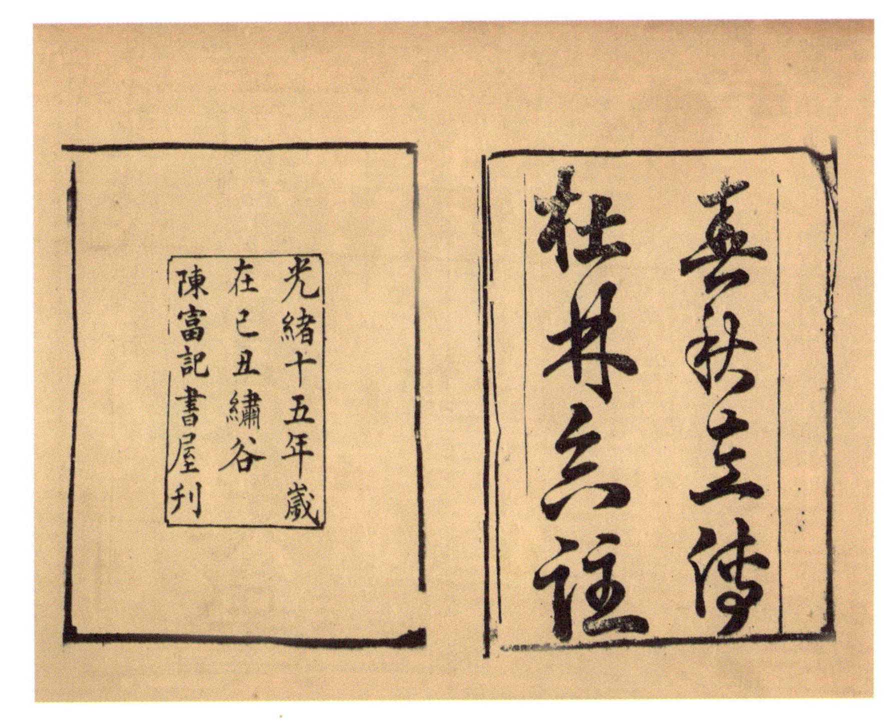
春秋左傳
杜林合註

光緒十五年歲
在己丑繡谷
陳富記書屋刊

春秋左傳杜林合註 五十卷 （晋）杜預 撰

光緒十五年（1899） 繡谷陳富記書屋刻本

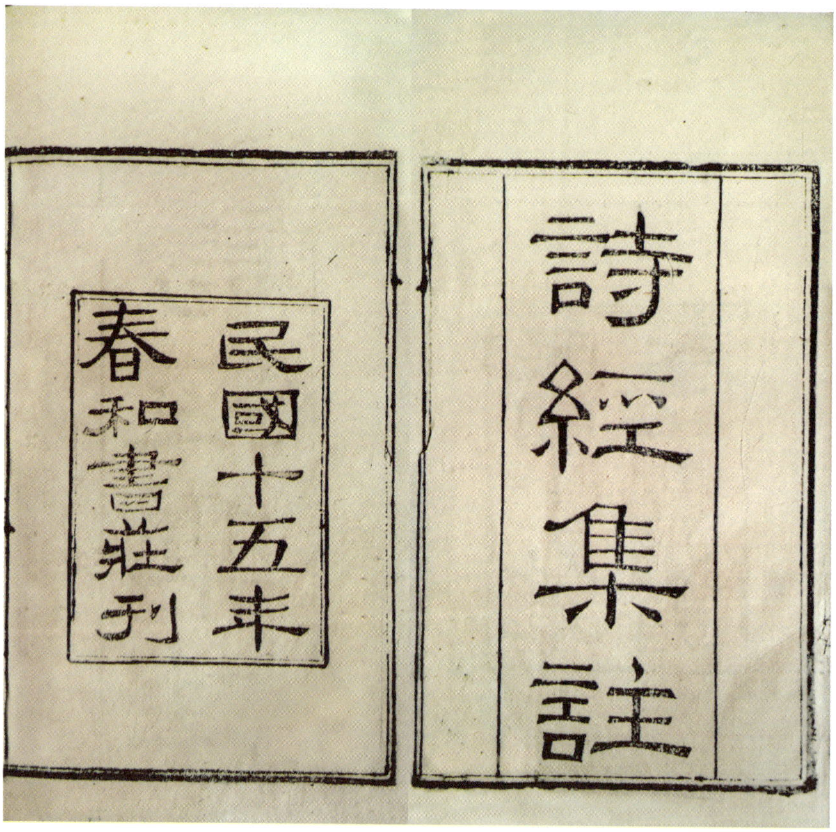

詩經集註

民國十五年

春和書莊刊

詩經集註 八卷 （宋）婺源 朱熹 集註

民國十五年（1926）春和書莊刻本 金谿王冰泉藏

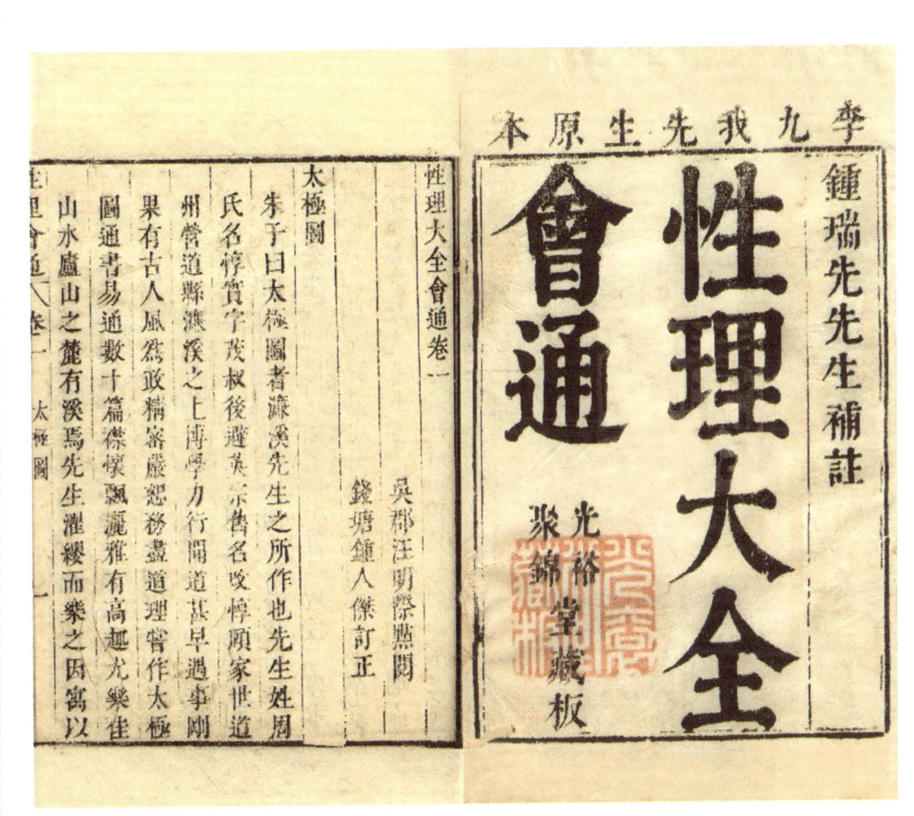

性理大全會通 七十卷 續編四十二卷 （明）吉水 胡廣等 纂

清初光裕堂、聚錦堂合刻 中國海洋大學圖書館藏

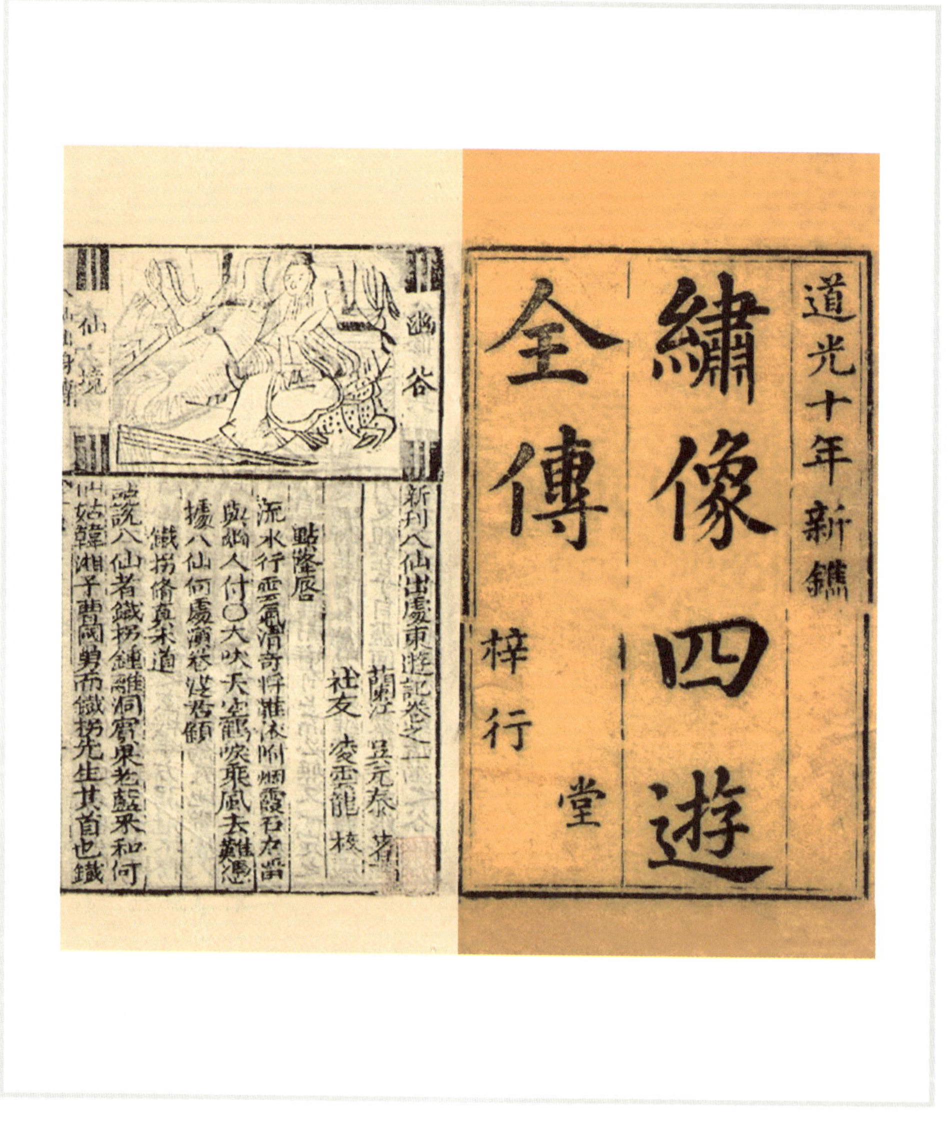
道光十年新鐫

繡像四遊全傳

堂

梓行

新刊八仙出處東遊記卷之一

蘭江 吳元泰 著

社友 凌雲龍 校

鐵拐修真求道

新刊八仙出處東遊記 二卷 （明）吳元泰 編 繡像西遊記全傳 四卷 （明）楊致和 編

新刻全像五顯靈官大帝華光天王傳 四卷 （明）余象斗 編

新刊北方真武玄天上帝出身志傳 四卷 （明）余象斗 編

道光十年（1830）滸灣書林大經堂、五雲堂、錦盛堂、致和堂合刻本

首都圖書館藏

五雲堂 錦盛堂 大經堂 致和堂

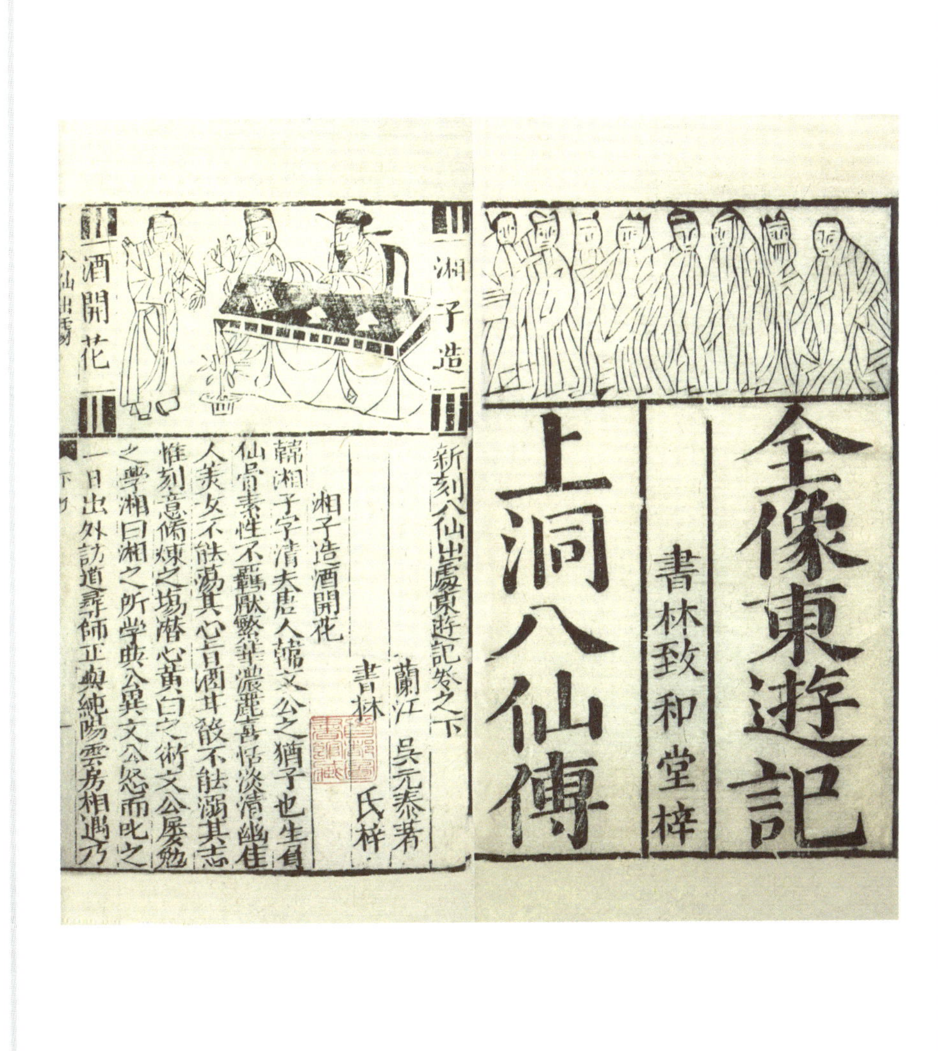
全像東遊記
書林致和堂梓
上洞八仙傳

湘子造酒開花

新刻八仙出處東遊記卷之下
蘭江 吳元泰著
書林 氏梓
湘子造酒開花
韓湘子字清夫唐人韓文公之猶子也生得仙骨素性不羈厭繁華濃麗喜恬淡清幽惟人美女不能蕩其心旨酒甘酸不能溺其志惟刻意脩煉之場潛心黃白之術文公屢勉之學湘曰湘之所學與公異文公怒而叱之一日出外訪道尋師正與純陽雲房相遇乃

新刊八仙出處東遊記 二卷 （明）吳元泰 編 繡像西遊記全傳 四卷 （明）楊致和 編

新刻全像五顯靈官大帝華光天王傳 四卷 （明）余象斗 編

新刊北方真武玄天上帝出身志傳 四卷 （明）余象斗 編

道光十年（1830）滸灣書林大經堂、五雲堂、錦盛堂、致和堂合刻本

首都圖書館藏

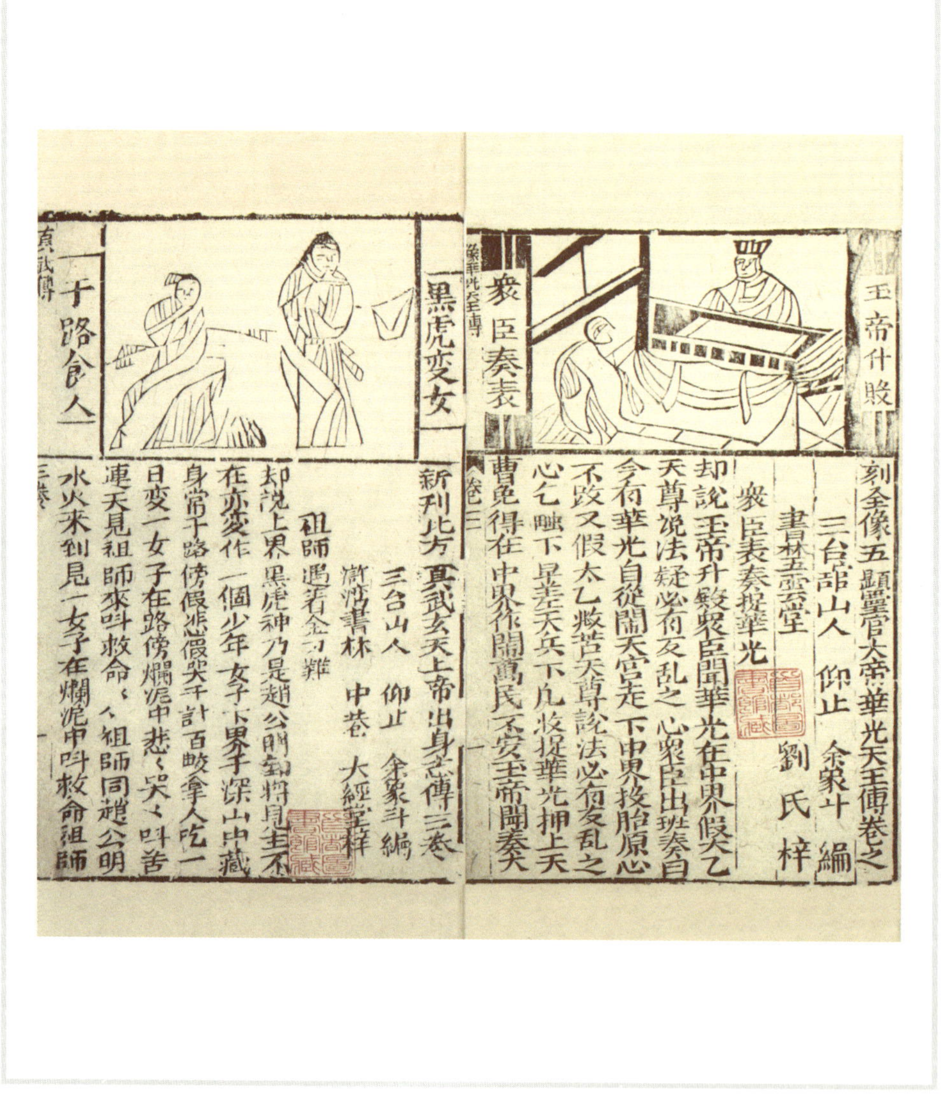

玉帝升殿

衆臣奏表

五顯華光全傳

刻全像五顯靈官大帝華光天王傳卷之

三台館山人　仰止　余象斗　編

書林五雲堂　劉　氏　梓

衆臣表奏捉華光

却說玉帝升殿衆臣聞華光在中界假乙天尊說法疑必有反亂之心衆臣出班奏曰今有華光自從鬧天宮走下中界投胎原心不改又假太乙救苦天尊說法必有反亂之心乞[illegible]下差天兵下凡收捉華光押上天曹免得在中界作鬧萬民不安玉帝聞奏大

卷三

黑虎變女

干路食人

真武傳

新刊北方真武玄天上帝出身志傳三卷

三台山人　仰止　余象斗編

滸灣書林　中卷　大經堂梓

祖師遇着金刀難

却說上界黑虎神乃是趙公明動將身坐不在亦變作一個少年女子下界于深山中藏身常于路傍假作假哭千計百般拿人吃一日變一女子在路傍爛泥中悲悲哭哭叫苦連天見祖師來叫救命救命祖師同趙公明水火來到見一女子在爛泥中叫救命祖師

三卷

新刊八仙出處東遊記 二卷 （明）吳元泰 編 繡像西遊記全傳 四卷 （明）楊致和 編

新刻全像五顯靈官大帝華光天王傳 四卷 （明）余象斗 編

新刊北方真武玄天上帝出身志傳 四卷 （明）余象斗 編

道光十年（1830）滸灣書林大經堂、五雲堂、錦盛堂、致和堂合刻本

首都圖書館藏

五雲堂
錦盛堂
大經堂
致和堂

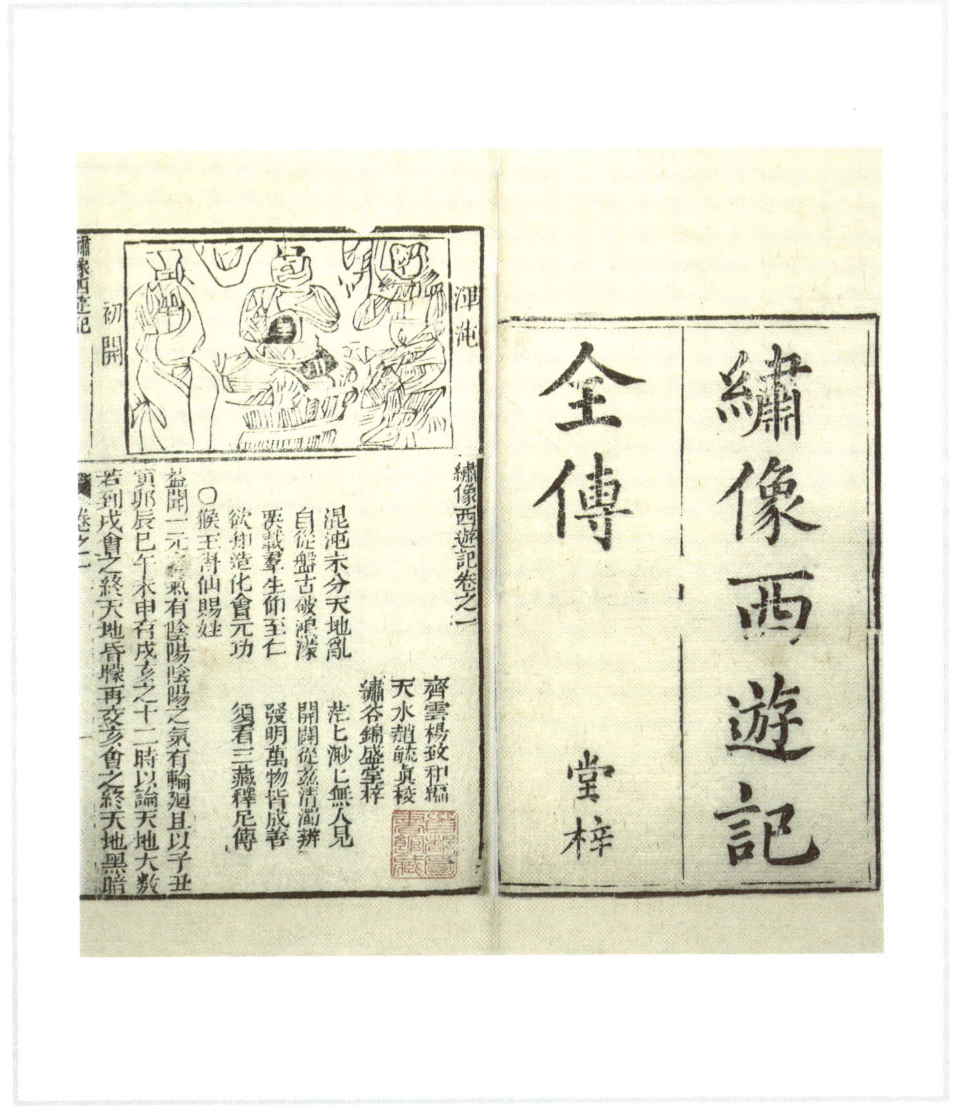

繡像西遊記
全傳
堂梓

繡像西遊記
初開
渾沌

繡像西遊記卷之一
齊雲楊致和編
天水趙毓真校
繡谷錦盛堂梓

混沌未分天地亂　茫茫渺渺無人見
自從盤古破鴻濛　開闢從茲清濁辨
覆載羣生仰至仁　發明萬物皆成善
欲知造化會元功　須看三藏釋厄傳

○猴王得仙賜姓

蓋聞一元之數有陰陽之氣有輪廻且以子丑寅卯辰巳午未申酉戌亥之十二時以論天地大數若到戌會之終天地昏朦再交亥會之終天地黑暗

繡像西遊記卷之一

新刊八仙出處東遊記 二卷 （明）吳元泰 編 繡像西遊記全傳 四卷 （明）楊致和 編

新刻全像五顯靈官大帝華光天王傳 四卷 （明）余象斗 編

新刊北方真武玄天上帝出身志傳 四卷 （明）余象斗 編

道光十年（1830）滸灣書林大經堂、五雲堂、錦盛堂、致和堂合刻本

首都圖書館藏

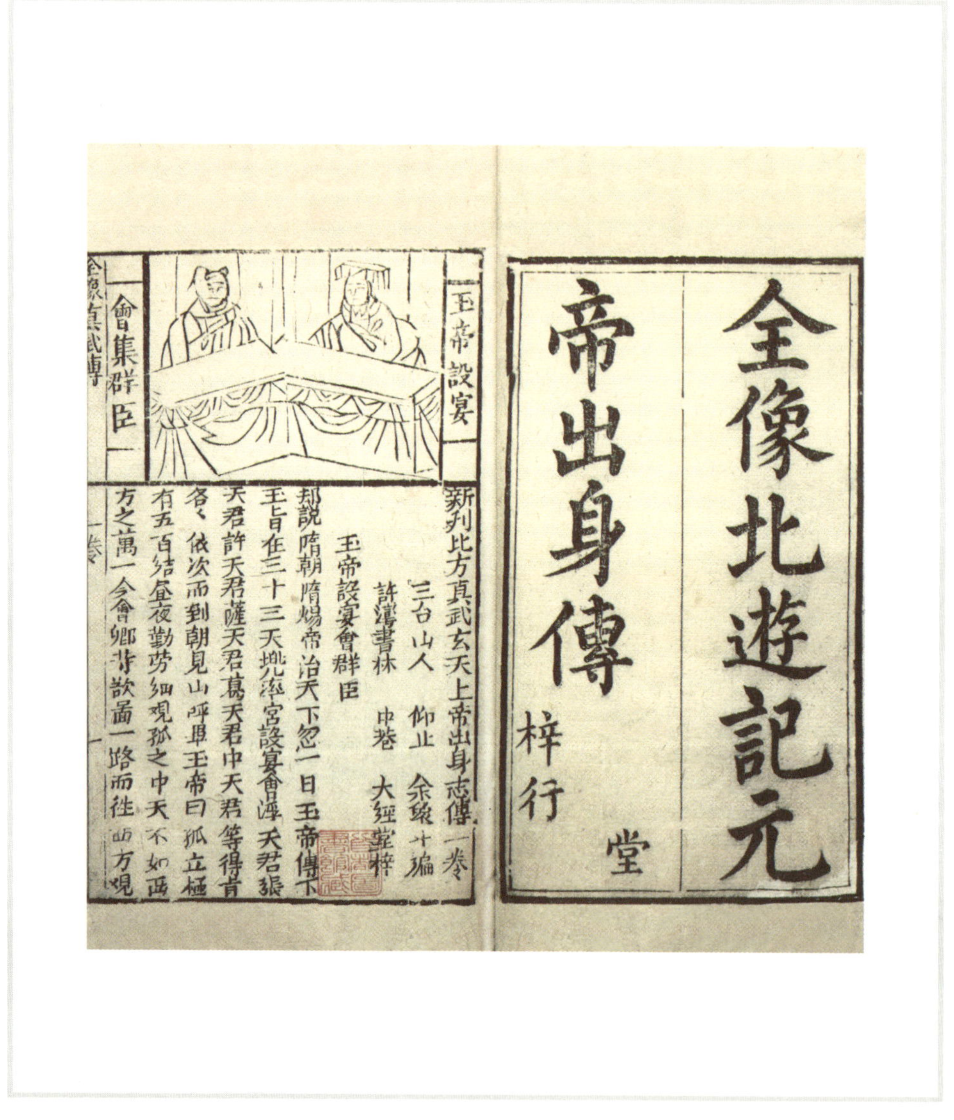
全像北遊記元帝出身傳

堂梓行

全像真武傳

玉帝設宴

會集群臣

新刊北方真武玄天上帝出身志傳一卷

三台山人 仰止 余象斗編

許灣書林 中卷 大經堂梓

玉帝設宴會群臣

却說隋朝隋煬帝治天下忽一日玉帝傳下玉旨在三十三天兜率宮設宴會淳天君張天君許天君薩天君葛天君中天君等得旨各々依次而到朝見山呼畢玉帝曰孤立極有五百結晝夜勤勞細覩孤之中天不如西方之萬一今命卿等歘爲一路而往西方覩

新刊八仙出處東遊記 二卷 （明）吳元泰 編 繡像西遊記全傳 四卷 （明）楊致和 編

新刻全像五顯靈官大帝華光天王傳 四卷 （明）余象斗 編

新刊北方真武玄天上帝出身志傳 四卷 （明）余象斗 編

道光十年（1830）滸灣書林大經堂、五雲堂、錦盛堂、致和堂合刻本

首都圖書館藏

致和堂 文盛堂

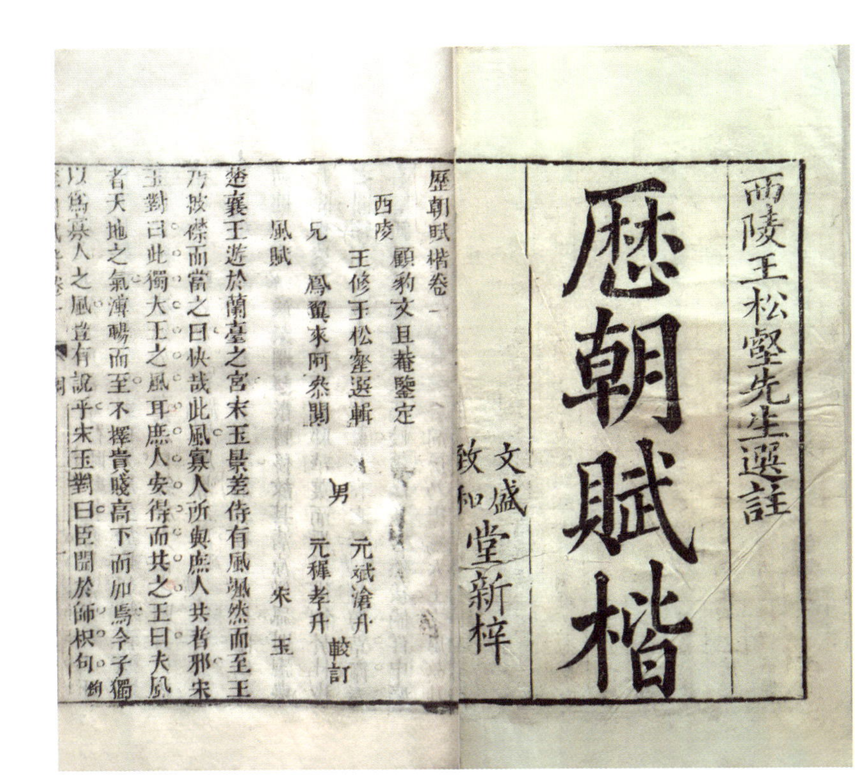

西陵王松壂先生選註

歷朝賦楷

文盛
致和堂新梓

歷朝賦楷卷一

西陵　顧豹文且菴鑒定

王修于松壂選輯　男　元斌滄升

兄　爲翼來岡參閱　元穉孝升　較訂

風賦　宋玉

楚襄王遊於蘭臺之宮宋玉景差侍有風颯然而至王乃披襟而當之曰快哉此風寡人所與庶人共者邪宋玉對曰此獨大王之風耳庶人安得而共之王曰夫風者天地之氣溥暢而至不擇貴賤高下而加焉今子獨以爲寡人之風豈有說乎宋玉對曰臣聞於師枳句

歷朝賦楷 八卷 （清）王修 輯

清中晚期文盛堂、致和堂刻本 江西省圖書館藏

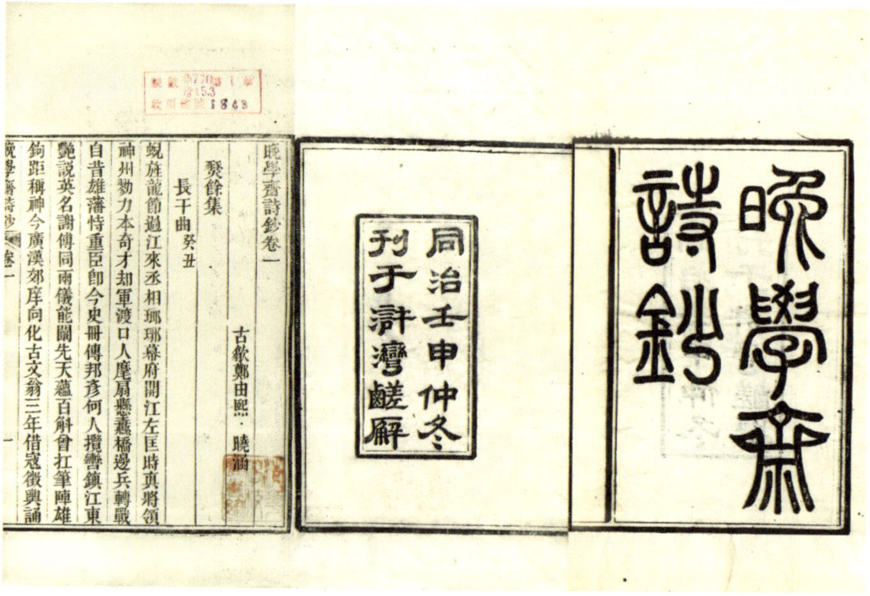

晚學齋詩抄 四卷 （清）歙縣 鄭由熙 撰

同治十一年（1872）滸灣鹺廨刻本 清華大學圖書館藏

同治戊辰重梓

祖師醒世録

板存滸灣鎮米行

寓其人大聲曰天眼普照善惡難欺冥司王公施報不爽固如此哉余驚而寤憶夢了了且與前得書事相符余自愧素行未有當於神明者而神乃有意於余欲刻之以勸人余敢不自勉哉爰糾二三同志監生龐　健武生李英瀛王伯琳李振相楊道生相商捐資刻版印施因名其書曰醒世録覽是書者慎勿鄙余夢中語為幻語疑余得書事為妄事焉則幸甚

道光二十七年歲在丁未仲冬月望日

辛卯科舉人劉天祿謹序

祖師醒世録 不分卷

清同治七年（1868）滸灣米行刻本 劍川雕龍蟲館藏

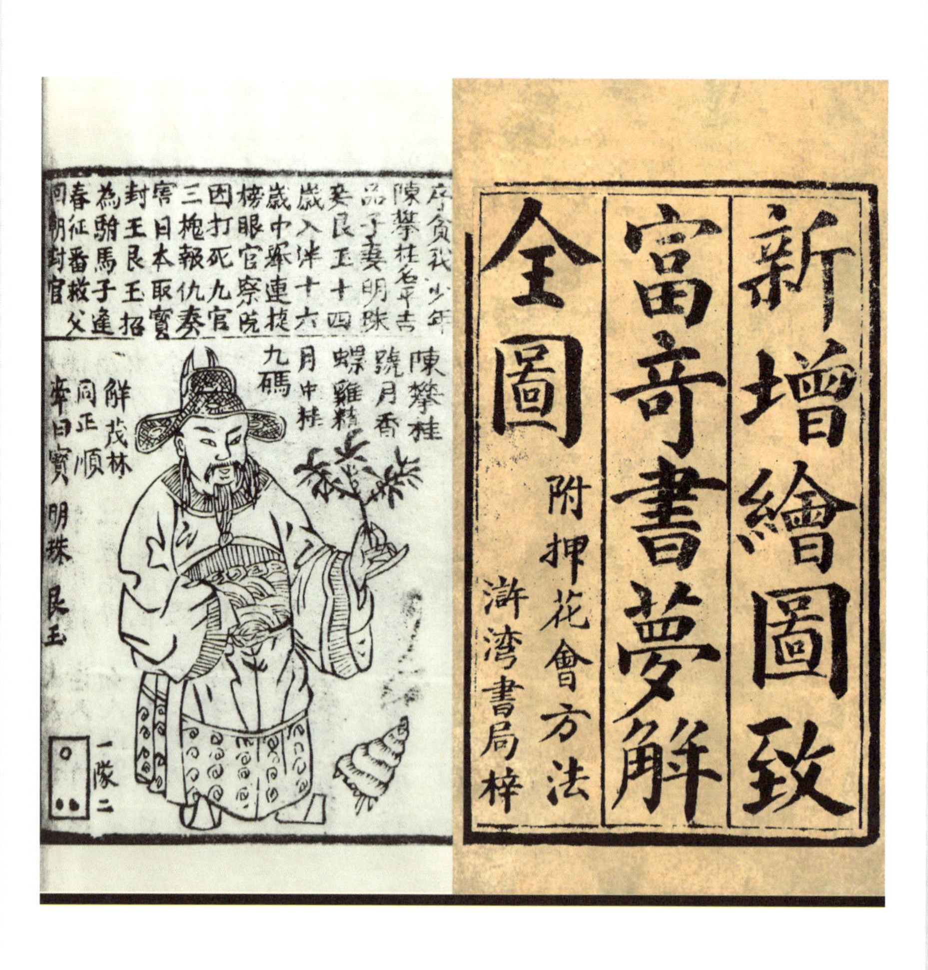

新增繪圖致富奇書夢解全圖 不分卷

清末滸灣書局刻本 劍川雕龍蟲館藏